suhrkamp taschenbuch
wissenschaft 1759

Die Frage nach der Macht durchzieht nicht nur wie ein roter Faden das Werk Michel Foucaults, sondern war auch Anlass zu höchst kontroversen Diskussionen, die keineswegs abgeschlossen sind – im Gegenteil: Foucaults Konzepte, wie etwa die Biomacht, die Gouvernementalität, aber auch die Ästhetik der Existenz oder die Disziplinarmacht, geben aktuellen Debatten in der Philosophie und Soziologie, aber auch der Politik- und Geschichtswissenschaft entscheidende Impulse. Dieser Band versammelt die wichtigsten Texte Foucaults und bietet somit einen umfassenden Überblick über einen der zentralen Bereiche der Theoriebildung der letzten Jahrzehnte. In seinem Nachwort erschließt Thomas Lemke sowohl den historischen als auch den systematischen Kontext von Foucaults Machttheorie.

Michel Foucault (1926-1984) war ab 1970 Professor für Geschichte der Denksysteme am Collège de France in Paris.
Sein Werk liegt im Suhrkamp Verlag vor.

Michel Foucault
Analytik der Macht

Herausgegeben von Daniel Defert
und François Ewald
unter Mitarbeit
von Jacques Lagrange

Übersetzt von Reiner Ansén, Michael Bischoff,
Hans-Dieter Gondek, Hermann Kocyba und
Jürgen Schröder

Auswahl und Nachwort
von Thomas Lemke

Suhrkamp

Die hier zusammengestellten Texte sind erstmals in der Ausgabe der *Dits et Écrits. Schriften in vier Bänden* (2001-2005) erschienen.

10. Auflage 2024

Erste Auflage 2005
suhrkamp taschenbuch wissenschaft 1759

Satz: LibroSatz, Kriftel
Umschlag nach Entwürfen von
Willy Fleckhaus und Rolf Staudt
Druck und Bindung: C.H. Beck, Nördlingen
Printed in Germany
ISBN 978-3-518-29359-1

www.suhrkamp.de

Inhalt

Vorwort

Préface, in: Foucault, M., *Folie et Déraison. Histoire de la folie à l'âge classique*, Paris 1961, S. I-XI. Diese Vorrede findet sich vollständig nur in der Originalausgabe. Ab 1972 verschwindet sie aus den drei Neuausgaben.

Pascal: »Die Menschen sind so notwendig wahnsinnig, dass es auf eine andere Art Wahnsinn wahnsinnig wäre, nicht wahnsinnig zu sein.« Und jener andere Text von Dostojewski, aus dem *Tagebuch eines Schriftstellers*: »Nicht, indem man seinen Nächsten einsperrt, überzeugt man sich seines eigenen Menschenverstandes.«

Es gilt die Geschichte dieser anderen Art Wahnsinn zu schreiben – dieser anderen Art, durch welche die Menschen im Gestus einer souveränen Vernunft, die ihren Nächsten einsperrt, in der erbarmungslosen Sprache des Nicht-Wahnsinns kommunizieren und sich anerkennen; es gilt den Moment jener Verschwörung wiederzufinden, vor ihrer endgültigen Durchsetzung im Reich der Wahrheit und ihrer Wiederbelebung in der Lyrik des Protests. Es gilt die Aufgabe, jenen Nullpunkt der Geschichte des Wahnsinns, an dem sie unterschiedslose Erfahrung, noch nicht geteilte Erfahrung der Teilung selbst ist, in der Geschichte einzuholen. Es gilt vom Ursprung ihrer gekrümmten Bahn an diese »andere Art« zu beschreiben, die auf den beiden, von ihrem Gestus bestimmten Seiten die ab jetzt einander äußerlichen, jedem Austausch gegenüber tauben und füreinander gleichsam toten Dinge herabfallen lässt: die Vernunft und den Wahnsinn.

Das da ist zweifellos eine unbequeme Region. Um sie zu durchqueren, muss man auf die Bequemlichkeit abschließender Wahrheiten verzichten und darf sich niemals von dem leiten lassen, was wir über den Wahnsinn wissen können. Nicht einer der Begriffe aus der Psychopathologie wird eine organisierende Rolle ausüben dürfen, nicht einmal im impliziten Spiel der Retrospektionen, ja vor allem dort nicht. Konstitutiv ist die Geste, die den Wahnsinn teilt, und nicht die Wissenschaft, die sich, sobald diese Teilung einmal vollzogen ist, in der zurückgekehrten Ruhe errichtet. Originär ist die Zäsur, die die Distanz zwischen Vernunft und Nicht-Vernunft errichtet; der Zugriff dagegen, den die Vernunft auf die Nicht-Vernunft ausübt, um ihr ihre Wahrheit als Wahnsinn, als Verfehlung oder als

Krankheit zu entreißen, leitet sich davon ab und ist dem sehr fern. Wir werden also von dieser ursprünglichen Auseinandersetzung sprechen müssen, ohne einen Sieg zu unterstellen und auch ohne das Recht auf einen Sieg; wir werden von diesen in der Geschichte bis zum Überdruss wiederholten Gesten sprechen müssen, wobei all das in der Schwebe belassen wird, was die Figur einer Vollendung oder eines Zur-Ruhe-Kommens in der Wahrheit annehmen kann, und wir werden von dieser Geste eines Einschnitts, von dieser eingenommenen Distanz, von dieser hergestellten Leere zwischen der Vernunft und dem, was sie nicht ist, sprechen müssen, ohne uns jemals auf die Fülle dessen zu stützen, was zu sein sie vorgibt.

Dann und nur dann allein wird der Bereich erscheinen können, in dem der Mensch des Wahnsinns und der Mensch der Vernunft, dabei, sich zu trennen, noch nicht getrennt sind und in einer sehr ursprünglichen, sehr groben, weit morgendlicheren Sprache als die Sprache der Wissenschaft den Dialog ihres Bruchs beginnen, der auf flüchtige Weise davon zeugt, dass sie noch miteinander sprechen. Wahnsinn und Nicht-Wahnsinn, Vernunft und Nicht-Vernunft sind auf verworrene Weise darin eingeschlossen: untrennbar von dem Moment, da sie noch nicht existieren, und füreinander, im Verhältnis zueinander existierend in dem Austausch, der sie trennt.

Inmitten der abgeklärten Welt der Geisteskrankheit kommuniziert der moderne Mensch nicht länger mit dem Wahnsinnigen: Auf der einen Seite gibt es den Menschen der Vernunft, der für den Wahnsinn den Arzt abstellt und damit nur durch die abstrakte Universalität der Krankheit einen Bezug zu ihm gestattet; auf der anderen Seite gibt es den Menschen des Wahnsinns, der mit dem anderen allein vermittels einer ganz ebenso abstrakten Vernunft kommuniziert, welche Ordnung, physischer und moralischer Zwang, anonymer Druck der Gruppe und Forderung nach Konformität ist. Eine gemeinsame Sprache, dergleichen gibt es nicht, oder besser, es gibt sie nicht mehr; die Konstitution des Wahnsinns als Geisteskrankheit am Ende des 18. Jahrhunderts macht die Feststellung eines abgebrochenen Dialogs geltend, gibt die Trennung als bereits vollzogen aus und verschlägt all jene nicht perfekten, ohne feste Syntax und ein wenig stammelnd gebildeten Wörter, in denen der Austausch zwischen Wahnsinn und Vernunft erfolgte, ins Vergessen. Die Sprache der Psychiatrie, die ein Monolog der Vernunft *über* den Wahnsinn ist, konnte allein auf einem solchen Schweigen errichtet werden.

Nicht die Geschichte dieser Sprache wollte ich schreiben, sondern eher die Archäologie dieses Schweigens.

*

Die Griechen hatten Bezug zu etwas, das sie ὕβρις nannten. Dieser Bezug bestand nicht nur aus einer Verurteilung; die Existenz eines Thrasymachos oder die eines Kallikles reichen als Nachweis aus, auch wenn ihre Reden uns bereits eingehüllt in die beruhigende Dialektik des Sokrates übermittelt werden. Doch der griechische Logos kannte nichts, was zu ihm im Gegensatz stand.

Seit dem tiefen Mittelalter hat der europäische Mensch Bezug zu etwas, das er verworren Wahnsinn, Schwachsinn oder Unvernunft nennt. Wie bei den Teilnehmern am Sokratischen Gespräch die σωφροσύνη der Drohung der ὕβρις verdankt vielleicht die abendländische Vernunft dieser dunklen Anwesenheit etwas von ihrer Tiefe. Auf jeden Fall stellt der Bezug Vernunft-Unvernunft für die abendländische Kultur eine der Dimensionen ihrer Ursprünglichkeit dar; er begleitete sie bereits deutlich vor Hieronymus Bosch und wird ihr auch weit über Nietzsche und Artaud hinaus folgen.

Was stößt hier also unterhalb der Sprache der Vernunft aufeinander? Wohin könnte uns eine Befragung führen, die nicht der Vernunft in ihrem horizontalen Werden folgte, sondern in der Zeit jene konstante Vertikalität nachzuzeichnen versuchte, die diese über die gesamte europäische Kultur hinweg mit dem konfrontiert, was sie nicht ist, sie an ihrer eigenen Maßlosigkeit bemisst? Auf was für eine Region würden wir zugehen, eine Region, die weder die Geschichte der Erkenntnis noch die Geschichte schlechthin ist, die weder von der Teleologie der Wahrheit noch von der rationalen Verkettung der Ursachen, die Wert und Sinn nur jenseits der Teilung haben, befehligt wird? Eine Region zweifellos, in der es eher um die Grenzen als um die Identität einer Kultur ginge.

Man könnte eine Geschichte der *Grenzen* schreiben – eine Geschichte jener obskuren Gesten, die zwangsläufig vergessen sein werden, sobald man sie vollbracht hat, durch die eine Kultur etwas verwirft, das für sie das Äußere sein wird; und über die gesamte Zeit ihrer Geschichte hinweg bezeichnet diese ausgehöhlte Leere, dieser blanke Raum, durch den sie sich abhebt, sie genauso wie ihre Werte. Denn in der Kontinuität der Geschichte empfängt sie ihre Werte und hält sie an ihnen fest; doch in dieser Region, von der wir nun sprechen möchten, übt sie ihre wesentlichen Entscheidungen aus, vollzieht sie die Teilung, die ihr das Gesicht ihrer Positivität gibt; darin findet sich die ursprüngliche Dichte, in der sie sich ausbildet. Eine Kultur nach ihren Grenzerfahrungen zu fragen, heißt sie in den Grenzen der Geschichte nach einer Zerrissenheit zu befragen, die gleichsam die eigentliche Entstehung ihrer Geschichte ist. So finden sich in einer Spannung, die stets kurz vor ihrer Auflösung steht, die zeitliche Kontinuität einer dialektischen Analyse und – an den Pforten der Zeit – die Aufdeckung einer tragischen Struktur einander gegenübergestellt.

Im Zentrum dieser Grenzerfahrungen der abendländischen Welt bricht selbstverständlich die des Tragischen selbst hervor – Nietzsche, der gezeigt hat, dass die tragische Struktur, von der her sich die Geschichte der abendländischen Welt vollzieht, nichts anderes ist als die Weigerung, als das Vergessen und das stillschweigende Zurückfallen der Tragödie. Rund um diese, welche zentral ist, da sie das Tragische mit der Dialektik der Geschichte selbst noch in der Verweigerung der Tragödie durch die Geschichte verknüpft, kreisen durchaus noch weitere Erfahrungen. Jede von ihnen zieht an den Grenzen unserer Kultur eine Grenzlinie, die zugleich eine ursprüngliche Teilung bedeutet.

In der Universalität der abendländischen *ratio* gibt es jene Teilung, welche der Orient ist: der Orient, gedacht als der Ursprung, geträumt als der schwindelerregende Punkt, aus dem die Sehnsüchte und die Verheißungen einer Rückkehr hervorgehen, der Orient, der kolonisierenden Vernunft des Okzidents dargeboten, aber unzugänglich für alle Zeit, denn stets bleibt er die Grenze: Als die Nacht des Beginnens, in der der Okzident sich ausgebildet, in die er jedoch eine Teilungslinie eingezeichnet hat, ist für ihn der Orient all das, was er nicht ist, obgleich er darin suchen muss, was seine anfängliche Wahrheit ist. Man wird eine Geschichte dieser großen Teilung schreiben müssen, über das gesamte abendländische Werden hinweg, man wird sie in ihrer Kontinuität und in ihren Austäuschen verfolgen müssen, sie aber auch in ihrem tragischen hieratischen Charakter erscheinen lassen.

Man wird auch von weiteren Teilungen berichten müssen: in der lichtvollen Einheit des Scheins die absolute Teilung des Traums, bei dem der Mensch nicht umhin kann, ihn auf seine eigene Wahrheit hin zu befragen – sei dies die Wahrheit seines Schicksals oder die Wahrheit seines Herzens –, die er jedoch nur jenseits einer essentiellen Weigerung befragt, die ihn konstituiert und ins Lächerliche des Traumhaften zurückdrängt. Man wird ebenfalls, und nicht nur in einer ethnologischen Terminologie, die Geschichte der sexuellen Verbote schreiben müssen: selbst in unserer Kultur, man wird von den kontinuierlich wechselnden und hartnäckig bestehenden Formen der Unterdrückung sprechen müssen, und zwar nicht, um die Chronik der Sittlichkeit oder der Toleranz zu verfassen, sondern um als Grenze der abendländischen Welt und als Ursprung ihrer Moral die tragische Teilung der glücklichen Welt des Begehrens zutage zu fördern. Man muss endlich und an erster Stelle von der Erfahrung des Wahnsinns sprechen.

Die Studie, die man nun lesen wird, dürfte allein die erste und die zweifellos leichteste sein innerhalb dieser ausführlichen Untersuchung, die unter der Sonne der großen Nietzscheanischen Suche die Dialektiken der Geschichte mit den unbeweglichen Strukturen des Tragischen konfrontieren möchte.

*

Was also ist der Wahnsinn, in seiner allgemeinsten, doch konkretesten Form, für denjenigen, der von vornherein sämtliche Zugriffe des Wissens auf ihn abweist? Nichts anderes, zweifellos, als die *Abwesenheit eines Werks*.

Was für einen Platz kann die Existenz des Wahnsinns im Werden haben? Was für eine Spur hinterlässt er? Eine sehr schwache zweifellos; einige Falten, die kaum beunruhigen, die an der großen vernunftvollen Ruhe der Geschichte nichts ändern. Was für ein Gewicht haben denn in Anbetracht einiger entscheidender Worte, die das Werden der abendländischen Vernunft durchschossen haben, all jene nichtigen Reden, all jene Dossiers unentzifferbaren Wahns, den der Zufall der Gefängnisse und der Bibliotheken ihnen zur Seite gestellt haben? Gibt es einen Platz im Universum unserer Diskurse für die Tausende von Seiten, auf denen Thorin, ein des Lesens und des Schreibens nahezu unkundiger Lakai und »rasender Irrsinniger«[1], Ende des 17. Jahrhunderts seine fliehenden Visionen und Entsetzensschreie transkribiert hat? All dies ist nur verfallene Zeit, armselige Anmaßung eines Übergangs, den die Zukunft verweigert, etwas im Werden, das irreparabel weniger ist als die Geschichte.

Dieses »weniger« gilt es zu befragen und zugleich von jedem Anzeichen einer Herabsetzung freizuhalten. Seitdem sie erstmals formu-

1 Bibliothèque de l'Arsenal; Ms. Nr. 12023 und 12024.

liert worden ist, bringt die historische Zeit etwas zum Schweigen, das wir im Weiteren nur mehr in den Kategorien des Leeren, des Vergeblichen und des Nichts aufgreifen können. Die Geschichte ist allein auf dem Grund einer Abwesenheit von Geschichte möglich, inmitten dieses großen Raumes murmelnder Stimmen, denen das Schweigen als Berufung und Wahrheit auflauert: »Wüste werde ich jenes Schloss nennen, das Du warst, Nacht jene Stimme und Abwesenheit Dein Gesicht.« Uneindeutigkeit dieser obskuren Region: reiner Ursprung, da sie es ist, aus der die Sprache der Geschichte entstehen wird, indem sie über so viel Verwirrung nach und nach die Formen ihrer Syntax und die Beständigkeit ihres Vokabulars erobert – und letzter Rest, unfruchtbarer Strand der Worte, durchquerter und gleich wieder vergessener Sand, der in seiner Passivität nur den leeren Abdruck weggenommener Figuren bewahrt.

Das große Werk der Geschichte der Welt wird unauslöschlich begleitet von einer Abwesenheit des Werkes, die sich jeden Augenblick erneuert, die jedoch in ihrer unvermeidlichen Leere entlang der ganzen Geschichte unverändert abläuft: und bereits vor der Geschichte, denn sie ist bereits da in der anfänglichen Entscheidung, und auch noch nach ihr, denn triumphieren wird sie im letzten, von der Geschichte gesprochenen Wort. Die Fülle der Geschichte ist allein möglich in dem zugleich leeren und bevölkerten Raum all jener sprachlosen Worte, die dem, der ihnen ein Ohr leiht, einen dumpfen Lärm von unterhalb der Geschichte vernehmbar machen, das hartnäckige Gemurmel einer Sprache, die *ganz allein* sprechen würde – ohne sprechendes Subjekt und ohne einen Mitsprechenden, über sich selbst gebeugt, mit zugeschnürter Kehle, zusammenbrechend, bevor sie überhaupt zu einer Formulierung gelangt ist, und glanzlos ins Schweigen zurückkehrend, von dem sie sich niemals befreit hat. Ausgedörrte Wurzel des Sinns.

Wahnsinn ist dies noch keineswegs, sondern die erste Zäsur, von der her die Teilung des Wahnsinns möglich wird. Diese ist deren Wiederaufnahme, Verdoppelung und Organisation in der zusammengezogenen Einheit der Gegenwart; die Wahrnehmung, die der Mensch des Abendlandes von seiner Zeit und von seinem Raum hat, gibt den Blick frei auf eine Struktur von Verweigerung, von der aus man ein Sprechen an den Pranger stellt, als sei es keine Sprache, eine Geste, als sei sie kein Werk, und eine Gestalt, als habe sie kein Recht, einen Platz einzunehmen in der Geschichte. Diese Struktur ist konstitutiv für das, was Sinn und Nicht-Sinn ist, oder eher noch für jene Reziprozität, durch die sie aneinander gebunden sind; sie allein vermag dieser allgemeinen Tatsache Rechnung zu tragen, dass es in unserer Kultur keine Vernunft ohne Wahnsinn geben kann, selbst wenn die rationale Erkenntnis, die man vom Wahnsinn gewinnt, diesen reduziert und entwaffnet, indem sie ihm den schwachen Status eines pathologischen Unfalls zuweist. *Die Notwendigkeit des Wahnsinns* über die gesamte Geschichte des Abendlandes hinweg ist gebunden an diese Geste einer Entscheidung, die aus diesem Grundrauschen und seiner kontinuierlichen Monotonie eine bedeutungsvolle Sprache herauslöst, die sich in der Zeit überträgt und vollendet; kurz, sie ist gebunden an *die Möglichkeit der Geschichte.*

Diese Struktur der Erfahrung des Wahnsinns, die voll und ganz der Geschichte angehört, auch wenn sie an ihren Grenzen ihren Sitz hat und da, wo die Geschichte sich entscheidet, bildet den Gegenstand dieser Untersuchung.

Daraus folgt, dass es sich keineswegs um eine Geschichte der Erkenntnis, sondern der rudimentären Bewegungen einer Erfahrung handelt. Nicht um eine Geschichte der Psychiatrie, sondern des Wahnsinns selbst, in seiner Lebendigkeit, vor jeder Gefangennahme durch das Wissen. Man sollte also die Ohren spitzen, sich herunterbeugen zu diesem Gemurmel der Welt und sich bemühen, soviel an Bildern, die niemals Dichtung gewesen sind, und soviel an Phantasmen, die niemals die Farben des Wachseins erreicht haben, aufzunehmen. Doch mit Sicherheit ist dies eine zweifach unmögliche Aufgabe: Denn sie hielte uns dazu an, die Fülle dieser konkreten Schmerzen und dieser sinnlosen Reden wiederherzustellen, die durch nichts in der Zeit vertäut sind; vor allem aber existieren diese Schmerzen und Reden und sind sich und den anderen allein in der Geste der Teilung gegeben, die sie bereits anprangert und beherrscht. Allein im Akt der Trennung und von ihr her kann man sie als noch nicht getrennte Fülle denken. Die Wahrnehmung, die sie im wilden Zustand zu erfassen versucht, gehört zwangsläufig einer Welt an, die sich ihrer bereits bemächtigt hat. Die Freiheit des Wahnsinns erstreckt sich nur von der Höhe der Festung aus, die ihn gefangenhält. Damit aber »verfügt er nur über den betrüblichen Stand seiner Gefängnisse, seiner stummen Erfahrung als eines Verfolgten, und wir, wir haben von ihm nur den Steckbrief eines Ausgebrochenen«.

Die Geschichte des Wahnsinns schreiben will also heißen: eine strukturale Untersuchung der historischen Gesamtheit – Begriffe, Institutionen, juridische und polizeiliche Maßnahmen, wissenschaftliche Begriffe – durchführen, die einen Wahnsinn gefangenhält, dessen wilder Zustand niemals an sich wiederhergestellt werden kann; doch in Ermangelung dieser unzugänglichen ursprünglichen Reinheit muss die strukturale Untersuchung zu der Entscheidung hinabsteigen, die Vernunft und Wahnsinn verbindet und zugleich trennt; sie muss danach streben, den ständigen Austausch, die dunkle gemeinsame Wurzel und das ursprüngliche Aufeinanderstoßen zu entdecken, das der Einheit ebenso Sinn gibt wie dem Gegensatz des Sinns und des Sinnlosen. So wird die gewaltige, der Zeit der Geschichte gegenüber heterogene, aber außerhalb ihrer unfassbare Entscheidung, die von der Sprache der Vernunft und den Verheißungen der Zeit dieses Gemurmel düsterer Insekten abtrennt, wieder zum Vorschein kommen können.

*

Muss es verwundern, dass diese Struktur vor allem während der hundertfünfzig Jahre sichtbar war, die der Ausbildung einer von uns als tatsachenorientiert betrachteten Psychiatrie vorangegangen sind und sie herbeigeführt haben? Das klassische Zeitalter – von Willis bis zu Pinel, von den Rasereien des Orest bis zur *Maison du Sourd* und bis zu *Juliette* – deckt genau jene Periode ab, in der der Austausch zwischen Wahnsinn und Vernunft deren Sprache verändert, und zwar radikal. In der Geschichte des Wahnsinns zeigen zwei Ereignisse diese Veränderung mit einzigartiger Deutlichkeit an: 1657 die Schaffung des *Hôpital général* und die »große Einschließung« der Armen; 1794 die Befreiung der in Ketten Gelegten von Bicêtre. Zwischen diesen beiden einzigartigen und symmetrischen Ereignissen geschieht etwas, dessen Zweideutigkeit die Historiker der Medizin in Verwirrung hielt: blinde Repression unter einem absolutistischen Regime für die einen und fortschreitende Entdeckung des Wahnsinns in seiner positiven Wahrheit durch Wissenschaft und Philanthropie für die anderen. In Wirklichkeit bildet sich unterhalb dieser umkehrbaren Bedeutungen eine Struktur aus, die diese Zweideutigkeit nicht auflöst, sondern darüber entscheidet. Diese Struktur trägt dem Übergang von der mittelalterlichen und humanistischen Erfahrung des Wahnsinns zu jener Erfahrung Rechnung, welche die unsrige ist und die den Wahnsinn in die Geisteskrankheit einschließt. Im Mittelalter und bis hin zur Renaissance war die Auseinandersetzung des Menschen mit dem Irrsinn eine dramatische Auseinandersetzung, die ihn mit den dumpfen Mächten der Welt konfrontierte; und die Erfahrung des Wahnsinns wurde damals in Bildern bezwungen, in denen es um Fall und Vollendung, das Tier, die Metamorphose und all die wunderbaren Geheimnisse des Wissens ging. In unserer Zeit erfolgt die Erfahrung des Wahnsinns in der Ruhe eines Wissens, das ihn, da es ihn lange schon kennt, vergisst. Doch vollzogen hat sich der Übergang von der einen zur anderen Erfahrung mittels einer Welt ohne Bilder und ohne eine Positivität in einer Art schweigender Transparenz, die als stumme Einrichtung, kommentarlose Geste und unmittelbares Wissen eine große unbewegliche Struktur erscheinen lässt; diese ist weder Drama noch Erkenntnis; sie ist der Punkt, an dem die Geschichte im Tragischen, das sie zugleich begründet und zurückweist, ihre Bewegung verliert.

Im Zentrum dieses Versuchs, in ihren Rechten und in ihrem Werden die klassische Erfahrung des Wahnsinns gelten zu lassen, wird man folglich eine bewegungslose Figur vorfinden: die schlichte Teilung zwischen Tag und Dunkelheit, Schatten und Licht, Traum und Wachsein, der Wahrheit der Sonne und den Mitternachtsmächten. Eine elementare Figur, die die Zeit nur als endlose Wiederkehr der Grenze empfängt.

Und zu dieser Figur gehörte es auch, den Menschen in ein machtvolles Vergessen einzuführen; nach und nach lernte er, diese große Teilung zu beherrschen und auf sein eigenes Niveau zu reduzieren; *in ihr* den Tag und die Nacht aufzuziehen, die Sonne *der Wahrheit* dem schwachen Licht *seiner* Wahrheit unterzuordnen. Dass er seines Wahnsinns Herr geworden war, dass er ihn, indem er ihn freigab, in den Kerkern seines Blicks und seiner Moral gefangen und dass er ihn entwaffnet hatte, indem er ihn in eine letzte, ihm gehörende Ecke zurückdrängte, autorisierte den Menschen, endlich jene Art Selbstbeziehung einzurichten, die man »Psychologie« nennt. Erst musste der Wahnsinn aufhören, die Nacht zu sein, und zum flüchtigen Schatten des Bewusstseins werden, damit der Mensch den Anspruch erheben konnte, *seiner* Wahrheit innezuwerden und sie in der Erkenntnis zu entwirren.

In der Wiederherstellung dieser Erfahrung des Wahnsinns schrieb sich eine Geschichte der Bedingungen der Möglichkeit der Psychologie wie von selbst.

*

Im Verlauf dieser Arbeit habe ich mich mitunter eines Materials bedient, das potentiell mehrere Autoren zusammengetragen hatten. Ich habe das so selten wie möglich getan; eben in den Fällen, in denen ich zum Dokument selbst keinen Zugang bekommen konnte. Denn außerhalb jeder Bezugnahme auf eine psychiatrische »Wahrheit« galt es, die Worte und die Texte, die von unterhalb der Sprache kommen und die nicht gemacht waren, um bis ins Sprechen vorzudringen, aus sich heraus sprechen zu lassen. Und vielleicht ist der in meinen Augen wichtigste Teil dieser Arbeit der Platz, den ich dem Text der Archive selbst gelassen habe.

Ansonsten galt es, sich in einer Art rückhaltloser Relativität zu halten und sich keinen Ausweg in einem psychologischen Gewaltakt zu suchen, der die Karten umgedreht und die verkannte Wahrheit denunziert hätte. Es galt, vom Wahnsinn zu sprechen allein im Verhältnis zu jener »anderen Art« Wahnsinn, die den Menschen erlaubt, nicht wahnsinnig zu sein, und die ihrerseits allein in der ursprünglichen Lebendigkeit beschrieben werden konnte, die sie, in Hinblick auf den Wahnsinn, in eine endlose Auseinandersetzung verwickelt. Eine Sprache ohne Abstützung war somit notwendig: eine Sprache, die ins Spiel einstieg, aber den Austausch autorisieren sollte; eine Sprache, die in unaufhörlicher Wiederaufnahme durch eine kontinuierliche Bewegung bis auf den Grund vorrücken sollte. Es ging darum, um jeden Preis das *Relative* zu bewahren und *absolut* verstanden zu werden.

Darin, in diesem schlichten Problem der Ausdrucksweise, verbarg sich und verriet sich die größte Schwierigkeit des Unternehmens: Es galt, an die Oberfläche der Sprache der Vernunft eine Teilung und eine Auseinandersetzung gelangen zu lassen, die notwendig diesseits davon bleiben müssen, da diese Sprache nur jenseits von ihnen Sinn annimmt. Es brauchte also eine hinreichend neutrale Sprache (hinreichend frei von wissenschaftlicher Terminologie und von sozialen oder moralischen Optionen), damit sie sich so eng wie möglich diesen ursprünglich verschlungenen Worten nähern konnte und damit diese Distanz aufgehoben wurde, durch die der moderne Mensch sich gegen den Wahnsinn versichert; jedoch eine hinreichend offene Sprache, damit sich darin ohne Verrat die entscheidenden Reden einschreiben können, durch die sich für uns die Wahrheit von Wahnsinn und Vernunft konstituiert hat. An Regeln und Methoden habe ich folglich nur eine beibehalten, und zwar die, welche in einem Text von

Char enthalten ist, in dem auch die Definition der am stärksten drängenden und am stärksten zurückgehaltenen Wahrheit zu lesen ist: »Ich werde den Dingen den Schein entziehen, den sie hervorbringen, um sich vor uns zu schützen, und werde ihnen den Teil lassen, den sie uns zugestehen.«[2]

*

Bei dieser Aufgabe, die unweigerlich eine etwas einsame sein musste, haben alle diejenigen, die mir geholfen haben, ein Recht auf meine Anerkennung. Und Georges Dumézil als Erster, ohne den diese Arbeit nicht unternommen worden wäre – weder unternommen im Verlauf der schwedischen Nacht noch vollendet an der großen beharrlichen Sonne der polnischen Freiheit. Zu danken habe ich Jean Hyppolite und unter allen Georges Canguilhem, der diese noch ungestalte Arbeit gelesen, mir mit Rat zur Seite gestanden, als alles nicht einfach war, mir manchen Fehler erspart und mir den Preis gezeigt hat, den es haben kann, verstanden zu werden. Mein Freund Robert Mauzi hat mir über jenes 18. Jahrhundert, welches das seine ist, so manches an Kenntnissen beigebracht, die mir fehlten.

Es wären weitere Namen anzuführen, die scheinbar nicht bedeutend sind. Sie wissen trotzdem, jene Freunde aus Schweden und jene polnischen Freunde, dass etwas von ihrer Gegenwart in diesen Seiten enthalten ist. Mögen sie mir verzeihen, dass ich sie, sie und ihr Glück auf eine harte Probe gestellt habe, sie, die einer Arbeit so nahe waren, in der es allein um ferne Leiden und um ein wenig staubige Archive des Schmerzes ging.

*

»Leidenschaftliche Begleiter, die ihr kaum ein Murmeln von euch gebt, geht mit erloschener Lampe und gebt die Schmuckstücke zurück. Ein neues Geheimnis singt in euren Gebeinen. Entwickelt eure rechtmäßige Fremdartigkeit.«

Hamburg, den 5. Februar 1960.

Übersetzt von Hans-Dieter Gondek

2 Char, R., »Suzerain«, in: *Poèmes et Prose*, S. 87.

Gespräch mit Madeleine Chapsal

»Entretien avec Madeleine Chapsal«, *Quinzaine littéraire* 5, 16. Mai 1966, S. 14 f.

– *Sie sind achtunddreißig Jahre alt. Sie sind einer der jüngsten Philosophen dieser Generation. In ihrem letzten Buch,* Les Mots et les Choses [dt. Die Ordnung der Dinge], *versuchen Sie zu klären, welche grundlegenden Veränderungen sich in den letzten zwanzig Jahren im Bereich des Denkens vollzogen haben. Der Existentialismus und Sartres Denken etwa sind in Ihren Augen dabei, Museumsobjekte zu werden. Sie leben – und wir leben, ohne dass wir es bemerkt hätten – in einem vollkommen neuen intellektuellen Raum. Ihr Buch, das teilweise dieses Neue aufzeigt, ist schwierig. Können Sie mir, ein wenig vereinfacht (auch wenn das vielleicht nicht ganz so korrekt sein sollte), folgende Frage beantworten: Wo stehen Sie? Wo stehen wir?*

– Ganz unvermittelt und scheinbar ohne Grund haben wir vor etwa fünfzehn Jahren bemerkt, dass wir uns sehr weit von der vorangegangenen Generation entfernt hatten, von der Generation Sartres und Merleau-Pontys – von der Generation der *Temps modernes,* die unser Gesetz des Denkens und unser Existenzmodell gewesen waren...

– *Wen meinen Sie mit »wir«?*

– Die Generation derer, die im Krieg noch keine zwanzig Jahre alt waren. Wir haben die Generation Sartres gewiss als eine mutige, großzügige Generation empfunden, die dem Leben, der Politik, der Existenz mit großer Leidenschaft begegnete... Aber wir haben etwas anderes entdeckt, eine andere Leidenschaft: die Leidenschaft für den Begriff und für das »System«, wie ich es einmal nennen möchte...

– *Wofür interessierte Sartre sich als Philosoph?*

– Angesichts einer geschichtlichen Welt, in der die bürgerliche Tradition sich nicht mehr wiedererkannte, so dass sie ihr als *absurd* erschien, wollte Sartre zeigen, dass es überall Sinn gibt. Aber dieser Ausdruck war bei ihm ausgesprochen zweideutig; der Ausdruck »es gibt Sinn« war eine Feststellung und zugleich ein Befehl, eine Vorschrift. Dass die Dinge Sinn haben, heißt, dass wir allem einen Sinn geben müssen. Einen Sinn, der seinerseits ausgesprochen zweideutig ist, denn er ist das Ergebnis einer Dechiffrierung, einer Lektüre, und zugleich der verborgene Faden, der sich unwillkürlich durch unser Handeln zieht. Für Sartre lasen wir den Sinn aus den Dingen heraus und stanzten ihn ihnen zugleich ein; wir deckten ihn auf und wir wurden von ihm gelenkt.

– *Wann haben Sie aufgehört, an den »Sinn« zu glauben?*

– Der Bruch kam, als Lévi-Strauss für die Gesellschaft und Lacan für das Unbewusste zeigten, dass Sinn wahrscheinlich nur eine Oberflächenerscheinung, eine Spiegelung, eine Schaumkrone darstellt, während das eigentliche Tiefenphänomen, von dem wir geprägt sind, das vor uns da ist und uns in Zeit und Raum trägt, das *System* ist.

– *Was verstehen Sie unter »System«?*

Ein System ist eine Menge von Beziehungen, die unabhängig von den verknüpften Elementen fortbestehen und sich verändern. Man hat zum Beispiel gezeigt, dass in den Mythen der Römer, Skandinavier und Kelten zwar ganz verschiedene Götter und Heroen auftreten, dass aber die Organisation dieser Gestalten, ihre Rangordnungen, Rivalitäten, Treuebrüche, Übereinkünfte und Abenteuer ein und demselben System folgen (obwohl diese Kulturen nichts voneinander wussten)... Nach neueren Erkenntnissen der Paläontologie zeigt auch die Anordnung der Figuren in der Höhlenmalerei ein systematisches Muster... In der Biologie tragen die Chromosomen bekanntlich in Form eines Codes, einer verschlüsselten Nachricht, sämtliche Informationen, die für die Entwicklung des jeweiligen Lebewesens erforderlich sind... Lacans Bedeutung liegt in dem Nachweis, dass durch den Diskurs des Kranken und die Symptome seiner Neurose hindurch die Strukturen der Sprache selbst sprechen: ihr System und nicht etwa das Subjekt... Vor jeder menschlichen Existenz und jeglichem menschlichen Denken gibt es danach ein Wissen, ein System, das wir wiederentdecken...

– *Aber woher stammt dieses System?*

– Was ist dieses anonyme System ohne Subjekt? Was denkt da? Das »Ich« ist explodiert (man denke nur an die moderne Literatur) – dem folgt nun die Entdeckung des »es gibt«. Es gibt ein »man«. In gewisser Weise kehren wir damit zur Sichtweise des 17. Jahrhunderts zurück, allerdings mit einem Unterschied: Wir setzen nicht den Menschen an die Stelle Gottes, sondern ein anonymes Denken; ein Wissen, das kein Subjekt hat, Theoretisches, das keine Identität besitzt...

– *Inwieweit betrifft all das auch uns, die wir keine Philosophen sind?*

– Die Art, wie die Menschen denken, schreiben, urteilen, sprechen (selbst auf der Straße, im Gespräch, in den alltäglichsten Formen des Schreibens), aber auch die Art und Weise, in der die Leute die Dinge prüfen, in der ihr Empfindungsvermögen reagiert, ihr ganzes Verhalten wird von einer theoretischen Struktur gesteuert, von einem *System*, das sich mit der Zeit und von Gesellschaft zu Gesellschaft verändert, aber zu allen Zeiten und in allen Gesellschaften präsent ist.

– *Sartre hat uns die Freiheit gelehrt. Sagen Sie uns nun, dass es keine wirkliche Freiheit im Denken gibt?*

– Wir denken stets innerhalb eines anonymen, zwingenden Gedankensystems, das einer Zeit und einer Sprache zugehört. Dieses Denksystem und diese Sprache haben ihre eigenen Transformationsgesetze. Aufgabe der heutigen Philosophie und all der oben genannten theoretischen Disziplinen ist es, dieses Denken vor dem Denken, dieses System vor dem System aufzudecken... Es bildet die Grundlage, auf der unser »freies« Denken entsteht und für einen kurzen Moment funkelt...

– *Wie ist unser heutiges System beschaffen?*

– Das habe ich – zumindest teilweise – in *Les Mots et les Choses* zu zeigen versucht.

– *Standen Sie dabei jenseits des Systems?*

– Bei dem Versuch, das System zu denken, stand ich unter dem Zwang eines hinter dem System liegenden Systems, das ich nicht kenne und das im selben Maße zurückweichen wird, wie ich es enthülle oder wie es sich enthüllt...

– *Was wird bei alledem aus dem Menschen? Entsteht hier eine neue Philosophie des Menschen? Gehören Ihre Forschungen nicht sämtlich in den Bereich der Humanwissenschaften?*

– Scheinbar ja; die Entdeckungen von Lévi-Strauss, Lacan und Dumézil gehören in den Bereich der so genannten Humanwissenschaften; charakteristisch ist nun aber, dass all diese Forschungen nicht nur das überkommene Menschenbild auslöschen, sondern meines Erachtens die Idee des Menschen in der Forschung und im Denken tendenziell überflüssig machen. Die größte Last, die wir aus dem 19. Jahrhundert geerbt haben – und von der wir uns unbedingt befreien sollten –, ist der Humanismus...

– *Der Humanismus?*

– Der Humanismus war ein Versuch, mit Begriffen wie Moral, Wert und Versöhnung Probleme zu lösen, die sich gar nicht lösen ließen. Kennen Sie den Ausspruch von Marx, wonach die Menschheit sich nur Probleme stellt, die sie auch lösen kann? Ich glaube, man kann sagen: Der Humanismus gibt vor, Probleme zu lösen, die man sich gar nicht stellen kann.

– *Aber welche Probleme?*

– Fragen nach dem Verhältnis des Menschen zur Welt, das Problem der Realität, das Problem des künstlerischen Schaffens, des Glücks und all die Obsessionen, die es gar nicht verdienen, als theoretische Probleme behandelt zu werden... Unser System befasst sich damit überhaupt nicht. Wir stehen heute vor der Aufgabe, uns endgültig vom Humanismus zu lösen, und in diesem Sinne ist unsere Arbeit politisch.

– *Was ist daran politisch?*

– Den Menschen zu retten, den Menschen im Menschen wiederzuentdecken usw., das ist das Ziel all dieser geschwätzigen, zugleich theoretischen und praktischen Unternehmungen, zum Beispiel des

Versuchs, Marx und Teilhard de Chardin zu versöhnen (solche von humanistischen Vorstellungen triefenden Unternehmungen verdammen die intellektuelle Arbeit seit Jahren zur Unfruchtbarkeit…). Wir haben heute die Aufgabe, uns endgültig vom Humanismus zu befreien, und in diesem Sinne ist unsere Arbeit politisch, zumal alle Regime im Osten wie im Westen ihre verdorbene Ware unter dem schützenden Dach des Humanismus feilbieten. Wir müssen all diese Mystifikationen anprangern, wie Althusser und seine mutigen Genossen heute innerhalb der Kommunistischen Partei gegen den »Chardino-Marxismus« kämpfen.

– *Wie weit ist dieser Gedanke bereits verbreitet?*

– Diese Entdeckungen sind bereits sehr weit verbreitet in jener nur schwer abzugrenzenden Gruppe französischer Intellektueller, zu der die meisten Studenten und die jüngeren Professoren gehören. Unverkennbar gibt es in diesem Bereich Widerstände, vor allem von Seiten der Humanwissenschaften. Dass wir niemals aus dem Wissen, aus dem Bereich des Theoretischen heraustreten, lässt sich in den Humanwissenschaften (vor allem in der Literatur) nicht so leicht beweisen wie in der Logik und in der Mathematik.

– *Wo ist diese Bewegung entstanden?*

– Es bedarf schon des ganzen, nur eine Sprache beherrschenden Narzissmus der Franzosen, um sich einzubilden – wie sie es tun –, sie allein hätten dieses Problemfeld entdeckt. Diese Bewegung hat sich in Amerika, England und Frankreich entwickelt, und zwar auf der Grundlage von Arbeiten, die kurz nach dem Ersten Weltkrieg in den slawisch- und deutschsprachigen Ländern entstanden. Doch während es in den Vereinigten Staaten seit gut vierzig Jahren den *new criticism* gibt und alle wichtigen Arbeiten auf dem Gebiet der Logik dort und in England entstanden sind, konnte man die französischen Linguisten noch vor wenigen Jahren an den Fingern abzählen… Wir haben eine gallozentrische Vorstellung von Kultur, nach der selbst de Gaulle als Intellektueller gelten kann…

– *Tatsache ist aber, dass der normale Bürger sich überfordert fühlt… Geht es hier gegen eine gute Allgemeinbildung? Wird es bald nur noch Fachleute geben?*

– Es geht nicht gegen den normalen Bürger, sondern gegen unser (vom Humanismus beherrschtes) höheres Bildungswesen. Wir lernen absolut nichts über die grundlegenden Fächer, die es uns ermöglichen, zu verstehen, was hier bei uns und vor allem auch anderswo geschieht... Wenn der normale Bürger heute den Eindruck einer barbarischen, mit Zahlen und Abkürzungen gespickten Kultur hat, dann hat das nur eine Ursache: Unser Bildungssystem stammt aus dem 19. Jahrhundert, und immer noch herrschen darin die geistloseste Psychologie, der völlig veraltete Humanismus und Kategorien wie Herz oder Geschmack... Wenn der normale Mensch das Gefühl hat, von alledem nichts mehr zu verstehen, dann liegt die Schuld weder bei ihm selbst noch bei dem, was geschieht, sondern in der Organisation des Bildungswesens...

– Dennoch erscheint dieses neue Denken, ob nun mit Zahlen gespickt oder nicht, als kalt und abstrakt...

– Abstrakt? Dazu kann ich nur sagen: Der Humanismus ist abstrakt. All diese Herzensschreie, diese Ansprüche der menschlichen Person, der Existenz sind abstrakt, das heißt, abgeschnitten von der wissenschaftlichen und technischen Welt, die unsere reale Welt ist. Was mich gegen den Humanismus aufbringt, ist die Tatsache, dass er heute den Wandschirm darstellt, hinter dem sich das reaktionärste Denken verbergen kann und monströse, gänzlich unvorstellbare Bündnisse geschlossen werden. So will man Sartre mit Teilhard vereinen... In wessen Namen? Im Namen des Menschen natürlich. Wer würde wagen, etwas Schlechtes über den Menschen zu sagen? Den Angehörigen unserer Generation geht es nicht darum, den Menschen *gegen* das Wissen und *gegen* die Technik zu stellen; sie wollen vielmehr zeigen, dass unser Denken, unser Leben und selbst noch die alltäglichsten Formen unseres Daseins Teil derselben systematischen Organisation sind und daher auf *denselben* Kategorien beruhen wie die wissenschaftliche und technische Welt. In Wirklichkeit ist das »menschliche Herz« abstrakt, und unser Bestreben, den Menschen mit seiner Wissenschaft, seinen Entdeckungen, seiner Welt zu verbinden, ist konkret.

– Ich denke ja...

– Wir dürfen die Lauheit der Kompromisse nicht mit der Kälte wahrer Leidenschaft verwechseln. Die Schriftsteller, die uns »kalten Systematikern« am besten gefallen, sind Sade und Nietzsche, die tatsächlich »Schlechtes über den Menschen gesagt« haben. Und waren sie nicht zugleich auch die leidenschaftlichsten Schriftsteller?

Übersetzt von Michael Bischoff

Antwort auf eine Frage

›Réponse à une question‹, *Esprit* Nr. 371, Mai 1968, S. 850-874.

Ich danke den Lesern von *Esprit* für die Fragen, die sie mir gestellt haben, und J.-M. Domenach für die Gelegenheit, darauf zu antworten. Die Fragen waren so zahlreich – und jede so interessant –, dass es mir kaum möglich war, sie alle aufzugreifen. Ich habe die letzte von ihnen[1] ausgewählt (nicht ohne Bedauern, die anderen fallenzulassen):

1) weil sie mich auf den ersten Blick befremdete, ich aber rasch davon überzeugt war, dass sie sich auf den eigentlichen Kern meiner Arbeit bezieht;

2) weil sie mir gestattet, zumindest einige der Antworten, die ich gerne auf andere Fragen gegeben hätte, hierher zu verlagern;

3) weil sie die Frage formuliert, der sich heute keine theoretische Arbeit entziehen kann.

*

Ich muss gestehen, dass Sie mein Vorhaben sehr genau charakterisiert und dabei den Punkt der unvermeidlichen Uneinigkeit benannt haben. »Den Systemzwang und die Diskontinuität in die Geistesgeschichte einführen«? Ja, ich erkenne mich darin fast vollständig wieder. Ja, ich erkenne an, dass dies ein beinahe unverantwortliches Vorhaben darstellt. Teuflisch zutreffend: Es ist Ihnen gelungen, meiner Arbeit eine Definition zu geben, die ich zu unterschreiben gezwungen bin, die sich aber niemand jemals vernünftigerweise zu Eigen machen würde. Plötzlich empfinde ich meine ganze Merkwürdigkeit, meine so wenig legitime Absonderlichkeit. Ich bemerke jetzt, wie sehr diese Arbeit, die zweifellos ein wenig eigenbrötlerisch war, aber stets beharrlich, ohne einer anderen Richtschnur als sich selbst zu folgen, und dabei sorgfältig genug war, so dachte ich, um sich alleine verteidigen zu können, von den grundlegendsten Normen abwich,

1 Beseitigt ein Denken, das den Systemzwang und die Diskontinuität in die Geistesgeschichte einführt, nicht jede Grundlage einer progressiven politischen Intervention? Mündet es nicht in folgendes Dilemma:
- entweder das System zu akzeptieren;
- oder an das wilde Ereignis, an den Einbruch einer von außen kommenden Gewalt zu appellieren, die allein imstande wäre, das System zu erschüttern?

wie provokativ sie war. Allerdings stören mich zwei oder drei Details Ihrer so zutreffend vorgeschlagenen Definition und halten mich davon ab, ihr ganz zuzustimmen.

Erstens verwenden Sie das Wort *System* im Singular. Ich bin nun aber Pluralist. Das möchte ich hier zum Ausdruck bringen. (Ich denke, Sie erlauben mir, nicht nur von meinem letzten Buch zu sprechen, sondern auch von den vorangehenden; zusammen bilden sie ein Bündel von Untersuchungen, deren Themen und chronologische Bezugspunkte ziemlich nahe beieinanderliegen; auch bildet jedes einen Beschreibungsversuch, der sich durch eine bestimmte Anzahl von Merkmalen von den anderen beiden unterscheidet und sich dadurch auf sie bezieht.) Ich bin Pluralist: das Problem, das ich mir gestellt hatte, war das der *Individualisierung* der Diskurse. Für die Individualisierung der Diskurse gibt es anerkannte und zweifelsfreie (oder beinahe zweifelsfreie) Kriterien: das linguistische System, dem sie zugehören, die Identität des Subjekts, das sie artikulierte. Andere Kriterien jedoch, die nicht weniger vertraut sind, sind sehr viel rätselhafter. Wovon sprechen wir, wenn wir von *der* Psychiatrie sprechen oder von *der* Medizin, von *der* Grammatik, von *der* Biologie, von *der* Ökonomie? Worin bestehen diese merkwürdigen Einheiten, die man auf den ersten Blick zu erkennen glaubt, bei denen es aber große Verlegenheit bereiten würde, ihre Grenzen zu definieren? Einheiten, von denen einige bis zu den Anfängen unserer Geschichte zurückzureichen scheinen (die Medizin nicht weniger als die Mathematik), während andere erst kürzlich in Erscheinung getreten sind (die Ökonomie, die Psychiatrie), während wieder andere vielleicht wieder verschwunden sind (die Kasuistik). Einheiten, in die sich unablässig neue Äußerungen einfügen und die beständig von ihnen verändert werden (die seltsame Einheit der Soziologie oder der Psychologie, die seit ihrer Entstehung unablässig neu beginnen). Einheiten, die sich nach so vielen Irrtümern, so vielen Nachlässigkeiten, so vielen Neuigkeiten, so vielen Metamorphosen hartnäckig aufrechterhalten, die aber manchmal so radikalen Wandlungen unterworfen sind, dass man sie nur schwer als mit sich selbst identisch betrachten kann (wie kann man behaupten, dass es sich von den Physiokraten bis zu Keynes ununterbrochen um dieselbe Ökonomie handelt?).

Vielleicht gibt es Diskurse, die ihre eigene Individualität fortwährend neu definieren können (die Mathematik beispielsweise kann zu jedem Zeitpunkt die Totalität ihrer Geschichte reinterpretieren); in keinem der zitierten Fälle jedoch kann der Diskurs die Totalität seiner Geschichte in der Einheit einer formalen Architektur rekonstruieren. Es bleiben zwei traditionelle Auswege. Der historisch-transzendentale Ausweg: der Versuch, jenseits jeder Manifestation und jeder historischen Entstehung nach einer ursprünglichen Gründung zu suchen, der Eröffnung eines unerschöpflichen Horizonts, einem Entwurf, der hinter jedes Ereignis zurückgehen würde und der durch die Geschichte hindurch stets am vorwegenommenen Umriss einer Einheit festhielte, die nie zu ihrem Abschluss gelangt. Der empirische oder psychologische Ausweg: nach dem Begründer forschen, interpretieren, was er sagen wollte, die impliziten Bedeutungen aufspüren, die in seinem Diskurs schweigend schliefen, dem Verlauf oder dem Geschick dieser Bedeutungen folgen, von den Traditionen und Einflüssen berichten, den Moment des Erwachens, des Vergessens, des Bewusstwerdens, der Krisen, der geistigen Veränderungen sowie die Sensibilität oder die Interessen der Menschen festhalten. Mir scheint indes, dass der erste Ausweg tautologisch ist und der zweite äußerlich und unwesentlich. Ich wollte versuchen, die großen Einheiten, die simultan oder sukzessiv das Universum unserer Diskurse unterteilen, zu individualisieren, indem ich ihre eigenen Charakteristika kenntlich mache und systematisiere.

Ich habe drei Gruppen von Kriterien im Auge:

1) Die Kriterien der *Formation*. Es ist nicht die Einheit eines Objekts, es ist nicht eine formale Struktur, die es möglich macht, einen Diskurs wie den der politischen Ökonomie oder der allgemeinen Grammatik zu individualisieren; ebensowenig ist es eine kohärente begriffliche Architektur; es ist keine fundamentale philosophische Wahl; es ist vielmehr die Existenz von Formationsregeln für all seine Gegenstände (so verstreut sie auch seien), all seine Operationen (die sich häufig weder überlagern noch miteinander verbinden können), all seine Begriffe (die sehr wohl miteinander inkompatibel sein können), all seine theoretischen Optionen (die sich oftmals wechselseitig ausschließen). Eine individualisierte diskursive Formation liegt dann vor, wenn sich ein solches Spiel von Regeln definieren lässt.

2) Die Kriterien der *Transformation* oder der *Schwelle*. Die Naturgeschichte oder die Psychopathologie sind, so würde ich sagen, Diskurseinheiten, wenn ich die Bedingungen definieren kann, die zu einem genau bestimmten Zeitpunkt gegeben sein mussten, damit ihre

Objekte, ihre Operationen, ihre Begriffe und ihre theoretischen Optionen gebildet werden konnten; wenn ich definieren kann, zu welchen internen Modifikationen sie imstande sind; wenn ich schließlich definieren kann, von welcher Transformationsschwelle an neue Regeln ins Spiel gebracht worden sind.

3) Die Kriterien der *Korrelation*. Ich würde sagen, dass die klinische Medizin eine autonome diskursive Formation ist, wenn ich die Gesamtheit der Beziehungen definieren kann, die sie definieren und neben die anderen Diskurstypen (wie die Biologie, die Chemie, die politische Theorie oder die Analyse der Gesellschaft) und in den nicht-diskursiven Kontext stellen, in dem sie funktioniert (Institutionen, soziale Beziehungen, ökonomische und politische Umstände).

Diese Kriterien gestatten es, die Themen der totalisierenden Geschichte (ob es sich um den »Fortschritt der Vernunft« oder um den »Geist eines Zeitalters« handelt) durch differenzierte Analysen zu ersetzen. Sie ermöglichen es, als Episteme einer Epoche nicht die Summe ihrer Erkenntnisse oder den allgemeinen Stil ihrer Forschungen zu beschreiben, sondern die Abstände, die Distanzen, die Oppositionen, die Differenzen, die Beziehungen ihrer vielfältigen wissenschaftlichen Diskurse; *die Episteme ist* nicht *eine Art zugrundeliegender Großtheorie*, sie ist ein Raum der *Streuung*, sie ist ein *offenes und zweifellos endlos relational beschreibbares Feld*. Was sie darüber hinaus zu beschreiben gestattet, ist nicht die große Geschichte, die alle Wissenschaften in ein und demselben Gedankengang erfasste, sondern die Typen von Geschichten – das heißt von Remanenz und Transformation –, die die verschiedenen Diskurse charakterisieren (die Geschichte der Mathematik gehorcht nicht demselben Modell wie die Geschichte der Biologie, die ihrerseits genausowenig dem der Psychopathologie folgt): die *Episteme ist kein Teil der Geschichte*, der allen Wissenschaften gemeinsam wäre. Sie ist ein *simultanes Spiel spezifischer Remanenzen*. Sie gestattet schließlich, die verschiedenen Schwellen an ihren jeweiligen Platz zu stellen: denn nichts belegt im Vorhinein (und genausowenig beweist etwas nach der Untersuchung), dass alle Typen von Diskursen dieselbe Chronologie aufweisen; die Schwelle, die man für die Analyse der Sprache zu Anfang des 19. Jahrhunderts beschreiben kann, hat zweifellos keine symmetrische Entsprechung in der Geschichte der Mathematik; und, noch viel paradoxer, die Formationsschwelle der politischen Ökonomie (die durch Ricardo markiert wird) fällt nicht mit der Konstitution einer Analyse der Gesellschaft und der Geschichte durch Marx zusammen.[2] Die Episteme ist *kein allgemeines Stadium der Vernunft*, sie ist ein *komplexes Verhältnis sukzessiver Verschiebungen.*

Nichts, so sehen Sie, läge mir ferner als die Suche nach einer zwingenden, souveränen und einheitlichen Form. Ich versuche nicht, aus unterschiedlichen Zeichen den einheitlichen Geist einer Epoche zu erfassen, die allgemeine Form ihres Bewusstseins: so etwas wie eine *Weltanschauung*[3]. Ebensowenig habe ich das Auftreten und das Verschwinden einer formalen Struktur beschrieben, die eine Zeitlang über alle Manifestationen des Denkens herrschte: ich habe nicht die Geschichte eines synkopierten Transzendentalen geschrieben. Noch weniger habe ich schließlich Gedanken oder säkulare Empfindungen beschrieben, die entstehen, erste Schritte machen, kämpfen, verlöschen wie große Phantom-Seelen, die ihr Schatten-Theater auf der Hinterbühne der Geschichte spielen. Ich habe der Reihe nach die Diskursgesamtheiten analysiert; ich habe sie charakterisiert; ich habe die Spiele der Regeln definiert, der Transformationen, der Schwellen, der Remanenzen; ich habe sie untereinander zusammengestellt, ich habe Bündel von Beziehungen beschrieben. Überall, wo ich es für geboten hielt, habe ich *die* Systeme vervielfacht.

*

Ein Denken, das, wie Sie sagen, »die Diskontinuität unterstreicht«. Die Bedeutung dieses Begriffs – bei den Historikern wie bei den Linguisten – darf heute in der Tat nicht unterschätzt werden. Die Verwendung des Singulars jedoch scheint nicht ganz angemessen. Auch hier bin ich Pluralist. Mein Problem: die abstrakte, allgemeine und monotone Form des »Wandels«, in der man so gern das Aufeinanderfolgen denkt, durch die Analyse *unterschiedlicher Transformationstypen* zu ersetzen. Dies impliziert zwei Dinge: alle alten schwam-

2 Diese Tatsache, die bereits von Oskar Lange festgestellt wurde, erklärt zugleich den begrenzten und klar umgrenzten Platz, den die Begriffe von Marx innerhalb des epistemologischen Feldes okkupieren, das von Petty bis hin zur gegenwärtigen Ökonometrie reicht, und den grundlegenden Charakter derselben Begriffe für eine Theorie der Geschichte. Ich hoffe, die Zeit dafür zu haben, die Probleme des historischen Diskurses in einem zukünftigen Werk zu analysieren, dessen Titel in etwa lauten wird: Die Vergangenheit und die Gegenwart: eine andere Archäologie der Humanwissenschaften.

3 [im Original Deutsch]

migen Formen der Kontinuität einklammern, durch die man üblicherweise das wilde Faktum der Veränderung abschwächte (Tradition, Einfluss, Denkgewohnheiten, große mentale Formen, Zwänge des menschlichen Geistes), und im Gegenteil hartnäckig die ganze Heftigkeit der Differenz hervortreten lassen: akkurat den Unterschied feststellen. Ferner alle psychologischen Erklärungen der Veränderung in Klammern setzen (das Genie der großen Erfinder, die Krisen des Bewusstseins, das Auftreten einer neuen Form des Geistes); und mit der allergrößten Sorgfalt die Transformationen zu definieren, die die Veränderung: ich sage nicht provoziert, sondern *konstitutiert* haben. Mit einem Wort, das Thema des *Werdens* (allgemeine Form, abstraktes Element, erste Ursache und universeller Effekt, konfuse Vermischung des Identischen und des Neuen) durch die Analyse der Spezifität der *Transformationen* zu ersetzen.

1) Im *Inneren* einer bestimmten diskursiven Formation die die Objekte, die Operationen, die Begriffe, die theoretischen Optionen betreffenden Veränderungen aufspüren. Man kann folglich (ich beschränke mich auf das Beispiel der allgemeinen Grammatik) zwischen den Veränderungen durch Deduktion oder Implikation unterscheiden (die Theorie der Verbalkopula implizierte die Unterscheidung zwischen einer substantivischen Wurzel und einer verbalen Flexion), den Veränderungen durch Verallgemeinerung (die Ausweitung der Theorie der Wort-Designation auf das Verbum und in der Folge das Verschwinden der Theorie der Verbalkopula), den Veränderungen durch Abgrenzung (der Begriff des Attributs wird durch den Begriff des Komplements spezifiziert), den Veränderungen durch Übergang zum Komplementären (das Projekt der Konstruktion einer universellen und transparenten Sprache entstammt der Suche nach den verborgenen Geheimnissen der Ursprache), den Veränderungen durch Übergang zum anderen Pol einer Alternative (Primat der Vokale oder der Konsonanten in der Konstruktion der Wurzeln), den Veränderungen durch Permutation der Dependenzen (man kann die Theorie des Verbs auf die des Nomens gründen oder umgekehrt), den Veränderungen durch Inklusion oder Exklusion (die Analyse der Sprachen als repräsentative Zeichensysteme lässt die Untersuchung ihrer Abstammungen außer Gebrauch kommen, die durch die Suche nach einer ursprünglichen Sprache dagegen wieder neu aufflammt).

Diese unterschiedlichen Typen des Wandels bilden zusammengenommen die Gesamtheit der charakteristischen *Verzweigungen* einer diskursiven Formation.

2) Die Veränderungen aufspüren, die die diskursiven Formationen *als solche* bestimmen:

– die Verschiebung der Linien, die das Feld der möglichen Objekte definieren (das medizinische Objekt hört zu Beginn des 19. Jahrhunderts auf, durch die Oberfläche einer Klassifikation erfasst zu werden; es wird im dreidimensionalen Raum eines Körpers ausfindig gemacht);

– die neue Position und die neue Rolle des sprechenden Subjekts innerhalb des Diskurses (das Subjekt wird im Diskurs der Naturforscher des 18. Jahrhunderts ausschließlich zu einem gemäß einem Raster *beobachtenden* und gemäß einem Code *aufzeichnenden* Subjekt; es hört auf zu hören, zu interpretieren und zu dechiffrieren);

– die neue Funktion der Sprache in Bezug auf die Gegenstände (seit Tournefort hat der Diskurs der Naturforscher nicht mehr die Aufgabe, in die Dinge einzudringen, ihnen die Sprache zu entreißen, die sie im Geheimen in sich tragen, und sie an den Tag zu bringen, sondern die, eine Oberfläche der Transkription aufzuspannen, wo die Form, die Zahl, die Größe und die Anordnung der Elemente auf eindeutige Art und Weise ausgedrückt werden können);

– die neue Form der Lokalisierung und der Zirkulation des Diskurses in der Gesellschaft (der klinische Diskurs wird nicht an denselben Orten formuliert, wendet nicht dieselben Verfahren des Registrierens an, er verbreitet, er summiert, er erhält sich nicht auf die gleiche Weise wie der medizinische Diskurs des 18. Jahrhunderts, noch führt er die gleiche Art von Auseinandersetzungen).

All diese Veränderungen eines im Verhältnis zu seinen Vorgängern überlegenen Typus definieren die Transformationen, die die diskursiven Räume als solche betreffen: die *Mutationen*.

3) Schließlich der dritte Typus von Veränderungen, diejenigen, die mehrere diskursive Formationen gleichzeitig betreffen:

– die Umkehrung innerhalb des hierarchischen Diagramms (die Analyse der Sprache besaß während des klassischen Zeitalters richtungweisende Bedeutung, die sie in den ersten Jahrzehnten des 19. Jahrhunderts zugunsten der Biologie verlor);

– der Wandel der Natur der Rektion (die klassische Grammatik als allgemeine Zeichentheorie gewährleistete in anderen Bereichen die Übertragung eines Analyseinstruments; im 19. Jahrhundert stellte die Biologie den »metamorphischen« Import einer bestimmten Anzahl von Begriffen sicher: Organismen → Organisation; Funktion → soziale Funktion; Leben → Leben der Wörter oder der Sprachen);

– die funktionellen Verschiebungen: die Theorie der Kontinuität der Lebewesen, die im 18. Jahrhundert dem philosophischen Diskurs entsprang, wird im 19. Jahrhundert vom wissenschaftlichen Diskurs übernommen.

All diese Transformationen eines Typus, der zwei anderen Typen gegenüber überlegen ist, charakterisieren die Veränderungen der Episteme selbst, die *Redistributionen.*

Dies ist ein kleiner Teil der (vielleicht fünfzehn) verschiedenen Modifikationen, die man den Diskursen zuordnen kann. Sie sehen, warum ich es vorziehe, wenn man sagt, dass ich nicht die *Diskontinuität*, sondern die *Diskontinuitäten* (das heißt die verschiedenen Transformationen, die man in Bezug auf zwei Diskurszustände beschreiben kann) betont habe. Für mich ist im Augenblick jedoch wichtig, keine erschöpfende Typologie dieser Transformationen aufzustellen.

1) Der entscheidende Punkt ist der, den monotonen und leeren Begriff der »Veränderung« inhaltlich als Spiel spezifischer Modifikationen zu fassen. Die Geschichte der »Ideen« oder der »Wissenschaften« darf nicht länger das Verzeichnis der Innovationen sein, sondern die deskriptive Analyse der verschiedenen vollzogenen Transformationen.[4]

2) Mir ist es wichtig, eine solche Analyse nicht mit einer psychologischen Diagnostik durcheinanderzubringen. Es ist eine (durchaus legitime) Angelegenheit, sich zu fragen, ob der, dessen Werk diese Gesamtheit von Modifikationen aufweist, genial war oder welches die Erfahrungen seiner frühen Kindheit waren. Eine andere Sache ist es jedoch, das Feld der Möglichkeiten zu beschreiben, die Form der Operationen, die Transformationstypen, die seine diskursive Praxis charakterisieren.

4 Hierbei folge ich den von Canguilhem bei mehreren Gelegenheiten gegebenen methodischen Beispielen.

3) Mir geht es darum, zu zeigen, dass es nicht auf der einen Seite unbewegliche Diskurse gibt, die bereits mehr als halbtot sind, und dann auf der anderen Seite ein allmächtiges Subjekt, das sie manipuliert, sie umwälzt, sie erneuert, sondern dass die diskurrierenden Subjekte Teil eines diskursiven Feldes sind – hier finden sie ihren Platz (und ihre Möglichkeiten der Deplatzierung), ihre Funktion (und ihre Möglichkeiten funktioneller Wandlung). Der Diskurs ist nicht der Ort eines Einbruchs purer Subjektivität; er ist für die Subjekte ein Raum differenzierter Positionen und Funktionen.

4) Mir geht es vor allem darum, zwischen all diesen Transformationen das Spiel der Abhängigkeiten zu definieren:

– *intradiskursive* Dependenzen (zwischen den Objekten, den Operationen, den Begriffen ein und derselben Formation);

– *interdiskursive* Dependenzen (zwischen verschiedenen diskursiven Formationen: so wie etwa die Korrelationen zwischen Naturgeschichte, Ökonomie, Grammatik und der Theorie der Repräsentation, die ich in *Les mots et les Choses* [dt. *Die Ordnung der Dinge*] untersucht habe);

– *extradiskursive* Dependenzen (zwischen diskursiven Transformationen und anderen, die außerhalb des Diskurses stattfinden: von dieser Art waren die Korrelationen, die in *Histoire de la folie* [dt. *Wahnsinn und Gesellschaft*] und *Naissance de la clinique* [dt. *Geburt der Klinik*] zwischen dem medizinischen Diskurs und einem ganzen Spiel von ökonomischen, politischen und sozialen Veränderungen untersucht wurden).

Dieses ganze Spiel der Dependenzen möchte ich an die Stelle der uniformen Simplizität von Kausalzuordnungen setzen; und durch Aufhebung des endlos verlängerten Privilegs der Ursache das polymorphe Bündel von Zusammenhängen hervortreten lassen.

Sie sehen: es geht keineswegs darum, eine Kategorie des »Diskontinuierlichen« an die Stelle einer nicht weniger abstrakten und allgemeinen Kategorie des »Kontinuierlichen« zu stellen. Im Gegenteil, ich bemühe mich zu zeigen, dass die Diskontinuität nicht eine monotone und undenkbare Leere zwischen den Ereignissen darstellt, die man eilends durch die trübe Fülle der Ursache oder durch die behende Bewegung des Geistes (zwei völlig symmetrische Lösungen) ausfüllen müsste; sondern dass sie ein Spiel spezifischer, voneinander unterschiedener Transformationen darstellt (von denen jede ihre eigenen

Bedingungen, eigenen Regeln und ihr eigenes Niveau besitzt), die untereinander gemäß den Schemata der Abhängigkeit verknüpft sind. Die Geschichte besteht in der deskriptiven Analyse und in der Theorie dieser Transformationen.

*

Ein letzter Punkt, bei dem ich hoffe, mich kurz fassen zu können. Sie gebrauchen den Ausdruck der »Geistesgeschichte«. Ich habe in Wahrheit eher eine Diskursgeschichte im Sinn. Sie werden einwenden: Wo liegt der Unterschied? »Sie untersuchen die Texte, die sie als Material zugrunde legen, nicht in ihrer grammatischen Struktur, Sie beschreiben nicht das semantische Feld, das diese durchqueren, nicht die Sprache ist Ihr Gegenstand. Wonach streben Sie also, wenn nicht danach, das Denken zu entdecken, das diese belebt, und die Verstellungen zu rekonstruieren, von denen sie vielleicht eine nachhaltige, aber zweifellos ungetreue Version geliefert haben? Wonach streben Sie, wenn nicht danach, dahinter die Intentionen der Menschen wiederzuentdecken, die die Texte formuliert haben, die Bedeutungen, die sie aus freien Stücken oder ohne ihr Wissen hinterlassen haben, dieses unwahrnehmbare Supplement des linguistischen Systems, das so etwas wie der Beginn der Freiheit oder die Geschichte des Geistes ist?«

Hier liegt vielleicht der wesentliche Punkt. Sie haben Recht: was ich am Diskurs analysiere, ist nicht das System seiner Sprache, noch sind es ganz allgemein die formalen Regeln seiner Konstruktion: mir geht es nämlich nicht darum zu wissen, was sie legitim macht oder ihnen Intelligibilität verleiht und es ihnen ermöglicht, im Rahmen der Kommunikation zu fungieren. Die Frage, die ich stelle, ist nicht die nach den Codes, sondern die nach den Ereignissen: das Existenzgesetz der Äußerungen, das, was sie möglich gemacht hat – sie und keine anderen an ihrer Stelle; die Bedingungen ihres singulären Auftretens; ihre Verbindung mit anderen früheren oder gleichzeitigen, diskursiven oder nichtdiskursiven Ereignissen. Auf diese Frage versuche ich indes zu antworten, ohne mich auf das verschwommene oder explizite Bewusstsein der sprechenden Subjekte zu beziehen; ohne die Diskurstatsachen auf den – vielleicht unfreiwilligen – Willen ihrer Urheber zu beziehen; ohne diese Intention des Sprechens zu beschwören, die stets eine Überfülle gegenüber dem Gesprochenen aufweist; ohne zu versuchen, die unerhörte Leichtigkeit einer Rede ohne Text einzufangen.

Insofern ist das, was ich unternehme, weder Formalisierung noch *Exegese.* Eine *Archäologie* jedoch bedeutet, wie der Name nur allzu offensichtlich besagt, die Beschreibung des *Archivs.* Damit meine ich nicht die Masse von Texten, die in einer bestimmten Epoche gesammelt werden konnten oder die aus dieser Epoche vor dem Missgeschick des Gelöschtwerdens bewahrt werden konnten. Ich meine damit die Gesamtheit der Regeln, die in einer bestimmten Epoche und für eine bestimmte Gesellschaft

– die Grenzen und Formen der *Sagbarkeit* definieren: worüber können wir sprechen? Was wurde als Diskursbereich konstituiert? Welcher Diskursivitätstyp wurde in diesem oder in jenem Bereich verwendet (wovon handelte der Bericht, was wollte man zum Gegenstand einer deskriptiven Wissenschaft machen, womit hat man eine literarische Formulierung abgestimmt usw.)?

– die Grenzen und die Formen der *Aufbewahrung* definieren: welche Äußerungen sind dazu bestimmt, ohne Spuren zu vergehen? Welche sind im Gegensatz hierzu dazu bestimmt, in das Gedächtnis der Menschen einzugehen (durch rituelles Rezitieren, durch Pädagogik und Unterricht, durch Vergnügungen und Feste, durch Werbung)? Welche werden aufgezeichnet, um wieder benutzt werden zu können, und zu welchen Zwecken? Welche Äußerungen sind in Umlauf gebracht worden und in welchen Gruppen? Welche sind unterdrückt und zensiert worden?

– die Grenzen und die Formen des *Gedächtnisses* so definieren, wie es in den unterschiedlichen diskursiven Formationen in Erscheinung tritt: welche Äußerungen erkennt jede von ihnen als gültig, als diskussionswürdig oder als definitiv ungültig an? Welche wurden als vernachlässigbar aufgegeben und welche als fremd ausgeschlossen? Welche Typen von Beziehungen wurden zwischen dem System gegenwärtiger Aussagen und dem Korpus vergangener Aussagen festgestellt?

– die Grenzen und Formen der *Reaktivierung* definieren: welche aus früheren Epochen oder fremden Kulturen stammenden Diskurse behält man bei, welche wertet man auf, welche importiert man, welche versucht man wiederherzustellen? Und was stellt man mit ihnen an, welchen Transformationen unterzieht man sie (Kommentar, Exegese, Analyse), welches System der Bewertung wendet man an, welche Rolle lässt man sie spielen?

– die Grenzen und die Formen der *Aneignung* definieren: welche

Individuen, welche Gruppen, welche Klassen besitzen Zugang zu diesem Diskurstypus? Wie ist das Verhältnis des Diskurses zu dem, der ihn »hält«, und dem, der ihn empfängt, institutionalisiert? Wie definiert sich das Verhältnis des Diskurses zu seinem Autor, wodurch zeichnet es sich aus? Wie entfaltet sich zwischen Klassen, Nationen, Sprach-, Kultur- oder ethnischen Gemeinschaften der Kampf um die Ergreifung des Diskurses?

Von diesem Hintergrund heben sich die Analysen ab, die ich begonnen habe; auf ihn sind sie ausgerichtet. Ich schreibe also keine Geschichte des Geistes gemäß der Aufeinanderfolge seiner Formen oder der Dichte seiner sedimentierten Bedeutungen. Ich erforsche nicht die Diskurse in dem, was sie stillschweigend sagen wollen, sondern hinsichtlich der Tatsachen und Bedingungen ihres manifesten In-Erscheinung-Tretens; ich erforsche nicht die Inhalte, die sie möglicherweise verbergen, sondern die Transformationen, die sie bewerkstelligt haben; nicht den Sinn, der sich in ihnen wie ein fortwährender Ursprung erhält, sondern das Feld, in dem sie koexistieren, Bestand haben und in den Hintergrund zurücktreten. Es handelt sich um eine Analyse von Diskursen in der Dimension ihrer Äußerlichkeit. Hieraus resultieren drei Konsequenzen:

– den vergangenen Diskurs nicht als Thema eines *Kommentars* behandeln, der ihn wiederbelebte, sondern als ein *Monument*,[5] das in seiner eigenen Anordnung zu beschreiben ist;

– im Diskurs nicht wie im Falle der strukturalen Methoden seine Konstruktionsgesetze suchen, sondern seine Existenzbedingungen;[6]

– den Diskurs nicht auf das Denken, den Geist oder das Subjekt beziehen, die ihn entstehen ließen, sondern auf das praktische Feld, in dem er sich entfaltet.

*

Ich bitte um Entschuldigung: ich habe recht lange gebraucht, bin nicht von der Stelle gekommen. Und all dies wegen einer Kleinigkeit: um drei kleine Änderungen an ihrer Definition vorzuschlagen und um Ihr Einverständnis dafür zu erbitten, dass wir von meiner Arbeit als einem Versuch sprechen, »die Diversität *der* Systeme und das Spiel

5 Ich bediene mich dieses Begriffs von Georges Canguilhem. Er beschreibt, was ich zu tun beabsichtigte, besser als ich dies selbst getan habe.

6 Muss man noch präzisieren, dass ich nicht das bin, was man einen »Strukturalisten« nennt?

der Diskontinuitäten in der Geschichte *der* Diskurse« einzuführen. Denken Sie nicht, dass ich mit gezinkten Karten spielen oder dass ich dem Kern ihrer Frage ausweichen möchte, indem ich seine Ausdrücke endlos diskutiere. Aber die vorherige Verständigung war notwendig. Jetzt bin ich in die Enge getrieben. Ich muss antworten.

Gewiss nicht auf die Frage, ob *ich* reaktionär bin; ebensowenig auf die Frage, ob es meine Texte *sind* (an sich, eigentlich, durch eine bestimmte Anzahl wohlcodierter Zeichen). Sie stellen mir eine viel ernstere Frage, die einzige, die nach meiner Auffassung legitimer Weise gestellt werden könnte. Sie fragen mich nach den *Beziehungen* zwischen dem, was ich sage und einer bestimmten politischen Praxis.

Mir scheint, dass man auf diese Frage zwei Antworten geben kann. Die eine betrifft die kritischen Operationen, die mein Diskurs in seinem eigenen Bereich (dem der Geschichte der Ideen, der Wissenschaften, des Denkens, des Wissens...) durchführt: ist das, was er außer Kraft setzt, für eine fortschrittliche Politik unverzichtbar? Die andere Frage betrifft das Untersuchungsfeld und den Objektbereich, die mein Diskurs sichtbar zu machen versucht: wie lassen sie sich mit der tatsächlichen Ausübung einer fortschrittlichen Politik verbinden?

Die kritischen Operationen, die ich vorgenommen habe, möchte ich wie folgt zusammenfassen:

1) Dort *Grenzen ziehen*, wo sich die Geschichte des Denkens in ihrer traditionellen Gestalt einen unbegrenzten Raum verlieh. Insbesondere:

– das große Interpretationspostulat wieder infrage stellen, demzufolge der Herrschaftsbereich des Diskurses keine angebbaren Grenzen hätte; demzufolge die stummen Dinge und das Schweigen selbst von Worten bevölkert wären: und dass man dort, wo sich kein Wort mehr vernehmen lässt, noch das tief vergrabene Murmeln eines Sinns vernehmen könnte; dass die Menschen in dem, was sie nicht sagen, zu sprechen fortfahren; dass uns auf den weißen Seiten unserer Geschichte eine Welt von schlafenden Texten erwartete. Dieser Melodie möchte ich entgegenhalten, dass die Diskurse begrenzte praktische Bereiche sind, die ihre Grenzen, ihre Formationsregeln, ihre Existenzbedingungen aufweisen: der historische Sockel des Diskurses ist kein tieferer Diskurs, der zugleich identisch und verschieden wäre;

– das Thema eines souveränen Subjekts wieder infrage stellen, das von außen die Unbeweglichkeit der linguistischen Codes mit Leben erfüllte und im Diskurs die unauslöschliche Spur seiner Freiheit hinterließe; das Thema einer Subjektivität wieder in Frage stellen, die die Bedeutungen konstitutierte und in den Diskurs übertrüge. Diesen Themen möchte ich die Erkundung der von den verschiedenen »diskurrierenden« Subjekten ausgeführten Rollen und Operationen entgegensetzen;

– das Thema des unendlich weit zurückliegenden Ursprungs und die Idee wieder in Frage stellen, dass im Bereich des Denkens die Rolle der Geschichte darin besteht, das Vergessene wieder wachzurufen, die Verdeckungen aufzuheben, die Sperren zu beseitigen oder neu zu sperren. Diesem Thema möchte ich die Analyse historisch definierter diskursiver Systeme entgegensetzen, deren Schwellen man fixieren und denen man Bedingungen des Auftretens und Verschwindens zuordnen kann.

Mit einem Wort, diese Grenzen festzulegen, die drei Themen des Ursprungs, des Subjekts und der impliziten Bedeutung neu in Frage zu stellen, bedeutet daran zu gehen, das diskursive Feld von der historisch-transzendentalen Form zu befreien, die ihm die Philosophie des 19. Jahrhunderts aufgenötigt hat – eine schwierige Aufgabe, wie der extreme Widerstand sehr gut beweist.

2) *Die wenig reflektierten Gegensätze streichen.* Hier einige von ihnen nach zunehmender Bedeutung angeordnet: der Gegensatz zwischen der Lebendigkeit der Innovationen und der Schwere der Tradition, der Beharrungskraft der erworbenen Kenntnisse oder der alten Bahnen des Denkens; der Gegensatz zwischen den durchschnittlichen Formen des Wissens (dessen alltägliche Beschränktheit sie repräsentierten) und seinen devianten Formen (die die Singularität oder die charakteristische Einsamkeit des Genies repräsentierten); der Gegensatz zwischen den Perioden der Stabilität oder der universellen Konvergenz und den Momenten des Aufwallens, an denen das Bewusstsein in eine Krise gerät, wo sich die Sensibilitäten verändern, alle Begriffe revidiert, umgewälzt, wiederbelebt werden oder für unbestimmte Zeit außer Gebrauch kommen. An die Stelle all dieser Dichotomien setze ich die Analyse des Feldes simultaner Differenzen (die zu einer bestimmten Epoche die mögliche Verteilung des Wissens definieren) und sukzessiver Differenzen (die die Gesamtheit der Transformationen, ihre Hierarchie, ihre Abhängigkeit, ihr Niveau

definieren). Dort, wo man die Geschichte der Tradition und der Erfindung, des Alten und des Neuen, des Lebendigen und des Toten, des Geschlossenen und des Offenen, des Statischen und Dynamischen erzählte, versuche ich die Geschichte der unablässigen Differenz zu erzählen, genauer gesagt, ich versuche die Geschichte der Ideen als einer Gesamtheit spezifizierter und deskriptiver Formen der Nicht-Identität zu erzählen. Und ich möchte sie so von der dreifachen Metapher befreien, die sie seit mehr als einem Jahrhundert belastet (die evolutionistische, die ihr die Trennung zwischen dem Regressiven und dem Adaptativen aufnötigt; die biologische, die das Starre und das Lebendige trennt; die dynamische, die die Bewegung und die Immobilität einander entgegensetzt).

3) *Die Verneinung aufheben*, die auf den Diskurs in seiner eigentümlichen Existenz zielte (hierin besteht für mich die wichtigste kritische Operation, die ich in Angriff genommen habe). Diese Verneinung umfasst mehrere Aspekte:

– den Diskurs stets nur als indifferentes Element ohne Konsistenz noch autochthones Gesetz behandeln (reine Oberfläche der *Übersetzung* für die stummen Dinge; einfacher Ort des Ausdrucks der Gedanken, der Vorstellungen, der Erkenntnisse, der unbewussten Themen);

– im Diskurs nur Einteilungen nach psychologischem und individualisierendem Modell erkennen (das Werk eines Autors – und warum auch nicht – sein Jugendwerk oder sein Alterswerk), die Einteilungen nach linguistischem oder rhetorischem Modell (ein Genre, ein Stil), die Einteilungen nach dem Modell der Semantik (eine Idee, ein Thema);

– zugestehen, dass alle Operationen vor dem Diskurs und außerhalb des Diskurses stattfinden (in der Idealität des Denkens oder im Ernst stummer Praktiken); dass der Diskurs folglich nichts anderes ist als ein leichter Zuwachs, der den Dingen und dem Geist eine kaum spürbare Umsäumung hinzufügt: ein Zusatz, der *selbstverständlich* ist, da er nur das sagt, was gesagt ist.

Dieser Verneinung würde ich entgegenhalten, dass der Diskurs nicht nichts oder beinahe nichts ist. Und was er ist – was seine eigene Konsistenz definiert, was es gestattet, ihn einer historischen Analyse zu unterziehen –, ist nicht das, was man sagen »wollte« (diese obskure und schwere Last der Intentionen, die insgeheim ein sehr viel größeres

Gewicht als die gesagten Dinge hätte); er ist nicht das, was stumm blieb (diese imposanten Dinge, die nicht sprechen, die jedoch ihre unverkennbaren Spuren, ihr düsteres Profil auf der leichten Oberfläche des Gesagten hinterlassen). Der Diskurs ist durch die Differenz zwischen dem konstituiert, was man in einer Epoche korrekt (gemäß den Regeln der Grammatik und der Logik) sagen konnte, und dem, was tatsächlich gesagt wurde. Das diskursive Feld ist, zu einem bestimmten Zeitpunkt, das Gesetz dieser Differenz. So definiert es eine bestimmte Anzahl von Operationen, die nicht zur Ordnung linguistischer Konstruktion oder formaler Deduktion gehören. Es entfaltet einen »neutralen« Bereich, in dem das Wort und die Schrift das System ihres Gegensatzes und die Differenz ihres Funktionierens variieren lassen können. Es erscheint als eine Gesamtheit geregelter Praktiken, die nicht einfach darin bestehen, der beweglichen Innerlichkeit des Denkens einen sichtbaren und äußeren Körper zu verleihen, noch darin, der Solidität der Dinge die erscheinende Oberfläche, die sie verdoppelt, zu opfern. Im Hintergrund dieser auf dem Diskurs (zugunsten der Gegensätze von Denken und Sprechen, Geschichte und Wahrheit, Rede und Schrift, Worten und Dingen) lastenden Verneinung steht die Weigerung, anzuerkennen, dass im Diskurs etwas (gemäß genau definierbaren Regeln) geformt wird; dass dieses Etwas existiert, besteht, sich transformiert, verschwindet (gemäß gleichfalls definierbaren Regeln); kurz, dass es neben all dem, was eine Gesellschaft produzieren kann (»neben«, das heißt in einem angebbaren Verhältnis dazu), die Formation und Transformation des »Gesagten«, der *choses dites*, gibt. Es ist diese Geschichte dieses Gesagten, die ich in Angriff genommen habe.

4) Schließlich, die letzte kritische Aufgabe (die alle anderen resümiert und umfasst): die Gesamtheit der Disziplinen, die man als Geschichte der Ideen, der Wissenschaften, des Denkens, der Erkenntnisse, der Begriffe oder des Bewusstseins bezeichnet, *von ihrem ungewissen Status befreien*. Diese Ungewissheit manifestiert sich auf verschiedene Weise:

– in Schwierigkeiten, die Bereiche abzugrenzen: wo endet die Geschichte der Wissenschaften, wo beginnt die der Meinungen und Überzeugungen? Worin unterscheiden sich die Geschichte der Begriffe und die Geschichte der Vorstellungen und der Themen? Wo verläuft die Grenze zwischen der Geschichte der Erkenntnis und der der Einbildung?

– in der Schwierigkeit, die Natur des Gegenstands zu definieren: schreibt man die Geschichte dessen, was gewusst, erkannt, vergessen wurde, oder die Geschichte der mentalen Formen oder die Geschichte ihrer Überlagerung? Schreibt man die Geschichte der charakteristischen Merkmale, die den Menschen einer Epoche oder Kultur gemeinsam sind? Beschreibt man einen Kollektivgeist? Analysiert man die (teleologische oder genetische) Geschichte der Vernunft?

– in der Schwierigkeit, das Verhältnis zwischen den Tatsachen des Denkens oder der Erkenntnis und anderen Bereichen der historischen Analyse zu bestimmen: muss man sie als Zeichen von etwas anderem (einer sozialen Beziehung, einer politischen Situation, einer ökonomischen Determination) behandeln? Oder als deren Resultat? Oder als ihre Widerspiegelung in einem Bewusstsein? Oder als symbolischen Ausdruck ihrer Formgesamtheit?

An die Stelle so vieler Ungewissheiten möchte ich die Analyse des Diskurses selbst in den Bedingungen seiner Formation, in der Reihe seiner Modifikationen und im Spiel seiner Abhängigkeiten und seiner Zusammenhänge setzen. Der Diskurs erschiene so in einem beschreibbaren Verhältnis zur Gesamtheit der übrigen Praktiken. Statt sich mit einer ökonomischen, sozialen, politischen Geschichte zu befassen, die eine Geschichte des Denkens einschließt (die deren Ausdruck und Verdopplung wäre), statt sich mit einer Geschichte der Ideen zu befassen, die (sei es durch ein Spiel von Zeichen und Ausdruck, sei es durch Kausalbeziehungen) mit äußeren Bedingungen verknüpft wäre, hätte man es mit einer Geschichte diskursiver Praktiken in ihren spezifischen Beziehungen zu anderen Praktiken zu tun. Es geht nicht darum, eine *globale Geschichte* zusammenzustellen – die alle ihre Elemente um ein Prinzip oder eine einheitliche Form herum gruppierte –, sondern vielmehr um das Feld einer *allgemeinen Geschichte*, in dem man die Singularität von Praktiken beschreiben könnte, das Spiel ihrer Beziehungen, die Form ihrer Abhängigkeiten. Und im Raum dieser allgemeinen Geschichte könnte sich die historische Analyse diskursiver Praktiken umgrenzen lassen.

Dies sind in etwa die kritischen Operationen, die ich in Angriff genommen habe. Nun gestatten Sie mir, Sie als Zeugen aufzurufen für die Frage, die ich denen stelle, die sich beunruhigt fühlen könnten: »Ist eine fortschrittliche Politik (in ihrer theoretischen Reflexion) an die Themen der Bedeutung, des Ursprungs, des konstituierenden Subjekts, kurz, an die gesamte Thematik gebunden, die der Geschichte die unerschöpfliche Präsenz des Logos, die Souveränität eines reinen Subjekts und die grundlegende Teleologie einer originären Bestimmung garantiert? Hat eine fortschrittliche Politik gemeinsame Interessen mit einer solchen Form der Analyse – oder mit ihrer Infragestellung? Ist eine fortschrittliche Politik mit all den dynamischen, biologischen, evolutionistischen Metaphern verknüpft, mit denen man das schwierige Problem der historischen Veränderung verdeckt – oder im Gegenteil mit deren sorgfältiger Zerstörung? Und weiter: Gibt es eine Art notwendiger Verwandtschaft zwischen einer fortschrittlichen Politik und der Weigerung, im Diskurs etwas anderes als eine winzige Transparenz zu erkennen, die für einen Augenblick an der Grenze von Gedanken und Dingen aufscheint und dann alsbald verschwindet? Kann man glauben, dass diese Politik daran interessiert wäre, das Thema – von dem ich geglaubt hätte, dass die Existenz und die Praxis des revolutionären Diskurses in Europa seit mehr als zweihundert Jahren es überwunden hätten – wieder aufzuwerfen, demzufolge Worte bloße Luft sind, äußerliches Raunen, ein Flügelschlag, den man im Ernst der Geschichte und des Schweigens des Denkens kaum vernehmen konnte? Kann man schließlich denken, dass eine fortschrittliche Politik mit der Entwertung der diskursiven Praktiken verbunden wäre, damit die Geschichte des Geistes, des Bewusstseins, der Erkenntnis, der Ideen oder der Meinungen in ihrer unsicheren Idealität triumphierte?«

Mir scheint, dass ich umgekehrt – und ziemlich klar – die gefährlichen Möglichkeiten wahrnehme, auf die die Politik, von der Sie sprechen, hinausliefe, wenn sie sich die Garantie einer ursprünglichen Begründung oder einer transzendentalen Teleologie gäbe, wenn sie mit einer beständigen Metaphorisierung der Zeit durch die Bilder des Lebens oder die Modelle der Bewegung spielte, wenn sie auf die schwierige Aufgabe einer allgemeinen Analyse der Praktiken, ihrer Beziehungen, ihrer Transformationen verzichtete, um sich in die globale Geschichte der Totalitäten zu flüchten, der expressiven Beziehungen, der symbolischen Werte und all der geheimen Bedeutungen, mit denen das Denken und die Dinge ausgestattet wurden.

*

Sie sagen mir zu Recht: »Das ist ja schön und gut: die kritischen Eingriffe, die Sie vornehmen, sind nicht so verurteilenswert, wie es auf den ersten Blick scheinen könnte. Aber wie kann schließlich diese kritische Maulwurfsarbeit über die Geburt der Philologie, der Ökonomie oder der pathologischen Anatomie die Politik betreffen und sich auf deren Probleme von heute beziehen? Es gab eine Zeit, in der die Philosophen sich nicht mit einem derartigen Eifer dem Staub der Archive widmeten...!« Hierauf antworte ich: »Es existiert gegenwärtig ein Problem, das für die politische Praxis nicht ohne Bedeutung ist: das Problem des Status, der Bedingungen der Ausübung, des Funktionierens, der Institutionalisierung wissenschaftlicher Diskurse. Deren historische Analyse habe ich in Angriff genommen – indem ich nicht die Diskurse gewählt habe, die die stärkste epistemologische Struktur aufweisen (Mathematik oder Physik), sondern diejenigen mit dem dichtesten und komplexesten Positivitätsfeld (Medizin, Ökonomie, Humanwissenschaften).«

Nehmen wir ein einfaches Beispiel, die Herausbildung des klinischen Diskurses, der die Medizin seit Beginn des 19. Jahrhunderts bis heute oder beinahe bis heute bestimmt hat. Ich habe sie ausgewählt, weil es sich um eine sehr genau umrissene historische Tatsache handelt und weil man sie nicht auf eine noch ursprünglichere Einsetzung zurückverweisen könnte; weil es sehr leichtfertig wäre, sie als »Pseudo-Wissenschaft« zu denunzieren; und vor allem deshalb, weil es sehr leicht ist, »intuitiv« die Beziehung zwischen dieser wissenschaftlichen Umwälzung und einer großen Anzahl präziser politischer Ereignisse zu begreifen: denjenigen, die man – auch auf europäischer Ebene – unter dem Titel »Französische Revolution« gruppiert. Das Problem besteht darin, diesem noch konfusen Verhältnis analytischen Gehalt zu verleihen.

Erste Hypothese: Es ist das Bewusstsein der Menschen, das sich wandelt (unter der Einwirkung ökonomischer, sozialer, politischer Veränderungen); und dadurch wird ihre Wahrnehmung der Krankheit selbst verändert: sie haben ihre politischen Konsequenzen erkannt (Unbehagen, Unzufriedenheit, Aufruhr der Bevölkerung, deren Gesundheit mangelhaft ist); sie haben deren ökonomische Implikationen wahrgenommen (der Wunsch der Arbeitgeber, über eine gesunde Belegschaft zu verfügen, der Wunsch der herrschenden Bourgeoisie, die Lasten der Unterstützung auf den Staat zu verlagern); sie haben ihre Konzeption der Gesellschaft umgesetzt (eine einheitliche Medizin von universeller Geltung, aber mit zwei unterschiedlichen Anwendungsfeldern: dem Hospital für die armen Klassen und den freien und miteinander konkurrierenden Praxen für die Reichen); sie haben ihre neue Konzeption der Welt umgesetzt (Entsakralisierung des Leichnams, was Autopsien ermöglichte; die größere Bedeutung, die dem lebendigen Körper als Arbeitsinstrument eingeräumt wurde; die Sorge um die Gesundheit, die die Beschäftigung mit dem Heil ersetzte). In all dem sind viele Dinge nicht falsch, aber auf der einen Seite tragen sie der Formation eines wissenschaftlichen Diskurses nicht Rechnung; und auf der anderen Seite konnten sie mitsamt ihren feststellbaren Effekten nur insofern entstehen, als der medizinische Diskurs einen neuen Status erlangte.

Zweite Hypothese: Die grundlegenden Begriffe der klinischen Medizin leiteten sich *durch Transposition* von einer politischen Praxis ab oder zumindest von theoretischen Formen, in denen diese sich reflektierte. Die Ideen organischer Solidarität, funktionaler Kohäsion, einer Verbindung der Gewebe, die Aufgabe des klassifikatorischen Prinzips zugunsten einer Analyse der körperlichen Totalität entsprachen einer politischen Praxis, die unter den noch feudalen Schichtungen soziale Beziehungen funktionellen und ökonomischen Typs entdeckte. Entspricht nicht die Weigerung, in den Krankheiten eine große Familie quasi botanischer Arten zu erblicken und das Bemühen, den Angriffspunkt des Pathologischen, seinen Entwicklungsmechanismus, seine Ursache und letzten Endes seine Therapie zu finden, dem Projekt der herrschenden Klasse, die Welt nicht allein durch theoretisches Wissen zu beherrschen, sondern durch eine Gesamtheit anwendbarer Kenntnisse, ihrer Entscheidung, nicht mehr als Natur zu akzeptieren, was ihr als Grenze und als Übel entgegentrat? Derartige Analysen scheinen mir noch weniger triftig, da sie das wesentliche Problem auslassen: welches musste der Existenz- und Funktionsmodus des medizinischen Diskurses sein, inmitten anderer Diskurse und generell inmitten anderer Praktiken, damit solche Transpositionen oder solche Korrespondenzen entstehen?

Deshalb verschiebe ich gegenüber traditionellen Analysen den Angriffspunkt. Wenn es in der Tat sehr wohl eine Verbindung gibt zwischen politischer Praxis und medizinischem Diskurs, dann nicht deshalb, so scheint mir, weil diese Praxis zunächst das Bewusstsein der Menschen verändert hat, ihre Weise, die Dinge wahrzunehmen oder die Welt zu begreifen, dann schließlich die Form ihres Bewusstseins und den Inhalt ihres Wissens; noch weniger deshalb, weil sich diese Praxis zunächst in einer mehr oder weniger klaren und systematischen Weise in den Begriffen, Vorstellungen oder Motiven reflektiert hätte, die in der Folge in die Medizin eingeführt worden wären. Die Verbindung besteht auf eine sehr viel direktere Weise: die politische Praxis hat nicht den Sinn noch die Form des Diskurses verändert, sondern die Bedingungen seines Auftretens, seiner Einsetzung und seines Funktionierens; sie hat den Existenzmodus des medizinischen Diskurses verändert. Und dies durch eine bestimmte Zahl von Operationen, die ich an anderer Stelle beschrieben habe und die ich hier resümiere: neue Kriterien zur Bestimmung derer, denen satzungsgemäß das Recht zugesprochen wird, einen medizinischen Diskurs abzuhalten; der neue Zuschnitt des medizinischen Gegenstands durch die Anwendung eines anderen Beobachtungsmaßstabs, der den ersten überlagert, ohne ihn auszulöschen (die statistisch auf der Ebene der Bevölkerung beobachtete Krankheit); das neue Statut der Fürsorge, das einen klinischen Raum medizinischer Beobachtung und Intervention schafft (ein Raum, der übrigens nach einem ökonomischen Prinzip organisiert ist, da der Kranke, der Empfänger der Pflege, diese vergelten muss durch die medizinische Lektion, die er erteilt: er bezahlt das Recht, Hilfe zu erhalten, durch die Verpflichtung, sich beobachten zu lassen, und dies bis hin zum Tod); eine neue Weise der Aufzeichnung, der Aufbewahrung, der Kumulation, der Diffusion und der Lehre des medizinischen Diskurses (der nicht länger die Erfahrung des Arztes dokumentieren, sondern zunächst ein Dokument der Krankheit bilden muss); die neue Funktion des medizinischen Diskurses im System administrativer und politischer Kontrolle der Bevölkerung (die Gesellschaft als solche wird gemäß der Kategorien des Gesunden und des Pathologischen betrachtet und »behandelt«).

Nun aber – und hier wird die Analyse komplex – »reflektieren sich« diese Transformationen innerhalb der Existenz- und Funktionsbedingungen des Diskurses nicht in den Begriffen, den Methoden oder den Aussagen der Medizin, noch »übersetzen« sie sich in sie oder »drücken« sich in ihnen »aus«: sie modifizieren deren Formationsregeln. Was durch die politische Praxis transformiert wird, sind nicht die medizinischen »Gegenstände« (die politische Praxis transformiert, das ist allzu offensichtlich, nicht die »Arten« der Krankheit in »Verletzungsherde«), sondern das System, das dem medizinischen Diskurs ein mögliches Objekt darbietet (sei es eine überwachte und registrierte Bevölkerung, sei es eine pathologische Gesamtentwicklung eines Individuums, deren Antezedentien man feststellt und bei der man die Beschwerden oder deren Nachlassen täglich beobachtet, sei es ein obduzierter anatomischer Raum); was durch die politische Praxis transformiert wird, sind nicht die Analysemethoden, sondern das System ihrer Formation (administrative Registrierung der Krankheiten, der Todesfälle, ihrer Ursachen, der Aufnahmen in die Hospitäler und der Entlassungen, die Errichtung von Archiven; das Verhältnis von medizinischem Personal und Kranken im medizinischen Feld des Krankenhauses); was durch die politische Praxis verändert wurde, sind nicht die Begriffe, sondern ihr Formationssystem (die Substitution des Begriffs des »Körpers« durch den des »Gewebes« ist offenkundig nicht das Ergebnis eines politischen Wandels; was jedoch die politische Praxis verändert hat, ist das Formationssystem der Begriffe: sie ermöglichte es, an die Stelle eines strengen, gleichsam kontinuierlich in die Tiefe reichenden anatomischen Rasters und der lokalen Zuordnung der Anomalien, ihrer Verteilung und ihrer eventuellen Verbreitungswege den unregelmäßigen Vermerk von Krankheitseffekten und die hypothetische Zuordnung einer funktionellen Ursache zu setzen. Die Hast, mit der man üblicherweise die Inhalte eines wissenschaftlichen Diskurses mit politischer Praxis verknüpft, verdeckt nach meiner Meinung die Ebene, auf der die Verbindung begrifflich präzise beschrieben werden kann.

Mir scheint, dass man ausgehend von einer solchen Analyse verstehen kann:

– wie sich zwischen einem wissenschaftlichen Diskurs und einer politischen Praxis eine Gesamtheit von Beziehungen beschreiben lässt, die sich im Detail verfolgen und deren Unterordnung sich erfassen lässt. Es handelt sich um sehr direkte Beziehungen, da sie weder durch das Bewusstsein der sprechenden Subjekte noch durch das Wirken des Denkens hindurchgehen müssen. Es handelt sich indes um indirekte Relationen, da die Aussagen eines wissenschaftlichen Diskurses nicht als unmittelbarer Ausdruck eines sozialen Verhältnisses oder einer ökonomischen Situation betrachtet werden können;

– wie die besondere Rolle der politischen Praxis im Verhältnis zu einem wissenschaftlichen Diskurs zu bestimmen ist. Sie besitzt keine wundertätige Schöpfungsrolle; sie lässt nicht die Wissenschaften vollständig entstehen; sie transformiert die Existenzbedingungen und die Systeme des Funktionierens des Diskurses. Diese Transformationen sind weder arbiträr noch »frei«: sie vollziehen sich in einem Bereich, der seine Gestalt besitzt und der folglich nicht unbegrenzte Möglichkeiten der Modifikation bietet. Die politische Praxis macht die Konsistenz des diskursiven Feldes, in dem sie operiert, nicht vollständig zunichte. Ebensowenig spielt sie die Rolle universeller Kritik. Nicht im Namen politischer Praxis lässt sich die Wissenschaftlichkeit einer Wissenschaft beurteilen (zumindest wenn diese nicht auf die eine oder andere Weise beansprucht, eine Theorie der Politik zu sein). Aber im Namen einer politischen Praxis kann man die Existenz- und Funktionsweise einer Wissenschaft in Frage stellen;

– wie die Beziehungen zwischen einer politischen Praxis und einem diskursiven Feld auf ihre Weise mit den Relationen einer Ordnung anderer Art verbunden sein können. So ist die Medizin Anfang des 19. Jahrhunderts zugleich mit einer politischen Praxis verknüpft (auf eine Art und Weise, die ich in *Naissance de la clinique* analysiert habe) und mit einem ganzen Ensemble von »interdiskursiven« Veränderungen, die sich gleichzeitig in mehreren Disziplinen vollziehen (Substitutionen einer Analyse der Ordnung und der taxonomischen Merkmale durch eine Analyse der Solidaritäten, des Funktionierens, der sukzessiven Serien, die ich in *Les mots et les choses* beschrieben habe);

– wie die Phänomene, die man gewöhnlich an die erste Stelle setzt (Einfluss, Kommunikation von Modellen, Übertragung und Metaphorisierung von Begriffen), ihre historischen Möglichkeitsbedingungen in diesen ersten Modifikationen finden: beispielsweise besaß die Einführung biologischer Begriffe wie der des Organismus, der Funktion, der Evolution, sogar der Krankheit in die Analyse der Gesellschaft im 19. Jahrhundert die Rolle, die man ihr zuerkannte, (die sehr viel wichtiger, sehr viel stärker ideologisch aufgeladen waren als die »naturalistischen« Vergleiche der vorangehenden Epochen) nur aufgrund des Status, der dem medizinischen Diskurs von der politischen Praxis zugesprochen worden war.

Dieses ausführliche Beispiel soll nur eine Sache erläutern, auf die ich jedoch Wert lege. Ich will Ihnen zeigen, inwieweit das, was ich mit meiner Analyse sichtbar zu machen versuche – die *Positivität* der Diskurse, ihre Existenzbedingungen, die Systeme, die ihr In-Erscheinung-Treten bestimmen, ihr Funktionieren und ihre Transformationen – die politische Praxis betreffen kann. Ich will Ihnen zeigen, was diese Praxis daraus machen kann. Ich will Sie überzeugen, dass ich mich, wenn ich diese Theorie des wissenschaftlichen Diskurses umreiße, sie als ein Ensemble geregelter Praktiken sichtbar mache, die sich auf analysierbare Weise mit anderen Praktiken verknüpfen, mich nicht einfach damit amüsiere, für einige allzu schlaue Geister das Spiel etwas komplizierter zu machen; ich versuche zu definieren, inwiefern, in welchem Maße, auf welchem Niveau die Diskurse und insbesondere die wissenschaftlichen Diskurse Gegenstände einer politischen Praxis sein können und in welchem System von Abhängigkeiten sie sich im Verhältnis zu dieser befinden können.

Gestatten Sie mir noch einmal, Sie zum Zeugen der Frage zu machen, die ich stelle: Ist diese Politik nicht allgemein bekannt, die in Begriffen des Denkens oder des Bewusstseins, in Begriffen reiner Idealität oder psychologischer Merkmale antwortet, wenn man zu ihr in Begriffen einer Praxis, ihrer Bedingungen, ihrer Regeln, ihrer historischen Transformationen spricht? Ist diese Politik nicht allgemein bekannt, die sich seit dem tiefsten 19. Jahrhundert weigert, im unendlichen Bereich der Praxis etwas anderes zu sehen als die Epiphanie einer triumphierenden Vernunft oder in ihr etwas anderes zu entziffern als die historisch-transzendentale Bestimmung des Abendlands? Und genauer noch: verurteilt nicht die Weigerung, die Existenzbedingungen und Formationsregeln wissenschaftlicher Diskurse in ihren Besonderheiten wie in ihren Abhängigkeiten zu analysieren, jede Politik zu einer gefährlichen Alternative: entweder auf eine Weise, die man zu Recht als »technokratisch« bezeichnen kann, die Gültigkeit und Wirksamkeit eines wissenschaftlichen Diskurses zu setzen, was auch immer die wirklichen Bedingungen seiner Ausübung und das Ensemble der Praktiken sein mögen, mit denen er sich verbindet (und den wissenschaftlichen Diskurs somit als universelle Regel aller anderen Praktiken zu inthronisieren, ohne die Tatsache zu berücksichtigen, dass er selbst eine geregelte und bedingte Praxis ist); oder aber direkt in das diskursive Feld einzugreifen, als ob dieses keine eigene Konsistenz besäße, es zum Rohstoff einer psychologischen Inquisition zu machen (indem man das, was gesagt wird, und denjenigen, der etwas sagt, wechselseitig übereinander urteilen lässt), oder eine symbolische Aufwertung der Begriffe zu praktizieren (indem man innerhalb einer Wissenschaft zwischen »reaktionären« und »progressiven« Begriffen unterscheidet)?

*

Ich möchte schließen, indem ich Ihnen einige Hypothesen vorlege:

– eine fortschrittliche Politik ist eine Politik, die die historischen Bedingungen und die spezifizierten Regeln einer Praxis erkennt, dort, wo andere Politiken nur ideale Notwendigkeiten, eindeutige Determinationen oder das freie Spiel individueller Initiativen erkennen;

– eine fortschrittliche Politik definiert innerhalb einer Praxis die Transformationsmöglichkeiten und das Spiel der Abhängigkeiten zwischen diesen Transformationen, dort, wo andere Politiken der gleichförmigen Abstraktion der Veränderung oder der wundertätigen Gegenwart des Genies vertrauen;

– eine fortschrittliche Politik macht aus dem Menschen oder aus dem Bewusstsein oder aus dem Subjekt im Allgemeinen das universelle ausführende Organ aller Transformationen: sie definiert die unterschiedlichen Ebenen und Funktionen, die die Subjekte in einem Bereich übernehmen können, der seine eigenen Formationsregeln besitzt;

– eine fortschrittliche Politik ist nicht der Auffassung, dass die Diskurse das Resultat stummer Prozesse oder der Ausdruck eines schweigenden Bewusstseins sind; sondern dass Wissenschaft, Literatur, religiöse Äußerungen oder politische Diskurse eine Praxis formen, die sich mit anderen Praktiken verbindet;

– eine fortschrittliche Politik befindet sich im Verhältnis zum wissenschaftlichen Diskurs nicht in der Position »beständiger Nachfrage« oder »souveräner Kritik«, sie muss vielmehr die Art und Weise kennen, in der die verschiedenen wissenschaftlichen Diskurse in ihrer Positivität (d. h. als Praktiken, die mit bestimmten Bedingungen verknüpft, bestimmten Regeln unterworfen und bestimmten Transformationen zugänglich sind) in ein System von Korrelationen mit anderen Praktiken eingebunden werden.

Hier liegt der Punkt, an dem ich seit nunmehr 10 Jahren auf die Frage zurückzukommen versuche, die Sie mir stellen. Ich müsste sagen: hier ist der Punkt, an dem Ihre legitime und berechtigte Frage den Kern meines Vorhabens trifft. Wenn ich dieses Vorhaben unter dem Einfluss Ihrer Frage, die mich seit bald zwei Monaten unablässig verfolgt, noch einmal formulieren wollte – so würde ich ungefähr Folgendes sagen: »Es handelt sich darum, dasjenige in seinen verschiedenen Dimensionen zu bestimmen, was in Europa seit dem 17. Jahrhundert die Existenzweise der Diskurse, insbesondere der wissenschaftlichen Diskurse hat sein müssen (ihrer Formationsregeln mit ihren Bedingungen, ihren Abhängigkeiten, ihren Bedingungen, ihren Transformationen), damit sich unser heutiges Wissen konstituieren konnte, genauer: das Wissen, das sich in Bezug auf das merkwürdige Objekt ergeben hat, das der Mensch ist.«

Ich weiß fast ebensogut wie jeder andere, wie »unergiebig« – im strengen Sinne – solche Recherchen sein können. Wie gezwungen es erscheint, wenn man die Diskurse nicht ausgehend von dem zarten, schweigenden und intimen Bewusstsein, das sich in ihnen ausdrückt, behandelt, sondern ausgehend von einem obskuren Ensemble anonymer Regeln. Wie unangenehm es ist, wenn man daran geht, Grenzen und Notwendigkeiten einer Praxis dort in ihrer reinen Transparenz sichtbar zu machen, wo man gewohnt war, das Spiel des Genies und der Freiheit sich entfalten zu sehen. Wie provozierend es ist, wenn man die Geschichte der Diskurse, die bislang von den tröstlichen Metamorphosen des Lebens oder der intentionalen Kontinuität des Gelebten beseelt war, als Bündel von Transformationen behandelt. Wie unerträglich es schließlich ist, angesichts dessen, was jeder in seinen eigenen Diskurs hineinlegen will, was er – sobald er zu sprechen beginnt – »von sich aus« in seinen eigenen Diskurs hineinzulegen glaubt, all die Texte, die jetzt wieder zum Schweigen zurückgekehrt sind, zu zerlegen, zu analysieren, zu kombinieren, neu zusammenzusetzen, ohne dass sich hier jemals das verwandelte Gesicht des Autors abzeichnete: So viele angehäufte Wörter, so viele Markenzeichen auf so viel Papier und so vielen Blicken ausgesetzt, ein so großer Eifer, um sie außerhalb von der Bewegung ihrer Artikulation zu halten, eine so tiefreichende Achtung, die darauf gerichtet ist, sie zu bewahren und ins Gedächtnis der Menschen einzuschreiben, all dies, damit nichts von der armen Hand bleibt, die sie gezeichnet hat, von dieser Unruhe, die in ihnen Frieden finden wollte, von diesem abgeschlossenen Leben, das nur in ihnen überlebt? Ist der Diskurs in seiner tiefsten Bestimmung nicht »Spur«? Und ist sein Raunen nicht der Ort von Unsterblichkeit ohne Substantialität? Muss man zugeben, dass die Zeit des Diskurses nicht die Zeit des auf die Dimensionen der Geschichte gerichteten Bewusstseins oder die in der Form des Bewusstseins präsente Zeit der Geschichte ist? Muss ich unterstellen, dass es in meinem Diskurs nicht um mein Überleben geht? Und dass ich, wenn ich spreche, nicht meinen Tod banne, sondern ihn heraufbeschwöre; oder dass ich jedes Innere im Draußen abschaffe, das so indifferent gegenüber meinem Leben ist und so *neutral*, dass es überhaupt keinen Unterschied macht zwischen meinem Leben und meinem Tod?

Bei alledem begreife ich deren Unbehagen sehr gut. Es ist ihnen ohne Zweifel sehr schwer gefallen, anzuerkennen, dass ihre Geschichte, ihre Ökonomie, ihre sozialen Praktiken, die Sprache, die sie sprechen, die Mythologie ihrer Vorfahren, die Fabeln, die man ihnen in ihrer Kindheit erzählte, Regeln folgen, die nicht alle in ihrem Bewusstsein gegeben sind; sie wünschen überdies kaum, dass man ihnen diese Diskurse wegnimmt, in denen sie unmittelbar, ohne Distanz sagen können wollen, was sie denken, glauben oder sich vorstellen; sie ziehen es vor, zu leugnen, dass der Diskurs eine komplexe und differenzierte Praxis ist, die analysierbaren Regeln und Transformationen folgt, um nicht dieser zarten, so tröstlichen Sicherheit beraubt zu werden, der zufolge sie, wenn nicht die Welt, wenn nicht das Leben, so zumindest deren »Sinn« allein durch die Frische einer Äußerung, die nur aus ihnen selbst heraus stammte und ihrem Ursprungsort ganz nahe bliebe, ändern könnten. So viele Dinge sind ihnen in ihrer Sprache bereits entglitten: sie wollen nicht, dass ihnen außerdem noch entgleitet, *was sie sagen*, dieses kleine Fragment des Diskurses – gleichviel ob Wort oder Schrift –, deren zerbrechliche und ungewisse Existenz ihr Leben viel weiter und länger tragen muss. Sie können nicht ertragen – und man versteht sie ein wenig –, sich sagen zu hören: der Diskurs ist nicht das Leben; seine Zeit ist nicht die Ihre; in ihm werden Sie sich nicht mit dem Tod versöhnen; es ist möglich, dass Sie Gott unter dem Gewicht all dessen, was Sie gesagt haben, getötet haben; aber glauben Sie nicht, dass Sie mit all dem, was Sie sagen, einen Menschen hervorbringen werden, der lebendiger sein wird als er. In jedem Satz, den Sie aussprechen – und sehr genau in dem, den Sie gerade zu schreiben im Begriffe sind, Sie, der Sie sich eifrig daran machen, seit so vielen Seiten auf eine Frage zu antworten, durch die Sie sich persönlich betroffen fühlen und der Sie diesen Text mit Ihrem Namen unterzeichnen werden –, in jedem Satz regiert das namenlose Gesetz, die reine Indifferenz: »Was liegt daran wer spricht, hat jemand gesagt, was liegt daran wer spricht.«

Übersetzt von Hermann Kocyba

Die Intellektuellen und die Macht

»Les intellectuels et le pouvoir« (Gespräch mit G. Deleuze; 4. März 1972), in: *L'Arc*, Nr. 49: *Gilles Deleuze*, 2. Trimester 1972, S. 3-10.

M. Foucault: Ein Maoist sagte zu mir: »Bei Sartre verstehe ich gut, warum er auf unserer Seite ist, warum er Politik macht und in welchem Sinne er sie macht; dich, verstehe ich, streng genommen, ein wenig, du hast immer das Problem der Einsperrung aufgeworfen. Aber Deleuze verstehe ich wirklich nicht.« Diese Frage hat mich maßlos verblüfft, denn mir erscheint das sehr klar.

G. Deleuze: Vielleicht hat es damit zu tun, dass wir dabei sind, die Theorie-Praxis-Beziehungen auf eine neue Weise zu leben. Mal wurde die Praxis als eine Anwendung der Theorie, als eine Konsequenz begriffen, mal im Gegenteil als das, was die Theorie inspirieren muss, als etwas, das selbst eine zukünftige Form von Theorie miterschafft. Auf jeden Fall begriff man ihre Beziehungen in Form eines Totalisierungsprozesses in die eine oder in die andere Richtung. Vielleicht stellt sich für uns die Frage anders. Die Theorie-Praxis-Beziehungen sind viel partieller und fragmentarischer. Zum einen ist eine Theorie stets lokal, auf einen kleinen Bereich bezogen, und ihre Anwendung kann sie in einem anderen, mehr oder weniger entfernten Bereich haben. Das Anwendungsverhältnis ist niemals von Ähnlichkeit geprägt. Zum anderen stößt die Theorie, sobald sie sich in ihren eigenen Bereich versenkt, auf Hindernisse, Mauern und Schranken, die es erforderlich machen, dass sie von einem anderen Typ Diskurs weitergeführt wird (dieser andere Typ bewirkt unter Umständen den Übergang in einen anderen Bereich). Die Praxis ist ein Ganzes aus Verbindungselementen von einem theoretischen Punkt zu einem anderen, und die Theorie ist ein Verbindungselement von einer Praxis zu einer anderen. Keine Theorie kann sich entwickeln, ohne auf eine Art Mauer zu stoßen, und man braucht die Praxis, um durch die Mauer hindurchzustoßen. Sie zum Beispiel, Sie haben angefangen, indem Sie ein Milieu der Einsperrung wie die psychiatrische Anstalt im 19. Jahrhundert in der kapitalistischen Gesellschaft theoretisch analysierten. Später stoßen Sie dann auf die Notwendigkeit, dass es eingesperrte Leute sind, die beginnen, in eigener Verantwortung zu sprechen, dass sie ein Verbindungselement ausarbeiten (oder im Gegenteil, dass Sie für sie bereits ein solches Verbindungselement waren), und diese Leute befinden sich in den Gefängnissen, sie sind in den Gefängnissen. Auf dieser Grundlage haben Sie die Gruppe Gefängnisinformation (G.I.P.) organisiert: Es gilt die Bedingungen bereitzustellen, unter denen die Gefängnisinsassen selbst sprechen können. Es wäre völlig falsch zu behaupten, wie das der Maoist scheinbar tat, Sie seien dadurch zur Praxis übergegangen, dass Sie Ihre Theorien anwandten. Es gab dabei weder eine Anwendung noch einen Reformentwurf, noch eine Untersuchung im traditionellen Sinne. Es gab etwas ganz anderes: ein System von Verbindungselementen in einem Ganzen, in einer Mannigfaltigkeit von sowohl theoretischen wie praktischen Stücken und Brocken. Für uns ist der Intellektuelle als Theoretiker nicht länger ein Subjekt, ein repräsentierendes oder repräsentatives Bewusstsein. Diejenigen, die handeln und kämpfen, haben aufgehört, repräsentiert zu werden, auch nicht von einer Partei oder einer Gewerkschaft, die ihrerseits sich das Recht anmaßen würden, ihr Bewusstsein zu sein. Wer spricht und wer handelt? Es ist stets eine Mannigfaltigkeit, selbst in der Person, welche spricht oder handelt. Wir sind alle »Gruppuskeln«. Es gibt keine Repräsentation mehr, es gibt nur noch Aktion, Aktion der Theorie, Aktion der Praxis in Beziehungen von Verbindungselementen oder Netzwerken.

M. Foucault: Mir scheint, dass die Politisierung eines Intellektuellen traditionell bei zwei Momenten ansetzte: seiner Position als Intellektueller in der bürgerlichen Gesellschaft, im System der kapitalistischen Produktion, in der von ihr erzeugten oder aufgezwungenen Ideologie (dass er ausgebeutet, ins Elend gedrängt, zurückgestoßen, »verfemt« oder der Subversion, Sittenlosigkeit usw. beschuldigt wurde), und seinem eigenen Diskurs, insofern er eine bestimmte Wahrheit offen legte, politische Bezüge dort entdeckte, wo man sie nicht zu erkennen pflegte. Diese zwei Formen einer Politisierung waren einander nicht fremd, fielen aber auch nicht zwangsläufig zusammen. Es gab den Typus des »Verfemten« und den Typus des »Sozialisten«. In bestimmten Momenten einer gewalttätigen Reaktion von Seiten der Macht, nach 1848, nach der Commune, nach 1940 gingen diese zwei Politisierungen ohne weiteres ineinander über: Der Intellektuelle wurde in genau dem Augenblick zurückgewiesen und verfolgt, da die »Dinge« in ihrer »Wahrheit« erschienen, da man nicht sagen durfte, der König sei nackt. Der Intellektuelle sagte denen die Wahrheit, die sie noch nicht sahen, und er tat dies im Namen derer, die es nicht sagen konnten: Bewusstsein und Beredtheit.

Nun, seit dem jüngsten Ansturm mussten die Intellektuellen allerdings feststellen, dass die Massen sie nicht brauchen, um zu wissen; sie wissen vollkommen, klar und viel besser als sie, und sie sagen es auch sehr gut. Aber es existiert ein Machtsystem, das diesen Diskurs und dieses Wissen absperrt, verbietet und außer Kraft setzt. Eine Macht, die sich nicht allein in den höheren Instanzen der Zensur aufhält, sondern die sich sehr tief, sehr subtil in das gesamte Netz der Gesellschaft eingräbt. Sie selbst, die Intellektuellen, sind ein Teil dieses Machtsystems, die Vorstellung, sie seien die Agenten des »Bewusstseins« und des Diskurses, gehört selbst zu diesem System. Die Rolle des Intellektuellen besteht nicht darin, sich »etwas vorweg oder etwas seitab« zu platzieren, um die stumme Wahrheit aller auszusprechen; sie besteht vielmehr darin, dort gegen die Formen einer Macht zu kämpfen, wo er zugleich Gegenstand und Instrument dieser Macht ist: in der Ordnung des »Wissens«, des »Bewusstseins« und des »Diskurses«.

Insofern wird die Theorie nicht eine Praxis ausdrücken, übersetzen oder anwenden: Sie ist eine Praxis. Allerdings eine, wie Sie sagten, lokale und regionale: eine nicht totalisierende. Der Kampf gegen die Macht, der Kampf dafür, sie dort sichtbar zu machen und anzutasten, wo sie am unsichtbarsten und hinterhältigsten ist. Ein Kampf nicht länger für eine »Bewusstwerdung« (seit langem haben die Massen das Bewusstsein als Wissen erlangt und ist das Bewusstsein als Gegenstand [»sujet«] von der Bourgeoisie erfasst und vereinnahmt worden), sondern für die Untergrabung und Ergreifung der Macht, neben all jenen und mit all jenen, die dafür kämpfen, und nicht zurückgezogen mit dem Ziel, sie aufzuklären. Eine »Theorie«, das ist das regionale System dieses Kampfes.

G. Deleuze: Das ist es, eine Theorie, das ist genauso wie ein Werkzeugkasten. Das hat nichts zu tun mit dem Signifikanten ... Es muss zu was dienen, es muss funktionieren. Und nicht um seiner selbst willen. Wenn es keine Leute gibt, um sich ihrer zu bedienen, angefangen bei dem Theoretiker selbst, der damit aufhört, Theoretiker zu sein, dann ist sie nichts wert oder ihre Zeit ist nicht gekommen. Man kehrt nicht zu einer Theorie zurück, man stellt andere auf, oder man hat andere, die man aufstellen kann. Es ist schon merkwürdig, aber ausgerechnet ein Autor, der als ein reiner Intellektueller gilt, Proust, hat es so klar gesagt: Behandelt mein Buch wie ein auf das Draußen gerichtetes Paar Sehgläser, und, tja, wenn sie euch nicht passen, dann nehmt doch andere, findet selbst euren Apparat, der notwendigerweise ein Kampfapparat ist. Die Theorie, das totalisiert sich nicht, das vervielfältigt sich und das vervielfältigt. Die Macht führt von Natur aus Totalisierungen durch, und Sie, Sie sagen ganz richtig: Die Theorie ist von Natur aus gegen die Macht. Sobald eine Theorie an diesem oder jenem Punkt tief eindringt, stößt sie darauf, dass sie unmöglich die geringste praktische Konsequenz haben kann, ohne dass es zu einer Explosion kommt, und wenn es sein muss, an einem ganz anderen Punkt. Aus genau diesem Grunde ist der Ausdruck Reform so dumm und heuchlerisch. Entweder wird die Reform von Leuten ausgearbeitet, die sich als Stellvertreter aufspielen und die es zu ihrem Beruf machen, für die anderen, im Namen der anderen zu sprechen, und das ist dann ein Ausbau der Macht, eine Machtumverteilung, die mit einer verschärften Repression einhergeht. Oder es ist eine Reform, die von denen, die es betrifft, verlangt und gefordert wird, und dann ist sie nicht länger eine Reform, sondern eine revolutionäre Aktion, die aufgrund ihres partiellen Charakters dazu bestimmt ist, die Totalität der Macht und ihrer Hierarchie infrage zu stellen. Das ist offenkundig so in den Gefängnissen: Die geringste, die bescheidenste Forderung der Gefangenen genügt, und aus Plevens Pseudo-Reform ist die Luft 'raus. Es bräuchten nur die kleinen Kinder in einem Kindergarten ihren Protest oder einfach nur ihre Fragen vorzutragen, und schon käme es im gesamten Ausbildungssystem zu einer Explosion. In Wirklichkeit kann dieses System, in dem wir leben, *nichts vertragen*: deshalb seine radikale Zerbrechlichkeit an jeder Stelle und zugleich seine umfassende Unterdrückungsgewalt. Meiner Ansicht nach haben Sie uns als Erster sowohl in Ihren Büchern als auch in einem praktischen Bereich etwas Grundlegendes gelehrt: Wie nichtswürdig es ist, für die anderen zu sprechen. Ich meine damit: Man machte sich über die Repräsentation lustig; man behauptete, damit sei es vorbei, aber man zog keine Konsequenz aus dieser »theoretischen« Konversion, nämlich dass die Theorie forderte, dass endlich die Betroffen praktisch in eigener Verantwortung sprechen.

M. Foucault: Und als die Gefangenen zu sprechen begannen, hatten sie selbst eine Theorie des Gefängnisses, der Strafordnung und der Justiz. Diese Art Diskurs gegen die Macht, dieser von den Gefangenen oder den so genannten Delinquenten gehaltene Gegen-Diskurs ist das, was zählt, und nicht eine Theorie *über* die Delinquenz. Das Problem des Gefängnisses ist ein lokales und marginales Problem, weil nicht mehr als 100 000 Personen pro Jahr durch die Gefängnisse hindurchlaufen; im Ganzen gibt es heute in Frankreich vielleicht 300 000 oder 400 000 Personen, die das Gefängnis durchlaufen haben. Und doch wühlt dieses marginale Problem die Leute auf. Es hat mich überrascht, wie viele Leute für das Problem der Gefängnisse zu interessieren waren, die niemals im Gefängnis waren, überrascht, wie viele Leute es gab, die nichts dafür prädestinierte, diesen Diskurs von Häftlingen zu verstehen, und wie sie ihn letztlich verstanden. Wie lässt sich das erklären? Ist nicht ganz allgemein das Strafsystem die Form, in der die Macht sich am deutlichsten als Macht zeigt? Jemanden in ein Gefängnis stecken, ihn im Gefängnis bewachen, ihm Nahrung, Heizung vorzuenthalten, ihn daran zu hindern hinauszugehen, mit jemandem zu schlafen usw., das ist die wahnwitzigste Machtbekundung, die man sich vorstellen kann. Neulich sprach ich mit einer Frau, die im Gefängnis gewesen ist, und sie sagte: »Man denke nur, mich, die ich vierzig Jahre alt bin, hat man eines Tages im Gefängnis damit bestraft, dass man mich auf trocken Brot setzte.« An dieser Geschichte fällt nicht nur die Unreife in der Ausübung der Macht auf, sondern auch der Zynismus, mit dem sie als Macht in der archaischsten, unreifsten, kindlichsten Form ausgeübt wird. Dass man jemanden auf Wasser und Brot setzt, das bringt man uns als kleinen Kindern bei. Das Gefängnis ist der einzige Ort, an dem die Macht sich in ihrer Nacktheit in ihren exzessivsten Ausmaßen zeigen und sich als moralische Macht rechtfertigen kann. »Ich habe sehr wohl das Recht zu strafen, denn ihr wisst, dass es gemein ist zu stehlen, zu töten ...« Das ist das Faszinierende an den Gefängnissen, dass sich die Macht auf einmal nicht versteckt, dass sie sich nicht maskiert, dass sie sich als bis in die winzigsten Details vorangetriebene Tyrannei, selbst als zynisch zeigt und zugleich rein ist, völlig »gerechtfertigt«, da sie sich ganz und gar innerhalb einer Moral formulieren kann, die ihrer Ausübung als Rahmen dient: Ihre rohe Tyrannei erscheint damit als leidenschaftslose Herrschaft des Guten über das Böse, der Ordnung über die Unordnung.

G. Deleuze: Deshalb ist auch die Umkehrung wahr. Es werden nicht nur die Gefangenen wie Kinder, sondern auch die Kinder wie Gefangene behandelt. Die Kinder leiden unter einer ihnen aufgezwungenen Infantilisierung. In diesem Sinne stimmt es auch, dass die Schulen ein wenig und die Fabriken in starkem Maße wie Gefängnisse sind. Man braucht sich nur den Werkseingang bei Renault anzusehen. Oder anderswo: drei Marken pro Tag, um Pipi zu machen. Sie haben einen Text von Jeremy Bentham aus dem 18. Jahrhundert gefunden, der genau eine Reform der Gefängnisse vorschlägt: Im Namen dieser edlen Reform baut er ein zirkuläres System auf, in dem das erneuerte Gefängnis als Modell dient und bei dem man zugleich, ohne es zu merken, von der Schule zur Fabrik, von der Fabrik zum Gefängnis übergeht und umgekehrt. Das ist das Wesen des Reformismus, der reformierten Repräsentation. Wenn dagegen die Leute beginnen, in ihrem Namen zu sprechen und zu handeln, dann stellen sie nicht einer Repräsentation eine andere, selbst umgekehrte Repräsentation, der falschen Repräsentativität der Macht eine andere Repräsentativität gegenüber. So erinnere ich mich beispielsweise, dass Sie sagten, eine gegen die Justiz gerichtete Volksjustiz gäbe es nicht, das liefe auf einer anderen Ebene ab.

M. Foucault: Ich meine, dass man unter dem Hass, den das Volk auf die Justiz, die Richter, die Gerichte und die Gefängnisse hat, nicht nur die Idee einer anderen besseren und gerechteren Justiz, sondern zunächst und vor allem die Wahrnehmung eines einzigartigen Punktes zu sehen hat, an dem die Macht zum Schaden des Volkes ausgeübt wird. Der Kampf gegen die Gerichte ist ein Kampf gegen die Macht, und ich glaube nicht, dass es ein Kampf gegen die Ungerechtigkeiten ist, gegen die Ungerechtigkeiten der Justiz und für ein besseres Funktionieren des Gerichtswesens. Es ist dennoch auffällig, dass bei allen Empörungen, Revolten und Aufständen zu gleicher Zeit und in gleicher Weise wie der fiskalische Apparat, die Armee und die anderen Formen der Macht der Gerichtsapparat die Zielscheibe ist. Meine Hypothese, aber es ist auch nur eine Hypothese, ist die, dass die Volkstribunale beispielsweise zur Zeit der Revolution nur dem mit den Massen verbündeten Kleinbürgertum dienten, die Kampfbewegung gegen die Justiz wieder unter ihre Kontrolle zu bekommen. Und dazu hat man das System des Tribunals vorgeschlagen, das sich auf eine Justiz beruft, die gerecht sein, und auf einen Richter, der ein gerechtes Urteil sprechen könnte. Die Form selbst des Tribunals gehört einer Ideologie der Justiz an, welche die der Bourgeoisie ist.

G. Deleuze: Wenn man sich die gegenwärtige Situation anschaut, hat die Macht zwangsläufig eine totale oder globale Vision. Ich meine, dass all die gegenwärtigen Formen von Repression, welche vielfältig sind, sich vom Gesichtspunkt der Macht aus leicht totalisieren lassen: die rassistische Repression gegen die Immigranten, die Repression in den Fabriken, die Repression in der Ausbildung, die Repression gegen die Jugendlichen im Allgemeinen. Man darf die Einheit all dieser Formen nicht nur in einer Reaktion auf den Mai 68 suchen, sondern weit mehr in einer abgestimmten Vorbereitung und Organisation unserer nächsten Zukunft. Der französische Kapitalismus hat einen großen Bedarf an einer »frei verfügbaren« Masse von Arbeitslosen und legt dafür die liberale und paternalistische Maske der Vollbeschäftigung ab. Unter diesem Gesichtspunkt bilden die Begrenzung der Einwanderung – nachdem einst galt, dass die härtesten und undankbarsten Arbeiten an die Emigranten vergeben wurden –, die Repression in den Fabriken – sollen doch die Franzosen wieder auf den »Geschmack« an einer immer härteren Arbeit gebracht werden – und der Kampf gegen die Jugendlichen und die Repression in der Ausbildung – denn die polizeiliche Repression ist umso heftiger, je weniger Jugendliche auf den Arbeitsmärkten gebraucht werden – eine Einheit. Sämtliche Berufsgruppen werden dazu aufgefordert, immer exakter umrissene Polizeifunktionen auszuüben: Lehrer, Psychiater, Erzieher jeglicher Art usw. Es gibt da etwas, worauf Sie seit langem hinweisen, und wovon man dachte, dazu könne es nicht kommen: eine Verstärkung sämtlicher Strukturen der Einsperrung. Nun, gegen diese globale Politik der Macht unternimmt man lokale Gegenangriffe, Gegenschläge, aktive und mitunter auch präventive Verteidigungsmaßnahmen. Es ist nicht unsere Aufgabe zu totalisieren, was sich nur mit Bezug auf die Macht totalisieren lässt und was wir unsererseits nur durch die Wiedereinführung der repräsentativen Formen eines Zentralismus und einer Hierarchie totalisieren könnten. Es ist umgekehrt unsere Aufgabe, laterale Verbindungen, ein ganzes System von Netzen, von Basen des Volkes herzustellen. Und genau das ist schwierig. Jedenfalls geht für uns die Wirklichkeit nicht völlig in der Politik im traditionellen Sinne eines Wettbewerbs um die Macht und einer Verteilung der Macht und so genannter repräsentativer Instanzen wie der P.C. oder der C.G.T. auf. Die Wirklichkeit ist das, was sich heute in einer Fabrik, in einer Schule, in einer Kaserne, in einem Gefängnis oder auf einem Kommissariat tatsächlich ereignet. So dass die Aktion eine ganz andere Art der Information als die Informationen in den Zeitungen mit sich bringt (in der Art wie die Information durch die Presseagentur *Libération*).

M. Foucault: Rühren diese Schwierigkeit und unsere Nöte, die angemessenen Kampfformen zu finden, nicht daher, dass wir noch nicht wissen, was die Macht ist? Schließlich hat man auch erst im 19. Jahrhundert in Erfahrung gebracht, was die Ausbeutung ist; aber vielleicht weiß man immer noch nicht, was die Macht ist. Und Marx und Freud reichen vielleicht nicht aus, um uns zu helfen, diese so rätselhafte, zugleich sichtbare und unsichtbare, anwesende und verborgene, überall eingesetzte Sache zu erkennen, die man die Macht nennt. Die Theorie des Staates, die traditionelle Analyse der Staatsapparate schöpften zweifelsohne das Feld der Ausübung und des Funktionierens der Macht nicht aus. Das ist derzeit der große Unbekannte: Wer übt die Macht aus? Und wo übt er sie aus? Man weiß derzeit so in etwa, wer ausbeutet, wohin der Profit geht, durch wessen Hände er geht und wo er wieder investiert wird – dagegen die Macht ... Zwar weiß man, dass nicht die Regierenden die Macht innehaben. Der Begriff »leitende Klasse« ist allerdings weder sehr klar noch sehr ausgearbeitet. »Herrschen«, »leiten«, »regieren«, »die an der Macht befindliche Gruppe«, »Staatsapparat« usw., man hat da ein ganzes Spiel von Begriffen, die zu analysieren wären. Ebenso sollte man schon genau wissen, bis wohin die Macht ausgeübt wird, über welche Schaltstellen und bis hin zu welchen oft unendlich kleinen Instanzen einer Hierarchie, Kontrolle, Überwachung, von Verboten und Zwängen sie ausgeübt wird. Überall, wo es Macht gibt, wird Macht ausgeübt. Niemand ist im Grunde Inhaber der Macht; und dennoch wird sie stets in eine bestimmte Richtung ausgeübt, mit den einen auf der einen und den anderen auf der anderen Seite; man weiß nicht, wer sie eigentlich hat, aber man weiß, wer sie nicht hat. Die Lektüre Ihrer Bücher (vom *Nietzsche*[1] bis hin zu dem, was ich von *Capitalisme et Schizophrénie*[2] erahne) war für mich deshalb so wesentlich, weil sie meines Erachtens in der Stellung dieses Problems sehr weit gehen und unter diesem alten Thema des Sinns, Signifikats, Signifikanten usw. endlich die Frage der Macht, der Ungleichheit der Mächte und ihrer Kämpfe stellen. Jeder Kampf entwickelt sich im Umfeld eines besonderen Machtherdes (einer dieser unzähligen kleinen Herde, und das kann ein kleiner Vorgesetzter, ein Hausmeister vom Sozialen Woh-

1 [Deleuze, G., *Nietzsche et la philosophie*, Paris 1962; dt. *Nietzsche und die Philosophie*, München 1976. A.d.Ü.]

2 [Deleuze, G., Guattari, F., *Capitalisme et Schizophrénie: L'Anti-Œdipe*, Paris 1972; dt. *Anti-Ödipus. Kapitalismus und Schizophrenie I*, Frankfurt am Main 1974, A.d.Ü.]

nungsbau, ein Gefängnisdirektor, ein Richter, ein Gewerkschaftsfunktionär oder der Chefredakteur einer Zeitung sein). Und das Bezeichnen und Anprangern dieser Herde, das öffentliche Sprechen darüber ist nicht deshalb ein Kampf, weil es noch niemandem bewusst war, sondern weil es eine erste Umkehrung der Macht, ein erster Schritt hin zu weiteren Kämpfen gegen die Macht ist, wenn man in dieser Sache das Wort ergreift, das Netz der institutionellen Information angreift, Namen nennt, sagt, wer was getan hat, die Zielscheibe bezeichnet. So sind Diskurse wie beispielsweise die von Gefängnisinsassen oder -ärzten Kämpfe, weil sie zumindest für einen Augenblick für sich die Macht in Anspruch nehmen, über das Gefängnis zu sprechen, die Macht, die gegenwärtig allein bei der Verwaltung und ihren reformerischen Helfershelfern liegt. Der Kampfdiskurs steht nicht in einem Gegensatz zum Unbewussten: Er steht in einem Gegensatz zum Geheimnis. Das sieht scheinbar nach viel weniger aus. Doch wenn es viel mehr wäre? Man hat es beim »Verborgenen«, beim »Verdrängten« und beim »Ungesagten« mit einer ganzen Reihe von Zweideutigkeiten zu tun, die es erlauben, mit wenig Aufwand zu »psychoanalysieren«, was Gegenstand eines Kampfes sein soll. Das Geheimnis ist vielleicht schwieriger zu lüften als das Unbewusste. Mir scheint, hinter den beiden Themen, auf die man noch gestern des Öfteren stieß, »Die Schrift ist das Verdrängte« und »Die Schrift ist mit vollem Recht subversiv«, lässt sich durchaus eine bestimmte Anzahl von Operationen erahnen, die man schonungslos anprangern muss.

G. Deleuze: Zu dem von Ihnen aufgeworfenen Problem: Es ist leicht zu erkennen, wer ausbeutet, wer den Profit hat, wer regiert, die Macht jedoch ist noch etwas Diffuseres, und so möchte ich die folgende Hypothese aufstellen: Selbst der Marxismus und ganz besonders der Marxismus hat das Problem in Interessensbegriffen bestimmt (die Macht hat eine durch ihre Interessen bestimmte herrschende Klasse inne). Doch dann stellt sich einem die folgende Frage in den Weg: Wie kommt es, dass Leute, die nicht solch ein Interesse haben, der Macht folgen, sich eng an sie binden und um jeden Preis ein Stückchen davon abhaben wollen? Spricht man indes von *Besetzungen*, und zwar sowohl ökonomischen wie unbewussten, dann ist das Interesse vielleicht gar nicht einmal das letzte Wort; es gibt Begehrensbesetzungen, die erklären, dass man notfalls zwar nicht gegen sein Interesse – folgt doch das Interesse stets dem Begehren und findet sich stets da, wo das Begehren sich aufstellt –, aber doch auf eine gegenüber dem eigenen Interesse tiefere und diffusere Weise begehren könnte. Man muss bereit sein, Reichs Aufschrei Gehör zu schenken: Nein, die Massen sind nicht getäuscht worden, sie haben zu jener Zeit den Faschismus begehrt! Es gibt Begehrensbesetzungen, die die Macht formen und verteilen und so bewirken, dass sich die Macht ebenso auf der Stufe des Streifenpolizisten wie des Ministerpräsidenten findet und dass von ihrer Natur her absolut kein Unterschied besteht zwischen der Macht, die ein kleiner Streifenpolizist ausübt, und der Macht, die ein Minister ausübt. Allein die Natur der Begehrensbesetzungen auf einem sozialen Körper erklärt, warum Parteien oder Gewerkschaften, die im Namen von Klasseninteressen revolutionäre Besetzungen hätten oder haben sollten, auf der Ebene des Begehrens reformistische oder vollständig reaktionäre Besetzungen haben können.

M. Foucault: Wie Sie sagten, sind die Bezüge zwischen Begehren, Macht und Interesse komplexer, als man gewöhnlich annimmt, und nicht zwangsläufig haben diejenigen, die die Macht ausüben, das Interesse, sie auszuüben; diejenigen, die das Interesse haben, sie auszuüben, üben sie nicht aus, und das Begehren nach Macht treibt zwischen der Macht und dem Interesse ein noch immer einzigartiges Spiel. So kommt es, dass zur Zeit des Faschismus die Massen begehren, dass einige wenige die Macht ausüben, einige wenige, die nicht mit den Massen verschmolzen sind, denn die Macht wird über die Massen und auf ihre Kosten ausgeübt werden, bis hin zu ihrem Tod, ihrer Opferung und ihrer Abschlachtung, und dennoch begehren sie diese Macht, begehren sie, dass diese Macht ausgeübt wird. Dieses Spiel zwischen Begehren, Macht und Interesse ist noch wenig bekannt. Es hat lange gebraucht, um herauszubekommen, was Ausbeutung ist. Und auch das Begehren hat uns schon lange beschäftigt und wird uns noch lange beschäftigen. Möglicherweise sind die jetzt geführten Kämpfe und auch diese lokalen, regionalen und diskontinuierlichen Theorien, deren Ausarbeitung eben in diesen Kämpfen erfolgt und die mit ihnen unbedingt eine Einheit bilden, der Beginn einer Entdeckung der Art und Weise, wie die Macht ausgeübt wird.

G. Deleuze: Nun, dann komme ich auf die Frage zurück: Die gegenwärtige revolutionäre Bewegung hat mehrere Herde, und das ist keine Schwäche und keine Unzulänglichkeit, da eine bestimmte Totalisierung eher zur Macht und zur Reaktion gehört. Vietnam zum

Beispiel ist ein gewaltiger lokaler Gegenschlag. Doch wie sind die Netze, die transversalen Verbindungen zwischen diesen diskontinuierlichen aktiven Punkten, von einem Land zum anderen oder innerhalb ein und desselben Landes, zu begreifen?

M. Foucault: Diese geographische Diskontinuität, von der Sie sprechen, bedeutet vielleicht Folgendes: Sobald man gegen die Ausbeutung kämpft, führt das Proletariat nicht nur den Kampf, sondern bestimmt auch die Zielscheiben, Methoden, Orte und Instrumente des Kampfes; sich mit dem Proletariat verbünden heißt sich ihm in seinen Positionen und seiner Ideologie anschließen, heißt die Motive seines Kampfes übernehmen. Heißt darin aufzugehen. Doch wenn der Kampf gegen die Macht gerichtet ist, dann können auch alle diejenigen, auf die die Macht in Form des Übergriffs ausgeübt wird, alle diejenigen, die sie als unerträglich ansehen, dort, wo sie sich befinden, und von ihrer eigenen Aktivität (oder Passivität) her den Kampf aufnehmen. Indem sie diesen Kampf aufnehmen, der ihr eigener ist, dessen Zielscheibe ihnen vollends bekannt ist und dessen Methode sie festlegen können, treten sie in den revolutionären Prozess ein. Mit dem Proletariat verbündet, versteht sich, denn so wie die Macht ausgeübt wird, wird sie ausgeübt, um die kapitalistische Ausbeutung aufrechtzuerhalten. Der Sache der proletarischen Revolution erweisen sie einen wirklichen Dienst, wenn sie genau da kämpfen, wo die Unterjochung an ihnen ausgeübt wird. Zur Zeit haben die Frauen, die Gefängnisinsassen, die wehrpflichtigen Soldaten, die Kranken in den Krankenanstalten und die Homosexuellen ihren spezifischen Kampf gegen die jeweilige Form von Macht, Zwang und Kontrolle aufgenommen, denen sie unterliegen. Derartige Kämpfe machen derzeit unter der Bedingung, dass sie radikal sind, ohne Kompromiss, ohne Reformismus und ohne einen Versuch, eben diese Macht bloß umzugestalten und, wenn es hochkommt, die Inhaber auszuwechseln, einen Teil der revolutionären Bewegung aus. Und diese Bewegungen sind in dem Maße mit der revolutionären Bewegung des Proletariats selbst verbunden, als es sämtliche Kontrollen und Zwänge zu bekämpfen gilt, die überall eben diese Macht bestärken.

Das heißt, dass sich die Allgemeinheit des Kampfes gewiss nicht in der Form jener Totalisierung vollzieht, von der Sie gerade sprachen, jener theoretischen Totalisierung in der Form der »Wahrheit«. Die Allgemeinheit des Kampfes stellt das System der Macht selbst her, all die Formen einer Ausübung und Anwendung der Macht.

G. Deleuze: Und man wird an nichts rühren können, an einem Punkt welcher Anwendung auch immer, ohne dass man sich mit jenem diffusen Ganzen konfrontiert findet, und folglich wird man zwangsläufig gar nicht anders können, als dieses schon aufgrund der geringsten Forderung in die Luft sprengen zu wollen. Jede Verteidigung oder jede partielle revolutionäre Attacke schließt sich auf diese Weise dem Arbeiterkampf an.

Übersetzt von Hans-Dieter Gondek

Theorien und Institutionen des Strafvollzugs

»Théories et institutions pénales«, in: *Annuaire du Collège de France, 72. Jg., Histoire des systèmes de pensée, année 1971-1972,* 1972, S. 283-286.

Die diesjährige Vorlesung sollte als historischer Vorlauf für die Untersuchung der Institutionen des Strafvollzugs (allgemeiner: der sozialen Kontrolle und der Bestrafungssysteme) in der französischen Gesellschaft des 19. Jahrhunderts dienen. Diese Untersuchung ist selbst Teil eines größeren, im vergangenen Jahr skizzierten Vorhabens: dem Nachvollzug der Ausbildung bestimmter Wissensarten ausgehend von rechtlich-politischen Vorprägungen, die ihnen zur Geburt verholfen haben und ihnen als Stütze dienen. Dem liegt folgende Arbeitshypothese zugrunde: Die Machtverhältnisse (nebst den Kämpfen, die sich durch sie hindurchziehen, oder den Institutionen, die sie aufrechterhalten) spielen im Hinblick auf das Wissen nicht nur die Rolle einer Erleichterung oder eines Hindernisses; sie begnügen sich nicht damit, es zu begünstigen oder zu stimulieren, es irrezuleiten oder zu begrenzen; nicht durch das bloße Spiel der Interessen und der Ideologien sind Macht und Wissen einander verbunden; das Problem besteht also nicht einfach nur darin herauszufinden, wie die Macht sich das Wissen unterordnet und ihren Zwecken dienstbar macht oder wie sich die Macht über das Wissen legt und ihm ideologische Inhalte und Begrenzungen aufzwingt. Kein Wissen bildet sich ohne ein Kommunikations-, Aufzeichnungs-, Akkumulations- und Versetzungssystem, das in sich eine Form von Macht ist und in seiner Existenz und seinem Funktionieren mit den anderen Machtformen verbunden ist. Umgekehrt kommt es zu keiner Ausübung von Macht ohne die Gewinnung, Aneignung, Verteilung oder Zurückhaltung eines Wissens. Auf dieser Stufe hat man nicht die Erkenntnis auf der einen Seite und die Gesellschaft bzw. die Wissenschaft und den Staat auf der anderen, sondern die Grundformen des »Macht-Wissens«.

Im vorangehenden Jahr war das *Maß* [*»mesure«*] als die an die Konstitution des griechischen Staates gebundene Form des »Macht-Wissens« analysiert worden. In diesem Jahr wurde in gleicher Weise die *Untersuchung* [*»enquête«*] in ihrem Verhältnis zur Ausbildung des mittelalterlichen Staates erforscht; im nächsten Jahr wird man sich die *Prüfung* [*»examen«*] als die mit den für die industriellen Gesellschaften typischen Kontroll-, Ausschluss- und Strafsystemen verbundene Macht-Wissen-Form vornehmen. *Maß*, *Untersuchung* und *Prüfung* sind in ihrer historischen Ausbildung allesamt sowohl Mittel zur Ausübung der Macht als auch Regeln zur Begründung des Wissens gewesen. Das *Maß*: ein Mittel, um die Ordnung herzustellen oder wiederherzustellen, und zwar die gerechte Ordnung im Kampf der Menschen oder der Elemente, aber auch die Matrix des mathematischen und physikalischen Wissens. Die *Untersuchung*: ein Mittel, um die Tatsachen, die Ereignisse, die Taten, die Eigentumsverhältnisse und die Rechte festzustellen oder wiederherzustellen; aber auch die Matrix der empirischen Wissensarten und der Wissenschaften der Natur. Die *Prüfung*: ein Mittel, die Norm, die Regel, die Teilung, die Eignung und die Ausschließung festzusetzen oder wiederherzustellen; aber auch die Urmutter sämtlicher Psychologien, Soziologien, Psychiatrien und Psychoanalysen, kurz, all dessen, was man die Humanwissenschaften nennt. Gewiss, in vielen wissenschaftlichen Praktiken sind *Maß*, *Untersuchung* und *Prüfung* gleichzeitig ebenso sehr als reine und einfache Methoden oder auch als streng kontrollierte Instrumente eingesetzt worden. Es stimmt auch, dass sie sich auf dieser Stufe und in dieser Rolle von ihrem Bezug zu den Machtformen gelöst haben. Doch vor ihrem gemeinschaftlichen und derart geläuterten Auftritt innerhalb abgegrenzter epistemologischer Bereiche waren sie an die Errichtung einer politischen Macht gebunden, waren sie sowohl deren Wirkung als auch deren Instrument, wobei das *Maß* einer Ordnungs-, die *Untersuchung* einer Zentralisierungs- und die *Prüfung* einer Selektions- und Ausschließungsfunktion entsprach.

Die Vorlesung des Studienjahres 1971-1972 war folglich in zwei Teile untergliedert.

Der eine Teil war dem Studium der *Untersuchung* und ihrer Entwicklung im Lauf des Mittelalters gewidmet. Besonders beachtet wurden die Bedingungen ihres Auftretens im Bereich der Strafprozesspraxis. Übergang vom System der Rache zu dem der Bestrafung, von der Praxis der Anklage zur Praxis der Inquisition, vom Schaden, der den Rechtsstreit hervorruft, zum Gesetzesbruch, der die Strafverfolgung nach sich zieht; von der Entscheidung nach Prüfung zum Urteil nach Beweis; vom Kampf, der den Sieger und das gute Recht herausstellt, zur Feststellung, die dadurch, dass sie sich auf Zeugnisse stützt, die Tatsachen begründet. Diese Gesamtheit von Transformationen ist an die Geburt eines Staates gebunden, der bestrebt ist, die Verwaltung der Strafjustiz immer enger an sich zu ziehen; und dies in dem Maße, wie sich die Funktionen einer Aufrechterhaltung der Ordnung in seinen Händen konzentrieren und wie die Besteuerung der Justiz durch das Feudalwesen die Gerichtspraxis in die großen Kreisläufe der Übertragung von Reichtümern einbezieht. Die gerichtliche Form der *Untersuchung* ist vielleicht dem entlehnt, was von der karolingischen Verwaltung an Formen weiterbestehen konnte; weitaus gesicherter jedoch ist der Rückgriff auf kirchliche Vorbilder in Verwaltung und Überwachung. Zu dieser Gesamtheit von Praktiken zählen die für die Untersuchung charakteristischen Fragen (Wer hat was getan? Ist die Tatsache allgemein bekannt? Wer hat es gesehen und kann das bezeugen? Was für Hinweise liegen vor und was für Beweise? Gibt es ein Geständnis?); die Phasen der Untersuchung (in der jeweils die Tatsache begründet, der Schuldige festgestellt und die Umstände der Tat erfasst werden); die Personen der Untersuchung (derjenige, der verfolgt; derjenige, der zur Anzeige bringt; derjenige, der es gesehen hat; derjenige, der leugnet oder gesteht; derjenige, der richten und die Entscheidung fällen muss). Dieses gerichtliche Modell der *Untersuchung* beruht auf einem umfassenden Machtsystem; und dieses System bestimmt, was als Wissen ausgebildet werden muss; wie, woraus und durch wen es gewonnen wird; auf welche Weise es versetzt und übertragen wird; an welcher Stelle es gesammelt wird und ein Urteil oder eine Entscheidung ermöglicht.

Ab dem 14. Jahrhundert wird dieses »inquisitorische« Modell, verschoben und Stück für Stück umgeformt, eine der Instanzen der Ausbildung der empirischen Wissenschaften darstellen. Die Untersuchung, die mit einem Experiment oder einer Reise verbunden sein kann oder auch nicht, aber in einem entschiedenen Gegensatz zur Autorität der Tradition und zur Entscheidung durch eine symbolische Prüfung steht, wird sich nun in wissenschaftlichen Praktiken ins Werk gesetzt (Magnetismus zum Beispiel oder Naturgeschichte), in der methodologischen Reflexion zur Theorie erhoben (Bacon, dieser Administrator) und in Diskursarten übersetzt finden (die Untersuchung als Analyseform im Gegensatz zum essai, zur Meditation und zum Traktat). Wir gehören einer inquisitorischen Zivilisation an, die jetzt schon seit Jahrhunderten in immer komplexeren, aber allesamt vom selben Urbild abgeleiteten Formen die Gewinnung, Verschiebung und Anhäufung des Wissens praktiziert. Die Inquisition: die für unsere Gesellschaft wesentliche Form von Macht-Wissen. Die Erfahrungswahrheit ist Tochter der Inquisition – der politischen, administrativen und gerichtlichen Macht, Fragen zu stellen, Antworten zu erpressen, Zeugnisse zu sammeln, Behauptungen nachzuprüfen und Tatsachen zu begründen – so wie die Wahrheit der Maße und der Maßverhältnisse die Tochter der Dike war.

Schließlich kam der Tag, und das sehr bald, da hatte der Empirismus seinen Anfang vergessen und verdeckt. *Pudenda origo*. Er stellte die Gelassenheit der Untersuchung in einen Gegensatz zur Tyrannei der Inquisition und die selbstlose Erkenntnis in einen Gegensatz zur Leidenschaft des inquisitorischen Systems: und im Namen der Erfahrungswahrheiten warf man ihm vor, in seinen Martern genau die Dämonen zu gebären, die er vertreiben wollte; doch war die Inquisition nur die eine der Formen – und über lange Zeit die perfektionierteste – des inquisitorischen Systems, das eine der bedeutendsten rechtlich-politischen Urformen unseres Wissens ist.

Der andere Teil der Vorlesung war dem Erscheinen neuer Formen sozialer Kontrolle im Frankreich des 16. Jahrhunderts gewidmet. Die massive Praxis der Einsperrung, die Entwicklung des Polizeiapparates, die Überwachung der Bevölkerungen haben die Ausbildung einer neuen Art Macht-Wissen vorbereitet, das die Form der Prüfung annehmen sollte. Die Erforschung dieser neuen Art und der Funktionen und Formen, die sie im 19. Jahrhundert annahm, wird in der Vorlesung des Jahres 1972-1973 unternommen werden.

*

Im *Montags*-Seminar wurde die Untersuchung rechtsmedizinischer Praktiken und Konzepte im 19. Jahrhundert fortgesetzt. Ein Fall wurde für eine detaillierte Analyse und eine spätere Veröffentlichung vorgemerkt.

Pierre Rivière: ein wenig bekannter Mörder aus dem 19. Jahrhundert; im Alter von zwanzig Jahren hatte er seine Mutter, seinen Bruder und seine Schwester niedergemetzelt; nach seiner Verhaftung hatte er ein *Mémoire* abgefasst, das seinen Richtern und auch den Ärzten, die ein psychiatrisches Gutachten erstellen sollten, vorlag. Dieses 1836 in einer medizinischen Zeitschrift in Teilen veröffentlichte *Mémoire* wurde in seiner vollständigen Fassung von J.-P. Peter zusammen mit der Mehrzahl der Akten des Dossiers wieder entdeckt. Das Ganze wurde unter Mitwirkung von R. Castel, G. Deleuze, A. Fontana, J.-P. Peter, P. Riot und Frau Saison zur Veröffentlichung vorbereitet.

Unter allen zur Verfügung stehenden Dossiers aus der Strafgerichtspsychiatrie hat dieses aus verschiedenen Gründen unsere Aufmerksamkeit auf sich gezogen: selbstverständlich das Vorliegen des *Mémoire*, das der Mörder abgefasst hatte, ein junger Bauer aus der Normandie, den seine Umgebung scheinbar als an der Grenze zum Schwachsinn stehend ansah; der Inhalt dieses *Mémoire* (der erste Teil ist der äußerst sorgfältigen Darstellung sämtlicher Verträge, Konflikte, Vereinbarungen, Versprechungen und Brüche gewidmet, die seit ihrem Heiratsbeschluss die Familien seines Vaters und seiner Mutter verbanden oder auseinander brachten – ein bemerkenswertes Dokument bäuerlicher Ethnologie; im zweiten Teil seines Textes legt Pierre Rivière die »Gründe« für seine Tat dar); die relativ detaillierten Aussagen der Zeugen, allesamt Bewohner des Weilers, die ihre Eindrücke von den »Verschrobenheiten« des Pierre Rivière preisgaben; eine Reihe psychiatrischer Gutachten, von denen jedes deutlich abgegrenzte Schichten des medizinischen Wissens repräsentierte: das eine war von einem Landarzt, das andere von einem Arzt aus Caen abgefasst worden; weitere stammten schließlich von den großen Pariser Psychiatern jener Zeit (Esquirol, Orfila usw.); und zu guter Letzt das Datum des Geschehens (der Beginn der kriminologischen Psychiatrie, die großen öffentlichen Auseinandersetzungen zwischen Psychiatern und Juristen über das Konzept der Monomanie, die Ausweitung der mildernden Umstände in der gerichtlichen Praxis, die Veröffentlichung der Memoiren von Lacenaire und das Erscheinen des großen Verbrechers in der Literatur).

Übersetzt von Hans-Dieter Gondek

Wahnsinn, eine Frage der Macht

»Loucura, uma questão de poder«, aufgezeichnet von S. H. V. Rodgriguez, in: *Journal do Brasil* 12. November 1974, S. 8.

– Mich interessiert die Art und Weise, wie das Wissen an die institutionellen Formen, an die gesellschaftlichen und politischen Formen gebunden ist – kurz: die Analyse der Beziehungen zwischen Wissen und Macht.

– *Weshalb arbeiten Sie auf diesem Gebiet?*

– Ich werde Ihnen einen Grund nennen, den ich selbst nicht akzeptieren und nicht anführen würde, wenn es sich um jemand anderen handeln würde. Aber da man von sich selber immer schlecht spricht, führe ich biographische Gründe an. Ich habe nach Abschluss meiner Studien in Schweden, Polen und Deutschland gelebt, wo ich mich aus einer ganzen Reihe Gründe fremd fühlte. Schließlich bin ich weder Mediziner noch Laie; ich bin nicht im eigentlichen Sinne Historiker, aber ich interessiere mich für Geschichte; ich bin nicht wirklich Professor, denn am *Collège de France* ist man nur verpflichtet, im Jahr eine bestimmte Anzahl Vorlesungen zu halten. Möglicherweise hat mich also die Tatsache, dass ich immer, sagen wir, an der äußeren Grenze der Beziehungen zwischen Wissen und Macht gelebt habe, zu diesen Interessen geführt.

Der offensichtlich widersprüchlichste Aspekt des Strafsystems ist die Koexistenz von Gefängnissen – deren Wirkungslosigkeit mehr als erwiesen ist, da man, zumindest in Frankreich, seit über hundertfünfzig Jahren weiß, dass alle, die das Gefängnis verlassen, unausweichlich neue Straftaten begehen – und der Kriminal-Psychopathologie, die beispielsweise Instrumente zur Wiedereingliederung der Häftlinge bereitstellen sollte, indem sie das Phänomen der Delinquenz analysiert.

Ich habe in meiner letzten Arbeit[1] zu zeigen versucht, dass es in Wahrheit gar keinen Widerspruch zwischen dem offensichtlich archaischen Gefängnissystem und der modernen Kriminologie gibt.

1 *Überwachen und Strafen*, Erscheinen für Februar 1975 geplant.

Ganz im Gegenteil sind beide aufeinander abgestimmt, es besteht zwischen ihnen eine Art funktioneller Einheit.

Es stimmt, dass die Strafvollzugsbehörden unsere Arbeit[2] auf keine Weise erleichtert haben. Die Strafvollzugsbehörden geben seit hundertfünfzig Jahren die gleichen offiziellen Informationen heraus, und die Häftlinge dürfen nicht über das Gefängnis sprechen. Daher mussten wir uns, sagen wir, unorthodoxer Informationskanäle bedienen und mit bestimmten Personen zusammenarbeiten, die uns erzählten, was sich in den Gefängnissen abspielte, Tatsachen, die wir sofort an die Presse weitergaben. Die öffentliche Meinung war über dieses Thema sehr schlecht informiert, während es in den Gefängnissen derart große Spannungen gab, dass es zu Häftlingsrevolten kam, und zwar so heftig, dass sich zum ersten Mal in der Geschichte der französischen Republik ein Staatspräsident, Valéry Giscard d'Estaing, genötigt fühlte, ein Gefängnis zu betreten und einem Häftling die Hand zu schütteln, wie das jetzt im Juli geschehen ist.

Fest steht, dass die Psychoanalyse eine Reihe kritischer Einwände gegen die psychiatrische Praxis ermöglicht hat. Sie hat ermöglicht zu sehen, dass die Internierung nicht die beste therapeutische Form ist. Als Historiker und aus einem gewissen Abstand scheint mir die Psychoanalyse kein radikaler und vollständiger Bruch mit der Psychiatrie zu sein, und wie ich in einem der Vorträge[3] zu zeigen versucht habe, ist die Psychiatrie des 19. Jahrhunderts zu einer therapeutischen Technik gelangt, die bereits viele Elemente der Psychoanalyse enthält oder vorbereitet. Daher würde ich in Zukunft gern die Frage untersuchen, inwieweit die Psychoanalyse, wie sie im vergangenen Jahrhundert entstanden ist, die psychiatrische Macht verlängert – oder mit ihr bricht.

Man kann gar nicht vergessen, dass die Psychiatrie noch heute die vorrangige Interventionsform bezüglich der Geisteskranken ist. Millionen Menschen werden noch immer der Internierung, der Behandlung mit Neuroleptika unterworfen, während sich die psychoanalytisch Behandelten auf eine kleine Gruppe kultivierter oder gebildeter Personen beschränken. Die Psychoanalyse hat also noch längst nicht die Stelle der Psychiatrie eingenommen, sondern beide bestehen in der

2 Es handelt sich um die Arbeit der G.I.P. [Gruppe Gefängnisinformation, A.d.Ü.]

3 [Einer der sechs Vorträge Foucaults an der Staatsuniversität von Guanabara behandelte die psychiatrische Kur im 19. Jahrhundert, in der Foucault sich herausbilden sah, was Freud dann das Unbewusste und das Realitätsprinzip nannte.]

heutigen Gesellschaft nebeneinander, und es gibt zwischen ihnen ein ganzes System der Aufteilung von Kompetenzen, von Konsultationen und wechselseitiger Unterstützung.

Diese Koexistenz ist meines Wissens noch nicht gebührend untersucht worden. Auf der Hand liegt, dass die Positionen der Psychiater, die die Psychoanalyse verachten, oder die Positionen der Psychoanalytiker, für die die Psychoanalyse eine wissenschaftliche Praxis ist, keinen Raum für eine historische Untersuchung öffnen; das sind vollkommen antihistorische Positionen. Überdies gibt es noch eine Reihe therapeutischer Formen zwischen der reinen Psychiatrie und der reinen Psychoanalyse, etwa die Psychotherapie, die Gemeindepsychiatrie; meines Erachtens wäre eine eingehende Untersuchung all dieser Kontrollinstitutionen, der gesamten geistigen Orthopädie, von großer Bedeutung.

Die Psychoanalyse hat die Idee popularisiert, dass wir die Verdrängung verinnerlichen, aber ich finde, dass wir nach wie vor weit mehr der gesellschaftlichen Kontrolle unterliegen. Und die Untersuchung der Machtmechanismen, die in den Gesellschaften zunehmend Anwendung finden, fehlt in den historischen Analysen noch. Man hat bereits die wirtschaftlichen Prozesse untersucht, eine Geschichte der Institutionen, der Gesetzgebungen und der politischen Herrschaftsformen vorgelegt, aber die Geschichte der vielen kleinen Machtausübungen, denen wir unterworfen sind, die unsere Körper, unsere Sprache und unsere Gewohnheiten domestizieren, die Geschichte all der Kontrollmechanismen, die auf die Individuen einwirken, bleibt noch zu schreiben.

An der aktuellen Form der Kontrolle scheint mir die Tatsache charakteristisch, dass sie über jedes Individuum ausgeübt wird: eine Kontrolle, die uns eine Identität verfertigt, indem sie uns eine Individualität aufzwingt. Jeder von uns hat eine Biographie, eine durchweg dokumentierte Vergangenheit und irgendeinen Platz, den er einnimmt, eine Schulakte, einen Personalausweis, einen Pass. Immer gibt es irgendeine Behörde, die jederzeit sagen kann, wer jeder von uns ist, und der Staat kann sich, wann immer er will, unsere gesamte Vergangenheit ansehen.

Ich glaube, die Individualität ist heute vollständig von der Macht kontrolliert, und ich glaube, dass wir im Grunde durch die Macht selbst individualisiert sind. Anders gesagt glaube ich ganz und gar nicht, dass die Individualisierung in einem Gegensatz zur Macht steht; ich würde vielmehr im Gegenteil sagen, dass unsere Individualität, die vorgeschriebene Identität eines jeden, Effekt und Instrument der Macht ist, und was die Macht am meisten fürchtet, ist die Kraft und die Gewalt von Gruppen. Sie versucht, sie durch Techniken der Individualisierung zu neutralisieren, die bereits im 17. Jahrhundert mit der Hierarchisierung in den Schulen und im 18. Jahrhundert durch Register von Personenbeschreibungen und Anschriftenänderungen aufkommen. In diesem Jahrhundert kommt auch in den Fabriken die gefürchtete Figur des Vorarbeiters auf, der die Arbeitsabläufe kontrolliert. Er sagt jedem, was er wie und wann zu tun hat, und diese individuelle Kontrolle der Arbeit gehört zu einer Technik, die mit der Entstehung der Arbeitsteilung und der Hierarchisierung verknüpft ist, die auch ein individuelles Kontrollinstrument derjenigen, die oben auf der Leiter stehen, über die ist, die weiter unten stehen.

Im 19. Jahrhundert funktioniert die Disziplin der Macht durch ein Spiel von Restriktionen, durch eine Moral des Sparens, die im Glauben gründet, die niedrigsten Löhne sorgten für höhere Profite, und der Effekt war eine Normierung der Gewohnheiten der untersten Klassen, des größten Teils der Bevölkerung. Heute beobachten wir genau das Gegenteil, eine Ausweitung des Konsums, die in dem Moment zum taktischen Instrument wurde, als die Ökonomen das Potential des Binnenmarktes entdeckten: je höher der Konsum, desto größer die Profite.

Daher die Bedeutung der Konsumverweigerung durch bestimmte Gesellschaftsschichten, durch Personen, die der disziplinarischen Kontrolle zu entgehen suchen und die in gewisser Weise Randgruppen bilden. Die Veränderungen in der Moral des Alltagslebens im Lauf der vergangenen zehn Jahre geht auf Bewegungen zurück, die von dieser Art von Leuten ausgingen, und sie ist auf ein Echo in der ganzen Gesellschaft gestoßen. Ebenso sind Bewegungen für den Umweltschutz, für die Abtreibung entstanden ...

Klar ist, dass das System, die Macht, all dies, auch die Veränderungen, von denen ich gerade sprach, in den Griff zu bekommen strebt; aber zugleich gibt es nichts mehr, was nicht in Umlauf ist, was nicht unaufhörlich von einer auf die andere Seite wechselt. Es kommt darauf an, die dem System eigene Antwort zu erfassen und auf der anderen Seite einzusetzen. Um das Beispiel der Moral des Maßhaltens zu nehmen, die den Arbeitern des 19. Jahrhunderts aufgezwungen wurde: Von dem Moment an, da sie eine streng organisierte Familie hatten, haben sie Anspruch auf Wohnung und Bildung für ihre Kinder erhoben. Anders gesagt ist die von oben aufgezwungene Moral zur Waffe in umgekehrter Richtung geworden.

Übersetzt von Reiner Ansén

Macht und Körper

»Pouvoir et corps«, in: *Quel corps?*, Nr. 2, September-Oktober 1975, S. 2-5 (Gespräch vom Juni 1975).

– *In* Surveiller et punir *[dt.* Überwachen und Strafen, *Frankfurt am Main 1977] schildern Sie ein politisches System, in dem der Körper des Königs eine wesentliche Rolle spielt...*

– In einer Gesellschaft wie der des 17. Jahrhunderts war der Körper des Königs keine Metapher, sondern eine politische Realität: Seine physische Präsenz war notwendig für das Funktionieren der Monarchie.

– *Und die »eine und unteilbare« Republik?*

– Das ist eine gegen die Girondisten, gegen die Idee eines Föderalismus nach amerikanischem Muster eingesetzte Formel. Doch funktioniert sie niemals wie der Körper des Königs unter der Monarchie. Es gibt keinen Körper der Republik. Stattdessen wird im Verlauf des 19. Jahrhunderts der Körper der Gesellschaft zum neuen Prinzip. Und diesen Körper wird man auf eine gleichsam ärztliche Weise schützen müssen: Anstelle der Rituale, mit denen man die Integrität des Körpers des Monarchen wiederherstellte, wird man Rezepte und Therapeutika wie die Eliminierung der Kranken, die Kontrolle der Überträger ansteckender Krankheiten und die Ausschließung der Delinquenten verordnen. Die Eliminierung durch die Marter wird so durch die Methoden der Asepsis ersetzt: die Kriminologie, die Eugenik, die Beseitigung der »Entarteten«...

– *Besteht auf der Ebene der verschiedenen Institutionen ein Körperphantasma?*

– Ich glaube, das große Phantasma ist die Vorstellung eines aus der Universalität der Willen gebildeten sozialen Körpers. Doch nicht der Konsens bringt den sozialen Körper zum Erscheinen, sondern die Materialität der Macht über den Körper der Individuen.

– Das 18. Jahrhundert wird aus dem Blickwinkel der Befreiung gesehen. Sie beschreiben es als die Einrichtung einer Erfassung. Kann das eine ohne das andere gehen?

– Wie immer, wenn es um Machtverhältnisse geht, sieht man sich komplexen Phänomenen gegenüber, die nicht der hegelianischen Form der Dialektik gehorchen. Die Beherrschung des eigenen Körpers und das Bewusstsein von diesem konnten nur als Effekt der Besetzung des Körpers durch die Macht erworben werden: die Gymnastik, die Übungen, der Muskelaufbau, die Nacktheit und das Schwärmen vom schönen Körper... das alles liegt auf der Linie, die durch eine beharrliche, hartnäckige und gewissenhafte Arbeit, die die Macht am Körper der Kinder und der Soldaten und am Körper in guter gesundheitlicher Verfassung vollzog, zum Begehren des eigenen Körpers führt. Doch sowie die Macht diese Wirkung hervorgerufen hat, tauchen genau auf der Linie eben dieser Errungenschaften unweigerlich der Anspruch auf den eigenen Körper gegenüber der Macht, die Gesundheit gegenüber der Ökonomie und die Lust gegenüber den sittlichen Normen der Sexualität, der Ehe und der Schamhaftigkeit auf. Und infolgedessen wird das, wodurch die Macht stark war, zu dem, wodurch sie angegriffen wird... Die Macht hat sich in den Körper vorgeschoben, sie erfährt sich nun im Körper selbst ausgesetzt... Denken Sie nur an die panische Angst der Institutionen des sozialen Körpers (Ärzte, Politiker) vor der Vorstellung der freien Vereinigung oder der Abtreibung... In Wirklichkeit ist der Eindruck, die Macht schwanke, falsch, denn sie kann sich zurückziehen, verschieben und anderswo eine Besetzung vornehmen... und die Schlacht geht weiter.

– Ließen sich so auch die berüchtigten »Vereinnahmungen« des Körpers durch Pornographie und Werbung erklären?

– Ich bin nicht ganz einverstanden damit, von »Vereinnahmung« zu sprechen. Es ist die normale strategische Entwicklung eines Kampfes... Nehmen wir ein bestimmtes Beispiel, das der Autoerotik. In Europa haben die Kontrollen der Masturbation überhaupt erst im Verlauf des 18. Jahrhunderts eingesetzt. Plötzlich kam ein mit panischer Angst besetztes Thema auf: Eine furchtbare Krankheit breite sich in der westlichen Welt aus: Die jungen Leute masturbieren. Im

Namen dieser Furcht wurde auf dem Körper der Kinder – mittels der Familien, aber ohne dass sie am Anfang standen – eine Kontrolle, eine Überwachung der Sexualität, eine Objektivierung der Sexualität nebst einer Verfolgung der Körper errichtet. Doch indem die Sexualität so zum Gegenstand der Besorgnis und der Analyse sowie zur Zielscheibe der Überwachung und der Kontrolle wurde, brachte sie zugleich die Intensivierung der Begierden eines jeden nach, in und auf seinem eigenen Körper hervor...

Der Körper wurde so zum Einsatz eines Kampfes zwischen den Kindern und den Eltern, zwischen dem Kind und den Kontrollinstanzen. Die Revolte des geschlechtlichen Körpers ist die Gegenwirkung dieses Vorrückens. Wie antwortet darauf die Macht? Mit einer ökonomischen (und vielleicht auch ideologischen) Ausbeutung der Erotisierung, von den Erzeugnissen zur Sonnenbräunung bis hin zu den Pornofilmen ... Eben als Antwort auf die Revolte des Körpers hat man es nun mit einer neuen Besetzung zu tun, die sich nicht mehr in Form einer repressiven Kontrolle, sondern einer stimulierenden Kontrolle darstellt: »Zeige dich nackt ... aber sei schlank, schön und gebräunt!« Auf jede Bewegung eines der beiden Widersacher antwortet der andere mit einer Bewegung. Doch handelt es sich dabei nicht um eine »Vereinnahmung« in dem von den Linksradikalen gemeinten Sinne. Man muss die Endlosigkeit des Kampfes akzeptieren ... Was nicht heißen soll, dass er nicht eines Tages enden wird ...

– *Geht eine neue revolutionäre Strategie zur Machtübernahme nicht über eine Neubestimmung einer Politik des Körpers?*

– Im Ablauf eines politischen Prozesses – ich weiß nicht, ob es ein revolutionärer ist – ist das Problem des Körpers immer beharrlicher hervorgetreten. Man kann sagen, dass das, was seit 1968 geschehen ist – und wahrscheinlich auch dessen Vorbereitung –, zutiefst antimarxistisch war. Wie werden sich die europäischen revolutionären Bewegungen von dem »Marxeffekt«, von den für das 19. und das 20. Jahrhundert eigentümlichen Institutionen befreien können? Das war die Ausrichtung dieser Bewegung. In dieser Infragestellung der Identität Marxismus = revolutionärer Prozess, einer Identität, die eine Art Dogma darstellte, ist die Bedeutung des Körpers eines der wichtigen, wenn nicht wesentlichen Momente.

– *Wie entwickelt sich das körperliche Verhältnis zwischen den Massen und dem Staatsapparat?*

– Man muss zunächst eine sehr verbreitete These zurückweisen, wonach in unseren bürgerlichen und kapitalistischen Gesellschaften die Macht die Wirklichkeit des Körpers zugunsten von Seele, Bewusstsein und Idealität verleugnet hätte. Tatsächlich ist nichts materieller, nichts physischer, körperlicher als die Ausübung der Macht ... Welche Art einer Besetzung des Körpers ist für das Funktionieren einer kapitalistischen Gesellschaft wie der unseren notwendig und hinreichend? Damit meine ich, dass man vom 18. bis zum beginnenden 20. Jahrhundert glaubte, die Besetzung des Körpers durch die Macht müsse schwer, drückend, beständig und peinlich genau sein. Daher diese gewaltigen Disziplinarordnungen, die man in den Schulen, den Spitälern, den Kasernen, den Werkstätten, den Städten, den Gebäuden und den Familien findet ... und dann hat man sich seit den sechziger Jahren klargemacht, dass diese derart drückende Macht nicht länger so unabdingbar ist, wie man glaubte, dass die industriellen Gesellschaften mit einer weitaus lockereren Macht über den Körper auskommen könnten. Man hat damals entdeckt, dass die Kontrollen der Sexualität gemildert werden und andere Formen annehmen konnten ... Was bleibt, ist, zu untersuchen, welchen Körper die derzeitige Gesellschaft braucht ...

– *Grenzt sich Ihr Interesse für den Körper von den aktuellen Interpretationen ab?*

– Wie mir scheint, grenze ich mich sowohl von der marxistischen als auch der paramarxistischen Sichtweise ab. Was erstere betrifft, folge ich denen nicht, die die Machtwirkungen auf der Ebene der Ideologie einzugrenzen versuchen. Ich frage mich in der Tat, ob es nicht materialistischer wäre, wenn man, bevor man die Frage der Ideologie stellt, die Frage des Körpers und der Wirkungen der Macht auf ihn untersucht. Denn mich stört an den Analysen, die die Ideologie voranstellen, dass man damit stets ein menschliches Subjekt voraussetzt, dessen Urbild von der klassischen Philosophie vorgegeben wird und das mit einem Bewusstsein ausgestattet sein soll, von dem dann die Macht Besitz ergreifen würde.

– *Aber es gibt doch in der marxistischen Sichtweise das Bewusstsein von der Wirkung der Macht auf den Körper in der Arbeitssituation?*

– Sicher. Doch obwohl die Forderungen heute eher die des lohnabhängig arbeitenden Körpers als die der Lohnarbeiterschaft sind, hört man kaum, dass von ihnen als solchen die Rede ist ... Alles läuft so ab, als ob die »revolutionären« Diskurse von den rituellen Themen durchdrungen blieben, die auf die marxistischen Analysen zurückgehen. Und auch wenn bei Marx sehr interessante Dinge über den Körper stehen, so sind sie doch vom Marxismus – als historischer Wirklichkeit – zugunsten von Bewusstsein und Ideologie furchtbar verdunkelt worden ...

Aber man muss sich auch von Paramarxisten wie Marcuse abgrenzen, die der Annahme einer Repression eine übersteigerte Rolle zuweisen. Denn wenn die Macht nur die Funktion hätte zu unterdrücken, wenn sie nur im Modus der Zensur, der Ausschließung, der Absperrung, der Verdrängung nach Art eines mächtigen Über-Ichs arbeiten, wenn sie sich nur auf negative Weise ausüben würde, wäre sie sehr zerbrechlich. Stark aber ist sie, weil sie positive Wirkungen auf der Ebene des Begehrens – und allmählich bildet sich ein Wissen davon – und auch auf der Ebene des Wissens hervorbringt. Die Macht ist weit davon entfernt, das Wissen zu verhindern, sie bringt es vielmehr hervor. Ein Wissen über den Körper hat man erst über ein komplexes Ganzes von militärischen und schulischen Disziplinen ausbilden können. Erst von einer Macht über den Körper aus war ein physiologisches, organisches Wissen möglich.

Die Verwurzelung der Macht und die Schwierigkeiten, die man verspürt, wenn man sich davon befreien will, rühren von allen diesen Bindungen her. Deshalb erscheint mir die Annahme einer Repression, auf die man die Mechanismen der Macht allgemein zurückführt, sehr unzulänglich und vielleicht auch gefährlich.

– *Sie untersuchen vor allem die Mikromächte, die auf der Ebene des Alltäglichen ausgeübt werden. Vernachlässigen Sie nicht den Staatsapparat?*

– In der Tat haben die marxistischen und die marxisierten revolutionären Bewegungen seit Ende des 19. Jahrhunderts den Staatsapparat als Zielscheibe des Kampfes privilegiert.

Wohin hat das letztlich geführt? Um gegen einen Staat kämpfen zu können, der nicht bloß eine Regierung ist, muss sich die revolutionäre Bewegung ein Äquivalent auf der Ebene der politisch-militärischen Kräfte verschaffen, muss sie sich folglich als Partei konstituieren, die – von innen heraus – wie ein Staatsapparat geformt ist, mit denselben Disziplinarmechanismen, denselben Hierarchien, derselben Organisation der Gewalten. Diese Konsequenz ist schwerwiegend. Zweitens: Muss die Einnahme des Staatsapparates – und dies war eine große Diskussion eben innerhalb des Marxismus – als eine einfache Okkupation mit eventuellen Abänderungen angesehen werden oder vielmehr die Gelegenheit zu seiner Zerstörung sein? Sie wissen, wie dieses Problem letztlich geregelt wurde: Man muss den Apparat untergraben, aber nicht bis zum Äußersten, denn mit der Errichtung der Diktatur des Proletariats wird der Klassenkampf trotzdem nicht beendet sein ... Der Staatsapparat muss also hinreichend intakt sein, so dass man ihn gegen die Klassenfeinde einsetzen kann. Man kommt damit zur zweiten Konsequenz: Der Staatsapparat muss während der Diktatur des Proletariats zumindest in einem gewissen Maße gestärkt werden. Und schließlich die dritte Konsequenz: Um diese besetzten, aber nicht zerbrochenen Staatsapparate am Laufen zu halten, muss man die Techniker und Spezialisten rufen. Und dazu setzt man dann die alte, mit dem Apparat vertraute Klasse ein, nämlich die Bourgeoisie. Und siehe da, genau das ist zweifellos in der UdSSR passiert. Ich möchte gar nicht behaupten, dass der Staatsapparat nicht wichtig sei, aber ich habe den Eindruck, dass unter all den Bedingungen, die gemeinsam erfüllt sein müssen, damit man nicht aufs Neue in die sowjetische Erfahrung hineinläuft, damit der revolutionäre Prozess nicht versandet, man mit als Erstes verstehen muss, dass die Macht nicht im Staatsapparat lokalisiert ist und dass nichts in der Gesellschaft sich ändern wird, solange nicht die Mechanismen der Macht verändert werden, die außerhalb der Staatsapparate, unterhalb davon und neben ihnen, auf einem sehr viel niedrigeren, alltäglichen Niveau funktionieren.

Wenn man es schafft, diese Bezüge zu verändern oder die damit sich ausbreitenden Machtwirkungen unerträglich zu machen, wird man das Funktionieren der Staatsapparate viel schwieriger machen ...

Es hat einen weiteren Vorteil, wenn man die Kritik der Verhältnisse auf niederstem Niveau anbringt: Man wird nicht mehr innerhalb der revolutionären Bewegungen das Bild des Staatsapparates wieder aufrichten können.

– Kommen wir nun zu den Humanwissenschaften, insbesondere zur Psychoanalyse ...

– Der Fall der Psychoanalyse ist wirklich interessant. Sie ist gegen eine bestimmte Art von Psychiatrie begründet worden (der Entartung, der Eugenik und der Vererbungslehre). Diese Praxis und diese Theorie – in Frankreich von Magnan repräsentiert – stellten ihr großes Kontrastbild dar. Nun, gegenüber dieser Psychiatrie (die im Übrigen auch heute noch die Psychiatrie der Psychiater ist) hat die Psychoanalyse tatsächlich eine befreiende Rolle gespielt. Und noch in manchen Ländern (ich denke an Brasilien) spielte die Psychoanalyse durch das Aufzeigen der Komplizenschaft zwischen den Psychiatern und der Macht eine positive politische Rolle. Sehen Sie sich nur an, was in den Ländern des Ostens geschieht. Diejenigen, die sich für die Psychoanalyse interessieren, gehören nicht zu den Diszipliniertesten unter den Psychiatern ...

Dennoch, in unseren Gesellschaften geht der Prozess weiter und führt zu anderen Besetzungen ... In einigen ihrer Leistungen führt die Psychoanalyse zu Wirkungen, die in den Rahmen von Kontrolle und Normalisierung gehören.

– Durch Ihre Untersuchungen über den Wahnsinn und über das Gefängnis erhält man Einblick in die Ausbildung einer immer disziplinarischeren Gesellschaft. Diese geschichtliche Entwicklung scheint von einer gleichsam unumgänglichen Logik geleitet ...

– Ich versuche zu analysieren, auf welche Weise zu Beginn der industriellen Gesellschaften ein Strafapparat und ein Dispositiv zur Aussiebung zwischen den Normalen und den Anormalen eingerichtet wurde. Anschließend werde ich die Geschichte dessen schreiben müssen, was sich im 19. Jahrhundert zugetragen hat, und werde zeigen müssen, wie man durch eine Reihe von Offensiven und Gegenoffensiven, von Wirkungen und Gegenwirkungen zu dem sehr komplexen aktuellen Stand der Kräfte und dem derzeitigen Profil der Schlacht kommen konnte. Der Zusammenhang ergibt sich nicht aus der Aufdeckung eines Vorhabens, sondern aus der Logik der Strategien, die einander gegenüberstehen. In der Untersuchung der Machtmechanismen, die den Körper besetzt haben, der Gesten und Verhaltensweisen gilt es, die Archäologie der Humanwissenschaften aufzubauen.

Sie findet im Übrigen eine der Bedingungen ihrer Entstehung wieder: das vom 19. Jahrhundert verfolgte starke Bemühen um Disziplinierung und Normierung. Freud wusste das genau. In Sachen Normierung war er sich dessen bewusst, stärker zu sein als die anderen. Was ist das dagegen bloß für eine sakralisierende Scham, die behauptet, die Psychoanalyse habe nichts mit Normierung zu tun?

– *Welche Rolle hat der Intellektuelle in der militanten Praxis?*

– Der Intellektuelle hat nicht länger die Rolle eines Ratgebers zu übernehmen. Das Vorhaben, die Taktiken und die Zielscheiben, die man sich geben muss, müssen diejenigen, die sich damit herumschlagen und abmühen, finden. Der Intellektuelle kann Analyseinstrumente bereitstellen, und derzeit ist im Wesentlichen die Rolle des Historikers gefordert. Es kommt in der Tat darauf an, dass man von der Gegenwart eine dichte und weit ausholende Wahrnehmung hat, von der her sich die Bruchlinien und die starken Punkte erkennen lassen, an denen sich die Mächte festgemacht haben – einer Organisation folgend, die jetzt einhundertundfünfzig Jahre alt ist –, an denen sie eingepflanzt sind. Mit anderen Worten, er hat eine topographische und geologische Aufnahme der Schlacht zu erstellen … Das ist die Rolle des Intellektuellen. Dagegen zu sagen, das, das müsst ihr so und so machen, das ist es mit Sicherheit nicht.

– *Wer koordiniert das Handeln der Handlungsträger der Politik des Körpers?*

– Das ist ein äußerst komplexes Ganzes, bei dem man sich letztlich fragen muss, wie es in seiner Verteilung, in seinen Mechanismen, seinen wechselseitigen Kontrollen und seinen Justierungen so subtil zu sein vermag, wo es doch niemanden gibt, der das Ganze erdacht hat. Es ist ein sehr verwickeltes Mosaik. Zu bestimmten Zeiten tauchten verbindende Handlungsträger auf … Nehmen Sie das Beispiel der Philanthropie zu Beginn des 19. Jahrhunderts: Leute kommen daher und mischen sich ins Leben anderer ein, in ihre Gesundheit, ihre Ernährung, ihr Wohnen … Später dann gingen aus dieser verworrenen Funktion Personen, Institutionen und Wissensformen hervor … eine öffentliche Hygiene, Inspektoren, Sozialfürsorger und Psychologen. Und später, heute, erlebt man, wie die Kategorien der Sozialarbeiter geradezu ausufern...

Natürlich hat die Medizin die grundsätzliche Rolle eines gemeinsamen Nenners gespielt... Ihr Diskurs lief vom einen zum anderen weiter. Im Namen der Medizin sah man nach, wie die Häuser ausgestattet waren, in ihrem Namen ordnete man aber auch jemanden als einen Wahnsinnigen, einen Kriminellen oder einen Kranken ein... In Wirklichkeit jedoch bilden, ausgehend von einem verworrenen Urmuster wie der Philanthropie, alle diese »Sozialarbeiter« ein sehr ungleichförmiges Mosaik...

Das Interessante ist, nicht den Entwurf zu erkennen, der all dem vorangegangen ist, sondern durch eine strategische Betrachtung zu erkennen, wie die Dinge an ihren Platz gekommen sind.

Übersetzt von Hans-Dieter Gondek

Gespräch mit Michel Foucault

»Intervista a Michel Foucault« (»Entretien avec Michel Foucault«; geführt von A. Fontana und P. Pasquino im Juni 1976; übersetzt von C. Lazzeri), in: Fontana, A., und Pasquino, P. (Hg.), *Microfisica del potere: interventi politici*, Turin 1977, S. 3-28.

– *Für das italienische Publikum sind Sie der Autor der* Histoire de la folie [Wahnsinn und Gesellschaft], *der* Les Mots et les Choses [Die Ordnung der Dinge] *und heute von* Surveiller et punir [Überwachen und Strafen]. *Könnten Sie in Kürze den Werdegang skizzieren, der Sie von Ihrer Arbeit über den Wahnsinn im klassischen Zeitalter zur Untersuchung der Kriminalität und der Delinquenz geführt hat?*

– Während meiner Studienzeit, so um die Jahre 1950-1955, war eines der großen Probleme, die im Raum standen, das Problem der politischen Stellung der Wissenschaft und der ideologischen Funktionen, die sie übernehmen konnte. Dabei stand nicht so sehr das Problem Lyssenko im Vordergrund; dennoch glaube ich, dass im Umfeld dieser hässlichen Affäre, die so lange vergraben und sorgsam verborgen blieb, eine ganze Menge interessanter Fragen aufgewirbelt wurde. Sie lassen sich allesamt in zwei Worte zusammenfassen: Macht und Wissen. Ich glaube, die *Histoire de la folie* habe ich ein wenig im Horizont dieser Fragen geschrieben. Für mich ging es dabei um Folgendes: Wenn man einer Wissenschaft wie der theoretischen Physik oder der organischen Chemie das Problem ihrer Beziehungen zu den politischen und ökonomischen Strukturen der Gesellschaft stellt, stellt man dann nicht ein zu kompliziertes Problem? Legt man damit die Latte für eine mögliche Erklärung nicht zu hoch? Wird umgekehrt, wenn man eine Wissensart wie die Psychiatrie nimmt, die Frage nicht viel leichter zu lösen sein, weil das epistemologische Profil der Psychiatrie niedrig ist und weil die psychiatrische Praxis an eine ganze Reihe von Institutionen, unmittelbaren ökonomischen Anforderungen und sozialen Regulierungen von politischer Dringlichkeit gebunden ist? Ließe sich daher im Falle einer so »zweifelhaften« Wissenschaft wie der Psychiatrie nicht auf gesichertere Weise die Verflechtung der Wirkungen von Macht und Wissen erfassen? Ebendiese Frage habe ich dann in der *Naissance de la clinique* [*Die Geburt der Klinik*] bezüglich der Medizin stellen wollen; sie hat mit Sicherheit eine viel stärkere wissenschaftliche Struktur als die Psychiatrie, aber auch sie ist sehr tiefgehend in die sozialen Strukturen eingebunden. Ein wenig irritiert hat mich die Tatsache, dass diese Frage, die ich mir stellte, diejenigen überhaupt nicht interessierte, denen ich sie stellte. Sie nahmen wohl an, es sei ein politisch bedeutungsloses und epistemologisch unwürdiges Problem.

Dafür gab es, glaube ich, drei Gründe. Der erste ist, dass das Problem der marxistischen Intellektuellen in Frankreich darin bestand – und damit übernahmen sie die ihnen vom P. C. F. vorgeschriebene Rolle –, sich bei der Institution Universität und beim *establishment* Anerkennung zu verschaffen; sie mussten daher dieselben Fragen stellen, dieselben Probleme und Bereiche behandeln wie sie: »Wir können noch so sehr Marxisten sein, wir können uns nicht aus dem heraushalten, womit ihr euch herumschlagt; aber wir sind die einzigen, die euren alten Problemen neue Lösungen geben können.« Der Marxismus wollte als Erneuerung der liberalen universitären Tradition anerkannt werden (so wie sich auch in einem weiter gefassten Sinne die Kommunisten in derselben Zeit als diejenigen darstellten, die allein imstande seien, die nationalistische Tradition weiterzuführen und wieder zu stärken). Das hatte für den Bereich, der uns beschäftigt, zur Folge, dass sie die akademischsten und »nobelsten« Probleme der Geschichte der Wissenschaften wiederaufnehmen wollten: Mathematik, Physik, kurz, die durch Duhem, Husserl und Koyré aufgewerteten Themen. Die Medizin, die Psychiatrie, das sah weder sehr nobel noch sehr seriös aus und konnte den großen Formen des klassischen Rationalismus nicht das Wasser reichen.

Der zweite Grund ist, dass der poststalinistische Stalinismus, der aus dem marxistischen Diskurs alles ausschloss, was nicht Wiederholung des bereits Gesagten war, es nicht gestattete, sich noch nicht erschlossenen Bereichen zuzuwenden. So gab es keine ausgebildeten Begriffe, kein anerkanntes Vokabular für solche Fragen wie die Machtwirkungen der Psychiatrie oder das politische Funktionieren der Medizin, während die unzähligen Austauschprozesse zwischen den Universitätsleuten und den Marxisten seit Marx bis in unsere derzeitige Epoche, über Engels und Lenin, eine ganze Tradition eines Diskurses über die Wissenschaft durchgefüttert hatte, die am Wissenschaftsverständnis des 19. Jahrhunderts festhielt. Die Marxisten bezahlten ihre Treue zum alten Positivismus mit dem Preis einer radikalen Taubheit gegenüber den gesamten durch Pawlow aufgeworfenen

Fragen zur Psychiatrie; bei einigen Ärzten, die dem P.C.F. nahe standen, war die psychiatrische Politik, die Psychiatrie als Politik keine Beachtung wert.

Das, was ich von meiner Seite aus in diesem Bereich zu leisten versucht hatte, ist in der intellektuellen französischen Linken mit großem Schweigen aufgenommen worden. Und erst um 1968 herum haben trotz der marxistischen Tradition und trotz des P.C.F. alle diese Fragen ihre politische Bedeutung angenommen, und das mit einer Schärfe, die ich nicht erwartet hätte und die zeigte, wie schüchtern und zurückhaltend meine früheren Bücher noch waren. Ohne die in diesen Jahren realisierte politische Öffnung hätte ich mit Sicherheit nicht den Mut gehabt, den Faden dieser Probleme wiederaufzunehmen und meine Untersuchung anhand des Strafwesens, der Gefängnisse und der Disziplinen fortzusetzen.

Schließlich gibt es vielleicht noch einen dritten Grund, aber ich kann nicht sicher sein, nicht absolut sicher, dass er mit eine Rolle gespielt hat. Ich frage mich jedoch, ob es nicht bei den Intellektuellen des P.C.F. (oder denen, die ihm nahe standen) eine Verweigerung gab, das Problem der Einsperrung, der politischen Verwendung der Psychiatrie und allgemeiner der disziplinären Erfassung der Gesellschaft zu stellen. Sicher war damals in den Jahren so um 1955-1960 nur wenigen das Ausmaß des Gulags in der Wirklichkeit bekannt; doch glaube ich, dass viele dies ahnten, viele hatten das Gefühl, es wäre besser, über diese Dinge gar nicht erst zu sprechen: Gefahrenzone, Rotlicht. Selbstverständlich ist es schwierig, rückblickend ihren Grad an Mitwissen auszuloten. Aber Sie wissen ja, wie leicht die Führung der Partei – die davon selbstverständlich wissen musste – Anweisungen in Umlauf bringen konnte, verhindern konnte, dass über dieses oder jenes gesprochen wurde, und diejenigen disqualifizieren konnte, die darüber sprachen ...

– Es gibt also eine gewisse Art Diskontinuität in Ihrem eigenen theoretischen Werdegang. Was halten Sie übrigens heute von diesem Begriff, durch den man zu schnell und zu einfach versucht hat, aus Ihnen einen strukturalistischen Historiker zu machen?

– Diese Diskontinuitätsgeschichte hat mich stets ein bisschen überrascht. Gerade ist eine Ausgabe des Petit Larousse erschienen: »Foucault: Philosoph, der seine Theorie der Geschichte auf die Diskontinuität gründet.« Das haut mich um. Zweifellos habe ich mich in *Les Mots et les Choses* unzureichend dazu erklärt, obgleich ich viel darüber gesprochen habe. Mir schien, dass in bestimmten empirischen Wissensformen wie der Biologie, der politischen Ökonomie, der Psychiatrie, der Medizin usw. der Rhythmus der Transformationen nicht den sanften und kontinuistischen Schemata der gewöhnlich angenommenen Entwicklung gehorchte. Das große biologische Bild einer Reifung der Wissenschaft zieht sich noch recht ausgeprägt unter den historischen Analysen durch; es erscheint mir historisch nicht gerechtfertigt. In einer Wissenschaft wie der Medizin zum Beispiel haben Sie bis zum Ende des 18. Jahrhunderts eine bestimmte Art Diskurs, dessen allmähliche Transformationen – über fünfundzwanzig, dreißig Jahre – nicht nur mit den wahren Sätzen, die bis dahin formuliert werden konnten, sondern gründlicher noch mit den Sprechweisen, mit den Sehweisen und mit der Gesamtmenge der Praktiken brachen, die der Medizin als Stütze dienten: Das sind nicht einfach nur neue Entdeckungen, das ist eine neue Ordnung im Diskurs und im Wissen. Und dies in wenigen Jahren. Das ist etwas, was man nicht bestreiten kann, sobald man die Texte mit genügender Aufmerksamkeit betrachtet. Mein Problem bestand überhaupt nicht darin zu sagen: Seht her, es lebe die Diskontinuität, wir sind in der Diskontinuität, und wir bleiben darin, sondern darin, die Frage zu stellen: Wie kann es geschehen, dass man zu bestimmten Zeitpunkten und in bestimmten Wissensordnungen diese jähen Abkopplungen, diese Überstürzungen in der Entwicklung, diese Transformationen hat, die nicht mehr dem ruhigen und kontinuistischen Bild entsprechen, das man sich gewöhnlich davon macht? Doch das Wichtige an derlei Veränderungen ist nicht, ob sie schnell oder in großem Umfang verlaufen werden, vielmehr sind diese Schnelligkeit oder dieser Umfang nur das Zeichen für etwas anderes: eine Modifizierung in den Bildungsregeln der Aussagen, die als wissenschaftlich wahr akzeptiert werden. Es ist also kein Wechsel im Inhalt (Widerlegung alter Irrtümer, Ans-Licht-bringen neuer Wahrheiten), und es ist ebenso wenig eine Abwandlung der theoretischen Form (Erneuerung des Paradigmas, Modifizierung von systematischen Gesamtheiten); was in Frage steht, ist das, was die Aussagen *regelt*, und die Art und Weise, wie sie einander *regeln*, um eine Gesamtheit wissenschaftlich akzeptabler Aussagen zu bilden, die folglich auch mittels wissenschaftlicher Verfahren bestätigt oder entkräftet werden können. Alles in allem ein Problem der Ordnung, der

Politik der wissenschaftlichen Aussage. Auf dieser Ebene geht es darum, herauszubekommen, nicht, welches die Macht ist, die von außen auf der Wissenschaft lastet, sondern welche Machtwirkungen noch zwischen den wissenschaftlichen Aussagen zirkulieren; welches gewissermaßen ihre innere Machtordnung ist, und wie und warum sie sich in bestimmten Momenten umfassend modifiziert.

Diese verschiedenen Ordnungen habe ich in *Les Mots et les Choses* aufzuspüren und zu beschreiben versucht. Damit sage ich auch, dass ich sie zunächst einmal nicht zu erklären versucht habe, und dass man dies in einer späteren Arbeit zu leisten versuchen müsste. Doch was in meiner Arbeit fehlte, war dieses Problem der diskursiven Ordnung, der dem Spiel des Aussagens eigenen Machtwirkungen. Ich warf sie viel zu sehr mit der Systematizität, der theoretischen Form oder so etwas wie dem Paradigma zusammen. An der Stelle, an der *Histoire de la folie* und *Les Mots et les Choses* zusammenflossen, bot sich dann dieses von mir noch sehr schlecht isolierte zentrale Machtproblem in zwei äußerst unterschiedlichen Ansichten dar.

– *Man muss also den Begriff Diskontinuität wieder an den ihm eigenen Ort zurückversetzen. Es gibt da vielleicht noch einen Begriff, der anspruchsvoller und zentraler in Ihrem Denken ist, der Begriff Ereignis. Nun hat sich bezüglich des Ereignisses eine ganze Generation lange Zeit in der Sackgasse befunden, denn im Anschluss an die Arbeiten der Ethnologen, und selbst der großen Ethnologen, ist jene Dichotomie zwischen den Strukturen einerseits (dem, was denkbar ist) und dem Ereignis andererseits aufgebaut worden, welches der Ort des Irrationalen, des Undenkbaren sein soll, dessen, was nicht in die Mechanik und das Spiel der Analyse eintritt und nicht darin eintreten kann, zumindest nicht in der Form, die sie innerhalb des Strukturalismus angenommen haben. Erst kürzlich noch haben sich im Rahmen einer in der Zeitschrift* L'Homme *veröffentlichten Debatte drei hervorragende Ethnologen erneut diese Frage gestellt und bezüglich des Ereignisses geantwortet: Es ist das, was uns entgeht, es ist der Ort der absoluten Kontingenz. Wir sind die Denker und Analytiker von Strukturen. Die Geschichte betrifft uns nicht, wir wissen damit nichts anzufangen usw. Dieser Gegensatz ist der Anlass und das Produkt einer bestimmten Anthropologie gewesen. Meines Erachtens hat sie verheerend gewirkt, unter anderem auch bei den Historikern, die am Ende so weit gegangen sind, das Ereignis und die Ereignisgeschichte als Geschichte zweiter Ordnung der kleinen, ja winzigen Tatsachen, der*

Zufälle usw. zu disqualifizieren. Tatsache ist, dass es in der Geschichte zu Knoten kommt, bei denen es sich weder um geringwertige Tatsachen noch um jene schöne, wohlgeordnete, treffliche und für die Analyse transparente Struktur handelt. Die große Einsperrung zum Beispiel, die Sie in der Histoire de la folie *beschreiben, stellt vielleicht einen dieser Knoten dar, die sich dem Gegensatz zwischen Ereignis und Struktur entziehen. Vielleicht können Sie für uns beim derzeitigen Stand der Dinge diese Wiederaufnahme und diese Reformulierung des Begriffs Ereignis genauer darlegen?*

– Es ist anzunehmen, dass der Strukturalismus die systematischste Anstrengung war, um nicht nur aus der Ethnologie, sondern auch aus einer ganzen Reihe weiterer Wissenschaften und letztlich aus der Geschichte selbst den Begriff Ereignis auszutreiben. Ich sehe niemanden, der antistrukturalistischer sein kann als ich. Es kommt aber darauf an, dass man mit dem Ereignis nicht das macht, was man mit der Struktur gemacht hat. Es geht nicht darum, alles auf eine bestimmte Ebene zu setzen, welches die des Ereignisses wäre, sondern in Betracht zu ziehen, dass es einen gestaffelten Aufbau verschiedener Arten von Ereignissen gibt, die weder dieselbe Reichweite noch dieselbe chronologische Erstreckung haben, noch dieselbe Fähigkeit, Wirkungen hervorzubringen.

Das Problem ist, zugleich die Ereignisse zu unterscheiden, die Netze und die Ebenen zu differenzieren, denen sie zugehören, und die Fäden nachzuzeichnen, die sie verbinden und dafür sorgen, dass sie sich auseinander erzeugen. Daraus ergibt sich die Ablehnung von Analysen, die sich auf das symbolische Feld oder auf den Bereich der signifikanten Strukturen beziehen, sowie der Rückgriff auf Analysen, die in Begriffen der Genealogie von Kräfteverhältnissen, strategischen Entwicklungen und Taktiken geleistet werden. Ich glaube, dass das, worauf man sich beziehen muss, nicht das große Modell der Sprache und der Zeichen, sondern das des Krieges und der Schlacht ist. Die Geschichtlichkeit, die uns mitreißt und uns bestimmt, ist kriegerisch; sie ist nicht sprachlicher Natur. Machtbeziehung, nicht Sinnbeziehung. Die Geschichte hat keinen Sinn, was nicht heißt, dass sie absurd oder ohne Zusammenhang wäre. Sie ist im Gegenteil verstehbar, und sie muss bis in ihre kleinste Einzelheit analysiert werden können: doch gemäß der Verstehbarkeit der Kämpfe, der Strategien und der Taktiken. Weder die Dialektik (als Logik des Widerspruchs) noch die Semiotik (als Struktur der Kommunikation) könnten der eigentlichen Verstehbarkeit der Konfrontationen gerecht werden. Die Dialektik umgeht auf ihre Art die stets gewagte und offene Wirklichkeit dieser Verstehbarkeit, indem sie sie auf das Hegel'sche Skelett zurückstutzt, und die Semiologie umgeht auf ihre Art ihren gewaltsamen, blutigen und tödlichen Charakter, indem sie sie auf die befriedete und platonistische Form der Sprache und des Dialogs zurückstutzt.

– *In Bezug auf dieses Problem der Diskursivität kann man, glaube ich, mit Fug und Recht behaupten, dass Sie der Erste gewesen sind, der dem Diskurs die Frage der Macht gestellt hat, und zwar zu einem Zeitpunkt gestellt hat, als ein Typ von Analysen grassierte, der über den Begriff Text, sagen wir, das Objekt »Text« mitsamt der entsprechend begleitenden Methodologie, nämlich der Semiologie, dem Strukturalismus usw., verfuhr. Dem Diskurs die Frage der Macht zu stellen, meint also im Grunde die Frage: Wozu dienst du? Es geht nicht so sehr darum, ihn in sein Ungesagtes zu zerlegen, einen impliziten Sinn zu jagen. Die Diskurse sind, Sie haben das häufig wiederholt, transparent, sie benötigen keine Deutung oder irgend jemanden, der käme, um ihnen einen Sinn zu verleihen. Wenn man die Texte auf eine bestimmte Weise liest, sieht man, dass sie klar sprechen und dass sie nicht noch zusätzlich einen Sinn und eine Deutung benötigen. Diese den Diskursen gestellte Frage der Macht hat natürlich eine bestimmte Art Wirkung und eine bestimmte Anzahl von Implikationen auf der methodologischen Ebene und auf der Ebene der derzeit laufenden historischen Forschung mit sich gebracht. Könnten Sie ganz kurz diese Frage einordnen, die Sie gestellt haben – sofern es denn stimmt, dass Sie sie gestellt haben?*

– Ich denke nicht, dass ich der Erste gewesen bin, der diese Frage gestellt hat. Mich hat im Gegenteil die Mühsal überrascht, die ich damit hatte, sie zu formulieren. Wenn ich jetzt darüber nachdenke, sage ich mir, worüber habe ich denn zum Beispiel in der *Histoire de la folie* oder in der *Naissance de la clinique* sprechen können, wenn nicht über die Macht? Nun ist mir freilich vollkommen bewusst, dass ich praktisch das Wort nicht verwendet und dieses Feld von Analysen nicht zu meiner Verfügung gehabt habe. Ich kann sagen, dass da sicherlich ein Unvermögen war, das freilich mit der politischen Situation zusammenhing, in der wir uns befanden. Es ist nicht zu sehen, von welcher Seite aus – von rechts oder von links – man dieses Problem der Macht hätte stellen können. Rechts wurde es nur in Begriffen wie Verfassung, Souveränität usw., also in Begriffen des Rechts gestellt, von Seiten des Marxismus in der Begrifflichkeit von Staatsapparaten. Wie sie konkret und im Einzelnen in ihrem spezifischen Charakter und in ihren Techniken und Taktiken ausgeübt wurde, danach forschte man nicht; man begnügte sich damit, sie beim anderen, beim Gegner polemisch und pauschal zugleich anzuprangern: Die Macht im sowjetischen Sozialismus wurde von seinen Gegnern Totalitarismus genannt; und im westlichen Kapitalismus wurde sie von den Marxisten als Klassenherrschaft angeprangert, die Mechanik der Macht jedoch wurde niemals analysiert. Mit dieser Arbeit konnte erst nach 1968 begonnen werden, das heißt ausgehend von den alltäglichen und an der Basis geführten Kämpfen, und mit denen, die sich im äußerst feinmaschigen Netz der Macht damit herumzuschlagen hatten. Dort ist das Konkrete der Macht und zugleich die wahrscheinliche Fruchtbarkeit dieser Analysen der Macht sichtbar geworden, sich dieser Dinge zu vergewissern, die bis dahin außerhalb des Feldes der politischen Analyse geblieben waren. Um die Dinge sehr vereinfacht zu sagen: Die psychiatrische Internierung, die mentale Normierung der Individuen und die Strafeinrichtungen haben sicher eine ziemlich begrenzte Wichtigkeit, wenn man allein nach ihrer ökonomischen Bedeutung sucht. Umgekehrt sind sie im allgemeinen Funktionszusammenhang der Räderwerke der Macht mit Sicherheit wesentlich. Solange man die Frage der Macht so stellte, dass man sie der Instanz der Ökonomie und dem von ihr gewährleisteten Interessensystem unterstellte, musste man diese Probleme zwangsläufig für wenig bedeutend halten.

– Haben also ein bestimmter Marxismus und eine bestimmte Phänomenologie ein objektives Hindernis für die Formulierung dieser Problematik dargestellt?

– Ja, wenn Sie so wollen, insofern es zutrifft, dass die Leute meiner Generation, als sie Studenten waren, mit diesen zwei Analyseformen voll gestopft wurden: die eine, die auf das konstituierende Subjekt zurückging, und die andere, die auf das Ökonomische in letzter Instanz, auf die Ideologie und auf das Spiel von Basis und Überbau zurückging.

– Wie würden Sie daraufhin, immer noch in diesem methodologischen Rahmen, die genealogische Herangehensweise einordnen? Worin besteht ihre Notwendigkeit als ein Fragen nach den Bedingungen der Möglichkeit, den Modalitäten und der Konstitution der »Objekte« und der Bereiche, die Sie nacheinander analysiert haben?

– Ich wollte sehen, wie man diese Konstitutionsprobleme innerhalb einer historischen Verlaufsform lösen konnte, anstatt sie auf ein konstituierendes Subjekt zurückzuführen. Doch sollte diese historische Verlaufsform nicht die schlichte Relativierung des phänomenologischen Subjekts sein. Ich glaube nicht, dass das Problem sich lösen lässt, indem man das Subjekt historisiert, auf das sich die Phänomenologen beziehen würden, und indem man sich als Konsequenz daraus ein sich durch die Geschichte verwandelndes Bewusstsein gibt. Wenn man sich vom konstituierenden Subjekt frei macht, muss man sich vom Subjekt selbst frei machen, das heißt, man muss zu einer Analyse gelangen, die der Konstitution des Subjekts in der historischen Verlaufsform Rechnung tragen könnte. Und das ist das, was ich die Genealogie nennen würde, das heißt eine Form von Geschichte, die der Konstitution der Wissensarten, der Diskurse, der Gegenstandsbereiche usw. Rechnung trägt, ohne sich auf ein Subjekt beziehen zu müssen, ob dieses nun dem Feld der Ereignisse gegenüber transzendent ist oder ob es in seiner leeren Identität an der Geschichte entlangläuft.

– Die marxistische Phänomenologie, ein bestimmter Marxismus haben mit Sicherheit abschirmend und hindernd gewirkt; doch auch heute noch gibt es Begriffe, die abschirmend und hindernd wirken, der Begriff Ideologie auf der einen und der Begriff Unterdrückung auf der anderen Seite. So wird, genau austariert, die Geschichte gedacht und jenen Phänomenen Normierung, Sexualität und Macht ein Sinn verliehen. Ob man nun davon Gebrauch macht oder nicht, im Grunde geht man immer einerseits auf die Ideologie zurück – einen Begriff, den man ohne weiteres bis hin zu Marx zurückverfolgen kann –, und andererseits auf den Begriff Unterdrückung, den Freud in seinem gesamten Werk oft und gern gebraucht hat. Infolgedessen werde ich mir erlauben, Folgendes vorzubringen: Es gibt gleichsam eine Art Sehnsucht hinter diesen beiden Grundbegriffen und bei denen, die sie blind drauflosverwenden; hinter dem Grundbegriff Ideologie steht die Sehnsucht nach einem Wissen, das gleichsam sich selbst

transparent wäre und das ohne Illusion, ohne Irrtum funktionieren würde; zum anderen gibt es hinter dem Grundbegriff Unterdrückung die Sehnsucht nach einer Macht, die ohne Zwang, ohne Disziplin und ohne Normierung funktionieren würde; eine Art Macht ohne Knüppel auf der einen und ein Wissen ohne Illusion auf der anderen Seite. Diese beiden Grundbegriffe Ideologie und Illusion haben Sie als negativ, psychologisch und von unzureichender Erklärungskraft bestimmt. Sie haben das vor allem in Ihrem letzten Buch getan, in Surveiller et Punir, *in dem man zwar keine große theoretische Diskussion über diese Begriffe findet, aber auf eine Art Analyse stößt, die es gestattet, über die traditionellen Formen der Verstehbarkeit hinauszugehen, die, und nicht nur in letzter Instanz, auf die Grundbegriffe Ideologie und Unterdrückung gegründet sind. Wäre das jetzt nicht der Ort und die Gelegenheit, Ihr Denken in dieser Sache zu präzisieren? Zum ersten Mal vielleicht kündigt sich in* Surveiller et punir *eine Art positiver Geschichte ohne Ideologie und Unterdrückung an, eine endlich von aller Negativität und allem Psychologismus, die diese überall passenden Instrumente implizieren, befreite Geschichte.*

– Der Grundbegriff Ideologie scheint mir aus drei Gründen nur schwierig verwendbar zu sein. Der erste Grund ist der, dass er, ob man will oder nicht, stets in einem virtuellen Gegensatz zu etwas steht, das die Wahrheit wäre. Nun glaube ich allerdings, dass das Problem nicht darin besteht, dass man die Teilung zwischen dem vollzieht, was in einem Diskurs der Wissenschaftlichkeit und der Wahrheit untersteht, und dann dem, was etwas anderem unterstehen würde, sondern dass es darin besteht, historisch zu erkennen, wie innerhalb von Diskursen, die an sich selbst weder wahr noch falsch sind, Wahrheitswirkungen zustande kommen. Die zweite Unannehmlichkeit ist, dass er sich, wie ich glaube, notwendigerweise auf so etwas wie ein Subjekt bezieht. Und drittens steht die Ideologie in sekundärer Stellung im Verhältnis zu etwas, das für sie als Basis oder ökonomische, materielle usw. Determinante funktionieren muss. Aus diesen drei Gründen glaube ich, dass das ein Grundbegriff ist, den man nicht verwenden kann, ohne Vorkehrungen zu treffen.

Der Grundbegriff Unterdrückung ist hinterhältiger, oder jedenfalls habe ich viel mehr Mühe gehabt, mich davon zu befreien, insofern er in Wirklichkeit sehr wohl mit einer ganzen Reihe von Phänomenen zusammenzukleben scheint, die zu den Wirkungen der Macht gehören. Als ich die *Histoire de la folie* schrieb, bediente ich mich zumindest implizit dieses Grundbegriffs der Unterdrückung. Ich glaube durchaus, dass ich damals eine Art lebendigen, geschwätzigen und ängstlichen Wahnsinn unterstellte, den die Mechanik der Macht und der Psychiatrie am Ende mit Erfolg unterdrückt und zum Schweigen gebracht hätte. Nun scheint mir allerdings der Grundbegriff Unterdrückung völlig ungeeignet zu sein, um dem Rechnung zu tragen, was es gerade in der Macht an Produktivem gibt. Wenn man die Machtwirkungen durch die Unterdrückung definiert, so verschafft man sich eine rein rechtlich bestimmte Auffassung von dieser Macht; man setzt die Macht mit einem Gesetz gleich, das Nein sagt; es wäre vor allem die Stärke des Verbotes. Nun glaube ich aber, dass darin eine ganz und gar negative, enge und dürre Auffassung von der Macht vorliegt, die seltsamerweise geteilt wurde. Wenn die Macht immer nur unterdrückend wäre, wenn sie niemals etwas anderes tun würde als Nein zu sagen, glauben Sie wirklich, dass es dann dazu käme, dass ihr gehorcht wird? Dass die Macht Bestand hat, dass man sie annimmt, wird ganz einfach dadurch bewirkt, dass sie nicht bloß wie eine Macht lastet, die Nein sagt, sondern dass sie in Wirklichkeit die Dinge durchläuft und hervorbringt, Lust verursacht, Wissen formt und einen Diskurs produziert; man muss sie als ein produktives Netz ansehen, das weit stärker durch den ganzen Gesellschaftskörper hindurchgeht als eine negative Instanz, die die Funktion hat zu unterdrücken. In *Surveiller et punir* habe ich zeigen wollen, wie es vom 17.-18. Jahrhundert an wahrhaftig zu einer technologischen Aufhebung der Blockierung der Produktivität der Macht gekommen ist. Nicht nur haben die Monarchien der klassischen Epoche große Staatsapparate entwickelt – Armee, Polizei, Steuerverwaltung –, sondern man hat vor allem gesehen, wie in dieser Epoche das gestiftet wurde, was man eine neue Ökonomie der Macht nennen könnte, das heißt Verfahren, die es erlauben, die Machtwirkungen auf eine zugleich kontinuierliche, ununterbrochene, angepasste und individualisierte Weise im gesamten Gesellschaftskörper zirkulieren zu lassen. Diese neuen Techniken sind zugleich viel wirksamer und viel weniger kostspielig (ökonomisch weniger aufwendig, weniger dem Zufall unterworfen in ihrem Ergebnis, weniger anfällig für Schlupflöcher oder Widerstände) als die Techniken, die man bis dahin verwandte und die auf einer Mischung aus mehr oder weniger erzwungenen Duldungen (vom anerkannten Privileg bis hin zur endemischen Kriminalität) und kostspieliger Zurschaustellung (glanzvolle und diskontinuierliche Interventionen der

Macht, deren gewaltsamste Form die exemplarische, weil außergewöhnliche Bestrafung war) beruhte.

– Die Unterdrückung ist ein Begriff, der vor allem im Umfeld der Sexualität verwandt wurde. Es hieß, die bürgerliche Gesellschaft unterdrücke die Sexualität, ersticke das Begehren usw., und wenn man sich beispielsweise die Kampagne gegen die Masturbation ansieht, die im 18. Jahrhundert entsteht, oder den medizinischen Diskurs über die Homosexualität aus der zweiten Hälfte des 19. Jahrhunderts, oder auch den Diskurs über die Sexualität im Allgemeinen, dann scheint das wahrlich ein Unterdrückungsdiskurs zu sein. Tatsächlich erlaubt er eine ganze Reihe von Operationen, die im Wesentlichen Operationen sind, die innigst mit dieser Technik verbunden scheinen, die sich scheinbar als eine Unterdrückungstechnik darstellt oder die als eine solche dekodiert werden kann. Ich glaube, der Kreuzzug gegen die Masturbation stellt ein typisches Beispiel dar.

– Gewiss. Es heißt gewöhnlich, die bürgerliche Gesellschaft habe die infantile Sexualität so sehr unterdrückt, dass sie sich sogar geweigert habe, darüber zu sprechen und sie da zu sehen, wo sie war. Man habe auf Freud warten müssen, um zu guter Letzt zu entdecken, dass die Kinder eine Sexualität hätten. Nun können Sie aber all die Bücher über die Pädagogik und die Medizin des Kindes und die Ratgeber für Eltern lesen, die im 18. Jahrhundert publiziert wurden, und in ihnen ist ständig und in allem vom Sex der Kinder die Rede. Man kann nun behaupten, diese Diskurse seien genau zu dem Zweck erschaffen worden, zu verhindern, dass es eine Sexualität gibt. Doch diese Diskurse funktionierten so, dass sie den Eltern überhaupt erst eintrichterten, dass es in ihrer Erziehungsaufgabe ein grundsätzliches Problem gab: den Sex ihrer Kinder, und zum anderen so, dass sie den Kindern eintrichterten, dass es für sie ein gewichtiges Problem gab, das Verhältnis zu ihrem eigenen Körper und zu ihrem eigenen Geschlecht; so wurde der Körper der Kinder in eine erregende Spannung versetzt, und so wurden zugleich Blick und Aufmerksamkeit der Eltern auf die kindliche Sexualität gerichtet. Man sexualisierte den kindlichen Körper, man sexualisierte das Verhältnis des Körpers der Kinder zu dem der Eltern, man sexualisierte den familiären Raum. Die Macht hat die Sexualität positiv hervorgebracht, anstatt sie zu unterdrücken. Ich glaube, dass man versuchen muss, diese positiven Mechanismen zu analysieren, und dazu muss man sich von dem juristischen Schematismus frei machen, durch den man bis heute die Macht mit einem rechtlichen Status zu versehen versucht hat. Daraus ergibt sich ein historisches Problem: herauszufinden, warum das Abendland über eine so lange Zeit hinweg die Macht, die es ausübte, nicht hat sehen wollen, außer auf eine durch das Recht bestimmte negative Weise, und eben nicht auf eine technisch-positive Weise.

– Es ist vielleicht so, weil man stets gedacht hat, die Macht käme in den großen juristischen und philosophischen Theorien zum Ausdruck, und zwischen denen, die sie ausübten, und denen, die sie erlitten, bestünde eine fundamentale und unabänderliche Trennung.

– Ich frage mich, ob dies nicht mit der Institution der Monarchie in Verbindung steht. Sie ist im Mittelalter auf einem Boden permanenten Kampfes zwischen den zuvor schon existierenden feudalen Mächten gegründet worden. Sie hat sich als Schiedsrichter dargestellt, als Macht, die dafür sorgen kann, dass der Krieg aufhört, dass den Gewalttätigkeiten und dem Machtmissbrauch ein Ende gesetzt wird und dass den Privatfehden und -streitigkeiten ein Nein entgegengesetzt wird. Sie hat sich akzeptierbar gemacht, indem sie sich eine rechtlich verfasste und negative Rolle gab, deren Grenzen sie freilich sogleich überschritt. Der Souverän, das Gesetz, die Untersagung, das alles bildete ein Repräsentationssystem der Macht, das anschließend von den Theorien des Rechts weitergegeben wurde: Die politische Theorie ist von der Gestalt des Souveräns besessen geblieben. Alle diese Theorien stellen noch immer das Problem der Souveränität. Was wir brauchen, ist eine politische Philosophie, die nicht um das Problem der Souveränität, also des Gesetzes, also der Untersagung herum aufgebaut ist; man muss dem König den Kopf abschlagen, und in der politischen Theorie hat man das noch nicht getan.

– Man hat ihn dem König nicht abgeschlagen, und andererseits versucht man, den Disziplinen einen aufzusetzen, das heißt diesem weiten System von Überwachung, Kontrolle und Normierung und später von Bestrafung, Korrektur und Erziehung, das im 17. und 18. Jahrhundert eingerichtet wird. Man fragt sich, woher dieses System kommt, warum es erscheint und welchen Vorteil es mit sich bringt. Und man neigt heute ein wenig dazu, ihm ein Subjekt zu geben, ein großes molares, totalitäres

Subjekt, den modernen Staat, der sich im 16. und 17. Jahrhundert konstituiert hat, der über eine Berufsarmee und nach der klassischen Theorie über eine Polizei und ein Korps von Beamten verfügt.

– Stellt man das Problem in der Begrifflichkeit des Staates, so stellt man es immer noch in einer Terminologie des Souveräns und der Souveränität und in einer Terminologie des Gesetzes. Beschreibt man alle diese Machtphänomene in Abhängigkeit vom Staatsapparat, so setzt man sie im Wesentlichen in der Terminologie einer repressiven Funktion an: Die Armee, die eine Todesmacht ist, die Polizei und die Justiz, die Strafinstanzen sind ... Ich will, damit nicht sagen, dass der Staat nicht wichtig sei; was ich sagen will, ist, dass die Machtverhältnisse und folglich auch die Analyse, die man von ihnen machen muss, über den Rahmen des Staats hinausgehen müssen. Und dies in zweierlei Sinn: als Erstes, weil der darin mit seiner Allgegenwart und mit seinen Apparaten inbegriffene Staat recht weit davon entfernt ist, das gesamte reale Feld der Machtverhältnisse abzudecken, und weiter, weil der Staat nur auf der Basis von schon zuvor existierenden Machtbeziehungen funktionieren kann. Der Staat ist ein Überbauphänomen hinsichtlich einer ganzen Reihe von Machtnetzen, die durch die Körper, die Sexualität, die Familie, die Haltungen, die Wissensarten und die Techniken hindurchgehen, und diese Verhältnisse unterhalten gegenüber einer Art Metamacht, die im Wesentlichen um eine bestimmte Anzahl großer Verbotsfunktionen herum strukturiert ist, eine Beziehung von Bedingendem zu Bedingtem. Diese Metamacht jedoch, die über Verbotsfunktionen verfügt, kann nicht wirklich über Zugriffe verfügen und kann sich nur in dem Maße erhalten, wie sie in einer ganzen Reihe vielfältiger, nicht definierter Machtverhältnisse verwurzelt ist, die zudem die notwendige Grundlage für diese großen negativen Machtformen bilden, und genau das wollte ich sichtbar machen.

– Erschließt sich nicht von diesem Diskurs her die Möglichkeit, über jenen Dualismus auf der Ebene der Kämpfe hinauszugehen, die seit so langer Zeit von dem Gegensatz zwischen dem Staat einerseits und der Revolution andererseits leben? Zeichnet sich so nicht ein Kampfplatz ab, der breiter ist als der, welcher den Staat zum Gegner hat?

– Ich würde sagen, der Staat ist eine Kodifizierung vielfältiger Machtbeziehungen, die es ihm gestattet zu funktionieren, und die Revolution stellt eine andere Art von Kodifizierung dieser Beziehungen dar. Dies impliziert, dass es ebenso viele Arten von Revolutionen wie mögliche subversive Kodifizierungen von Machtbeziehungen gibt, und dass andererseits ohne weiteres Revolutionen vorstellbar sind, die im Wesentlichen die Machtbeziehungen intakt lassen, die es dem Staat gestattet hatten zu funktionieren.

– *Bezüglich der Macht als Forschungsgegenstand sagten Sie, dass man die Formel von Clausewitz umkehren und dadurch zu der Vorstellung gelangen müsse, dass die Politik die Fortsetzung des Krieges mit anderen Mitteln sei. Auf der Grundlage ihrer jüngsten Analysen scheint das militärische Modell dasjenige zu sein, das der Macht am besten Rechnung trägt. Ist der Krieg folglich ein einfaches metaphorisches Modell oder macht er das alltägliche und regelmäßige Funktionieren der Macht aus?*

– Auf alle Fälle ist das das Problem, mit dem ich mich heute auseinander zu setzen habe. Im Grunde muss man von dem Augenblick an, da man die Macht mit ihren Techniken und ihren Verfahren von der rechtlich bestimmten Form zu isolieren sucht, in der die Theorien sie bis jetzt eingeschlossen hatten, das Problem stellen: Ist die Macht nicht einfach eine Herrschaft kriegerischer Art? Muss man infolgedessen nicht die gesamten Machtprobleme in der Form von Kräfteverhältnissen stellen? Handelt es sich nicht um eine Art verallgemeinerten Krieg, der einfach nur zu bestimmten Zeiten die Form des Friedens und des Staates annehmen würde? So dass der Frieden eine Form von Krieg wäre und der Staat eine Art und Weise, ihn zu führen. Hier taucht nun eine ganze Reihe von Problemen auf: Der Krieg von wem gegen wen? Kampf zwischen zwei oder mehreren Klassen? Kampf aller gegen alle? Die Rolle des Krieges und der militärischen Institutionen in dieser zivilen Gesellschaft, in der ein permanenter Krieg geführt wird; der Wert der Grundbegriffe Taktik und Strategie für die Analyse der politischen Strukturen und des politischen Prozesses; die Natur und die Transformation der Kräfteverhältnisse: Das alles müsste untersucht werden. Jedenfalls ist es eine Überraschung, festzustellen, mit welcher Leichtigkeit, welcher Quasi-Evidenz von Kräfteverhältnissen oder von Klassenkampf die Rede ist, ohne dass jemals klar präzisiert wird, ob es sich um eine Form von Krieg handelt, oder um welche Form es sich handeln könnte.

– Wir haben über die Disziplinarmacht gesprochen, deren Funktionieren, deren Regeln und deren Konstitutionsweise Sie in Ihrem letzten Buch aufzeigen, woraufhin man sich fragen könnte: Warum überwachen? Welchen Vorteil bringt die Überwachung? Ein Phänomen taucht im 18. Jahrhundert auf, und zwar, dass man die Bevölkerung zum Gegenstand der Wissenschaft erhebt; erstmals untersucht man die Geburten, die Todesfälle und die Bevölkerungsverschiebungen, und erstmals behauptet man beispielsweise, dass ein Staat nicht regieren kann, wenn er seine Bevölkerung nicht kennt. Moheau zum Beispiel, einer der ersten, der Untersuchungen dieser Art unter Verwaltungsgesichtspunkten organisiert hat, scheint deren Einsatz in den Problemen einer Kontrolle der Bevölkerung vorzusehen. Funktioniert diese disziplinarische Macht folglich ganz von allein? Ist sie nicht an etwas Allgemeineres gebunden, welches diese feste Vorstellung von einer Bevölkerung wäre, die sich ordentlich reproduziert, von Personen, die sich ordentlich verheiraten und die sich den ordentlich definierten Normen gemäß ordentlich verhalten? Es gäbe also einen molaren Körper, einen großen Körper, den Körper der Bevölkerung, und eine ganze Reihe von Diskursen über sie, und auf der anderen Seite abwärts davon die kleinen Körper, die gelehrigen, singulären Körper, die Mikrokörper der Disziplinen. Wie kann man, selbst wenn es sich für Sie heute vielleicht erst um den Anfang einer Forschung handelt, die Beziehungsarten denken, die sich, sofern dies der Fall ist, zwischen diesen beiden Körpern herstellen: dem molaren Körper der Bevölkerung und den Mikrokörpern der Individuen?

– Die Frage ist vollkommen richtig gestellt. Es fällt mir schwer, darauf zu antworten, weil ich in diesem Moment genau daran am Arbeiten bin. Ich glaube, man muss im Sinn haben, dass unter all den grundlegenden technischen Erfindungen des 17. und des 18. Jahrhunderts auch eine neue Technologie der Machtausübung aufgetaucht ist, die wahrscheinlich wichtiger ist als die Verfassungsreformen oder die neuen Regierungsformen, die Ende des 18. Jahrhunderts eingerichtet wurden. Von links hört man häufig: »Die Macht ist das, was vom Körper absieht und ihn verleugnet, was ihn verdrängt und unterdrückt.« Ich würde eher sagen, dass mich am meisten an diesen neuen, seit dem 17. und 18. Jahrhundert eingerichteten Machttechnologien ihr ebenso konkreter wie präziser Charakter und ihr Zugriff auf eine vielfältige und differenzierte Wirklichkeit überrascht. Die Macht, so wie man sie in den Gesellschaften feudalen Typs ausübte, funktionierte grosso modo durch Zeichen und Abgaben. Zeichen der Treue zum Herrn, Rituale, Zeremonien und Abgaben von Gütern mittels Steuern, Plünderung, Jagd und Krieg. Ab dem 17. und 18. Jahrhundert hatte man es mit einer Macht zu tun, die nunmehr mittels Produktion und Leistung ausgeübt wurde. Es ging darum, von den Individuen in ihrem konkreten Leben produktive Leistungen zu erhalten. Und dazu war es notwendig, eine wahrhafte Verkörperung der Macht in dem Sinne zu realisieren, dass sie bis zu den Körpern der Individuen, ihren Gesten, ihren Haltungen und ihren alltäglichen Verhaltensweisen reichen sollte; daher die Wichtigkeit von Verfahren wie die schulischen Disziplinen, die es schafften, aus dem Körper der Kinder einen Gegenstand äußerst komplexer Manipulationen und Konditionierungen zu machen. Allerdings mussten diese neuen Machttechniken darüber hinaus die Bevölkerungsphänomene berücksichtigen, kurz gesagt, die Akkumulation der Menschen behandeln, kontrollieren und steuern (so wurden aus einem ökonomischen System, das die Akkumulation des Kapitals vorantrieb, und einem Machtsystem, das die Akkumulation der Menschen befehligte, ab dem 17. Jahrhundert zwei korrelative und voneinander nicht zu trennende Phänomene); daher das Auftauchen der Probleme der Demographie, der öffentlichen Gesundheit, der Hygiene, des Wohnens, der Langlebigkeit und der Fruchtbarkeit. Und die politische Bedeutung des Problems des Sexes ist, glaube ich, der Tatsache geschuldet, dass der Sex in der Fuge zwischen den Disziplinen des Körpers und der Kontrolle der Bevölkerungen seinen Platz hat.

– *Zum Schluss eine Frage, die man Ihnen bereits gestellt hat: Diese von Ihnen durchgeführten Arbeiten, diese Ihnen eigenen Beschäftigungen und diese von Ihnen erreichten Ergebnisse, wie kann man sich alles in allem dessen, sagen wir, in den alltäglichen Kämpfen bedienen? Sie haben bereits vom punktuellen Kampf als spezifischem Ort von Konflikten mit der Macht jenseits diverser Instanzen wie den Parteien und den Klassen in ihrer Globalität und Generalität gesprochen. Was ist als Konsequenz daraus heute die Rolle der Intellektuellen? Sobald man kein organischer Intellektueller ist (das heißt einer, der als Sprachrohr einer globalen Organisation spricht), sobald man nicht der Inhaber, der Herr einer Wahrheit ist, wo befindet man sich dann?*

– Seit langem hat der so genannte »Links«intellektuelle das Wort ergriffen und wird er als jemand angesehen, dem das Recht zuzuerkennen ist, als Herr der Wahrheit und der Gerechtigkeit zu sprechen. Man hörte ihn an bzw. er maßte sich an, sich als Repräsentant des Universalen Gehör zu verschaffen. Intellektueller zu sein, war ein wenig das Gewissen aller zu sein. Ich glaube, darin fand sich eine vom Marxismus her übertragene Idee wieder, und zwar von einem ermatteten Marxismus: Genauso wie das Proletariat qua Notwendigkeit seiner geschichtlichen Position Träger des Universalen (aber eben unmittelbarer, nicht reflektierter, seiner selbst wenig bewusster Träger) ist, will der Intellektuelle durch seine moralische, theoretische und politische Wahl Träger dieser Universalität sein, aber eben in ihrer bewussten und ausgearbeiteten Form. Der Intellektuelle wäre die klare und individuelle Figur einer Universalität, deren dunkle und kollektive Form das Proletariat wäre.

Nun wird schon seit einigen Jahren von dem Intellektuellen nicht mehr verlangt, diese Rolle zu spielen. Eine neue Art Verbindung zwischen Theorie und Praxis hat sich etabliert. Die Intellektuellen haben sich die Gepflogenheit zu Eigen gemacht, nicht im Universalen, im Beispielgebenden, im Wahren-und-Gerechten für alle, sondern in festgelegten Sektoren, an genau bestimmten Punkten zu arbeiten, an die sie entweder durch ihre professionellen Arbeitsbedingungen oder durch ihre Lebensbedingungen (Wohnung, Krankenhaus, Irrenanstalt, Labor, Universität, die familiären oder sexuellen Beziehungen) versetzt wurden. Sie haben dabei mit Sicherheit ein wohl stärker konkretes und unmittelbares Bewusstsein von den Kämpfen gewonnen. Und sie sind dabei auf Probleme gestoßen, die spezifischer Natur, die nicht universal und häufig verschieden von denen des Proletariats oder der Massen waren. Und dennoch haben sie sich wirklich aus, wie ich glaube, zwei Gründen einander angenähert: weil es sich um wirkliche, materielle, alltägliche Kämpfe handelte, und weil sie oft, wenn auch in einer anderen Form, auf denselben Gegner stießen wie das Proletariat, das Bauerntum oder die Massen (die multinationalen Konzerne, den Gerichts- und Polizeiapparat, die Immobilienspekulation usw.); ich möchte das den spezifischen Intellektuellen nennen im Gegensatz zum universalen Intellektuellen.

Diese neue Figur hat eine weitere politische Bedeutung: Sie hat es ermöglicht, ziemlich nahe beieinander liegende Kategorien, die getrennt geblieben waren, zwar nicht zusammenzuschweißen, aber doch zumindest wieder miteinander zu verknüpfen. Bis dahin war der Intellektuelle par excellence der Schriftsteller: Als universales Bewusstsein und freies Subjekt stand er in einem Gegensatz zu denen, die nur *Kompetenzen* im Dienste des Staates oder des Kapitals waren (Ingenieure, Richter, Lehrer). Seitdem die Politisierung von der spezifischen Aktivität eines jeden her erfolgt, verschwindet die Schwelle des *Schreibens* als sakralisierendes Merkzeichen des Intellektuellen; und es lassen sich nun transversale Verbindungen von Wissen zu Wissen, von einem Punkt der Politisierung zu einem anderen herstellen: So können die Richter und die Psychiater, die Ärzte und die Sozialarbeiter, die Arbeiter in den Labors und die Soziologen jeder an seinem eigenen Ort und auf dem Wege des Austauschs und der Unterstützung an einer umfassenden Politisierung der Intellektuellen partizipieren. Dieser Vorgang erklärt, warum bei gleichzeitigem tendenziellen Verschwinden des Schriftstellers als Galionsfigur der Professor und die Universität vielleicht nicht als Hauptelemente, aber immerhin als Austauscher und als privilegierte Kreuzungspunkte in Erscheinung treten. Dass aus der Universität und aus der Lehre politisch ultrasensible Regionen geworden sind, hat mit Sicherheit darin seine Ursache. Und was man Krise der Universität nennt, darf nicht als Machtverlust interpretiert werden, sondern im Gegenteil als Vervielfältigung und Verstärkung ihrer Machtwirkungen inmitten einer vielgestaltigen Gesamtheit von Intellektuellen, die praktisch alle durch sie hindurchgehen und sich auf sie beziehen. Die ganze übersteigerte Theoretisierung der Schrift, die man in den 1960er Jahren beobachten konnte, war zweifellos nur der Schwanengesang darauf: Der Schriftsteller kämpfte darin um den Erhalt seines politischen Vorrechts; nur, dass es sich dabei eben um eine Theorie handelte, dass es dazu wissenschaftlicher Verbürgungen bedurfte, gestützt auf Linguistik, Semiologie und Psychoanalyse, dass diese Theorie bis auf Saussure oder Chomsky usw. zurückging, und dass sie dermaßen mittelmäßige literarische Werke zur Folge hatte, das alles beweist, dass die Aktivität des Schriftstellers nicht mehr das Handlungszentrum war.

Wie mir scheint, hat sich diese Figur des spezifischen Intellektuellen seit dem Zweiten Weltkrieg entwickelt. Der Atomphysiker – sagen wir es mit einem Wort oder besser mit einem Namen: Oppenheimer – bildet vielleicht das Scharnier zwischen dem universalen Intellektuellen und dem spezifischen Intellektuellen. Weil der Atomphysiker einen direkten und lokalisierten Bezug zur Institution Wissenschaft und zum wissenschaftlichen Wissen hatte, intervenierte er; doch weil die atomare Bedrohung die gesamte menschliche Gattung und das Schicksal der Welt betraf, konnte sein Diskurs zugleich der Diskurs des Universalen sein. Unter dem Deckmantel dieses die ganze Welt angehenden Protestes brachte der Atomwissenschaftler seine spezifische Stellung in der Ordnung des Wissens in Anschlag. Und zum ersten Mal, glaube ich, wurde der Intellektuelle von der politischen Macht nicht mehr wegen des von ihm gehaltenen allgemeinen Diskurses, sondern aufgrund des Wissens, dessen Inhaber er war, verfolgt: Denn genau auf dieser Ebene stellte er eine politische Gefahr dar. Ich spreche hier nur von den westlichen Intellektuellen. Was in der Sowjetunion geschehen ist, hat gewiss in einigen Punkten Ähnlichkeiten, doch auch Unterschiede in anderen. Man müsste eine vollständige Untersuchung über die wissenschaftliche *Dissidenz* im Westen und in den sozialistischen Ländern seit 1945 durchführen.

Man kann annehmen, dass der universale Intellektuelle, so wie er im 19. Jahrhundert und zu Beginn des 20. Jahrhunderts funktioniert hat, in Wirklichkeit aus einer eher besonderen historischen Figur hervorgegangen ist: dem Mann der Gerechtigkeit, dem Mann des Gesetzes, demjenigen, der der Macht, dem Despotentum, den Missbräuchen und der Arroganz des Reichtums die Universalität der Gerechtigkeit und die Billigkeit eines idealen Gesetzes entgegensetzt. Die großen politischen Kämpfe im 18. Jahrhundert sind um das Gesetz, um das Recht und um die Verfassung, um das, was richtig ist in der Vernunft und in der Natur, um das, was universal gelten kann und gelten muss, ausgefochten worden. Was man heute den Intellektuellen nennt (ich meine den Intellektuellen im politischen und nicht im soziologischen oder professionellen Sinne des Wortes, das heißt denjenigen, der im Bereich der politischen Kämpfe von seinem Wissen, von seiner Kompetenz und von seinem Verhältnis zur Wahrheit Gebrauch macht), ist meines Erachtens aus dem Rechtskundigen oder jedenfalls aus dem Menschen hervorgegangen, der sich auf die Universalität des gerechten Gesetzes berief, unter Umständen gegen die Rechtskundigen von Berufs wegen (der Prototyp dieser Intellektuellen ist in Frankreich Voltaire). Der universale Intellektuelle stammt von dem Rechtskundigen als Würdenträger ab und findet seinen vollkommensten Ausdruck im Schriftsteller als Träger von Bedeutungen und Werten, in denen alle sich wiedererkennen können. Der spezifische Intellektuelle stammt von einer ganz anderen Figur ab, nicht mehr dem Rechtskundigen als Würdenträger, sondern dem Wissenschaftler als Experten. Ich sagte gerade, dass er mit den Atomwissenschaftlern ins Rampenlicht der Bühne trat. In Wirklichkeit bereitete er sich bereits in den Kulissen seit langer Zeit darauf vor, war er sogar in zumindest einer Ecke der Bühne seit, sagen wir, dem Ende des 19. Jahrhunderts präsent. Sicherlich mit Darwin oder eher mit den nachdarwinschen Evolutionisten beginnt sein eigentlicher Auftritt. Die stürmischen Beziehungen zwischen dem Evolutionismus und den Sozialisten und die sehr zwiespältigen Auswirkungen des Evolutionismus (zum Beispiel auf Soziologie, Kriminologie, Psychiatrie und Eugenik) signalisieren den wichtigen Moment, in dem es im Namen einer »lokalen« – so wichtig sie sein mag – wissenschaftlichen Wahrheit zur Intervention des Wissenschaftlers in die politischen Kämpfe seiner Zeit kommt. Historisch stellt Darwin diesen Wendepunkt in der Geschichte des westlichen Intellektuellen dar (Zola ist von diesem Gesichtspunkt aus sehr bedeutsam: Er ist der Typus des universalen Intellektuellen, Träger des Gesetzes und Kämpfer für die Gerechtigkeit, aber er belädt seinen Diskurs mit einem umfassenden Bezug auf Nosologie und Evolutionismus, den er für wissenschaftlich hält, den er im Übrigen sehr schlecht beherrscht und dessen politische Wirkungen auf seinen eigenen Diskurs äußerst zweischneidig sind). Man müsste sich bei einer näheren Untersuchung ansehen, wie die Physiker um die Jahrhundertwende in die politische Auseinandersetzung eingetreten sind. Die Diskussionen zwischen den Theoretikern des Sozialismus und den Theoretikern der Relativität sind in dieser Geschichte von größter Wichtigkeit gewesen.

Jedenfalls sind Biologie und Physik auf bevorzugte Weise die Bildungszonen dieser neuen Gestalt des spezifischen Intellektuellen. Die Ausweitung der technisch-wissenschaftlichen Strukturen im Bereich der Ökonomie und der Strategie haben ihm seine wirkliche Bedeutung gegeben. Die Figur, in der sich die Funktionen und das Ansehen dieses neuen Intellektuellen konzentrieren, ist nicht mehr der geniale Schriftsteller, sondern der absolute Wissenschaftler, nicht mehr derjenige, der allein die Werte aller trägt, sich dem Souverän oder den ungerechten Regierungen widersetzt und seinen Schrei bis in die Unsterblichkeit zu Gehör bringt; es ist derjenige, der zusammen mit einigen anderen entweder im Staatsdienst oder gegen ihn über

Möglichkeiten verfügt, die das Leben fördern oder definitiv beenden können. Nicht mehr Sänger der Ewigkeit, sondern Strategie des Lebens und des Todes. Wir erleben derzeit das Verschwinden des großen Schriftstellers.

Gehen wir nun auf genauer bestimmte Dinge ein. Zugestanden sei, mit der Entwicklung der technisch-wissenschaftlichen Strukturen in der Gesellschaft unserer Zeit, die vom spezifischen Intellektuellen seit einigen Jahrzehnten eingenommene Wichtigkeit und die Beschleunigung dieser Bewegung seit 1960. Der spezifische Intellektuelle stößt auf Hindernisse und setzt sich Gefahren aus. Der Gefahr, sich auf umständebedingte Kämpfe, auf sektorbezogene Forderungen zu beschränken. Dem Risiko, sich von politischen Parteien oder gewerkschaftlichen Apparaten bei der Führung dieser lokalen Kämpfe manipulieren zu lassen. Vor allem dem Risiko, mangels einer globalen Strategie und äußerer Stützen diese Kämpfe nicht weiterentwickeln zu können. Auch dem Risiko, dass niemand oder nur sehr begrenzte Gruppen dem Folge leisten. In Frankreich hat man gegenwärtig ein Beispiel vor Augen. Der um das Gefängnis, das Strafsystem und den polizeilich-gerichtlichen Apparat geführte Kampf hat sich, weil einsam mit Sozialarbeitern und ehemaligen Häftlingen entwickelt, mehr und mehr von allem entfernt, was ihm eine Ausweitung erlauben konnte. Er hat sich von einer ganz und gar naiven und archaischen Ideologie vereinnahmen lassen, die aus dem Delinquenten sowohl das unschuldige Opfer als auch den reinen Aufrührer, sowohl das Lamm des großen gesellschaftlichen Opfergangs als auch den jungen Wolf künftiger Revolutionen macht. Diese Rückkehr zu den anarchistischen Themen vom Ende des 19. Jahrhunderts ist nur durch eine fehlende Einbettung in die aktuellen Strategien möglich geworden. Und das Ergebnis ist eine tiefe Spaltung zwischen diesem eintönigen und lyrischen Liedchen, das freilich nur in allerkleinsten Gruppen verstanden wird, und einer Masse, die gute Gründe hat, das nicht für bare Münze zu nehmen, die vielmehr aufgrund der mit Bedacht geschürten Furcht vor der Kriminalität die Aufrechterhaltung, ja sogar die Verstärkung des gerichtlichen und polizeilichen Apparates akzeptiert.

Meines Erachtens ist es für uns an der Zeit, die Funktion des spezifischen Intellektuellen neu auszuarbeiten; und nicht aufzugeben, trotz der Sehnsucht so mancher nach den großen universalen Intellektuellen (»Wir brauchen«, sagen sie, »eine Philosophie, eine Weltanschauung«). Man braucht nur an die bedeutenden, in der Psychiatrie erreichten Ergebnisse zu denken: Sie beweisen, dass diese lokalen und spezifischen Kämpfe kein Irrtum gewesen sind und nicht in eine Sackgasse geführt haben. Man kann sogar sagen, dass die Rolle des spezifischen Intellektuellen, gemessen an den politischen Verantwortungen, die er als Atomphysiker, Genetiker, Informatiker, Pharmakologe usw. wohl oder übel zu übernehmen genötigt ist, immer wichtiger werden muss. Es wäre nicht nur gefährlich, ihn in seinem spezifischen Verhältnis zu einem lokalen Wissen unter dem Vorwand zu disqualifizieren, dies sei eine Angelegenheit für Spezialisten, die die Massen nichts angeht (was doppelt falsch ist: sie haben ein Bewusstsein davon und sie sind auf jeden Fall davon betroffen), oder er diene den Interessen des Kapitals bzw. des Staates (was wahr ist, aber zugleich auch den strategischen Platz aufzeigt, den er einnimmt), oder auch, er verbreite eine szientistische Ideologie (was nicht immer wahr und gegenüber dem wirklich Erstrangigen: den den wahren Diskursen eigentümlichen Wirkungen, zweifellos nur von sekundärer Bedeutung ist).

Das Wichtige ist meines Erachtens, dass die Wahrheit weder außerhalb der Macht noch ohne Macht ist (sie ist einem Mythos zum Trotz, dessen Geschichte und Funktionen man aufgreifen müsste, nicht die Belohnung freier Geister, nicht das Kind langer Einsamkeiten, nicht das Vorrecht derer, die sich frei machen konnten). Die Wahrheit ist von dieser Welt; sie wird in ihr dank vielfältiger Zwänge hervorgebracht. Und sie hat in ihr geregelte Machtwirkungen inne. Jede Gesellschaft hat ihre Wahrheitsordnung, ihre allgemeine Politik der Wahrheit: das heißt Diskursarten, die sie annimmt und als wahr fungieren lässt; die Mechanismen und die Instanzen, die es gestatten, zwischen wahren und falschen Aussagen zu unterscheiden; die Art und Weise, wie man die einen und die anderen sanktioniert; die Techniken und die Verfahren, die wegen des Erreichens der Wahrheit aufgewertet werden: die rechtliche Stellung derjenigen, denen es zu sagen obliegt, was als wahr fungiert.

In Gesellschaften wie den unseren ist die politische Ökonomie der Wahrheit durch fünf historisch wichtige Merkmale charakterisiert: Die Wahrheit ist auf die Form des wissenschaftlichen Diskurses und auf die Institutionen, die ihn hervorbringen, ausgerichtet; sie unterliegt einem konstanten ökonomischen und politischen Anreiz (ein Wahrheitsbedarf ebenso sehr für die ökonomische Produktion wie für die politische Macht); sie ist in diversen Formen Gegenstand einer immensen Verbreitung und Konsumtion (sie zirkuliert in Erziehungs- oder Informationsapparaten, deren Ausdehnung im Gesellschaftskörper trotz einiger strenger Begrenzungen relativ weit reicht); sie wird unter der nicht ausschließlichen, aber dominanten Kontrolle durch einige große politische oder ökonomische Apparate (Universität, Armee, Schrift, Medien) hervorgebracht und übermittelt, und schließlich ist sie der Einsatz einer umfassenden politischen Auseinandersetzung und sozialen Konfrontation (ideologische Kämpfe).

Meines Erachtens muss man jetzt beim Intellektuellen in Rechnung stellen, dass er folglich nicht der Träger universaler Werte ist; er ist schlicht jemand, der eine spezifische Position innehat – von einem spezifischen Charakter jedoch, der an die allgemeinen Funktionen des Wahrheitsdispositivs in einer Gesellschaft wie der unseren gebunden ist. Mit anderen Worten, der Intellektuelle unterliegt einem dreifachen spezifischen Charakter: dem spezifischen Charakter seiner Klassenposition (Kleinbürger im Dienste des Kapitalismus, organischer Intellektueller des Proletariats), dem spezifischen Charakter seiner Lebens- und Arbeitsbedingungen, gebunden an seine conditio als Intellektueller (sein Forschungsbereich, sein Platz in einem Labor, die ökonomischen oder politischen Anforderungen, denen er sich unterwirft oder gegen die er aufbegehrt, in der Universität, im Krankenhaus usw.), und schließlich dem spezifischen Charakter der Wahrheitspolitik in unseren Gesellschaften. Und damit kann seine Position eine allgemeine Bedeutung annehmen und bringt der lokale oder spezifische Kampf, den er führt, Wirkungen oder Implikationen mit sich, die nicht einfach nur von professionellem oder sektoralem Belang sind. Er fungiert oder er kämpft auf der allgemeinen Ebene dieser für die Strukturen und für das Funktionieren unserer Gesellschaft so wesentlichen Ordnung der Wahrheit. Es gibt einen Kampf für die Wahrheit oder zumindest um die Wahrheit, und dabei ist, um es noch einmal zu sagen, zu berücksichtigen, dass ich mit Wahrheit nicht die Gesamtheit der wahren Dinge meine, die es zu entdecken oder annehmbar zu machen gilt, sondern die Gesamtheit der Regeln, denen entsprechend man das Wahre vom Falschen scheidet und man mit dem Wahren spezifische Machteffekte verbindet; und das ist auch so zu verstehen, dass es sich nicht um einen Kampf zugunsten der Wahrheit, sondern um einen Kampf um den Status der Wahrheit und der von ihr übernommenen ökonomisch-politischen Rolle handelt. Man muss die politischen Probleme der Intellektuellen nicht in einer

Terminologie von Wissenschaft/Ideologie, sondern in einer Terminologie von Wahrheit/Macht denken. Und an der Stelle kann dann auch die Frage nach der Professionalisierung des Intellektuellen und nach der Teilung zwischen manueller und intellektueller Arbeit neu in Angriff genommen werden.

Das alles muss recht verworren und unsicher erscheinen. Unsicher, natürlich, und das, was ich da sage, sage ich vor allem mit dem Anspruch einer Hypothese. Damit es etwas weniger verworren wäre, müsste ich freilich einige Sätze vortragen – nicht im Sinne allgemein anerkannter Dinge, sondern allein als Angebot an zukünftige Versuche oder Erprobungen:

– Unter Wahrheit ist eine Gesamtheit von geregelten Verfahren für die Produktion, das Gesetz, die Verteilung, das Zirkulierenlassen und das Funktionieren von Aussagen zu verstehen.

– Die Wahrheit ist zirkulär mit Machtsystemen, die sie hervorbringen und unterhalten, und mit von ihr induzierten und sie weiterführenden Machtwirkungen verbunden. Ordnung der Wahrheit.

– Diese Ordnung ist nicht einfach nur ideologisch oder überbauhaft; sie ist eine Bedingung für die Ausbildung und Entwicklung des Kapitalismus gewesen. Und sie funktioniert auch, vorbehaltlich gewisser Modifizierungen, in der Mehrzahl der sozialistischen Länder (ich lasse die Frage China offen, das ich nicht kenne).

– Das wesentliche politische Problem für den Intellektuellen ist nicht, die ideologischen Inhalte zu kritisieren, die mit der Wissenschaft verbunden wären, oder dafür zu sorgen, dass seine wissenschaftliche Praxis mit einer richtigen Ideologie einhergeht. Sondern zu wissen, ob es möglich ist, eine neue Politik der Wahrheit zu konstituieren. Das Problem ist nicht, das Bewusstsein der Leute oder das, was sie im Kopf haben, zu verändern, sondern die politische, ökonomische und institutionelle Produktionsordnung der Wahrheit.

– Es kommt nicht darauf an, die Wahrheit von jedem Machtsystem zu befreien – was ein Trugbild wäre, da die Wahrheit selbst Macht ist –, sondern die Macht der Wahrheit von den Formen einer (sozialen, ökonomischen, kulturellen) Hegemonie zu befreien, innerhalb deren sie derzeit funktioniert.

Alles in allem dreht sich die politische Frage nicht um Irrtum, Illusion, entfremdetes Bewusstsein oder Ideologie; sie dreht sich um die Wahrheit selbst. Daher die Wichtigkeit Nietzsches.

Übersetzt von Hans-Dieter Gondek

Vorlesung vom 14. Januar 1976

»Corso del 14 gennaio 1976« (»Cours du 14 janvier 1976«), in: Fontana, A., und Pasquino, P. (Hg.), *Microfisica del potere: interventi politici*, Turin 1977, S. 179-194.

In diesem Jahr möchte ich mit Untersuchungen über den Krieg als einem eventuellen Prinzip zur Analyse von Machtverhältnissen beginnen: Lässt sich auf Seiten des kriegerischen Verhältnisses, des Modells des Krieges und des Schemas des Kampfes ein Prinzip der Verstehbarkeit und der Analyse der politischen Macht finden? Beginnen möchte ich notwendigerweise als Kontrapunkt mit der Analyse der militärischen Institutionen in ihrem wirklichen, historischen Funktionieren in unseren Gesellschaften seit dem 16. Jahrhundert bis heute.

Bis heute ging es während der letzten fünf Jahre im Großen und Ganzen um die Disziplinen; in den kommenden fünf Jahren wird es vielleicht um den Krieg, den Kampf und die Armee gehen. Trotzdem möchte ich das, was ich im Verlauf der vergangenen Jahre darzulegen versucht habe, auf den Punkt bringen. Ich möchte es auf den Punkt bringen, zum einen, weil ich dadurch Zeit für meine Untersuchungen über den Krieg gewinnen werde, und weil das eventuell für diejenigen unter Ihnen, die in den vergangenen Jahren nicht dabei waren, als Richtzeichen dienen kann. Auf jeden Fall möchte ich gern für mich auf den Punkt bringen, was ich zu durchqueren versucht habe.

Was ich zu durchqueren versucht habe, seit 1970-1971, war im Großen und Ganzen das »Wie« der Macht. Das »Wie« der Macht zu untersuchen hieß, zu versuchen, ihre Mechanismen zwischen zwei Grenzen zu erfassen: auf der einen Seite den Regeln des Rechts, welche die Macht formal begrenzen, und auf der anderen Seite bestünde die andere Grenze in den Wahrheitswirkungen, die diese Macht hervorruft und die ihrerseits die Macht fortführen. Ein Dreieck also: Macht-Recht-Wahrheit. Sagen wir es schematisch so: Es existiert eine traditionelle Frage, und das ist, glaube ich, die Frage der politischen Philosophie, und diese könnte man so formulieren: Wie kommt es, dass der Diskurs der Wahrheit, oder, ganz einfach, wie kommt es, dass die Philosophie, verstanden als der Diskurs der Wahrheit par excellence, die rechtlichen Grenzen der Macht bestimmen kann? Das ist die traditionelle Frage. Die Frage nun, die ich stellen möchte, ist eine Frage, die auf das abzielt, was darunter liegt, ist gegenüber dieser traditionellen, edlen und philosophischen Frage eine Frage, die ganz den Tatsachen gilt. Mein Problem wäre gewissermaßen dieses: Was sind das für rechtliche Regeln, die von den Machtbeziehungen zur Produktion von Wahrheitsdiskursen ins Werk gesetzt werden? Oder auch: Was ist das also für eine Art Macht, die imstande ist, Wahrheitsdiskurse zu produzieren, die in einer Gesellschaft wie der unseren mit so machtvollen Wirkungen ausgestattet sind?

Ich meine damit Folgendes: In einer Gesellschaft wie der unseren – doch letztlich in jeder beliebigen Gesellschaft – durchqueren, charakterisieren und konstituieren vielfältige Machtbeziehungen den Gesellschaftskörper; und sie können sich weder aufspalten noch einrichten, noch funktionieren ohne eine Produktion, eine Akkumulation und eine Zirkulation des wahren Diskurses. Es gibt keine Ausübung der Macht ohne eine gewisse Ökonomie der Wahrheitsdiskurse, die in, ausgehend von und mittels dieser Macht funktionieren. Wir sind der Produktion der Wahrheit unterworfen, und wir können die Macht nur durch die Produktion der Wahrheit ausüben, und das auf eine zweifellos besondere Weise. Das trifft auf jede Gesellschaft zu, allerdings glaube ich, dass in der unsrigen dieses Verhältnis zwischen Macht, Recht und Wahrheit auf eine ganz besondere Weise organisiert wird.

Sagen wir einfach nur, um eben nicht den Mechanismus der Beziehung zwischen Macht, Recht und Wahrheit, sondern die Intensität des Verhältnisses zu bezeichnen, dass wir gezwungen werden, die Wahrheit zu produzieren, und zwar durch die Macht gezwungen werden, die nach dieser Wahrheit verlangt und sie benötigt, um zu funktionieren; wir haben die Wahrheit zu sagen, wir sind dazu verurteilt, die Wahrheit zu gestehen oder sie zu finden. Die Macht hört nicht auf zu befragen, uns zu befragen; sie hört nicht auf zu untersuchen und aufzuzeichnen; sie institutionalisiert die Suche nach der Wahrheit, sie professionalisiert sie und sie belohnt sie; wir haben die Wahrheit zu produzieren, so wie wir schließlich die Reichtümer zu produzieren haben, und wir haben die Wahrheit zu produzieren, um Reichtümer produzieren zu können. Und auch von einer anderen Seite her sind wir gleichfalls der Wahrheit unterworfen, und zwar in dem Sinne, dass die Wahrheit das Gesetz verkörpert; der wahre Diskurs ist es, der, zumindest für einen Teil, entscheidet; er führt selbst Machtwirkungen mit sich. Letztlich werden wir gemäß wahren Diskursen, die spezifische Machtwirkungen mit sich bringen, be- und verurteilt, verdammt, klassifiziert, zu Aufgaben gezwungen und einer gewissen Lebens- oder einer gewissen Sterbensweise geweiht. Also: rechtliche Regeln, Machtmechanismen, Wahrheitswirkungen, oder auch: Machtregeln und Macht wahrer Diskurse, das ist so in etwa der allgemeine Bereich des Durchgangs gewesen, den ich gehen wollte, ein Durchgang, den ich, wie ich sehr wohl weiß, auf eine sehr eigenartige Weise und mit vielen Zickzacks gegangen bin.

Über diesen Durchgang möchte ich jetzt einige Worte sagen. Was hat mich als allgemeines Prinzip geleitet, und welche zwingenden Anweisungen oder methodischen Vorkehrungen habe ich aufnehmen wollen? Ein allgemeines Prinzip, das die Bezüge von Recht und Macht betrifft: Wie mir scheint, ist da eine Tatsache, die man nicht vergessen darf, dass nämlich in den abendländischen Gesellschaften, und zwar seit dem Mittelalter, die Ausarbeitung des Rechtsdenkens im Wesentlichen im Umkreis der königlichen Macht erfolgt ist. Auf Verlangen der königlichen Macht und gleichermaßen zu ihrem Nutzen, um ihr als Instrument oder als Rechtfertigung zu dienen, ist das Rechtsgebäude ausgearbeitet worden; das Recht ist im Abendland ein Recht auf königlichen Befehl. Jedermann kennt natürlich die denkwürdige, gefeierte und bis zum Verdruss wiedergekäute Rolle der Rechtsgelehrten in der Organisation der königlichen Macht; man darf nicht vergessen, dass die Reaktivierung des römischen Rechts im Mittelalter – das bedeutende Phänomen, in dessen Umkreis und von dem ausgehend das Rechtsgebäude wiedererrichtet wurde, das nach dem Fall des Römischen Reiches zerbrochen war – eines der konstitutiven technischen Instrumente für die monarchistische, autoritäre, administrative und schließlich absolute Macht gewesen ist. So kam es zum Aufbau eines Rechtsgebäudes im Umkreis der Gestalt des Königs, und zwar auf Verlangen der königlichen Macht und zu ihrem Nutzen. Und wenn in den folgenden Jahrhunderten sich dieses Rechtsgebäude der königlichen Kontrolle entziehen oder gegen die königliche Macht wenden wird, werden die Grenzen der Macht in Frage stehen, und die Frage wird den Vorrechten des Herrschers gelten. Anders gesagt glaube ich, dass die zentrale Gestalt im ganzen abendländischen Rechtsgebäude der König ist; um den König dreht sich die Frage, um den König, um seine Rechte, um seine Macht, um die eventuellen Grenzen seiner Macht, darum dreht sich fundamental die Frage in dem allgemeinen System oder jedenfalls in der Organisation des abendländischen Rechtssystems. Ob nun die Rechtsgelehrten die Diener des Königs oder ob sie seine Gegner waren, so ist es jedenfalls in diesen großen Gebäuden des Rechtsdenkens und des -wissens stets um die königliche Macht gegangen.

Und um die königliche Macht geht es auf zweierlei Weise: sei es, um zu zeigen, in welche rechtliche Ausstattung die königliche Macht einfloss, wie der Monarch tatsächlich der lebendige Körper der Souveränität war und wie seine, gar absolute Macht einem grundlegenden Recht genau entsprach; sei es, um im Gegenteil zu zeigen, wie diese souveräne Macht zu begrenzen sei, welchen rechtlichen Regeln sie sich unterwerfen müsse, gemäß welchen und innerhalb welcher Grenzen sie ihre Macht ausüben dürfe, damit diese Macht ihre Legitimität wahrt.

Dass das Problem der Souveränität das zentrale Problem des Rechts in den abendländischen Gesellschaften ist, besagt, dass Diskurs und Technik des Rechts im Wesentlichen die Funktion hatten, innerhalb der Macht das Faktum der Herrschaft aufzulösen, um anstelle dieser Herrschaft, die man reduzieren oder maskieren wollte, zweierlei erscheinen zu lassen: zum einen die legitimen Rechte der Souveränität und zweitens die gesetzliche Gehorsamspflicht. Das System des Rechts ist letztlich die Ausstoßung des Faktums der Herrschaft und ihrer Konsequenzen.

Als ich in den vergangenen Jahren über die schon erwähnten verschiedenen kleinen Dinge sprach, wollte ich im Grunde diese allgemeine Richtung der Analyse umkehren, die meines Erachtens die Richtung des gesamten Rechtsdiskurses seit dem Mittelalter ist. Ich habe versucht, das Umgekehrte zu tun, das heißt, ich habe das Faktum der Herrschaft in seiner Geheimhaltung ebenso wie in seiner Roheit als ein Faktum gelten lassen und dann von da aus nicht nur zu zeigen versucht, wie das Recht auf allgemeine Weise das Instrument dieser Herrschaft ist – etwas Selbstverständliches –, sondern auch zu zeigen versucht, wie, bis wohin und in welcher Form das Recht – und wenn ich sage, das Recht, dann denke ich nicht einfach nur an das Gesetz, sondern an die Gesamtheit der Apparate, Institutionen, Reglementierungen und Gesetzesartikel – Verhältnisse befördert und ins Werk setzt, die nicht Verhältnisse der Souveränität, sondern Herrschaftsverhältnisse sind –, und mit Herrschaft meine ich nicht das massive Faktum einer pauschalen Herrschaft des einen über die anderen oder einer Gruppe über eine andere, sondern die vielfältigen Herrschaftsformen, die innerhalb einer Gesellschaft ausgeübt werden können. Also nicht der König in seiner zentralen Position, sondern Subjekte in ihren wechselseitigen Beziehungen; nicht die Souveränität in ihrem einzigartigen Gebäude, sondern vielfältige Unterwerfungen, die innerhalb des Gesellschaftskörpers stattfinden und funktionieren.

Das System des Rechts und das Feld des Gerichtswesens sind das durchgängige Beförderungsmittel für Herrschaftsverhältnisse und vielgestaltige Unterwerfungstechniken. Man darf das Recht, glaube ich, nicht auf der Seite einer Legitimität sehen, die es zu fixieren gilt, sondern auf der Seite der Unterwerfungsprozeduren, die es ins Werk setzt. Also ist die Frage für mich die, wie sich dieses für das Recht zentrale Problem der Souveränität und des Gehorsams der dieser Souveränität unterworfenen Individuen kurzschließen oder umgehen lässt und wie man anstelle von Souveränität und Gehorsam das Problem von Herrschaft und Unterwerfung erscheinen lassen kann. Wenn dies also die allgemeine Linie der Analyse ist, dann wird eine gewisse Anzahl methodischer Vorkehrungen erforderlich sein, um zu versuchen, dieser allgemeinen Linie zu folgen, die mit der allgemeinen Linie der juristischen Analyse ihre Winkelzüge zu machen versuchte.

Zu den methodischen Vorkehrungen gehört unter anderen diese hier: Es geht nicht darum, die geregelten und legitimen Formen der Macht in ihrem Zentrum zu analysieren, in dem, was ihre allgemeinen Mechanismen oder ihre Gesamtwirkungen sein können, es geht im Gegenteil darum, die Macht an ihren äußersten Punkten, in ihren letzten Andeutungen, dort, wo sie kapillarisch wird, zu erfassen. Das heißt, die Macht in ihren regionalsten und lokalsten Formen und Institutionen zu nehmen, dort, wo sich die Macht im Hinausgehen über die Regeln des Rechts, die sie organisieren und sie abgrenzen, über ihre Regeln hinaus verlängert, in Institutionen einlässt, in Techniken verkörpert und sich Instrumente für materielle, eventuell sogar gewaltsame Eingriffe verschafft. Ein Beispiel, wenn Sie möchten: Anstatt danach zu forschen, wo und wie in der Souveränität – so, wie sie von der Philosophie entweder für das monarchistische Recht oder für das demokratische Recht dargestellt wird –, das Recht zu strafen begründet ist, habe ich versucht zu sehen, wie die Bestrafung, die Macht zu strafen, sich tatsächlich in einer gewissen Anzahl lokaler, regionaler, materieller Institutionen verkörperte, der Marter etwa oder der Einsperrung, und dies in der zugleich institutionellen, physischen, reglementarischen und gewalttätigen Welt der wirklichen Bestrafungsapparate. Mit anderen Worten, ich habe die Macht an der am wenigsten rechtlichen Extremseite ihrer Ausübung zu erfassen versucht. Dies war die erste gegebene Anweisung.

Zweite Anweisung: Es ging nicht darum, die Macht auf der Ebene der Intention oder der Entscheidung zu analysieren, zu versuchen, sie von ihrer Innenseite her zu nehmen und die meines Erachtens labyrinthische Frage zu stellen: Wer also hat die Macht? Was hat er im Kopf? Was sucht derjenige, der die Macht hat? Sondern im Gegenteil die Macht auf der Seite zu untersuchen, wo ihre Intention, wenn es denn eine Intention gibt, vollständig innerhalb wirklicher Praktiken eingelassen ist; die Macht gewissermaßen auf ihrer Außenseite zu untersuchen, da, wo sie in direkter und unmittelbarer Beziehung zu dem steht, was man ganz provisorisch ihren Gegenstand, ihre Zielscheibe, ihr Anwendungsfeld nennen kann, da, mit anderen Worten, wo sie sich einpflanzt und ihre wirklichen Effekte hervorbringt. Also nicht: Warum wollen manche herrschen? Was suchen sie? Welches ist ihre Gesamtstrategie? Sondern: Wie geschehen die Dinge in genau dem Moment, auf der Ebene, auf unmittelbarer Höhe der Unterwerfungsprozedur oder in diesen kontinuierlichen Prozessen, die die Körper unterwerfen, die Gesten ausrichten und die Verhaltensweisen lenken? Mit anderen Worten, anstatt sich zu fragen, wie der Souverän oben erscheint, sollte man eher versuchen herauszubekommen, wie sich ausgehend von der Vielfalt der Körper, der Kräfte, der Energien, der Substanzen, der Begierden und der Gedanken fortschreitend, real und materiell die Subjekte konstituiert haben; es gilt, die materielle Instanz der Unterwerfung als Konstitution der Subjekte zu erfassen. Dies wäre, wenn Sie so wollen, exakt das Gegenteil von dem, was Hobbes im *Leviathan*[1] hatte durchführen wollen und, wie ich glaube, auch die Rechtsgelehrten, wenn sie das Problem formulieren, wie ausgehend von der Vielfalt der Individuen und der Willen sich ein einziger Wille und ein einziger Körper bilden kann, doch belebt durch eine Seele, welche die Souveränität wäre. Erinnern Sie sich an das Schema aus dem *Leviathan*: In diesem Schema ist der Levia-

1 [Hobbes, T., *Leviathan, or the Matter, Forme and Power of a Common-Wealth ecclesiasticall and civill*, London 1651; dt.: *Leviathan oder Stoff, Form und Gewalt eines kirchlichen und bürgerlichen Staates*, Frankfurt am Main 1984.]

than als künstlich hergestellter Mensch nichts anderes als die Zusammenballung einer gewissen Anzahl getrennter Individualitäten, die sich durch eine gewisse Anzahl von für den Staat konstitutiven Elementen vereint finden; doch am Kopf des Staates existiert etwas, das ihn als solchen konstituiert, und dieses Etwas ist die Souveränität, die Souveränität, von der Hobbes sagt, sie genau sei die Seele des Leviathan. Nun glaube ich allerdings, dass man, anstatt das Problem dieser zentralen Seele zu stellen, eher versuchen sollte – was ich auch zu leisten versucht habe –, die peripherischen und vielfältigen Körper zu untersuchen, diese als Subjekte durch die Machtwirkungen konstituierten Körper.

Die dritte methodische Vorkehrung: Die Macht ist nicht als ein Phänomen massiver und homogener Herrschaft zu nehmen – die massive und homogene Herrschaft eines Individuums über die anderen, einer Gruppe über die anderen, einer Klasse über die anderen. Kurz gesagt, man muss im Sinn haben, dass die Macht – außer man betrachtet sie ganz von oben und ganz von fern – nicht etwas ist, das sich zwischen denen, die sie haben und sie explizit innehaben, und dann denen, die sie nicht haben und sie erleiden, aufteilt. Die Macht muss, wie ich glaube, als etwas analysiert werden, das zirkuliert, oder eher noch als etwas, das nur in einer Kette funktioniert; sie ist niemals lokalisiert hier oder da, sie ist niemals in den Händen einiger, sie ist niemals angeeignet wie ein Reichtum oder ein Gut. Die Macht funktioniert, die Macht übt sich als Netz aus, und über dieses Netz zirkulieren die Individuen nicht nur, sondern sind auch stets in der Lage, diese Macht zu erleiden und auch sie auszuüben; sie sind niemals die träge oder zustimmende Zielscheibe der Macht; sie sind stets deren Überträger. Mit anderen Worten, die Macht geht durch die Individuen hindurch, sie wird nicht auf sie angewandt.

Man darf also meines Erachtens nicht das Individuum als eine Art Elementarkern, Uratom, vielfältige und stumme Materie begreifen, worauf alsdann die Macht angewendet bzw. wogegen die Macht zum Schlag ausholen würde, die Macht, welche die Individuen unterwerfen oder zerbrechen würde. In Wirklichkeit ist das, was bewirkt, dass ein Körper, dass Gesten, Diskurse und Begierden als Individuen identifiziert und konstituiert werden, genau eine der ersten Wirkungen der Macht; das heißt, dass das Individuum nicht das der Macht Gegenüberstehende ist, es ist, wie ich glaube, eine ihrer ersten Wirkungen. Das Individuum ist eine Wirkung der Macht, und es ist zugleich eben in dem Maße, wie es eine Wirkung ist, ein Überträger: Die Macht geht durch das Individuum hindurch, das sie konstituiert hat.

Vierte Konsequenz auf der Ebene der methodischen Vorkehrungen: Wenn ich sage: »Die Macht bildet ein Netz, übt sich aus, zirkuliert«, dann stimmt das vielleicht bis zu einem gewissen Punkt; man kann gleichermaßen sagen: »Wir haben alle etwas Faschismus im Kopf«, und noch grundsätzlicher: »Wir haben alle Macht im Körper«; und die Macht zieht sich, in einem gewissen Maße zumindest, durch unseren Körper hindurch oder treibt sich darin herum. Das alles lässt sich in der Tat sagen; aber ich glaube nicht, dass daraus zu schließen wäre, dass die Macht, wenn Sie so wollen, die am besten geteilte, die am meisten geteilte Sache der Welt wäre, obgleich sie es bis zu einem gewissen Punkt durchaus ist. Dies ist nicht eine Art demokratische oder anarchische Verteilung der Macht durch die Körper. Ich meine damit Folgendes: Meines Erachtens – und dies wäre die vierte methodische Vorkehrung – ist das Wichtige, dass man nicht eine Art Deduktion der Macht durchführen darf, die vom Zentrum ausgehen und zu sehen versuchen würde, bis wohin nach unten sie sich verlängert, in welchem Maße sie sich reproduziert und sich bis in die atomistischsten Elemente der Gesellschaft hinein ausweitet.

Ich glaube, dass man im Gegenteil – und dies ist eine methodische Vorkehrung, die zu befolgen ist – eine aufsteigende Analyse der Macht durchführen muss; das heißt man muss von den infinitesimalen Mechanismen ausgehen, die ihre eigene Geschichte, ihren eigenen Verlaufspfad, ihre eigene Technik und Taktik haben, und dann sehen, wie diese Machtmechanismen, die folglich ihre Festigkeit und gewissermaßen ihre eigene Technologie haben, von immer allgemeineren Mechanismen und von Formen einer umfassenden Herrschaft besetzt, kolonisiert, verwendet, gebeugt, umgeformt, verschoben und ausgedehnt wurden und immer noch werden. Es ist nicht so, dass die umfassende Herrschaft sich pluralisiert und bis nach unten durchschlägt; ich glaube, man muss die Art und Weise analysieren, wie auf den untersten Stufen die Phänomene, die Techniken, die Verfahren der Macht ablaufen, man muss zeigen, wie diese Verfahren sich selbstverständlich verschieben, ausdehnen und modifizieren, aber vor allem, wie sie besetzt und durch die globalen Phänomene annektiert werden und wie allgemeine Mächte oder Profite einer Ökonomie sich in das Spiel dieser zugleich relativ autonomen und infinitesimalen Machttechnologien einschleichen können.

Ein Beispiel, damit dies klarer wird: der Wahnsinn. Man könnte Folgendes behaupten, und das wäre dann die absteigende Analyse, vor der man sich hüten muss: Seit dem Ende des 16. und während des 17. Jahrhunderts ist die Bourgeoisie zur herrschenden Klasse geworden. Wie lässt sich nun daraus die Internierung der Wahnsinnigen ableiten? Die Deduktion kriegen Sie allemal hin; das ist immer leicht zu machen, und genau das werde ich ihr zum Vorwurf machen. Es ist in der Tat leicht zu zeigen, wie man gezwungen ist, sich des Wahnsinnigen als einem zu entledigen, der in der industriellen Produktion nutzlos ist. Dasselbe könnte man, wenn Sie so wollen, nun nicht mehr für den Wahnsinnigen, sondern für die infantile Sexualität machen. Eine gewisse Anzahl von Leuten hat das auch gemacht – bis zu einem bestimmten Grad sicher Wilhelm Reich,[2] Reimut Reiche[3] –, und die haben gesagt: Wie lässt sich ausgehend von der Herrschaft der bürgerlichen Klasse die Unterdrückung der infantilen Sexualität begreifen? Nun, ganz einfach, da der menschliche Körper seit dem 17. und 18. Jahrhundert im Wesentlichen zur Produktivkraft geworden ist, sind sämtliche Formen einer Verausgabung, die sich nicht auf diese Verhältnisse, auf die Bildung der Produktivkräfte reduzieren ließen, sind sämtliche Formen einer so in ihrer Nutzlosigkeit kenntlich gewordenen Verausgabung verbannt, ausgeschlossen und unterdrückt worden. Diese Ableitungen sind immer möglich; sie sind wahr und falsch zugleich; sie sind im Wesentlichen zu einfach, weil man genau das Gegenteil tun und zeigen könnte, wie ausgehend von dem Grundsatz, dass die Bourgeoisie zu einer herrschenden Klasse geworden ist, die Kontrolle der Sexualität, und besonders der infantilen Sexualität, nicht wünschenswert ist; dass man im Gegenteil in dem Maße das Bedürfnis nach einem sexuellen Lernen, einer Sexualerziehung und einer frühzeitigen Sexualausübung hätte, wie es schließlich darum geht, durch die Sexualität eine Arbeitskraft neu zu schaffen, denn, wie nur zu gut bekannt ist, nahm man zumindest zu Beginn des 19. Jahrhunderts an, dass es ihr optimaler Status wäre, wenn sie unendlich wäre, dass, je mehr Arbeitskräfte es gäbe, desto besser das System der kapitalistischen Produktion voll und zu aller Zufriedenheit funktionieren könnte.

Ich glaube, dass sich aus dem allgemeinen Phänomen der Herr-

2 [Reich, W., *Der Einbruch der sexuellen Zwangsmoral*, Berlin 1932, Köln 1972.]

3 [Reiche, R., *Sexualität und Klassenkampf*, Frankfurt am Main 1969.]

schaft der bürgerlichen Klasse alles Mögliche ableiten lässt. Mir scheint, dass man das Umgekehrte tun muss, das heißt, dass man sehen muss, wie historisch, von unten ausgehend, die Kontrollmechanismen hinsichtlich der Ausschließung des Wahnsinns, der Unterdrückung und des Verbots der Sexualität funktionieren konnten, wie auf der tatsächlichen Ebene der Familie, der unmittelbaren Umgebung und der untersten Zellen oder Stufen der Gesellschaft diese Phänomene von Unterdrückung oder Ausschließung ihre Instrumente und ihre Logik hatten und einer gewissen Anzahl von Bedürfnissen entsprachen. Man muss zeigen, welches die entsprechenden Handlungsträger waren, und man muss diese Handlungsträger überhaupt nicht auf Seiten der Bourgeoisie im Allgemeinen suchen, sondern in den wirklichen Handlungsträgern, welches die unmittelbare Umgebung, die Familie, die Eltern, die Ärzte und die unterste Ebene der Polizei sein konnten; und wie diese Machtmechanismen zu einem gegebenen Zeitpunkt in einem genauen Zusammentreffen und vermittels einer gewissen Anzahl von Transformationen allmählich ökonomisch profitabel und politisch nützlich wurden. Man würde so, glaube ich, ohne weiteres zeigen können – schließlich ist es das, was ich einst wollte –, dass im Grunde das, was die Bourgeoisie benötigt hat, worin letztlich das System seinen Nutzen gefunden hat, nicht darin besteht, dass die Wahnsinnigen ausgeschlossen werden oder dass das Masturbieren der Kinder überwacht und verboten wird – noch einmal, das bourgeoise System kann das Gegenteil bestens vertragen –, sondern dass es umgekehrt in der Technik, im Verfahren selbst der Ausschließung seinen Nutzen gefunden und sich tatsächlich darin eingelassen hat. Die Mechanismen der Ausschließung, die Überwachungsapparatur, die Medizinisierung des Wahnsinns, der Delinquenz und der Sexualität, das alles, das heißt die Mikromechanik der Macht, hat ab einem bestimmten Zeitpunkt für die Bourgeoisie einen Nutzen ausgemacht und dargestellt, und dafür hat die Bourgeoisie sich interessiert.

Sagen wir es nochmals: Die Grundbegriffe »Bourgeoisie« und »Interesse der Bourgeoisie« sind wahrscheinlich, zumindest für die gerade von uns gesichteten Probleme, ohne wirklichen Inhalt. Es hat keine Bourgeoisie gegeben, die gedacht hat, der Wahnsinn müsste ausgeschlossen oder die infantile Sexualität müsste unterdrückt werden, sondern ab einem bestimmten Zeitpunkt und aus Gründen, die zu untersuchen sind, haben die Mechanismen der Ausschließung des

Wahnsinns, haben die Mechanismen der Überwachung der infantilen Sexualität einen bestimmten ökonomischen Profit, eine bestimmte politische Nützlichkeit erbracht, und plötzlich sahen sie sich auf ganz natürliche Weise von globalen Mechanismen und letztlich vom ganzen System des Staates kolonisiert und unterhalten. Indem man von diesen Machttechniken ausgeht und die ökonomischen Profite oder die politischen Nützlichkeiten zeigt, die daraus hervorgehen, lässt sich von da aus begreifen, wie diese Mechanismen am Ende tatsächlich einen Teil des Ganzen bilden. Mit anderen Worten, der Bourgeoisie sind die Wahnsinnigen vollkommen gleichgültig, doch die Verfahren zur Ausschließung der Wahnsinnigen haben vom 19. Jahrhundert an im Vollzug bestimmter Transformationen einen politischen Profit, unter Umständen sogar einen bestimmten ökonomischen Nutzen erbracht, die das System gefestigt und insgesamt zum Funktionieren gebracht haben. Die Bourgeoisie interessiert sich nicht für die Wahnsinnigen, sondern für die Macht, die über die Wahnsinnigen herrscht; die Bourgeoisie interessiert sich nicht für die Sexualität des Kindes, sondern für das Machtsystem, das die Sexualität des Kindes kontrolliert; die Bourgeoisie schert sich nicht um die Delinquenten, um ihre Bestrafung oder ihre Wiedereingliederung, die ökonomisch überhaupt keinen Nutzen hat; umgekehrt ergibt sich aus der Gesamtheit der Mechanismen, durch die der Delinquent kontrolliert, verfolgt, bestraft und umgeformt wird, für die Bourgeoisie ein Nutzen, der innerhalb des allgemeineren ökonomisch-politischen Systems funktioniert. Das ist die vierte methodische Vorkehrung, der ich folgen wollte.

Fünfte Vorkehrung: Die großen Machtmaschinerien können durchaus mit der Produktion von Ideologien einhergehen; so gibt es sicherlich zum Beispiel eine Ideologie der Erziehung; es hat eine Ideologie der monarchistischen Macht, eine Ideologie der parlamentarischen Demokratie gegeben, doch das, was sich an der Basis, am Endpunkt der Netze der Macht herausbildet, sind, wie ich glaube, keine Ideologien. Es ist viel weniger und, wie ich glaube, viel mehr: Es sind wirkliche Instrumente zur Bildung und Anhäufung des Wissens, es sind Beobachtungsmethoden, Aufzeichnungstechniken, Forschungs- und Untersuchungsverfahren, es sind Prüfapparate. Das heißt, ich glaube, dass die Macht sich in ihren feinen Mechanismen nicht ohne die Ausbildung, die Organisation und das In-Verkehr-Bringen eines Wissens oder eher von Wissensapparaten ausüben kann, die keine ideologischen Begleitungen oder ideologischen Gebäude sind.

Um diese fünf methodischen Vorkehrungen zusammenzufassen, würde ich Folgendes sagen: Anstatt die Forschung über die Macht auf das Rechtsgebäude der Souveränität, auf die Staatsapparate und auf die sie begleitenden Ideologien auszurichten, glaube ich, dass man die Analyse auf die Herrschaft und nicht auf die Souveränität, auf die materiellen Operatoren, die Unterwerfungsformen, auf die Verbindungen und Verwendungen lokaler Systeme dieser Unterwerfung und schließlich auf die Wissensdispositive ausrichten muss.

Kurzum, man muss sich frei machen vom Modell des *Leviathan*, von diesem Modell eines künstlichen Menschen, dem sowohl künstlich hergestellten als auch einheitsstiftenden Automaten, der all die wirklichen Individuen umhüllen würde und dessen Körper die Bürger wären, dessen Seele aber die Souveränität wäre. Man muss die Macht außerhalb des Modells des *Leviathan*, außerhalb des durch die rechtliche Souveränität und die Institution des Staates begrenzten Feldes untersuchen; es geht darum, sie von den Herrschaftstechniken und -taktiken her zu analysieren. Dies ist die methodische Linie, der Folge zu leisten ist, und der ich in diesen unterschiedlichen Untersuchungen zu folgen versucht habe, die ich in den vergangenen Jahren über die psychiatrische Macht, die Sexualität der Kinder und das Strafsystem unternommen habe.

Beim Durchgang durch diesen Bereich und im Treffen dieser methodischen Vorkehrungen wird, wie ich glaube, eine massive historische Tatsache sichtbar, die uns endlich ein wenig in das Problem einführen wird, worüber ich von heute an sprechen möchte. Diese massive historische Tatsache ist die folgende: Die rechtlich-politische Theorie der Souveränität, von der man sich frei machen muss, wenn man die Macht analysieren möchte, geht auf das Mittelalter zurück; sie geht auf die Reaktivierung des römischen Rechts zurück und ist um das Problem der Monarchie und des Monarchen herum aufgestellt worden. Und diese Theorie der Souveränität – welche die große Falle ist, in die zu tappen man Gefahr läuft, wenn man die Macht analysieren möchte – hat, wie ich glaube, historisch vier Rollen gespielt.

Als Erstes hat sie auf einen Mechanismus wirklicher Macht Bezug genommen, und zwar den der feudalen Monarchie. Zweitens hat sie als Instrument und auch als Begründung für die Konstitution der großen administrativen Monarchien gedient. Weiter ist die Theorie der Souveränität seit dem 16. und vor allem dem 17. Jahrhundert – zur Zeit der Religionskriege – eine Waffe gewesen, die in dem einen wie dem anderen Lager in Umlauf war und die in dem einen oder dem anderen Sinne verwandt wurde, entweder um die königliche Macht einzuschränken oder um sie im Gegenteil zu stärken; Sie finden sie bei den monarchistischen Katholiken wie bei den antimonarchistischen Protestanten; Sie finden sie bei den monarchistischen und mehr oder weniger liberalen Protestanten, und Sie finden sie ebenso bei den Katholiken, die Parteigänger für einen Wechsel in der Erbfolge waren. Sie finden diese Theorie der Souveränität, die in den Händen von Aristokraten oder in denen von Parlamentariern funktioniert, bei den Repräsentanten der königlichen Macht oder bei den letzten Feudalen; kurz, sie war das große Instrument des politischen und theoretischen Kampfes im Umfeld der Machtsysteme des 16. und 17. Jahrhunderts. Und schließlich werden Sie im 18. Jahrhundert immer noch diese selbe Theorie der Souveränität, als Reaktivierung des römischen Rechts, sagen wir, im Großen und Ganzen bei Rousseau und seinen Zeitgenossen finden – mit einer anderen Rolle: Es geht nun darum, gegen die administrativen, autoritären oder absoluten Monarchien ein Alternativmodell aufzustellen, das der parlamentarischen Demokratien; und genau diese Rolle spielt sie noch in der Zeit der Französischen Revolution.

Wie mir scheint, lässt sich beim Nachvollzug dieser vier Rollen feststellen, dass während des Fortbestands der Gesellschaft feudaler Art die Probleme, die die Theorie der Souveränität behandelte und auf die sie sich bezog, sich tatsächlich mit der allgemeinen Mechanik der Macht und mit der der Art und Weise deckten, wie sie von den obersten bis zu den untersten Stufen ausgeübt wurde. Mit anderen Worten, das Souveränitätsverhältnis, ob nun in einem weiten oder engen Sinne verstanden, deckte sich in der Summe mit der Totalität des Gesellschaftskörpers; und so konnte in der Tat die Art und Weise der Ausübung der Macht sehr wohl, jedenfalls, was das Wesentliche angeht, als Relation von Souverän und Untertan umschrieben werden.

Nun kam es allerdings im 17. und 18. Jahrhundert zu einem bedeutenden Phänomen: dem Erscheinen – man müsste Erfindung dafür sagen – einer neuen Machtmechanik, die über ganz besondere Verfahren, ganz neue Instrumente und eine ganz andere Apparatur verfügt und die meines Erachtens mit den Souveränitätsverhältnissen ganz und gar unvereinbar ist. Diese neue Machtmechanik ist eine Mechanik, die sich zunächst auf die Körper oder auf das, was sie tun, statt auf die Erde und ihre Produkte bezieht; sie ist ein Machtmechanismus, der es erlaubt, aus den Körpern eher Arbeit und Zeit als Güter und Reichtum herauszuziehen; es ist eine Art Macht, die kontinuierlich durch Überwachung und nicht auf diskontinuierliche Weise durch Systeme chronischer Abgaben oder Pflichten ausgeübt wird; es ist eine Art Macht, die ein enges Raster materieller Zwänge voraussetzt und eine neue Machtökonomie definiert, die dem Grundsatz folgt, dass man in der Lage sein muss, ebenso die unterworfenen Kräfte wachsen zu lassen wie auch die Kraft und Wirksamkeit dessen, was sie unterwirft.

Mir scheint, dass nun diese Art Macht exakt in allen ihren Einzelheiten einen Gegensatz zu der Machtmechanik bildet, die die Theorie der Souveränität beschrieb oder zu umschreiben suchte. Die Theorie der Souveränität ist an eine Form von Macht gebunden, die weit stärker über die Erde und die Produkte der Erde als über die Körper und das, was sie tun, ausgeübt wird; die Theorie der Souveränität betrifft den Übergang und die durch die Macht betriebene Aneignung nicht von Zeit und Arbeit, sondern von Gütern und Reichtümern; die Theorie der Souveränität ermöglicht die Umschreibung chronischer und diskontinuierlicher Abgabenpflichten in rechtliche Verbindlichkeiten, sie ermöglicht aber nicht die Kodifizierung einer kontinuierlichen Überwachung; es ist eine Theorie, die die Macht im Umkreis und ausgehend von der physischen Existenz des Souveräns, aber keineswegs im Umkreis und ausgehend von kontinuierlichen und permanenten Überwachungssystemen zu gründen ermöglicht. Die Theorie der Souveränität ermöglicht es, wenn Sie so möchten, die absolute Macht in der absoluten Verausgabung von Macht zu gründen, sie ermöglicht es aber ganz und gar nicht, die Macht mit einem Minimum an Verausgabung und einem Maximum an Effizienz zu berechnen.

Diese neue Art Macht, die sich ganz und gar nicht in die Form der Souveränität umschreiben lässt, ist, glaube ich, eine der großen Erfindungen der bürgerlichen Gesellschaft; sie ist eines der grundlegenden Instrumente für den Aufbau des industriellen Kapitalismus und des ihm entsprechenden Gesellschaftstyps gewesen. Diese nicht souveräne, folglich der Form der Souveränität fremde Macht ist die

Disziplinarmacht, die sich in der Begrifflichkeit der Theorie der Souveränität nicht beschreiben und nicht begründen lässt und die normalerweise gar zum Verschwinden dieses großen Rechtsgebäudes der Theorie der Souveränität hätte führen müssen. Nun hat aber de facto die Theorie der Souveränität nicht nur, wenn Sie so möchten, als Ideologie des Rechts fortbestanden, sondern hat auch weiterhin die juristischen Gesetzeswerke bestimmt, die sich das Europa des 19. Jahrhunderts, grob gesagt, ausgehend von den napoleonischen Gesetzeswerken gegeben hat. Warum hat die Theorie der Souveränität auf diese Weise als Ideologie und als Organisationsprinzip der großen juristischen Gesetzeswerke überdauern können?

Ich glaube, dass es zwei Gründe dafür gibt. Zum einen ist die Theorie der Souveränität im 18. und 19. Jahrhundert noch ein permanentes kritisches Instrument gegen die Monarchie und gegen all die Hindernisse gewesen, die sich der Entwicklung der Disziplinargesellschaft entgegenstellen konnten. Zum anderen jedoch haben es die Theorie der Souveränität und die Organisation eines auf sie zugeschnittenen juristischen Gesetzeswerks ermöglicht, den Mechanismen der Disziplin ein Rechtssystem überzustülpen, das deren Verfahren tarnte und auslöschte, was es an Herrschaft und Herrschaftstechniken in der Disziplin geben konnte, und das schließlich jedem, der es ausübte, mittels der Theorie der Souveränität des Staates seine eigenen souveränen Rechte garantierte. Mit anderen Worten, die juristischen Systeme, ob nun die der Theorien oder die der Gesetzeswerke, haben eine Demokratisierung der Souveränität und die Einsetzung eines an die Souveränität aller angeschlossenen öffentlichen Rechts ermöglicht; zugleich und im selben Maße sah sich diese Demokratisierung der Souveränität jedoch in ihrer Tiefe von den Mechanismen des disziplinären Zwangs belastet. So könnte man Folgendes sagen: Sowie die Disziplinarzwänge zugleich als Herrschaftsmechanismen ausgeübt werden mussten, als wirkliche Machtausübung jedoch verborgen bleiben mussten, musste die Theorie der Souveränität im rechtlichen Apparat gegeben sein und in den Gesetzeswerken reaktiviert werden.

Man hat also in den modernen Gesellschaften seit dem 19. Jahrhundert und bis heute zum einen eine Gesetzgebung, einen Diskurs und eine Organisation des öffentlichen Rechts, die um das Prinzip der Souveränität des Gesellschaftskörpers und der von einem jeden wahrgenommenen Abtretung seiner Souveränität an den Staat herum aufgebaut sind, und hat dann zugleich ein enges Raster von Disziplinarzwängen, das de facto den Zusammenhalt ebendieses Gesellschaftskörpers sichert. Nun lässt sich freilich dieses Raster auf keinen Fall in jenes Recht umschreiben, das dennoch dessen notwendiger Begleiter ist.

Ein Recht der Souveränität und ein Raster von Disziplinen, zwischen diesen beiden Grenzen spielt sich meines Erachtens die Ausübung der Macht ab; doch diese beiden Grenzen sind so geartet und so heterogen, dass man niemals die eine auf die andere abbilden kann. Die Macht übt sich in den modernen Gesellschaften im Spiel vermittels, ausgehend von und innerhalb dieser Heterogenität zwischen einem öffentlichen Recht der Souveränität und einer vielgestaltigen Mechanik der Disziplin aus. Dies besagt nicht, dass wir auf der einen Seite ein geschwätziges und ausdrückliches Rechtssystem haben, welches das der Souveränität wäre, und alsdann dunkle und stumme Disziplinen, die in der Tiefe, im Schatten arbeiten und den stillschweigenden Untergrund für die große Mechanik der Macht bilden würden; in Wirklichkeit haben die Disziplinen ihren eigenen Diskurs; sie sind selbst, und das aus Gründen, die ich Ihnen gerade mitgeteilt habe, Schöpfer von Wissensapparaten, von Wissen und von vielfältigen Erkenntnisfeldern. Die Disziplinen sind außerordentlich erfindungsreich im Bereich dieser auszubildenden Apparate des Wissens und sie sind Träger eines Diskurses, der allerdings nicht der Diskurs des Rechts, nicht der juristische Diskurs sein kann.

Der Diskurs der Disziplin ist dem des Gesetzes fremd; er ist dem Diskurs der Regel als Wirkung des souveränen Willens fremd. Die Disziplinen werden folglich einen Diskurs führen, der der Diskurs der Regel sein wird, aber nicht der von der Souveränität abgeleiteten juristischen Regel; sie werden einen Diskurs der natürlichen Regel führen, das heißt der Norm. Sie werden ein Gesetzeswerk definieren, welches das Gesetzeswerk nicht des Gesetzes, sondern der Normierung sein wird, und sie werden sich dabei notwendigerweise auf einen theoretischen Horizont beziehen, der nicht das Gebäude des Rechts, sondern das Feld der Humanwissenschaften sein wird, und ihre Rechtsprechung wird die eines klinischen Wissens sein.

Was ich alles in allem im Verlauf dieser letzten Jahre zeigen wollte, war nicht, wie an der vordersten Front der exakten Wissenschaften der unsichere, schwierige und trübe Bereich des menschlichen Verhaltens nach und nach der Wissenschaft einverleibt wurde; denn nicht durch eine fortschreitende Rationalität der exakten Wissenschaften haben sich nach und nach die Humanwissenschaften herausgebildet. Meines Erachtens war die Nebeneinanderstellung und die Konfrontation zweier Mechanismen und zweier absolut heterogener Diskursarten der Prozess, der den Diskurs der Humanwissenschaften grundsätzlich möglich gemacht hat: auf der einen Seite die Organisation des Rechts im Umkreis der Souveränität und auf der anderen Seite die Mechanik der durch die Disziplinen ausgeübten Zwänge. Dass in unseren Tagen die Macht zugleich durch dieses Recht und diese Techniken ausgeübt wird, dass diese Techniken der Disziplin, dass diese aus der Disziplin entstandenen Diskurse auf das Recht übergreifen, dass die Vorgehensweisen der Normierung mehr und mehr die Verfahrensweisen des Gesetzes kolonisieren, ist meines Erachtens geeignet, das umfassende Funktionieren dessen zu erklären, was ich eine »Normierungsgesellschaft« nennen werde.

Genauer gesagt meine ich damit Folgendes: Ich glaube, dass die Normierung, dass die disziplinären Normierungen immer stärker am juristischen System der Souveränität Anstoß nehmen werden und dass ihrer beider Unvereinbarkeit immer deutlicher werden wird, und dass mehr und mehr eine Art schiedsrichterlicher Diskurs, eine durch ihre wissenschaftliche Sakralisierung neutral gemachte Art von Macht und Wissen notwendig wird. Gerade an der Ausweitung der Medizin lässt sich gewissermaßen ersehen, wie die Mechanik der Disziplin und das Prinzip des Rechts, ich will nicht sagen, sich kombinieren, aber sich austauschen und in ständiger Konfrontation miteinander stehen. Die Entwicklung der Medizin, die allgemeine Medizinisierung des Verhaltens, der Lebensführungen, der Diskurse und der Begierden, das alles geschieht an der Front, an der die beiden heterogenen Schichten der Disziplin und der Souveränität aufeinander stoßen.

Aus diesem Grunde befinden wir uns derzeit gegenüber den Usurpationen der disziplinären Mechanik und gegenüber diesem Aufstieg einer Macht, die an das wissenschaftliche Wissen gebunden ist, in einer solchen Situation, dass der einzige existierende und scheinbar solide Rettungsanker die Zuflucht oder Rückkehr zu einem Recht ist, das im Umkreis der Souveränität organisiert ist und über dieses alte Prinzip artikuliert wird. Was bewirkt, dass man, sowie man konkret gegen die Disziplinen und gegen die gesamten damit verbundenen Wissens- und Machteffekte etwas einwenden will, praktisch was macht? Was machen der Richterbund oder andere Institutionen wie diese? Was macht man, wenn nicht genau das, dass man dieses Recht anruft, dieses berühmte formale und bürgerliche Recht, das in Wirklichkeit das Recht der Souveränität ist? Und ich glaube, dass man da in einer Art Engpass ist, dass man nicht endlos in dieser Weise weiterfunktionieren kann; indem man gegen die Disziplin auf die Souveränität zurückgreift, wird man die Wirkungen der Disziplinarmacht nicht begrenzen können.

Tatsächlich sind Souveränität und Disziplin, Recht der Souveränität und disziplinäre Mechanik, zwei absolut konstitutive Bestandteile der allgemeinen Machtmechanismen in unserer Gesellschaft. Und eigentlich sollte man, um gegen die Disziplinen oder eher gegen die Disziplinarmacht zu kämpfen, und auf der Suche nach einer nicht-disziplinären Macht, nicht auf das alte Recht der Souveränität, sondern auf ein neues Recht zugehen, das anti-disziplinär, aber zugleich vom Prinzip der Souveränität befreit wäre.

Und da schließt sich wieder der Grundbegriff »Unterdrückung« an, worüber ich zu Ihnen vielleicht das nächste Mal sprechen werde, es sei denn, ich habe es ein wenig über, bereits Gesagtes nochmals durchzukauen, und gehe gleich zu den Dingen über, die den Krieg betreffen. Der Grundbegriff »Unterdrückung« ist, wie ich glaube zu Recht, doppelt nachteilig in seiner Verwendung, weil er sich einerseits dunkel auf eine bestimmte Theorie der Souveränität bezieht, nämlich die Theorie der souveränen Rechte des Individuums, und weil er einen den Humanwissenschaften, das heißt den Diskursen und den Praktiken, die zum Disziplinarbereich gehören, entlehnten umfassenden Bezug auf die Psychologie hereinbringt. Ich glaube, dass der Grundbegriff »Unterdrückung« immer noch ein rechtlich-disziplinärer Begriff ist, welchen kritischen Gebrauch man auch davon machen möchte; und genau insofern erweist sich der kritische Gebrauch des Grundbegriffs »Unterdrückung« von Anfang an als vom doppelten Bezug auf die Souveränität und die durch sie implizierte Normierung beschädigt und verdorben.

Übersetzt von Hans-Dieter Gondek

Die Machtverhältnisse gehen in das Innere der Körper über

»Les rapports de pouvoir passent à l'intérieur des corps« (Gespräch mit L. Finas), in: *La Quinzaine littéraire*, Nr. 247, 1.-15. Januar 1977, S. 4-6.

– *Michel Foucault,* La Volonté de savoir [Der Wille zum Wissen], *der erste Band Ihrer* Histoire de la sexualité [Sexualität und Wahrheit], *scheint mir ein in jeglicher Hinsicht umwerfender Text zu sein. Die von Ihnen darin vertretene These, unerwartet und simpel auf den ersten Blick, erweist sich im weiteren Verlauf als sehr komplex. Sagen wir, um sie zusammenzufassen, dass das Verhältnis der Macht zum Sex nicht ein Verhältnis von Repression sein soll, im Gegenteil. Doch bevor wir weitergehen, sollten wir uns auf Ihre Antrittsvorlesung am Collège de France im Dezember 1970 beziehen. Sie analysieren darin die Verfahren, die die Hervorbringung des Diskurses kontrollieren. Es sind die folgenden: das Verbot, dann die alte Teilung Vernunft – Wahnsinn, abschließend der Wille zur Wahrheit. Würden Sie uns die Verbindungen von* La Volonté de savoir *zu* L'Ordre du discours [Die Ordnung des Diskurses] *näher erläutern und uns sagen, ob über Ihre gesamte Darlegung hinweg Wille zum Wissen und Wille zur Wahrheit sich decken?*

– Ich glaube, in dieser *Ordre du discours* habe ich zwei Auffassungen vermischt, oder besser, auf eine Frage, die ich für rechtens erachte (die Verknüpfung der Diskurstatsachen über die Machtmechanismen), habe ich eine unangemessene Antwort vorgelegt. Es ist ein Text, den ich in einem Moment des Übergangs geschrieben habe. Wie mir scheint, akzeptierte ich bis dahin für die Macht die traditionelle Auffassung, die Macht als ein seinem Wesen nach rechtlicher Mechanismus, als das, was das Gesetz sagt, als das, was verbietet, als das, was Nein sagt, mit einer ganzen Flut an negativen Wirkungen: Ausschließung, Zurückweisung, Absperrung, Verleugnungen, Verdunklungen ...

Nun, diese Auffassung halte ich für unangemessen. Sie hatte mir freilich in der *Histoire de la folie [Wahnsinn und Gesellschaft]* ausgereicht (nicht dass dieses Buch an sich selbst befriedigend oder ausreichend sei), denn der Wahnsinn ist ein privilegierter Fall: Während der klassischen Periode erfolgte die Ausübung der Macht gegenüber dem Wahnsinn zweifellos zumindest überwiegend in der Form der

Ausschließung; es lässt sich zu dieser Zeit eine große Verwerfungsreaktion beobachten, in die sich der Wahnsinn einbezogen findet. So dass ich bei der Analyse dieser Tatsache ohne allzu viel Probleme eine rein negative Auffassung der Macht verwenden konnte. Von einem bestimmten Moment an erschien mir dies unzureichend, und zwar im Verlauf einer konkreten Erfahrung, die ich seit den Jahren 1971-1972 bezüglich der Gefängnisse machen konnte. Der Fall des Strafwesens hat mich überzeugt, dass dies sich nicht so sehr in Gestalt des Rechts, sondern in Gestalt von Technologie, in Begriffen von Taktik und Strategie vollzog, und diese Ersetzung eines rechtlichen und negativen Rasters durch ein technisches und strategisches Raster habe ich in *Surveiller et punir [Überwachen und Strafen]* anzubringen und dann in der *Histoire de la sexualité [Sexualität und Wahrheit]* zu verwenden versucht. So dass ich alles das, was in der Ordnung des Diskurses die Bezüge der Macht zum Diskurs potentiell als negative Mechanismen einer Verknappung darstellt, recht gern aufgeben würde.

– *Dem Leser, der sich an Ihre* Histoire de la folie à l'âge classique *erinnert, steht das Bild des großen barocken, eingeschlossenen und zum Schweigen gebrachten Wahnsinns vor Augen. In ganz Europa wurde in der Mitte des 17. Jahrhunderts eilig das Irrenhaus errichtet. Heißt das, dass die moderne Geschichte, als sie dem Wahnsinn das Schweigen auferlegte, dem Sex die Zunge gelöst hat? Oder hätte ein und dieselbe Besessenheit – die Sorge um den Wahnsinn, die Sorge um den Sex – auf der Doppelebene des Diskurses und der Tatsachen für das eine und das andere zu entgegengesetzten Ergebnissen geführt, und weshalb das?*

– Ich glaube in der Tat, dass es zwischen dem Wahnsinn und der Sexualität eine Reihe geschichtlicher Beziehungen gibt, die wichtig sind und die ich gewiss nicht wahrgenommen hatte, als ich die *Histoire de la folie* schrieb. Zu ebenjener Zeit hatte ich im Sinn, zwei parallele Geschichten zu schreiben: auf der einen Seite die Geschichte der Ausschließung des Wahnsinns und der Teilungen, die davon ausgehend vollzogen wurden; auf der anderen Seite eine Geschichte der Abgrenzungen, die sich auf dem Feld der Sexualität vollzogen haben (erlaubte und verbotene, normale und anormale Sexualität, die Sexualität der Frauen und die der Männer, die der Erwachsenen und die der Kinder); ich dachte an eine ganze Reihe von binären Teilungen, die auf ihre Weise die große Teilung Vernunft – Unvernunft weiter ausgeprägt hätten, die ich mit Bezug auf den Wahnsinn zu rekonstruieren versucht hatte. Doch glaube ich, dass das ungenügend ist; während der Wahnsinn zumindest über ein Jahrhundert hinweg im Wesentlichen Gegenstand negativer Operationen war, hatte die Sexualität wiederum seit genau dieser Zeit durchaus präzise und durchaus positive Besetzungen erfahren. Doch mit Eintritt des 19. Jahrhunderts kam es zu einem absolut grundlegenden Phänomen, der Verzahnung oder dem Ineinandergreifen zweier großer Machttechnologien: der Technologie, die die Sexualität in Aufruhr hielt, und der Technologie, die den Wahnsinn teilte. So wurde aus einer den Wahnsinn betreffenden negativen Technologie eine positive und aus einer binären eine komplexe und vielgestaltige. Und es entsteht eine große Technologie der Psyche, die eines der Grundzüge unseres 19. Jahrhunderts und unseres 20. Jahrhunderts ist: Sie macht aus dem Sex zugleich die verborgene Wahrheit des vernünftigen Bewusstseins und den entschlüsselbaren Sinn des Wahnsinns: ihren gemeinsamen Sinn, und damit das, was es erlaubt, auf beide in derselben Weise Zugriff zu haben.

– *Vielleicht muss man drei mögliche Missverständnisse abwehren. Ihre Widerlegung der Repressionshypothese besteht weder in einer einfachen Akzentverschiebung noch in der Feststellung einer Verleugnung oder Ignoranz von Seiten der Macht? Nehmen wir die Inquisition zum Beispiel. Anstatt die Repression herauszustellen, die sie den Häretiker erleiden lässt, könnte man den Akzent auf den Willen zum Wissen legen, der die Folter befehligt! Sie gehen aber nicht in diese Richtung? Aber Sie sagen auch nicht, dass die Macht ihr Interesse am Sex vor sich selbst verbirgt, oder dass der Sex, ohne es zu wissen, von einer Macht spricht, über die er still und heimlich hinausgehen würde?*

– Ich glaube, dass mein Buch tatsächlich keinem dieser Themen und keiner dieser Zielsetzungen entspricht, von denen Sie als ebensolchen Missverständnissen sprechen. Missverständnis wäre im Übrigen ein etwas strenges Wort, um diese Interpretationen oder eher diese Abgrenzungen meines Buches zu bezeichnen. Deren erste lautet: Ich wollte tatsächlich die Akzente verschieben und dort positive Mechanismen erscheinen lassen, wo man gewöhnlich eher die negativen Mechanismen akzentuiert.

So wird bezüglich der Buße stets betont, das Christentum sanktioniere dadurch die Sexualität, gestatte nur gewisse Formen und bestrafe alle anderen. Doch muss man, glaube ich, ebenso festhalten, dass es im Innern der christlichen Buße Bekenntnis gibt, ergo das Geständnis, die Gewissensprüfung, und dadurch einen ganzen Wissens- und Redefluss über den Sex, der eine ganze Reihe theoretischer Wirkungen (zum Beispiel die große Analyse der Lüsternheit im 17. Jahrhundert) und praktischer Wirkungen (eine Pädagogik der Sexualität, die im Weiteren laizisiert und medizinisiert worden ist) zur Folge hat. Ebenso habe ich über die Art und Weise gesprochen, wie die verschiedenen Instanzen oder die verschiedenen Relais der Macht gewissermaßen selbst Lust bei deren Ausübung empfanden. Es gibt in der Überwachung, genauer, im Blick der Überwacher, etwas, das der Lust am Überwachen und der Lust am Überwachen der Lust nicht fremd ist. Genau das habe ich sagen wollen, aber das ist noch nicht alles, was ich zu sagen habe. Ich habe gleichfalls auf diesen gegenläufigen Mechanismen beharrt, von denen Sie sprachen. Es ist beispielsweise sicher, dass die Ausbrüche von Hysterie, die in den psychiatrischen Krankenhäusern in der zweiten Hälfte des 19. Jahrhunderts auftraten, sehr wohl ein Gegenmechanismus, ein Gegenschlag genau gegen die Ausübung der psychiatrischen Macht waren: Die Psychiater haben den hysterischen Körper ihrer Kranken voll abbekommen (ich meine damit in vollem Wissen und voller Ignoranz), ohne dass sie dies wollten, und sogar ohne dass sie wussten, wie dies geschah. Diese Elemente finden sich in meinem Buch, sie stellen aber nicht dessen wesentlichen Teil dar; man muss sie, scheint mir, von einer gewissen Einsetzung einer Macht her verstehen, die über den Körper selbst ausgeübt wird. Meine Suche geht dahin, dass ich zeigen möchte, wie die Machtverhältnisse materiell in die eigentliche Dichte der Körper übergehen können, ohne dass sie durch die Vorstellung der Subjekte übertragen werden müssen. Wenn die Macht den Körper trifft, so nicht, weil sie zunächst im Bewusstsein der Leute verinnerlicht wurde. Es gibt das Netz einer Bio-Macht, einer Soma-Macht, die selbst ein Netz ist, von dem aus die Sexualität als historisches und kulturelles Phänomen entsteht, in dessen Innerem wir uns sowohl erkennen als auch verlieren.

– *Auf der Seite 121 von* La Volonté de savoir[1] *unterscheiden Sie, wie es scheint, der Erwartung des Lesers nachkommend, von der Macht – als*

1 [S. 114 der dt. Ausgabe, A. d. Ü.]

Gesamtheit von Institutionen und Apparaten – die Macht als Mannigfaltigkeit der Kraftverhältnisse, die dem Bereich immanent sind, in den sie sich einschreiben. Eben diese Macht, dieses Macht-Spiel stellen Sie als etwas dar, das sich jeden Augenblick an jedem Punkt in jeder Beziehung eines Punktes zu einem anderen selbst hervorbringt. Und eben diese Macht wäre, wenn man Sie richtig versteht, dem Sex nicht äußerlich, ganz im Gegenteil?

– Für mich ist das Wesentliche an der Arbeit eine Überarbeitung der Theorie der Macht, und ich bin nicht sicher, ob allein die Lust, über die Sexualität zu schreiben, mich hinreichend motiviert hätte, um diese Reihe von (mindestens) sechs Bänden zu beginnen, wenn ich mich nicht von der Notwendigkeit gedrängt gefühlt hätte, ein wenig diese Frage der Macht wiederaufzunehmen. Wie mir scheint, wird allzu oft, und zwar nach dem vom rechtlich-philosophischen Denken des 16. und des 17. Jahrhunderts vorgeschriebenen Modell, das Problem der Macht auf das Problem der Souveränität reduziert: Was ist der Souverän? Wie kann der Souverän sich konstituieren? Was bindet die Individuen an den Souverän? Dieses von den monarchistischen oder antimonarchistischen Juristen seit dem 13. Jahrhundert bis zum 19. Jahrhundert gestellte Problem, genau dieses Problem quält uns weiterhin und disqualifiziert meines Erachtens eine ganze Reihe von Analysebereichen; ich weiß, dass sie ziemlich empirisch und sekundär erscheinen mögen, aber schließlich betreffen sie unsere Körper, unsere Existenzen, unser alltägliches Leben. Gegen dieses Privileg der souveränen Macht wollte ich versuchen, eine Analyse geltend zu machen, die in eine andere Richtung gehen würde. Zwischen jedem Punkt eines Gesellschaftskörpers, zwischen einem Mann und einer Frau, in einer Familie, zwischen einem Lehrer und seinem Schüler, zwischen demjenigen, der weiß, und demjenigen, der nicht weiß, verlaufen Machtbeziehungen, die nicht die schlichte und einfache Projektion der großen souveränen Macht auf die Individuen sind; sie sind vielmehr der mobile und konkrete Boden, auf dem sie sich verankern kann, die Bedingungen der Möglichkeit, dass sie funktionieren kann. Die Familie ist selbst noch bis in unsere Tage nicht die einfache Widerspiegelung, Verlängerung der Staatsmacht: Sie ist nicht der Repräsentant des Staates gegenüber den Kindern, genauso wenig wie der Mann der Repräsentant des Staates gegenüber der Frau ist. Damit der Staat so funktioniert, wie er funktioniert, muss es vom

Mann zur Frau oder vom Erwachsenen zum Kind ganz spezifische Herrschaftsverhältnisse geben, die ihre eigene Konfiguration und ihre relative Autonomie haben.

Ich glaube, man muss einer umfassenden Thematik der Repräsentation misstrauen, die die Analysen der Macht versperrt. Lange Zeit wollte man wissen, wie der individuelle Wille im oder durch den allgemeinen Willen repräsentiert werden könnte. Jetzt ist es die so häufig wiederholte Behauptung, der Vater, der Ehemann, der Fabrikbesitzer, der Erwachsene, der Lehrer repräsentiere eine Staatsmacht, die selbst die Interessen einer Klasse repräsentiere. Dies trägt weder der Komplexität der Mechanismen noch ihrer Spezifizität, noch den Verankerungen, Komplementaritäten und mitunter Blockierungen, die diese Verschiedenartigkeit zum Ausdruck bringt, Rechnung.

Allgemein glaube ich, dass die Macht sich nicht von (individuellen oder kollektiven) Willen her konstruieren und auch nicht aus Interessen ableiten lässt. Die Macht lässt sich von Mächten, von Mannigfaltigkeiten an Fragen und Machteffekten her konstruieren und funktioniert da heraus. Diesen komplexen Bereich muss man untersuchen. Das heißt nicht, dass sie unabhängig ist, und dass man sie außerhalb des ökonomischen Prozesses und der Produktionsbeziehungen entschlüsseln könnte.

– *Wenn man das liest, was man in Ihrem Text als einen Versuch ansehen kann, eine neue Konzeption der Macht auszuarbeiten, ist man zwischen dem Bild des Computers und dem Bild des isolierten oder angeblich isolierten Individuums geteilt, das ebenfalls über eine spezifische Macht verfügt.*

– Die Idee, die Quelle oder der Vereinigungspunkt der Macht sei der Staat, so dass von ihm Rechenschaft über sämtliche Dispositive der Macht zu fordern sei, scheint mir ohne große historische Fruchtbarkeit zu sein, oder sagen wir, ihre historische Fruchtbarkeit ist jetzt erschöpft. Das umgekehrte Vorgehen scheint derzeit reichhaltiger zu sein: Ich denke an Untersuchungen wie die von Jacques Donzelot über die Familie (er zeigt, wie die absolut spezifischen Machtformen, die innerhalb der Familien ausgeübt werden, dank des Schulbesuchs von allgemeineren Mechanismen staatlicher Art durchdrungen werden, aber wie auch die Mächte staatlicher Art und die Mächte familiärer Art ihren jeweiligen spezifischen Charakter bewahrt haben und wahrlich nur insofern ineinander greifen konnten, wie jeder ihrer Mechanismen respektiert wurde). Ebenso hat François Ewald eine Untersuchung über die Bergwerke, die Einrichtung von Kontrollsystemen durch die Betriebsleitung und die Art und Weise durchgeführt, wie diese Kontrolle durch die Betriebsleitung in den großen staatlichen Verwaltungen weitergeführt wurde, ohne ihre Wirksamkeit zu verlieren.

– *Ist es ausgehend von dieser erneuten Einführung dessen, was man Macht nennt, möglich, dieser gegenüber einen politischen Standpunkt einzunehmen? Schließlich sprechen Sie von der Sexualität als von einem politischen Dispositiv. Würden Sie die Bedeutung definieren, die Sie dem »Politischen« geben?*

– Wenn es stimmt, dass die Gesamtheit der Kraftverhältnisse in einer gegebenen Gesellschaft den Bereich des Politischen konstituiert, und dass eine Politik eine mehr oder weniger globale Strategie ist, die diese Kraftverhältnisse zu koordinieren und zu finalisieren versucht, dann kann man, glaube ich, Ihre Fragen auf folgende Weise beantworten: Die Politik ist nicht das, was elementare und von Natur aus neutrale Beziehungen in letzter Instanz determiniert (oder überdeterminiert). Jedes Kraftverhältnis impliziert zu jedem Zeitpunkt eine Machtbeziehung (die gewissermaßen dessen momentaner Querschnitt ist), und jede Machtbeziehung verweist, insofern das ihre Wirkung, aber auch insofern das ihre Bedingung der Möglichkeit ist, auf ein politisches Feld, dem sie angehört. Sagt man, »alles ist politisch«, so behauptet man damit diese Allgegenwart der Kraftverhältnisse, und dass sie einem politischen Feld immanent sind; doch erlegt man sich damit die noch kaum umrissene Aufgabe auf, dieses endlose Durcheinander aufzudröseln. Eine solche Analyse darf man nicht durch eine individuelle Schuldzuweisung nivellieren (sowie man es insbesondere vor einigen Jahrzehnten in dem sich selbst geißelnden Existentialismus praktizierte; Sie kennen das: Jeder ist verantwortlich für alles; es gibt kein Unrecht in der Welt, an dem wir im Grunde nicht mitschuldig sind); doch ebenso wenig darf man über eine dieser Verschiebungen ausweichen, die man heute gern praktiziert: Das alles leitet sich von einer Ökonomie der Ware oder von der kapitalistischen Ausbeutung oder ganz einfach von dieser verfaulten Gesellschaft ab (folglich muss man die Probleme des Sexes, der Delinquenz oder des Wahnsinns an eine andere Gesellschaft verweisen). Die politische Analyse und die politische Kritik müssen zu einem Gutteil erst erfunden werden – aber auch die Strategien müssen erfunden werden, die es ermöglichen, zugleich diese Kraftverhältnisse zu verändern und sie auf eine Weise zu koordinieren, dass diese Veränderung möglich wird und sich in die Wirklichkeit einschreibt. Damit ist das Problem nicht so sehr das, eine politische Position zu definieren (was uns auf eine Wahl auf einem bereits bestehenden Schachbrett zurückführt), sondern neue Schemata der Politisierung auszudenken und hervorzubringen. Wenn das Politisieren darin besteht, auf Wahlmöglichkeiten, auf ganz und gar fertige Organisationen und auf all jene Machtverhältnisse und -mechanismen zurückzuführen, die die Analyse freilegt, dann ist es nicht der Mühe wert. Den großen neuen Machttechniken (die den multinationalen Ökonomien oder den bürokratischen Staaten entsprechen) muss eine Politisierung entgegengesetzt werden, die neue Formen haben wird.

– *Eine der Phasen und Konsequenzen Ihrer Forschung besteht darin, auf sehr verblüffende Weise zwischen Sex und Sexualität zu unterscheiden. Können Sie diese Unterscheidung präzisieren und uns sagen, wie wir fortan den Titel Ihrer* Histoire de la sexualité *zu lesen haben?*

– Diese Frage war die zentrale Schwierigkeit für mein Buch; ich hatte begonnen, es als eine Geschichte der Art und Weise zu schreiben, wie man den Sex durch jene Art Fauna, durch jene seltsame Vegetation, die die Sexualität sein sollte, verdeckt und verkleidet hatte. Nun, ich glaube, dieser Gegensatz Sex und Sexualität ging auf eine Setzung der Macht als Gesetz und Verbot zurück: Die Macht hätte ein Sexualitätsdispositiv aufgestellt, um Nein zum Sex zu sagen. Meine Analyse blieb noch eine Gefangene der vom Recht bestimmten Auffassung der Macht. Ich musste eine Umkehrung durchführen; ich habe unterstellt, dass die Idee des Sexes dem Dispositiv der Sexualität innerlich wäre und dass infolgedessen an seiner Wurzel nicht der zurückgewiesene Sex, sondern eine positive Ökonomie der Körper und der Lust vorzufinden ist.

Nun gibt es allerdings ein grundlegendes Merkmal in der Ökonomie der Lüste, so wie sie im Abendland funktioniert: dass der Sex ihr zum Verstehbarkeits- und Maßprinzip dient. Seit Jahrtausenden ist man bestrebt, uns glauben zu machen, dass das Gesetz jeder Lust, zumindest insgeheim, der Sex ist, und dass dies die Notwendigkeit ihrer Mäßigung begründet und die Möglichkeit zu ihrer Kontrolle ergibt. Diese zwei Themen, dass jeder Lust der Sex zugrunde liegt, und dass die Natur des Sexes es will, dass er sich der Zeugung widmet und darauf beschränkt, sind keine anfänglich christliche, sondern stoische Themen; und das Christentum war gezwungen, sie aufzunehmen, sobald es sich in die staatlichen Strukturen des Römischen Reiches einfügen wollte, dessen quasi universale Philosophie der Stoizismus war. Der Sex ist damit zum Gesetzbuch der Lust geworden. Im Abendland war (anstatt wie in den mit einer ars erotica ausgestatteten Gesellschaften, in denen die Intensivierung der Lust eine Desexualisierung des Körpers anstrebt) diese Kodifizierung der Lust durch die Gesetze des Sexes letztlich der Anlass für das gesamte Dispositiv der Sexualität. Und genau dies lässt uns glauben, dass wir uns befreien, wenn wir jede Lust als Ausdruck eines endlich aufgedeckten Sexes dekodieren. Wo man doch eher nach einer Desexualisierung, nach einer allgemeinen Ökonomie der Lust streben muss, die nicht sexuell normiert ist.

– *Ihre Analyse lässt die Psychoanalyse in einer ein wenig suspekten und schmählichen Archäologie auftauchen. Die Psychoanalyse enthüllt ihre doppelte, zumindest primordiale Zugehörigkeit einerseits zum inquisitorischen Geständnis, andererseits zur psychiatrischen Medizinisierung. Ist das genau Ihr Standpunkt?*

– Man kann mit Sicherheit sagen, dass die Psychoanalyse zu diesem außerordentlichen Anwachsen und der Institutionalisierung der für unsere Kultur so charakteristischen Geständnisverfahren dazugehört. Ganz kurzfristig betrachtet hat sie Anteil an dieser Medizinisierung der Sexualität, die ebenfalls ein merkwürdiges Phänomen ist: Während in der ars erotica eher die (pharmazeutischen oder somatischen) Mittel medizinisiert werden, die zur Intensivierung der Lust dienen, hat man im Abendland eine Medizinisierung der Sexualität selbst, als ob sie eine Zone besonderer pathologischer Zerbrechlichkeit in der menschlichen Existenz wäre. Alle Sexualität läuft Gefahr, sowohl krank zu sein als auch in unendlicher Zahl Krankheiten zu erregen. Man kann nicht bestreiten, dass die Psychoanalyse sich am Kreuzungspunkt dieser beiden Prozesse befindet. Wie sich die Psychoanalyse zu dem Zeitpunkt, an dem sie erschienen ist, hat ausbilden können, werde ich in den späteren Bänden auszumachen versuchen. Ich fürchte einfach nur, dass sich bezüglich der Psychoanalyse ereignet, was sich bezüglich der Psychiatrie ereignet hatte, als ich es unternahm, die *Histoire de la folie* zu schreiben; ich hatte versucht zu erzählen, was sich bis zum Beginn des 19. Jahrhunderts ereignet hatte; nun haben aber die Psychiater meine Analyse als einen Angriff auf die Psychiatrie verstanden. Ich weiß nicht, was mit den Psychoanalytikern passieren wird, aber ich fürchte durchaus, dass sie etwas als Antipsychoanalyse verstehen werden, was nur eine Genealogie sein wird.

Warum funktioniert eine Archäologie der Psychiatrie als Antipsychiatrie, während eine Archäologie der Biologie nicht wie eine Antibiologie funktioniert? Ist das so aufgrund des partiellen Charakters der Analyse? Oder ist das nicht eher so aufgrund eines bestimmten schlechten Verhältnisses der Psychiatrie zu ihrer eigenen Geschichte, einer gewissen Unfähigkeit, in der sich die Psychiatrie, so wie sie ist, befindet, ihre eigene Geschichte anzunehmen? Man wird schon sehen, wie die Psychoanalyse die Frage ihrer Geschichte aufnehmen wird.

– *Haben Sie das Gefühl, dass Ihre* Histoire de la sexualité *die Frauenfrage voranbringen wird? Ich denke an das, was Sie rund um die Hysterisierung und die Psychiatrisierung des Körpers der Frau sagen.*

– Einige Ideen, doch zögernd, nicht festgelegt. Die Diskussion und die Kritiken, die jedem Band folgen werden, werden vielleicht ermöglichen, sie auszuarbeiten. Aber es steht mir nicht zu, Regeln zu ihrer Verwendung festzulegen.

– *In* La Volonté de savoir *geht es um Tatsachen und um Diskurse; Tatsachen und Diskurse finden sich selbst in Ihrem eigenen Diskurs erfasst, in dieser Ordnung Ihres Diskurses, die sich eher als eine Un-Ordnung darstellt, unter der Bedingung, dass man eben das Präfix abtrennt. Sie fliegen von einem Punkt Ihrer Beweisführung zum anderen, sie rufen selbst diejenigen auf den Plan, die Ihnen widersprechen, als ob der Ort Ihrer Analyse Ihnen vorausginge und Sie dazu zwingen würde. Ihr Schreiben andererseits ist in den Augen des Lesers darum bemüht, Bezüge zu schildern, die über eine weite Distanz reichen und abstrakt sind. Stimmen Sie mit der Dramatisierung Ihrer Analyse und ihres Fiktionscharakters überein?*

– Dieses Buch ist ohne Beweisfunktion. Es ist da als ein Vorspiel, um die Klaviatur zu erkunden und ein wenig die Themen anzureißen und zu sehen, wie die Leute reagieren werden, wo es zu Kritiken, zu Unverständnissen und zu Wutausbrüchen kommen wird: um die anderen Bände gewissermaßen für alle diese Reaktionen durchlässig zu machen, habe ich diesen ersten Band geschrieben. Was das Problem der Fiktion angeht, so ist das für mich ein sehr bedeutendes Problem; ich halte mir sehr wohl vor Augen, dass ich immer nur Fiktionen geschrieben habe. Ich will damit keineswegs sagen, dass dies außerhalb der Wahrheit ist. Mir scheint, es gibt die Möglichkeit, die Fiktion in der Wahrheit arbeiten zu lassen, Wahrheitseffekte mit einem Fiktionsdiskurs zu induzieren, und gewissermaßen dafür zu sorgen, dass der Wahrheitsdiskurs etwas hervorruft, erzeugt, das noch nicht existiert, dass er also »fiktioniert«. Man »fiktioniert« Geschichte von einer politischen Wirklichkeit her, die sie wahr macht, man »fiktioniert« eine Politik, die noch nicht existiert, von einer historischen Wahrheit her.

Übersetzt von Hans-Dieter Gondek

Michel Foucault: die Sicherheit und der Staat

»Michel Foucault: la sécurité et l'État« (Gespräch mit R. Lefort), *Tribune socialiste*, 24.-30. November 1977, S. 3-4.

– *Wie lässt sich erklären, dass es der französischen Regierung so leicht gelungen ist, Croissant auszuliefern? Und wie lässt sich erklären, dass die französische Linke sich von der Croissant-Affäre abgewandt und so der Regierung die Möglichkeit gegeben hat, ganz nach ihrem Belieben zu verfahren?*

– Eine Kritik oder Selbstkritik der Linken ist hier schwierig. Eines ist sicher: Dieses Spiel war zu gewinnen, ist aber nicht gewonnen worden. Zu den Hindernissen, die dem im Wege standen, gehörte natürlich das Problem des Terrorismus, das zwar entgegen anders lautenden Behauptungen nicht im Mittelpunkt der juristischen Aspekte der Croissant-Affäre stand, wohl aber im Mittelpunkt der Einstellungen und Reaktionen der Menschen gegenüber Croissant. Offensichtlich hat man alle Möglichkeiten genutzt, auf der sichtbaren Ebene – der des Falles Croissant – und auf einer weniger sichtbaren Ebene: der Entscheidung, die man im Blick auf den Terrorismus traf.

– *Offenbar ist die Linke in die Falle gegangen, weil sie nicht verhindern konnte, dass die juristischen Aspekte der Croissant-Affäre mit dem Problem des Terrorismus vermengt wurden.*

– Keine politische Partei, die einmal die Regierung eines Staates übernehmen will, kommt umhin, den Terrorismus zu verurteilen, denn Terrorismus ist nichts anderes als der Kampf gegen den Staat, der bewaffnete Kampf gegen den Staat. Außerdem vermag die öffentliche Meinung sich kaum in einer Serie terroristischer Anschläge wiederzufinden. Wenn der Terrorismus jedoch in einer nationalistischen Bewegung verankert ist, wird er bis zu einem gewissen Maß akzeptiert.

– *Weil er moralisch gerechtfertigt ist?*

– Er ist moralisch gerechtfertigt. Revolutionäre Bewegungen haben nur dann Erfolg, sie entfalten nur dann ihre volle historische Wirkung, wenn sie mit nationalistischen Bewegungen verbunden sind.

Nach diesem Gesetz ist der Nationalismus im 20. Jahrhundert die Voraussetzung für eine historische Massendynamik. Das gilt für den Terrorismus wie für jede andere Form politischer Aktion. Die kommunistischen Parteien haben immer nur dort eine historische Wirkung entfalten können, wo sie nationalistische Forderungen aufgriffen oder zumindest in Teilen übernahmen. Wenn der Terrorismus sich als Ausdruck eines Nationalgedankens gibt, der noch keine Unabhängigkeit und keine staatlichen Strukturen gefunden hat, und wenn er behauptet, diese Ziele verwirklichen zu wollen, wird er akzeptiert. Man denke etwa an den jüdischen Terrorismus vor der Gründung des Staates Israel, an den palästinensischen Terrorismus oder den irischen Terrorismus. Auch wenn man grundsätzlich gegen bestimmte Formen politischer Aktion ist, wird das Prinzip dieses Terrorismus nicht grundsätzlich abgelehnt. Grundsätzlich abgelehnt wird dagegen eine terroristische Bewegung, die im Namen einer Klasse, einer politischen Gruppe, einer Avantgarde oder einer Randgruppe zu handeln behauptet. »Ich erhebe mich, ich lege eine Bombe und drohe, jemanden zu töten, um dieses oder jenes Ziel zu erreichen.« Das funktioniert nicht. Ich sage nicht, das sei richtig oder falsch. Ich beschreibe nur, was geschieht.

– *Wenn man sagt, der Nationalismus sei im 20. Jahrhundert die Voraussetzung für jede Massendynamik, dann heißt das, die westlichen Mächte verfügen über einen sehr großen Handlungsspielraum, wenn es darum geht, jede Protest- oder Volksbewegung zu unterdrücken, die so große Dichte erreicht, dass ein bewaffneter Kampf wahrscheinlich wird.*

– Ja. Sieh dir zum Beispiel an, was in Europa geschieht, in den drei Teilen Europas: in Westeuropa, in dem unter sowjetischer Kontrolle stehenden Osteuropa und in der Sowjetunion. Im äußersten Westen und im äußersten Osten vermag sich die Ablehnung der Gesellschaft und des politischen Regimes mit einigen regionalen Ausnahmen (Irland, Katalonien …) nicht auf nationale Forderungen zu stützen. Nimm zum Beispiel die Sowjetunion. Nationale Forderungen sind dort relativ lokale Erscheinungen (zum Beispiel in der Ukraine), doch die Dissidenten fänden nur dann breite Unterstützung, wenn sie sich in einer nationalen Bewegung verankern könnten. Anderenfalls erscheinen sie als unzufriedene Intellektuelle, als Dropouts und gesellschaftliche Außenseiter.

Sieh dir dagegen Osteuropa an, also den unter sowjetischer Kontrolle stehenden Teil Mitteleuropas, in dem Dissidententum und Ablehnung des Regimes oder der politischen und ökonomischen Strukturen eine Rolle spielen. Diese Ablehnung kann sich sehr viel leichter auf einen Antisowjetismus stützen, der seine Wurzeln zum Teil im Wunsch nach nationaler Unabhängigkeit hat. In Polen oder in der Tschechoslowakei spielen diese Phänomene eine große Rolle; der Nationalismus dient dort gewissermaßen als leitfähiges Medium für die Dissidenten. Gäbe es diesen Leiter nicht, fänden die Dissidenten nicht dasselbe Echo.

– *In* Le Matin[1] *hast du gesagt: »Von nun an steht die Sicherheit über den Gesetzen.« Der Ausdruck »Sicherheit« bereitet Probleme. Um wessen Sicherheit handelt es sich? Und wo siehst du die Grenze zwischen zulässigem und unzulässigem Protest? Die Grenze eines neuen Totalitarismus?*

– Der Begriff des Totalitarismus ist seit langem schon Regimen faschistischer oder stalinistischer Art vorbehalten. Wir erleben zur Zeit nicht die Wiederauferstehung solcher Regime. Es gibt in der Geschichte keine Auferstehung. Und jede Analyse, die politische Wirkung entfalten möchte, indem sie alte Gespenster auferstehen lässt, wäre zum Scheitern verurteilt. Denn man kann etwas unmöglich analysieren, indem man das Gespenst einer Wiederauferstehung zu beschwören versucht.

Aber was geschieht heute? Das Verhältnis zwischen Staat und Bevölkerung hat im Wesentlichen die Form eines »Sicherheitsvertrags«, wie man es nennen könnte. Früher konnte der Staat sagen: »Ich werde euch ein Territorium geben« oder »Ich garantiere euch, dass ihr innerhalb eurer Grenzen in Frieden leben könnt«. Das war der Territorialvertrag, und die Sicherung der Grenzen war die Hauptaufgabe des Staates.

Heute stellt sich das Problem der Grenzen kaum noch. Der Vertrag, den der Staat der Bevölkerung anbietet, lautet darum: »Ich biete euch Sicherheit«. Sicherheit vor Unsicherheiten, Unfällen, Schäden, Risiken jeglicher Art. Ihr seid krank? Dann werde ich euch eine Krankenversicherung geben. Ihr habt keine Arbeit? Ich sorge für eine

1 [Siehe Nr. 211, in: *Dits et Écrits Schriften*, Bd. III, Frankfurt am Main 2003, S. 474-477.]

Arbeitslosenversicherung. Es gibt eine Flutkatastrophe? Ich richte einen Hilfsfonds ein. Es gibt Straftäter? Ich sorge für ihre Umerziehung und eine gute polizeiliche Überwachung.

Dieser Sicherheitsvertrag kann natürlich nicht von derselben Art sein wie das Rechtssystem, das es dem Staat früher erlaubte, zu sagen: »Ihr werdet bestraft, wenn ihr dies oder das tut, und ihr werdet nicht bestraft, wenn ihr es nicht tut.« Ein Staat, der Sicherheit schlechthin garantiert, muss immer dann eingreifen, wenn der normale Gang des alltäglichen Lebens durch ein außergewöhnliches, einzigartiges Ereignis unterbrochen wird. Dann reicht das Recht nicht mehr aus. Dann sind Eingriffe erforderlich, die trotz ihres außerordentlichen, außergesetzlichen Charakters dennoch nicht als Willkür oder Machtmissbrauch erscheinen dürfen, sondern als Ausdruck von Fürsorge: »Seht nur, wie sehr wir uns bemühen, euch zu beschützen, denn sobald etwas Außergewöhnliches geschieht, greifen wir mit allen verfügbaren Mitteln ein, natürlich ohne auf diese alten Gebräuche wie Gesetz und Rechtsprechung zu achten.« Diese allgegenwärtige Fürsorge ist das Gesicht, das der Staat seinen Bürgern darbietet. Und diese Form von Macht entwickelt sich weiter.

Der Terrorismus erschreckt die Regierung und erregt ihren keineswegs gespielten Zorn vor allem deshalb, weil er sie gerade auf der Ebene attackiert, auf der sie den Anspruch erhebt, den Menschen garantieren zu können, dass ihnen nichts passiert.

Hier geht es nicht mehr um bloße Unfälle, die von dieser »Absicherungsgesellschaft« abgedeckt werden. Hier hat man es mit einer politischen Aktion zu tun, die nicht nur das Leben der Menschen »verunsichert«, sondern auch das Verhältnis des Einzelnen zu all den Institutionen, die ihn bisher beschützten. Darum macht dieser Terrorismus Angst. Den Regierenden. Und den Menschen, die dem Staat anhängen, die alles akzeptieren, die Steuern, die Hierarchie, den Gehorsam, weil der Staat sie schützt und vor der Unsicherheit bewahrt.

– *Also Geben und Nehmen. Handelt es sich nicht dennoch insofern um ein totalitäres System, als es der Macht die Möglichkeit bietet, eine soziale Gruppe oder ein bestimmtes Verhalten als Gefahr für die gesamte Bevölkerung hinzustellen? Die Macht hat also die Möglichkeit, ein bestimmtes Verhalten oder eine bestimmte soziale Gruppe an den Pranger zu stellen.*

– Es ist die Berufung des Staates, totalitär zu sein, das heißt letztlich alles genau zu kontrollieren. Dennoch glaube ich, ein im strengen Sinne totalitärer Staat ist ein Staat, in dem die politischen Parteien, der Staatsapparat, die institutionellen Systeme und die Ideologie gewissermaßen eine Einheit bilden, die einer lückenlosen, keine Abweichungen zulassenden Kontrolle von oben nach unten unterworfen ist.

Sämtliche Kontrollapparate sind in eine einzige, einheitliche Pyramide integriert; Ideologien, Diskurse und Verhaltensweisen bilden einen monolithischen Block.

Die Absicherungsgesellschaften, die gegenwärtig entstehen, tolerieren dagegen eine Reihe unterschiedlicher, abweichender und sogar gegensätzlicher Verhaltensweisen, sofern diese Verhaltensweisen sich in einem gewissen Rahmen bewegen, der als gefährlich erachtete Dinge, Menschen oder Verhaltensweisen ausschließt. Die Abgrenzung der »gefährlichen Umtriebe« wird tatsächlich von der Macht vorgenommen. Doch innerhalb des Rahmens gibt es einen sehr viel größeren Spielraum und Pluralismus als in totalitären Systemen. Diese Macht ist geschickter und subtiler als die des Totalitarismus.

Doch auch wenn eine Macht bestimmt, was als Gefahr zu gelten hat, kann man nicht von einer totalitären Macht sprechen. Es handelt sich um eine Macht neuen Typs. Es geht nicht darum, die Erscheinungen der Gegenwart in alte historische Konzepte zu pressen. Vielmehr müssen wir das Spezifische am gegenwärtigen Geschehen aufzeigen, uns damit auseinander setzen und dagegen kämpfen, indem wir versuchen, es zu analysieren und passende Worte für dessen Beschreibung zu finden.

– *Du sagst »dagegen kämpfen«. Dieser Kampf ist insofern sehr schwierig, als das Sicherheitsbedürfnis doch offenbar tief verwurzelt ist. Der Staat kann daher seine Maßnahmen in den Augen der Bevölkerung rechtfertigen; er kann die Repression rechtfertigen, mit der er gewisse Verhaltensweisen belegt, falls er meint, dass sie dem von allen akzeptierten Sicherheitsprinzip zuwiderlaufen. Welche Reflexions- und Handlungsfelder eröffnet dieser neue Typ von Macht den Kräften der Linken?*

– Da bedarf es einer gewaltigen Anstrengung. Die alten Schemata, die es seit dem 19. Jahrhundert gestatteten, gegen die Nationalismen und die damit begründete Unterdrückung, gegen den Imperialismus, diese andere Form von Nationalismus, und gegen die Faschismen zu kämpfen – diese alten Schemata sind überholt. Wir müssen versuchen, den Menschen verständlich zu machen, dass sie sich nicht mehr auf diese alten politischen Werte, die alten gesicherten Werte, die alte Pinay-Rente des politischen Denkens und des Protests berufen können. Dieses Erbe hat seinen Wert verloren.

Wir können übrigens dem politischen Bewusstsein der Menschen durchaus trauen. Wenn du ihnen sagst: »Ihr lebt in einem faschistischen Staat und wisst es gar nicht«, dann wissen sie sehr wohl, dass du lügst. Wenn man ihnen sagt: »Noch nie war die Freiheit so begrenzt und bedroht wie heute«, dann wissen sie, dass diese Behauptung falsch ist. Wenn man ihnen sagt: »Neue Hitler betreten die Bühne, und ihr merkt es nicht«, dann wissen sie, dass es nicht stimmt. Wenn du dagegen mit ihnen über ihre reale Erfahrung sprichst, über ihr beunruhigtes, besorgtes Verhältnis zu den Mechanismen der Sicherheit – etwa zu den denkbaren Folgen einer vollständig medizinisierten Gesellschaft oder zu den Folgen einer sozialen Sicherheit, die auf lückenloser Überwachung basiert –, dann spüren sie sehr genau, ja sie wissen, dass es sich hier nicht um Faschismus handelt, sondern um etwas Neues.

– *Etwas, das sie verbindet?*

– Etwas, das sie verbindet. Mir scheint, wir müssen …

– *… diese neuen Bedürfnisse aufzeigen, diese neuen Forderungen, die sich aus ihrer Ablehnung der neuen Zwänge ergeben, die der Preis der Sicherheit sind …*

– Genau. Wir müssen den Punkt aufzeigen, an dem die Menschen dennoch auf Distanz zu diesem Sicherheitssystem gehen, weil sie dessen Preis nicht zahlen wollen. Und es ist wichtig, dass sie ihn nicht zahlen. Dass man sie nicht täuscht, indem man behauptet, das sei der notwendige Preis.

– *Der Vorteil, den die Macht aus diesem neuen System und aus der Verschleierung der aus dem Sicherheitssystem erwachsenden Zwänge zieht, liegt dann letztlich in ihrer Perpetuierung, denn dank seiner Geschmeidigkeit kann das System Schläge besser verkraften und leichter parieren.*

– Das kann man in der Tat so sagen. Die Entwicklung der Staaten geht heute nicht mehr in Richtung größerer Rigidität, sondern in Richtung größerer Geschmeidigkeit und Flexibilität. Der Staat hat die Möglichkeit vorzurücken und zurückzuweichen. Die staatlichen Strukturen sind so flexibel, dass ihr Verhalten an manchen Punkten sogar wie ein Zurückweichen des Staatsapparats erscheinen kann: die Atomisierung der Produktionseinheiten, eine größere regionale Autonomie – das sind Dinge, die der Entwicklung des Staates scheinbar zuwider laufen.

Übersetzt von Michael Bischoff

Die Disziplinargesellschaft in der Krise

»La société disciplinaire en crise«, in: *Asahi Jaanaru*, 20. Jg., Nr. 19, 12. Mai 1978. (Konferenz im Institut franco-japonais von Kansei, Kyoto, 18. April 1978.)

– *Welche Beziehungen bestehen zwischen der klassischen Machttheorie und der Ihren? Was ist neu an Ihrer Theorie?*

– Es ist nicht die Theorie, die verschieden ist, sondern der Gegenstand, der Gesichtspunkt. Im Allgemeinen redet die Theorie der Macht in Begriffen des Rechts und stellt die Frage ihrer Legitimität, ihrer Grenzen und ihres Ursprungs. Meine Untersuchung richtet sich auf die Machttechniken, auf die Technologie der Macht. Sie besteht darin, zu erforschen, wie die Macht herrscht und sich Gehorsam verschafft. Seit dem 17. und 18. Jahrhundert hat sich diese Technologie erheblich weiterentwickelt; dennoch wurde keine Forschung betrieben. In der gegenwärtigen Gesellschaft sind verschiedene Widerstandsbewegungen entstanden wie der Feminismus, die Studentenbewegungen, und die Beziehungen zwischen diesen Widerstandsbewegungen und den Techniken der Macht bilden ein interessantes Untersuchungsobjekt.

– *Gegenstand Ihrer Analysen ist die französische Gesellschaft. Wie weit können diese Resultate universelle Geltung beanspruchen? Sind sie beispielsweise unmittelbar auf die japanische Gesellschaft anwendbar?*

– Dies ist eine wichtige Frage. Der Gegenstand der Analyse ist stets durch Raum und Zeit bestimmt, obgleich man versucht, ihm eine Universalität zu verleihen. Mein Ziel ist es, die Technik der Macht zu analysieren, die beständig neue Mittel sucht, mein Gegenstand ist eine Gesellschaft, die der Strafgesetzgebung unterliegt. Diese Gesellschaft unterscheidet sich in Frankreich, in Deutschland und in Italien. Es gibt eine Differenz der Systeme. Im Gegensatz hierzu ist die Organisation, die die Macht wirksam macht, eine gemeinsame. Folglich habe ich Frankreich ausgewählt als Typus einer europäischen Gesellschaft, die einer Strafgesetzgebung unterliegt. Ich habe untersucht, wie die Disziplin hier entwickelt wurde, wie sie sich entsprechend der Entwicklung der Industriegesellschaft und dem Bevölkerungsanstieg veränderte. Die Disziplin, die so effizient war, um die Macht aufrechtzuerhalten, verlor einen Teil ihrer Wirksamkeit. In den industrialisierten Ländern gerät die Disziplin in die Krise.

– *Sie haben von »Krisen der Disziplin« gesprochen. Was geschieht nach diesen Krisen? Gibt es Möglichkeiten für eine neue Gesellschaft?*

– Seit vier oder fünf Jahrhunderten war man der Meinung, dass die Entwicklung der westlichen Gesellschaften von der Effizienz der Macht bei der Erfüllung ihrer Funktion abhängig sei. In der Familie beispielsweise war es wichtig, wie die Autorität des Vaters oder der Eltern die Verhaltensweisen der Kinder kontrollierte. Wenn dieser Mechanismus zerbrach, brach die Gesellschaft zusammen. Wie das Individuum gehorchte, war ein wichtiges Thema. In den letzten Jahren hat sich die Gesellschaft verändert und die Individuen ebenso; sie sind immer mannigfaltiger, unterschiedlicher und unabhängiger. Es gibt mehr und mehr Kategorien von Leuten, die nicht unter dem Zwang der Disziplin stehen, so dass wir die Entwicklung einer Gesellschaft ohne Disziplin denken müssen. Die herrschende Klasse ist stets durchdrungen von der alten Technik. Es ist jedoch evident, dass wir uns in der Zukunft von der Disziplinargesellschaft von heute trennen müssen.

– *Sie insistieren auf den Mikro-Mächten, während in der heutigen Welt die Macht des Staates noch das zentrale Thema bleibt. Wo ist der Platz der öffentlichen Macht in Ihrer Theorie der Macht?*

– Im Allgemeinen privilegiert man die Macht des Staates. Viele Menschen glauben, dass die anderen Formen der Macht von ihr abgeleitet sind. Ohne allerdings so weit zu gehen, dass ich sagen würde, dass die Macht des Staates sich von anderen Formen der Macht ableitet, glaube ich indes, dass die Staatsmacht sich zumindest auf sie gründet und dass sie es sind, die es möglich machen, dass die Macht des Staates existiert. Wie kann man behaupten, dass die Gesamtheit der Machtbeziehungen, die zwischen den Geschlechtern bestehen, zwischen Erwachsenen und Kindern, in der Familie, in den Büros, zwischen den Kranken und den Gesunden, zwischen den Normalen und den Anormalen von der Macht des Staates abgeleitet ist? Wenn man die

Macht des Staates verändern will, dann muss man die verschiedenen Machtverhältnisse verändern, die innerhalb der Gesellschaft wirksam sind. Sonst ändert sich die Gesellschaft nicht. In der UdSSR beispielsweise hat die herrschende Klasse gewechselt, aber die alten Machtbeziehungen blieben bestehen. Wichtig sind die Machtbeziehungen, die unabhängig von den Individuen funktionieren, die die Staatsmacht innehaben.

– *In* Überwachen und Strafen *haben Sie geschrieben, dass sich die Macht verändert und dass sich das Wissen verändert. Ist dies eine pessimistische Position in Bezug auf das Wissen?*

– Ich habe nicht gesagt, dass zwischen beiden ein kategoriales Unterordnungsverhältnis besteht. Seit Plato weiß man, dass das Wissen nicht völlig unabhängig von der Macht existieren kann. Dies bedeutet nicht, dass das Wissen der politischen Macht unterworfen ist, denn unter solchen Bedingungen kann kein wirkliches Wissen entstehen. Es ist unmöglich, die Entwicklung eines wissenschaftlichen Wissens zu begreifen, ohne die Veränderungen der Machtmechanismen einzubeziehen. Der typische Fall wäre der der Ökonomie. Aber auch eine Wissenschaft wie die Biologie hat sich nach komplexen Elementen entwickelt wie den Entwicklungen der Agrikultur, den Beziehungen zum Ausland oder auch der Unterwerfung der Kolonien. Man kann den Fortschritt des wissenschaftlichen Wissens nicht denken ohne die Mechanismen der Macht zu denken.

– *Als konkretes Beispiel hinsichtlich des Verhältnisses von Wissen und Macht ist, so fürchte ich, meine Frage indiskret; Sie, der Sie sich auf radikale und kritische Weise mit der Untersuchung der Macht befassen, sind nach Japan als kultureller Delegierter der französischen Regierung gekommen*[1] *... Dies wäre in Japan nicht ohne weiteres möglich.*

– Frankreich besitzt die Passion, seine Kultur zu exportieren und es würde auch ein toxisches Produkt exportieren, wenn es ein französisches Produkt wäre. Japan ist ein relativ freies Land und meine Werke

1 Der zweite Aufenthalt Foucaults in Japan, im April 1978, erfolgte auf Einladung der französischen Botschaft und wurde von dieser organisiert. Der Kulturattaché Thierry de Beaucé hatte verschiedene Begegnungen zwischen Michel Foucault und Vertretern des politischen und kulturellen Lebens Japans arrangiert.

sind hier frei übersetzt; folglich ist es jetzt unnütz, mir zu untersagen, hierher zu kommen. In der ganzen Welt ist kultureller Austausch häufig und wichtig geworden, und es ist unmöglich, die Ausreise eines Denkens ins Ausland zu verbieten, zumindest wenn es sich nicht um ein absolut diktatorisches Regime handelt. Ich denke keinesfalls, dass die französische Regierung eine total freie Regierung ist, aber man könnte sagen, dass sie lediglich die Realität, so wie sie ist, anerkennt und sie nicht verbietet.

Übersetzt von Hermann Kocyba

Die »Gouvernementalität« (Vortrag)

»La ›governamentalità‹« (»La ›gouvernementalité‹«; Vorlesung am Collège de France im Studienjahr 1977-1978: »Sécurité, territoire et population«, 4. Sitzung, 1. Februar 1978), in: *Aut-Aut*, Nr. 167-168, September-Dezember 1978, S. 12-29.

Durch die Analyse einiger Sicherheitsdispositive hatte ich versucht, in Erfahrung zu bringen, wie die spezifischen Probleme der Bevölkerung aufgetaucht sind. Deren genauere Betrachtung hat mich sehr schnell zum Problem der Regierung geführt. Im Großen und Ganzen ging es in diesen ersten Vorlesungen darum, die Reihe Sicherheit – Bevölkerung – Regierung aufzustellen. Nun möchte ich versuchen, für dieses Problem der Regierung eine kleine Bestandsaufnahme vorzunehmen.

Weder im Mittelalter noch in der griechisch-römischen Antike war je Mangel an jenen Abhandlungen, die als »Ratgeber für den Fürsten« diesen lehrten, sein Leben zu führen, die Macht auszuüben und sich bei seinen Untertanen Zustimmung und Achtung zu verschaffen, die ihm beibrachten, Gott zu lieben, ihm zu gehorchen und das Gesetz Gottes im Reich der Menschen durchzusetzen ... Auffällig ist, dass ab dem 16. Jahrhundert und in einer Periode, die von der Mitte des 16. Jahrhunderts bis zum Ende des 18. Jahrhunderts reicht, eine ganz beachtliche Reihe von Abhandlungen aufkommt, die sich eben nicht länger als »Ratgeber für den Fürsten« noch als »Wissenschaft von der Politik« verstehen, sondern als »Künste des Regierens« einen Platz zwischen dem Ratgeber für den Fürsten und der politisch-wissenschaftlichen Abhandlung einnehmen. Das Problem der Regierung bricht im 16. Jahrhundert gleichzeitig anlässlich sehr unterschiedlicher Fragen und unter vielfältigen Aspekten hervor. Zum Beispiel das Problem des Regierens seiner selbst. Die Rückkehr zum Stoizismus dreht sich im 16. Jahrhundert um die Reaktualisierung des Problems: »Wie sich selbst regieren?« Oder auch das Problem, die Seelen und die Lebensführungen zu regieren – das Problem, mit dem es das katholische oder protestantische Pastorat zu tun hatte. Oder das Problem, die Kinder zu regieren, die große Problematik der richtigen Erziehung, wie sie im 16. Jahrhundert auftaucht und sich entwickelt. Und schließlich – doch vielleicht nur an letzter Stelle – die Regierung der Staaten durch die Fürsten. Wie sich regieren, wie regiert werden, wie die anderen regieren; durch wen regiert zu werden, muss man hinnehmen; was muss man tun, um der bestmögliche Regent zu sein. Mir scheint, dass all diese Probleme in ihrer Intensität und auch in ihrer Mannigfaltigkeit sehr bezeichnend sind für das 16. Jahrhundert – wobei sich, schematisch gesprochen, zwei Prozesse überschneiden: zum einen selbstverständlich der Prozess, der durch Auflösung der feudalen Strukturen allmählich die großen Territorial-, Verwaltungs- und Kolonialstaaten einrichtet und aufbaut. Und sodann eine ganz andere Bewegung – im Übrigen nicht frei von Überlagerungen mit der ersten –, die zunächst mit der Reformation, dann der Gegenreformation von neuem die Frage aufwirft, wie man hier auf Erden geistlich zu seinem Heil geleitet werden will.

Einerseits eine Bewegung der Zusammenballung zum Staat, andererseits eine Bewegung der religiösen Zerstreuung und Dissidenz: In der Überschneidung dieser beiden Bewegungen stellt sich meines Erachtens – mit dieser für das 16. Jahrhundert so besonderen Intensität – das Problem des »wie regiert werden, durch wen, bis zu welchem Punkt, zu welchen Zwecken, durch welche Methoden?«. Es ist eine Problematik des Regierens im Allgemeinen.

An dieser ganzen immensen und monotonen Literatur über das Regieren, die in der Mitte des 16. Jahrhunderts einsetzt oder, wie man wohl sagen kann, explodiert und sich mitsamt der Verwandlung, die ich gleich festzumachen versuche, bis zum Ende des 18. Jahrhunderts ausdehnen wird, möchte ich lediglich einige bemerkenswerte Punkte herausheben. Es geht um die Definition dessen, was man unter Regierung des Staates zu verstehen hat und was wir, wenn Sie so wollen, die Regierung in ihrer politischen Form nennen. Das Einfachste wäre zweifellos, diese Masse an Literatur über die Regierung einem Text gegenüberzustellen, der vom 16. bis zum 18. Jahrhundert für diese Regierungsliteratur eine Art expliziten oder impliziten Abstoßungspunkt darstellte, im Verhältnis zu dem, im Gegensatz zu dem und durch dessen Verwerfung die Regierungsliteratur ihren Ort bestimmt: Dieser abscheuliche Text ist, selbstverständlich, Machiavellis *Il principe*.[1] Es wäre interessant, die Beziehungen nachzuzeichnen, die er zu

1 [Machiavelli, N., *Il Principe*, Rom 1532; dt.: *Der Fürst*, in: Münkler, H. (Hg.), *Politische Schriften*, Frankfurt a. M. 1990, S. 49-123.]

all den Texten unterhält, die auf ihn gefolgt sind, die ihn kritisiert und die ihn verworfen haben.

Zunächst einmal darf man nicht vergessen, dass Machiavellis *Il Principe* nicht sofort verabscheut, sondern im Gegenteil von seinen Zeitgenossen und seinen unmittelbaren Nachfolgern verehrt wurde – und aufs Neue verehrt wurde genau am Ende des 18. Jahrhunderts oder eher noch ganz zu Anfang des 19. Jahrhunderts, als jene Literatur über die Kunst des Regierens im Niedergang begriffen ist. Mit dem Beginn des 19. Jahrhunderts taucht Machiavellis *Il Principe* wieder auf – ganz besonders übrigens in Deutschland, wo er von Leuten wie August Wilhelm Rehberg,[2] Heinrich Leo,[3] Leopold von Ranke[4] und Kellermann übersetzt, vorgestellt und kommentiert wird. Gleiches gilt für Italien, in einem Kontext, der zu analysieren wäre – ein Kontext, der zum einen der Napoleons war, aber auch der Kontext, der die Französische Revolution und das Problem der Revolution in den Vereinigten Staaten hervorbrachte: Wie und unter welchen Bedingungen lässt sich die Souveränität eines Souveräns über einen Staat aufrechterhalten? Mit Clausewitz taucht denn auch das Problem der Beziehungen zwischen Politik und Strategie auf: die durch den Wiener Kongress 1815 offenbar gewordene politische Bedeutung der Kräfteverhältnisse und ihrer Berechnung als Prinzip der Erkennbarkeit und rationalen Gestaltung der internationalen Beziehungen und schließlich das Problem der territorialen Einheit Italiens und Deutschlands – Sie wissen ja, dass Machiavelli einer von jenen war, welche die Bedingungen für die Herstellung der territorialen Einheit Italiens zu ergründen versucht hatten.

In diesem Klima taucht Machiavelli zu Beginn des 19. Jahrhunderts wieder auf. Die Zwischenzeit – zwischen der Ehrerbietung, die ihm zu Anfang des 16. Jahrhunderts zuteil wird, und seiner Wiederentdeckung oder Wiederaufwertung zu Beginn des 19. Jahrhunderts – war freilich von einer lang anhaltenden Anti-Machiavelli-Literatur bestimmt. Zum einen in expliziter Form: eine ganze Reihe von Büchern, die übrigens im Allgemeinen aus katholischen Milieus, oft sogar von Jesuiten stammen – nehmen Sie zum Beispiel den Text von Ambrogio Politi mit dem Titel *Disputationes de libris a christiano*

2 [Rehberg, A. W., *Das Buch vom Fürsten*, Hannover 1810.]

3 [Leo, H., *Die Briefe des Florentinischen Kanzlers*, Berlin 1826.]

4 [Ranke, L. von, *Historisch-politische Zeitschrift*, Berlin 1832-1833.]

detestandis,[5] d. h. *Streitgespräche über die von einem Christenmenschen zu verabscheuenden Bücher* –; auch findet sich ein Buch von jemandem, der das Pech hat, den Namen Gentillet und den Vornamen Innocent zu tragen: Innocent Gentillet hat unter dem Titel *Discours sur les moyens de bien gouverner contre Nicolas Machiavel*[6] einen der ersten Anti-Machiavellis geschrieben. Später stößt man in der explizit antimachiavellistischen Literatur auch auf den Text Friedrichs II. von 1740.[7] Es gibt aber auch eine umfassende implizite Literatur der Abgrenzung und stillschweigenden Opposition gegen Machiavelli: zum Beispiel das englisch verfasste und 1580 veröffentlichte Buch von Thomas Elyot mit dem Titel *The Governour*;[8] das Buch von Paruta über *Die Vollendung des politischen Lebens*[9] und – vielleicht eines der ersten – das 1567 veröffentlichte Buch von Guillaume de La Perrière, *Le Miroir politique*,[10] mit dem ich mich im Weiteren befassen möchte.

Gleichviel, ob offen oder verdeckt, wichtig an diesem Anti-Machiavelli ist, dass er nicht einfach nur negativ als Sperre, Zensur oder Verwerfung des Unannehmbaren funktioniert; die Anti-Machiavelli-Literatur ist eine positive Gattung, die ihren Gegenstand, ihre Begriffe und ihre Strategie hat, und als solche, in dieser Positivität, möchte ich sie mir näher ansehen.

Was findet man in dieser expliziten wie impliziten Anti-Machiavelli-Literatur? Sicher, in negativo findet man darin eine Art verfestigte Darstellung vom Denken Machiavellis; ein Machiavelli wird als Gegenspieler aufgebaut und zurechtgemacht, wie man ihn eben braucht, um das zu sagen, was man zu sagen hat. Wie nun wird dieser mehr oder weniger zurechtgemachte Principe, gegen den man ankämpft, charakterisiert?

5 [Politi, L., *Disputationes de libris a christiano detestandis*, 1542 (Pater Ambrogio Catarina de Siena).]

6 [Gentillet, I., *Discours sur les moyens de bien gouverner et maintenir en bonne paix un royaume ou autre principauté, contre Nicolas Machiavel*, 1576.]

7 [Friedrich II., *Anti-Machiavel, ou Essai de critique sur Le Prince de Machiavel*, Den Haag 1740; dt.: *Anti-Machiavel, oder Versuch einer Kritik über Nic. Machiavels Regierungskunst eines Fürsten*, übersetzt von Anonymus, Frankfurt und Leipzig 1745.]

8 [Elyot, T., *The Boke Named the Governour*, London 1531.]

9 [Paruta, P., *Della perfezione della vita politica*, Venedig 1579.]

10 [Perrière, G. de La, *Le Miroir politique, contenant diverses manières de gouverner et policer les républiques*, Paris 1555.]

Als Erstes durch ein Prinzip: Bei Machiavelli ist das Verhältnis des Principe, des Fürsten, zu seinem Fürstentum durch Singularität, Exteriorität und Transzendenz bestimmt. Machiavellis Fürst erhält sein Fürstentum entweder durch Erbschaft, durch Erwerb oder durch Eroberung; jedenfalls ist er nicht ein Teil desselben, sondern diesem äußerlich. Das Band, das ihn an sein Fürstentum bindet, ist entweder eines der Gewalt oder der Überlieferung oder aber eines, das durch vertragliche Übereinkünfte und das Zusammenspiel oder die Einigung mit anderen Fürsten zustande gekommen ist – auf welchem Weg auch immer; auf jeden Fall ist es ein rein synthetisches Band: Es gibt keine grundsätzliche, wesentliche, natürliche und rechtliche Zusammengehörigkeit zwischen dem Fürsten und seinem Fürstentum. Exteriorität, Transzendenz des Fürsten, das ist das Prinzip. Aus dem Prinzip folgt weiter: Im Maße seiner Exteriorität ist dieses Verhältnis zerbrechlich und wird unaufhörlich bedroht sein. Bedroht von außen durch die Feinde des Fürsten, die sein Fürstentum einnehmen oder zurückgewinnen wollen, und ebenso von innen, denn a priori, unmittelbar lässt sich kein Grund dafür angeben, warum die Untertanen die Autorität des Fürsten akzeptieren sollen. Drittens leitet sich aus Prinzip und Folgerung ein Imperativ ab: Ziel der Machtausübung wird selbstverständlich sein, dieses Fürstentum zu erhalten, zu stärken und zu schützen. Unter dem Fürstentum ist indes nicht die aus Untertanen und Territorium gebildete Gesamtheit gemeint, das objektive Fürstentum, wenn Sie so wollen, sondern gleichsam das Verhältnis des Fürsten zu dem, was er besitzt: das von ihm ererbte oder erworbene Territorium und die Subjekte, die ihm unterstellt sind. Dieses Fürstentum als das Verhältnis des Fürsten zu seinen Untertanen und zu seinem Territorium gilt es zu schützen und nicht direkt oder grundlegend das Territorium und seine Bewohner; dieses zerbrechliche Band, das den Fürsten mit seinem Fürstentum verbindet, muss die von Machiavelli vorgelegte Kunst des Regierens, die Kunst, Fürst zu sein, zum Ziel haben.

Für das Buch von Machiavelli ergibt sich daraus ein Analysemodus, der zwei Aspekte besitzt. Zum einen wird es darum gehen, die Gefahren auszumachen: Woher rühren sie, worin bestehen sie, welches ist ihre Intensität, wenn man sie untereinander vergleicht – welche ist die größte, welche die schwächste? Zum Zweiten wird es darum gehen, eine Kunst des findigen Umgangs mit den Kräfteverhältnissen zu bestimmen, die dem Fürsten das zu tun erlaubt, was sein Fürstentum als Band zu seinen Untertanen und seinem Territorium schützt. Kurz gesagt, wenn Machiavellis *Il Principe* zwischen den Zeilen dieser verschiedenen, explizit oder implizit als Anti-Machiavelli angelegten Abhandlungen hindurchscheint, tritt er im Wesentlichen als eine Abhandlung über die Geschicklichkeit des Fürsten bei der Erhaltung seines Fürstentums hervor. Meines Erachtens will die Anti-Machiavelli-Literatur an die Stelle dieser Abhandlung über die Geschicklichkeit und das praktische Wissen des Fürsten etwas anderes und demgegenüber Neues setzen, nämlich eine Kunst des Regierens: Geschickt zu sein bei der Erhaltung seines Fürstentums heißt noch lange nicht, die Kunst des Regierens zu beherrschen.

Worin besteht die Kunst des Regierens? Um zu versuchen, die Dinge in ihrem noch unausgereiften Zustand festzuhalten, werde ich einen der ersten Texte aus dieser großen antimachiavellistischen Literatur heranziehen, den Text von Guillaume de La Perrière aus dem Jahre 1555 mit dem Titel: *Le Miroir politique, contenant diverses manières de gouverner*.

An diesem Text, der sehr enttäuscht, wenn man ihn mit Machiavelli selbst vergleicht, zeichnet sich dennoch einiges ab, das ich für wichtig halte. Erstens, was versteht La Perrière unter dem Regieren und unter dem Regenten, welche Definition gibt er dafür an? Er sagt auf Seite 46 seines Textes: »Regent kann jeder Monarch, Kaiser, König, Fürst, Lehnsherr, Magistrat, Prälat, Richter und dergleichen genannt werden.«[11] Wie La Perrière erinnern auch andere, die sich mit der Kunst des Regierens befassen, regelmäßig daran, dass man in gleicher Weise davon sprechen kann, ein Haus, Kinder, Seelen, eine Provinz, ein Kloster, einen religiösen Orden und eine Familie zu regieren.

Diese Bemerkungen, in denen es scheinbar, aber auch de facto ums bloße Vokabular geht, haben in Wirklichkeit wichtige politische Implikationen. Tatsächlich ist der Fürst, so wie er bei Machiavelli oder in den Darstellungen Machiavellis durch andere erscheint, per definitionem – das war ein Grundprinzip des Buches, so wie es damals gelesen wurde – singulär in seinem Fürstentum und nimmt diesem gegenüber eine Position der Exteriorität und Transzendenz ein. Regieren tun dagegen viele: der Familienvater, der Superior eines Klosters, der Erzieher und der Lehrer im Verhältnis zum Kind oder Schüler, und

11 [Perrière, G. de La, *Le Miroir politique*, Ausgabe von 1567.]

daran sieht man, dass der Regent und die Praktik des Regierens zum einen einem Feld mannigfaltiger Praktiken angehören. Deshalb gibt es auch viele Regierungen, und die des Fürsten, der seinen Staat regiert, ist nur eine Unterart davon. Alle diese Regierungen sind zum anderen der Gesellschaft selbst oder dem Staat innerlich. Der Familienvater regiert seine Familie und der Superior des Klosters sein Kloster innerhalb des Staates. So gibt es zugleich Pluralität der Regierungsformen und Immanenz der Regierungspraktiken im Verhältnis zum Staat, bestehen zugleich Mannigfaltigkeit und Immanenz dieser Aktivitäten, die in einem radikalen Gegensatz zur transzendenten Singularität des Fürsten von Machiavelli stehen.

Sicher, unter allen diesen sich innerhalb der Gesellschaft und innerhalb des Staates überschneidenden und verflechtenden Regierungsformen ist auf eine ganz besondere Regierungsform genauestens zu achten: jene besondere Form der Regierung, die sich nach und nach des Staates im Ganzen bemächtigen wird. Und so wird François de La Mothe Le Vayer beim Versuch einer Typologie der unterschiedlichen Regierungsformen in einem etwas späteren Text als dem gerade genannten – er datiert aus dem folgenden Jahrhundert – bzw. in einer Reihe von Texten, nämlich pädagogischen Texten für den Kronprinzen, behaupten, dass es im Grunde drei Typen von Regierung gibt und dass jede mit einer Form von Wissenschaft oder besonderen Reflexion zusammenhängt: die Regierung seiner selbst mit der Moral; zweitens die Kunst, in angemessener Weise eine Familie zu regieren, mit der Ökonomie und schließlich die Wissenschaft, den Staat gut zu regieren, mit der Politik.[12] Gegenüber Moral und Ökonomie besitzt die Politik ganz offensichtlich etwas Einzigartiges, und La Mothe Le Vayer zeigt klar an, dass die Politik weder genau der Ökonomie entspricht noch ganz und gar der Moral.

Wichtig hieran ist, denke ich, dass sich trotz dieser Typologie die Künste des Regierens stets auf eine wesensmäßige Kontinuität untereinander, vor allem vom zweiten zum dritten Typus, beziehen und diese auch postulieren. Dagegen sind die Lehre vom Fürsten oder die juristische Theorie des Souveräns unablässig bemüht, die Diskontinuität zwischen der Macht des Fürsten und jeder anderen Form von Macht deutlich hervorzuheben. Geht es also hier darum, diese Diskontinuität zu erklären, geltend zu machen oder zu begründen, so hat

12 [Vayer, F. de La Mothe Le, *L'Œconomique du Prince*, Paris 1653.]

man sich dort, bei den Künsten des Regierens, um die Feststellung der Kontinuität, der aufsteigenden wie absteigenden Kontinuität, zu bemühen.

Aufsteigende Kontinuität in dem Sinne, dass derjenige, der den Staat will regieren können, zunächst sich selbst, dann auf einer weiteren Stufe seine Familie, sein Gut und seinen Besitz regieren können muss, um am Ende den Staat zu regieren. Diese Art aufsteigender Linie wird all die Lehren von der Erziehung des Fürsten prägen, die zu jener Zeit so wichtig sind. La Mothe Le Vayer gibt dafür ein Beispiel ab. Für den Kronprinzen verfasst er zuerst ein Buch über Moral, dann eines über Ökonomie und am Ende eine Abhandlung über Politik.[13] Somit gewährleistet die Lehre von der Erziehung des Fürsten die aufsteigende Kontinuität zwischen den verschiedenen Regierungsformen.

Umgekehrt haben Sie in dem Sinne eine absteigende Kontinuität, dass bei einer guten Regierung des Staates die Familienväter ihre Familie, ihre Reichtümer, ihre Güter und ihr Eigentum gut zu regieren wissen, und dass auch die Individuen sich lenken lassen, wie es sich gehört. Dieser absteigenden Linie, welche die gute Regierung des Staates bis in die Lebensführung der Individuen oder in die Führung der Familien hinein nachwirken lässt, hat man zu jener Zeit erstmals den Namen »Policey« gegeben.

Die Lehre von der Erziehung des Fürsten sichert die aufsteigende und die Polizei die absteigende Kontinuität der Regierungsformen. Auf jeden Fall können Sie erkennen, dass innerhalb dieser Kontinuität die Regierung der Familie, die man zu Recht als »Ökonomie« bezeichnet, ebenso in der Lehre von der Erziehung des Fürsten wie in der Polizei das Hauptstück, das zentrale Element, ist.

Die Regierungskunst, so wie sie in dieser gesamten Literatur zutage tritt, muss im Wesentlichen die folgende Frage beantworten: Wie lässt sich die Ökonomie einführen, d. h. die richtige Lenkung der Individuen, Güter und Reichtümer, so wie man dies innerhalb einer Familie, wie dies ein guter Familienvater vermag, der seine Frau, seine Kinder und seine Bediensteten zu leiten, das Vermögen seiner Familie gewinnbringend einzusetzen und für seine Familie die geeigneten Verbindungen herbeizuführen weiß – wie lässt sich diese Aufmerk-

13 [Vayer, F. de La Mothe Le, *La Géographie et la Morale du Prince*, Paris 1651; *L'Œconomique du Prince*, Paris 1653; *La Politique du Prince*, Paris 1653.]

samkeit, diese Gewissenhaftigkeit, dieser Typ Beziehung des Familienvaters zu seiner Familie in die Lenkung eines Staates einführen?

Die Einführung der Ökonomie in die politische Amtsführung ist, glaube ich, der Haupteinsatz, um den es beim Regieren geht. Das ist bereits im 16. Jahrhundert so und wird noch im 18. Jahrhundert so sein. An dem Artikel »Économie politique« von Jean-Jacques Rousseau lässt sich gut erkennen, wie Rousseau das Problem noch in eben denselben Begriffen stellt, indem er, etwas vereinfacht, sagt: Das Wort »Ökonomie« bezeichnet ursprünglich die »weise Regierung des Hauses zum gemeinschaftlichen Wohl der ganzen Familie«.[14] Das Problem ist, nach Rousseau: Wie wird man diese weise Regierung der Familie *mutatis mutandis* und mit den noch festzustellenden Diskontinuitäten in die allgemeine Führung des Staates einführen können? Um einen Staat zu regieren, wird man die Ökonomie einsetzen müssen, eine Ökonomie auf der Ebene des Staates als Ganzem, d. h. man wird die Einwohner, die Reichtümer und die Lebensführung aller und jedes Einzelnen unter eine Form von Überwachung und Kontrolle stellen, die nicht weniger aufmerksam ist als die des Familienvaters über die Hausgemeinschaft und ihre Güter.

Ein Ausdruck, der übrigens im 18. Jahrhundert wichtig war, macht dies sehr schön deutlich. Für Quesnay ist eine gute Regierung eine »ökonomische Regierung«; bei Quesnay taucht erstmals diese Vorstellung von einer ökonomischen Regierung auf, die im Grunde eine Tautologie ist – denn die Kunst des Regierens ist gerade die Kunst, die Macht in der Form und nach dem Vorbild der Ökonomie auszuüben. Doch wenn Quesnay von einer »ökonomischen Regierung« spricht, dann ist aus Gründen, die ich versuchen möchte aufzuhellen, das Wort »Ökonomie« bereits auf dem Weg, seine moderne Bedeutung anzunehmen, und genau in diesem Moment wird erkennbar, dass das eigentliche Wesen dieser Regierung, d. h. der Kunst, die Macht in der Form der Ökonomie auszuüben, das zum Hauptgegenstand haben

14 [»*Économie oder Œconomie, (Moral und Politik)*, dieses Wort kommt von (οἶκος), Haus, und von (νόμος), Gesetz, und bedeutet ursprünglich nichts anderes als eine weise und rechtmäßige Regierung des Hauses zum gemeinschaftlichen Wohl der ganzen Familie.« (Rousseau, J.-J., *Discours sur l'économie politique* (1755), in: *Œuvres complètes*, Bd. III: *Du contrat social, Écrits politiques*, Paris (»Pléiade«-Ausgabe) 1964, S. 241; dt.: *Abhandlung über die politische Ökonomie*, übersetzt von Anonymus, in: Rousseau, J.-J., *Sozialphilosophische und politische Schriften*, München 1981, S. 227; Übersetzung verändert – A.d.Ü.]

wird, was wir heute Ökonomie nennen. Der Ausdruck »Ökonomie« bezeichnete im 16. Jahrhundert eine Regierungsform; im 18. Jahrhundert wird er ein Realitätsniveau, ein Interventionsfeld, bezeichnen und dabei eine Reihe komplexer und, wie ich glaube, für unsere Geschichte absolut entscheidender Prozesse durchlaufen. So viel also zum Regieren und Regiertwerden.

Zweitens stößt man – immer noch in jenem Buch von Guillaume de La Perrière – auf folgenden Text: »Regieren ist das richtige Verfügen über die Dinge, deren man sich annimmt, um sie dem angemessenen Zweck zuzuführen.«[15] An diesen zweiten Satz möchte ich eine neue Reihe von Bemerkungen anschließen, andere als jene, welche die Definition des Regenten und der Regierung betrafen.

»Regieren ist das richtige Verfügen über die Dinge«: Ich möchte bei diesem Wort »Dinge« innehalten; schaut man sich an, wie in Machiavellis *Il principe* die Gesamtheit der Dinge charakterisiert wird, auf die sich die Macht bezieht, so stellt man fest, dass zwei Dinge für Machiavelli Gegenstand oder gewissermaßen Zielscheibe der Macht sind: zum einen ein Territorium und zum anderen die Leute, die dieses Territorium bewohnen. Machiavelli nimmt damit im Übrigen nur zum eigenen Gebrauch und für die besonderen Ziele seiner Analyse einen Rechtsgrundsatz wieder auf, durch den vom Mittelalter bis zum 16. Jahrhundert im öffentlichen Recht die Souveränität definiert wurde: Die Souveränität wird nicht über die Dinge, sondern zunächst über ein Territorium und infolgedessen über die es bewohnenden Subjekte ausgeübt. In diesem Sinne kann man sagen, dass das Territorium sowohl für das Fürstentum bei Machiavelli als auch für die juridische Souveränität des Souveräns, wie die Philosophen oder die Rechtstheoretiker sie definieren, das Grundelement ist. Selbstverständlich können diese Territorien fruchtbar oder unfruchtbar, dicht oder im Gegenteil dünn bevölkert sein; die Leute können reich oder arm, aktiv oder faul sein; doch alle diese Elemente sind nur Variablen im Verhältnis zum Territorium als dem eigentlichen Fundament des Fürstentums oder der Souveränität.

Bei La Perrières Text werden Sie freilich feststellen, dass die Definition der Regierung sich keineswegs auf das Territorium bezieht: Regiert werden die Dinge. Doch was meint La Perrière, wenn er sagt, das Regieren regiere »die Dinge«? Ich glaube nicht, dass es darum geht,

15 [Perriére, G. de La, *Le Miroir politique*, 1567, S. 46.]

die Dinge in einen Gegensatz zu den Menschen zu bringen, sondern vielmehr darum, zu zeigen, dass sich das Regieren eben nicht auf das Territorium bezieht, sondern auf eine Art Komplex, gebildet aus den Menschen und den Dingen. Das heißt, dass diese Dinge, für welche die Regierung die Verantwortung übernehmen muss, die Menschen sind, aber die Menschen in ihren Beziehungen, ihren Verbindungen und ihren Verwicklungen mit jenen Dingen, den Reichtümern, Bodenschätzen und Nahrungsmitteln, natürlich auch dem Territorium innerhalb seiner Grenzen, mit seinen Eigenheiten, seinem Klima, seiner Trockenheit und seiner Fruchtbarkeit; die Menschen in ihren Beziehungen zu jenen anderen Dingen wie den Sitten und Gebräuchen, den Handlungs- oder den Denkweisen und schließlich die Menschen in ihren Beziehungen zu jenen nochmals anderen Dingen, den potentiellen Unfällen oder Unglücken wie Hungersnot, Epidemien und Tod.

Dass die Regierung die so als Verwicklungen zwischen Menschen und Dingen verstandenen Dinge leitet, dürfte sich meines Erachtens ohne weiteres durch die unausweichliche Metapher bestätigen lassen, auf die in jenen Abhandlungen über die Regierung stets Bezug genommen wird: die Metapher des Schiffes. Was heißt es, ein Schiff zu lenken (*gouverner*)? Gewiss, es heißt, Verantwortung zu übernehmen für die Seeleute, aber es heißt zugleich auch, Verantwortung zu übernehmen für das Schiff und für die Ladung; ein Schiff zu lenken heißt auch, auf die Winde und die Klippen, die Stürme und die Flauten zu achten; es bedeutet, einen Zusammenhang herzustellen zwischen den Seeleuten, die man am Leben erhalten, dem Schiff, das man bewahren, und der Ladung, die man in den Hafen bringen muss, und deren Beziehungen wiederum zu all jenen Ereignissen wie den Winden, den Klippen und den Unwettern; dieser hergestellte Zusammenhang charakterisiert die Lenkung (*gouvernement*) eines Schiffes. Dasselbe gilt für ein Haus: Eine Familie zu lenken verfolgt im Grunde nicht in erster Linie das Ziel, die Besitztümer der Familie zu bewahren, sondern zielt hauptsächlich auf die Individuen ab, die die Familie, ihren Reichtum und ihren Wohlstand ausmachen; es bedeutet, Acht zu geben auf Ereignisse, die eintreten können: Todesfälle und Geburten, es bedeutet, Acht zu geben auf Dinge, die man tun kann, zum Beispiel Verbindungen mit anderen Familien. Diese ganze allgemeine Führung ist bezeichnend für das Regieren, und demgegenüber sind das Problem des Landbesitzes für die Familie oder der Erwerb der Souveränität über ein Territorium am Ende für den Fürsten nur vergleichsweise sekundäre Elemente. Das Wesentliche ist aber dieser Komplex von Menschen und Dingen; Territorium und Eigentum sind gewissermaßen nur eine Variable davon.

Auf dieses Thema, das man bei La Perrière in jener seltsamen Definition der Regierung als Regierung der Dinge auftauchen sieht, stößt man im 17. und 18. Jahrhundert immer wieder. Friedrich II. hat in seinem *Anti-Machiavel*[16] äußerst Bedeutsames dazu zu sagen. Zum Beispiel: Vergleichen wir Holland und Russland; Russland ist ein Land mit den potentiell ausgedehntesten Grenzen aller europäischen Staaten, doch woraus besteht es? Aus Sümpfen, Wäldern und Wüsten; es ist gerade mal mit einigen Horden von Leuten bevölkert, die arm, elend, ohne Betätigung und ohne Gewerbe sind. Vergleichen Sie es dagegen mit Holland: Es besteht ebenfalls aus Sümpfen, es ist ganz klein, aber es gibt in Holland eine Bevölkerung, es gibt Reichtum, Handel und eine Flotte, und deshalb ist Holland ein wichtiges Land in Europa, was Russland gerade erst zu sein beginnt. Aus diesem Grunde heißt regieren die Dinge regieren.

Ich komme nochmals zurück auf jenen Text, den ich Ihnen eben noch zitiert habe, als La Perrière sagte: »Regieren ist das richtige Verfügen über die Dinge, derer man sich annimmt, um sie dem angemessenen Zweck zuzuführen.« Das Regieren hat also eine Zweckbestimmung, »Verfügen über die Dinge, um sie einem angemessenen Zweck zuzuführen«, und noch darin steht die Regierung meines Erachtens ganz klar in einem Gegensatz zur Souveränität. Es ist zwar richtig, dass die Souveränität in den philosophischen und ebenso in den juristischen Texten niemals als ein schlichtes und einfaches Recht dargestellt worden ist. Weder von den Rechtsgelehrten noch a fortiori von den Theologen ist je behauptet worden, der rechtmäßige Souverän hätte damit bereits das Recht zur Ausübung seiner Macht, und das wär's dann, Schluss, aus! Um ein guter Souverän zu sein, muss der Souverän stets ein Ziel vor Augen haben, nämlich »das Gemeinwohl und das Heil aller«.

Als Beispiel ziehe ich einen Text vom Ende des 17. Jahrhunderts heran; bei Pufendorf heißt es: »Man hat ihnen [den Souveränen] die

16 [Friedrich II., in: *L'Anti-Machiavel*, Kritische Ausgabe von C. Fleischauer, in: *Studies on Voltaire and the Eighteenth Century*, Genf: Droz 1958, Bd. V, S. 199-200; dt.: *Anti-Machiavel, oder Versuch einer Kritik über Nic. Machiavels Regierungskunst eines Fürsten*, übersetzt von Anonymus, Frankfurt und Leipzig 1745, S. 237-238.]

souveräne Autorität nur übertragen, damit sie sich ihrer bedienen, um den öffentlichen Nutzen herbeizuführen und zu wahren.« Ein Souverän darf nichts für vorteilhaft für sich selbst halten, wenn es dies nicht auch für den Staat ist. Worin besteht nun aber dieses Gemeinwohl oder auch dieses Heil aller, von dem die Rechtsgelehrten sprechen und das regelmäßig als der eigentliche Zweck der Souveränität geltend gemacht und aufgestellt wird? Wenn Sie sich den wirklichen Inhalt vor Augen führen, den Rechtsgelehrten und Theologen diesem Gemeinwohl verleihen, so sehen Sie, dass es ein Gemeinwohl gibt, sobald die Untertanen alle und ohne Ausnahme den Gesetzen gehorchen, die Aufgaben, die man ihnen übertragen hat, gut ausführen, die Gewerbe, denen sie sich widmen, korrekt betreiben und die bestehende Ordnung wenigstens insoweit achten, wie sie den Gesetzen entspricht, die Gott der Natur und den Menschen auferlegt hat. Das öffentliche Wohl ist also im Wesentlichen der Gehorsam vor dem Gesetz, vor dem Gesetz des Souveräns über diese Erde oder vor dem Gesetz des absoluten Souveräns, Gott. Doch, wie auch immer, bezeichnend für den Zweck der Souveränität, für dieses Gemeinwohl oder allgemeine Wohl, ist letzten Endes nichts anderes als die absolute Unterwerfung. Der Zweck der Souveränität ist somit zirkulär: Er verweist auf die tatsächliche Ausübung der Souveränität; das Wohl ist der Gehorsam vor dem Gesetz, demnach ist das Wohl, das die Souveränität sich vornimmt, dass die Leute ihr gehorchen. Eine wesentliche Zirkularität, die, abgesehen natürlich von der theoretischen Struktur, der moralischen Begründung oder den praktischen Auswirkungen, nicht so weit entfernt ist von dem, was Machiavelli sagte, als er erklärte, das Hauptanliegen des Fürsten müsse die Aufrechterhaltung seines Fürstentums sein; man befindet sich halt immer noch im Zirkel der Selbstbezüglichkeit von Souveränität und Fürstentum.

Doch mit der neuen Definition von La Perrière, mit seinen Bemühungen um eine Definition der Regierung, taucht meines Erachtens ein anderer Typus von Zweckbestimmung auf. Die Regierung wird von La Perrière als eine richtige Art definiert, über die Dinge zu verfügen, um sie nicht der Form des »Gemeinwohls«, wie es in den Texten der Rechtsgelehrten hieß, sondern einem für jedes dieser zu regierenden Dinge »angemessenen Zweck« zuzuführen. Das impliziert als Erstes eine Vielheit spezifischer Ziele; beispielsweise wird die Regierung dafür sorgen müssen, dass die größtmöglichen Reichtümer produziert werden, dass die Leute hinreichend oder in größtmöglichem Maße die Mittel zum Überleben erhalten; schließlich wird die Regierung dafür sorgen müssen, dass sich die Bevölkerung vermehren kann; eine ganze Reihe spezifischer Zwecksetzungen also, die das eigentliche Ziel der Regierung ausmachen werden. Um diese unterschiedlichen Zwecksetzungen zu erreichen, wird über Dinge verfügt. Das Wort »verfügen« ist wichtig. Dass die Souveränität ihren Zweck erreichen konnte, nämlich den Gehorsam gegenüber den Gesetzen, wurde ihr durch das Gesetz selbst ermöglicht; Gesetz und Souveränität bildeten somit einen absolut einheitlichen Körper. Hier dagegen geht es nicht darum, den Menschen ein Gesetz aufzuerlegen; es geht darum, über die Dinge zu verfügen, d. h. vielmehr Taktiken statt Gesetzen oder äußerstenfalls Gesetze als Taktiken einzusetzen und dafür zu sorgen, dass mit einer bestimmten Anzahl von Mitteln dieser oder jener Zweck erreicht werden kann.

Meines Erachtens haben wir es mit einem wichtigen Bruch zu tun: Während der Zweck der Souveränität in ihr selbst liegt und sie aus sich selbst in der Form des Gesetzes ihre Instrumente zieht, liegt der Zweck der Regierung in den von ihr geleiteten Dingen. Diesen Zweck wird man in der Vervollkommnung, Maximierung oder Intensivierung der von der Regierung geleiteten Vorgänge zu suchen haben, und an die Stelle der Gesetze werden als Instrumente der Regierung verschiedenartige Taktiken treten. Folglich wird es zu einer rückläufigen Entwicklung des Gesetzes kommen, oder besser gesagt, aus Sicht dessen, was man unter Regierung zu verstehen hat, ist das Gesetz bestimmt nicht das Hauptinstrument. So stößt man erneut auf das Thema, das über das gesamte 17. Jahrhundert hinweg seine Runde gemacht hat und das im 18. Jahrhundert in all den Texten der Ökonomen und der Physiokraten offen hervortritt, wenn sie erklären, dass sich bestimmt nicht durch das Gesetz die Zwecke der Regierung wirklich erreichen lassen.

Schließlich die vierte Bemerkung: Guillaume de La Perrière sagt, dass jemand, der gut zu regieren weiß, »Geduld, Weisheit und Beflissenheit« besitzen muss.[17] Was versteht er unter »Geduld«? Um das Wort »Geduld« zu erklären, wählt er das Beispiel des, wie er ihn

17 [»Jeder Regent über ein Königreich oder eine Republik muss notwendig Geduld, Weisheit und Beflissenheit in sich haben.« Le Miroir politique, 1567, S. 46.]

nennt, »Königs der Bienen«, welches die Hummel [*»le bourdon«*] ist, und sagt: »Die Hummel regiert über den Bienenkorb, ohne dafür einen Stachel zu benötigen.«[18] Gott habe dadurch zeigen wollen – »auf mystische Weise«, sagt er –, dass der wahre Regent keinen Stachel, d. h. kein Instrument, um zu töten, kein Schwert, um seine Regierung auszuüben, benötigen soll; Geduld steht ihm besser an als Zorn, oder, noch anders gesagt, das Recht, zu töten und sich mit Gewalt Geltung zu verschaffen, darf an der Person des Regenten nicht das Wesentliche sein. Welchen positiven Inhalt kann man diesem Fehlen eines Stachels geben? Dies werden »die Weisheit und Beflissenheit« sein. »Weisheit« meint eben nicht wie nach der Überlieferung die Kenntnis der menschlichen und göttlichen Gesetze, die Kenntnis von Recht und Billigkeit, sondern ebenjene Kenntnis der Dinge und der Ziele – was man erreichen kann und was man tun muss, um es zu erreichen, das »Verfügen«, von dem man Gebrauch machen muss, um die Ziele zu erreichen –, und genau diese Kenntnis wird die Weisheit des Souveräns ausmachen. Seine »Beflissenheit« wiederum sorgt dafür, dass der Souverän oder vielmehr der Regierende nur in dem Maße regieren darf, wie er sich selbst so sieht und handelt, als stünde er im Dienste derer, die regiert werden. Und noch darin bezieht sich La Perrière auf das Beispiel des Familienvaters: Der Familienvater ist derjenige, der früher als alle anderen in seinem Hause aufsteht und der sich später als alle anderen schlafen legt; er ist derjenige, der über allem wacht, denn er sieht sich als im Dienste seines Hauses stehend.

Diese Charakterisierung des Regierens unterscheidet sich völlig von der Charakterisierung des Fürsten, so wie man sie bei Machiavelli vorfand. Selbstverständlich ist dieses Verständnis vom Regieren trotz manchem, was neuartig aussieht, noch sehr unausgearbeitet. Ich denke aber, dass diese erste kleine Skizze von Begriff und Theorie der Regierungskunst im 16. Jahrhundert mit Sicherheit nicht in der Luft hing; sie war nicht nur eine Angelegenheit politischer Theoretiker. Sie hat ihre sichtbaren Entsprechungen in der Wirklichkeit. Zum einen war die Theorie der Regierungskunst seit dem 16. Jahrhundert mit

18 [»So muss auch jeder Regent Geduld haben, nach dem Beispiel des Königs der Bienen, der keinen Stachel hat, womit die Natur auf mystische Weise hat zeigen wollen, dass die Könige und Regenten der Republik gegenüber ihren Untertanen weit mehr von Milde denn von Härte und von Billigkeit denn von Strenge Gebrauch machen müssen.« Ebd.]

der Entwicklung territorialer Monarchien (Entstehung von Regierungsapparaten und -relais usw.) sowie mit einem ganzen Komplex von Analysen und Wissensformen verbunden, die sich seit dem Ende des 16. Jahrhunderts entwickelt und ihr volles Ausmaß im 17. Jahrhundert erreicht haben; im Wesentlichen jenes Wissen vom Staat in seinen unterschiedlichen Gegebenheiten, unterschiedlichen Dimensionen und unterschiedlichen Faktoren seiner Macht, ebendas, was man als Wissenschaft vom Staat »Statistik« genannt hat. Drittens schließlich muss diese Suche nach einer Regierungskunst unweigerlich mit Merkantilismus und Kameralismus in einen Zusammenhang gebracht werden.

Ganz schematisch gesagt, findet die Regierungskunst Ende des 16. und Anfang des 17. Jahrhunderts eine erste Kristallisierungsform, die im thematischen Umfeld einer Staatsräson zustande kommt, verstanden nicht in dem pejorativen und negativen Sinne, den man ihr heute beimisst (Zerstörung der Grundsätze des Rechts, der Billigkeit oder der Menschlichkeit zum alleinigen Nutzen des Staates), sondern in einem positiven und vollen Sinne. Der Staat lässt sich nach rationalen Gesetzen regieren, die ihm eigen sind – Gesetze, die sich weder allein aus natürlichen oder göttlichen Gesetzen noch allein aus Weisheits- und Vorsichtsmaßregeln ableiten lassen; wie die Natur hat der Staat seine eigene Rationalität, wenn auch von einem anderen Typus. Umgekehrt wird die Regierungskunst, statt ihre Grundlagen in transzendenten Regeln, einem kosmologischen Modell oder einem philosophischen und moralischen Ideal zu suchen, die Prinzipien ihrer Rationalität in dem finden müssen, was die spezifische Wirklichkeit des Staates ausmacht. Auf diese Elemente der ersten staatlichen Rationalität möchte ich in den nächsten Sitzungen näher eingehen. Aber bereits jetzt lässt sich sagen, dass die Staatsräson für die Entwicklung der Regierungskunst eine Art Hemmnis war, das bis zum Ende des 18. Jahrhunderts vorhielt.

Dafür gibt es meines Erachtens eine bestimmte Anzahl von Gründen. In erster Linie haben im strengen Sinne historische Gründe diese Kunst des Regierens blockiert. So die Reihe der großen Krisen des 17. Jahrhunderts: zuallererst der Dreißigjährige Krieg mit seinen Verwüstungen und Vernichtungen; zweitens über die ganze Mitte des Jahrhunderts hinweg die großen Aufstände der Bauern und der städtischen Bevölkerungen und schließlich am Ende des Jahrhunderts die Finanz- und gleichermaßen Versorgungskrise, die die gesamte Politik der abendländischen Monarchien am Ende des 17. Jahrhunderts mit hohen Schulden belastete. Nur während einer Expansionsphase, d. h. außerhalb der großen militärischen, ökonomischen und politischen Dringlichkeiten, die das 17. Jahrhundert vom Anfang bis zum Ende unaufhörlich heimsuchten, konnte sich die Kunst des Regierens entfalten und reflektieren, ihre Dimensionen einnehmen und ausbauen. Massive und schlicht historische Gründe haben, wenn Sie so wollen, diese Kunst des Regierens blockiert.

Ich denke aber auch, dass diese im 16. Jahrhundert formulierte Kunst des Regierens im 17. Jahrhundert noch aus anderen Gründen blockiert wurde, die man in Worten, die ich nicht sonderlich mag, als institutionelle und mentale Strukturen bezeichnen könnte. Auf jeden Fall lässt sich feststellen, dass der Vorrang, den das Problem der Ausübung der Souveränität als theoretische Frage wie als politisches Organisationsprinzip besaß, grundlegend an dieser Blockierung der Regierungskunst beteiligt war. Solange die Souveränität das Hauptproblem war, die Institutionen der Souveränität die grundlegenden Institutionen waren und die Ausübung der Macht als Ausübung der Souveränität reflektiert wurde, war an eine spezifische und autonome Entwicklung der Regierungskunst nicht zu denken. Meines Erachtens liefert dafür gerade der Merkantilismus ein anschauliches Beispiel. Der Merkantilismus war sicher die erste Anstrengung, ich möchte sogar sagen, die erste Bestätigung dieser Regierungskunst, und zwar sowohl auf der Stufe der politischen Praktiken als auch auf der des Wissens vom Staat. In diesem Sinne kann man sagen, dass der Merkantilismus durchaus eine erste Rationalitätsschwelle für diese Kunst des Regierens ist, die in La Perrières Text in einigen eher moralischen als realen Prinzipien lediglich angedeutet wird. Der Merkantilismus ist die erste Rationalisierung der Ausübung der Macht als Praktik des Regierens; erstmals beginnt man, ein als Taktik des Regierens einsetzbares Wissen vom Staat aufzubauen. Blockade und Stillstand aber erfuhr der Merkantilismus meines Erachtens dadurch, dass er die Macht des Souveräns zu seinem wesentlichen Ziel erklärte: Was muss man tun, nicht so sehr, damit das Land reich wird, sondern damit der Souverän über Reichtümer verfügen, finanzielle Ressourcen halten, Armeen aufstellen und damit seine Politik umsetzen kann? Das Ziel des Merkantilismus ist die Macht des Souveräns, und die Instrumente, die sich der Merkantilismus gibt, sind Gesetze, Verordnungen, Reglementierungen, d. h. die traditionellen Waffen des Souveräns.

Das Ziel: der Souverän; die Instrumente: dieselben wie die der Souveränität. Der Merkantilismus versuchte, die durch eine reflektierte Regierungskunst gegebenen Möglichkeiten in eine institutionelle und mentale Struktur der Souveränität einzuführen, die sie blockierte.

Folglich ist über das gesamte 17. Jahrhundert hinweg und bis zur großen Auflösung der merkantilistischen Themen zu Beginn des 18. Jahrhunderts die Kunst des Regierens nicht so recht von der Stelle gekommen. Sie war von zwei Seiten her eingeschränkt: einerseits durch einen zu weiten, zu abstrakten, zu strengen Rahmen, eben die Souveränität als Problem und als Institution. Die Regierungskunst versuchte, mit der Theorie der Souveränität zu einem Einvernehmen zu kommen: Man versuchte durchaus, aus einer erneuerten Theorie der Souveränität die leitenden Prinzipien einer Kunst des Regierens abzuleiten. An dieser Stelle greifen die Rechtsgelehrten des 17. Jahrhunderts mit ihrer Formulierung oder Reaktualisierung der Vertragstheorie ein. Die Vertragstheorie ist im Weiteren genau die Theorie, mit welcher der Gründungsvertrag, die wechselseitige Verpflichtung zwischen Souveränen und Untertanen, zu jener Art theoretischer Matrix wird, von der aus man die allgemeinen Prinzipien einer Regierungskunst einzuholen versucht. Obgleich die Vertragstheorie und dieses Nachdenken über die Beziehungen zwischen dem Souverän und seinen Untertanen eine sehr wichtige Rolle in der Theorie des öffentlichen Rechts spielten – das Beispiel Hobbes beweist das de facto glasklar, auch wenn dieser letzten Endes die leitenden Prinzipien einer Kunst des Regierens hatte auffinden wollen –, ist man über die Formulierung allgemeiner Prinzipien des öffentlichen Rechts niemals hinausgekommen.

Einerseits also der zu weite, zu abstrakte, zu strenge Rahmen der Souveränität und andererseits ein zu enges, zu schwaches, zu wenig konsistentes Modell, nämlich das der Familie. Entweder versuchte die Kunst des Regierens an die allgemeine Form der Souveränität anzuschließen, oder sie gab sich mit jener Art konkretem Modell zufrieden, das die Regierung der Familie darstellte, oder sie stützte sich auf beides zugleich. Was muss man tun, damit derjenige, der regiert, den Staat ebenso bestimmt und gewissenhaft regieren kann, wie man eine Familie zu regieren vermag? Doch genau diese Vorstellung von der Ökonomie, die sich zu jener Zeit noch ausschließlich auf die Lenkung einer kleinen, von Familie und Hausgemeinschaft gebildeten Gesamtheit bezog, führte zur Blockade. Hausgemeinschaft und Familienvater auf der einen, Staat und Souverän auf der anderen Seite – so konnte die Regierungskunst ihre eigene Dimension nicht finden.

Wie kam es zur Aufhebung der Blockade der Regierungskunst? Man muss diese Aufhebung ebenso wie die Blockade selbst rückübertragen in eine bestimmte Anzahl allgemeiner Prozesse: die demografische Expansion des 18. Jahrhunderts, verbunden mit dem monetären Überfluss, der selbst wiederum aufgrund zirkulärer Prozesse, die den Historikern wohl bekannt sind, mit der Ausweitung der landwirtschaftlichen Produktion zusammenhängt. Wenn damit der allgemeine Rahmen steht, lässt sich nun auf präzisere Weise sagen, dass die Aufhebung der Blockade der Regierungskunst mit dem Auftauchen des Problems der Bevölkerung verbunden war. Oder, noch anders gesagt, dass man es mit einem recht subtilen Prozess zu tun hat – der im Einzelnen nachzuzeichnen wäre –, an dem sich zeigen lässt, wie die Wissenschaft vom Regieren, die Neuausrichtung der Ökonomie auf etwas anderes als die Familie und schließlich das Problem der Bevölkerung miteinander verbunden sind.

Die Entwicklung der Wissenschaft vom Regieren machte es möglich, die Ökonomie auf ein bestimmtes Realitätsniveau hin, das wir jetzt als »ökonomisch« bezeichnen, neu auszurichten, und dieselbe Entwicklung ermöglichte es auch, das spezifische Problem der Bevölkerung zu umreißen. Doch ebenso gut ließe sich behaupten, dass dank der Wahrnehmung der spezifischen Probleme der Bevölkerung und dank der Abgrenzung jenes Realitätsniveaus, das man als Ökonomie bezeichnet, das Problem der Regierung endlich außerhalb des juristischen Rahmens der Souveränität gedacht, reflektiert und erwogen werden konnte. Und so wird jene Statistik, die im Rahmen des Merkantilismus stets nur innerhalb und gewissermaßen zum Vorteil einer monarchischen Administration funktionieren konnte, die selbst in der Form der Souveränität funktionierte, zum technischen Hauptfaktor oder zu einem der technischen Hauptfaktoren für die Aufhebung dieser Blockierung.

Wie aber macht es das Problem der Bevölkerung in der Tat möglich, die Blockierung der Regierungskunst aufzuheben? Der Blick auf die Bevölkerung und die Wirklichkeit der für die Bevölkerung eigentümlichen Phänomene erlauben es, das Modell der Familie endgültig beiseite zu schieben und jenes Verständnis von Ökonomie auf etwas anderes hin neu auszurichten. Tatsächlich entdeckt und zeigt jene Statistik, die bis dahin innerhalb administrativer Rahmensetzungen und damit innerhalb des Funktionszusammenhangs der Souveränität funktioniert hatte, nach und nach, dass die Bevölkerung ihre eigenen Regelmäßigkeiten hat: ihre Sterbe- und Krankheitsraten, ihre konstanten Unfallhäufigkeiten. Die Statistik zeigt auch, dass die Bevölkerung eigenständige Effekte mit sich bringt, die aus ihrer Zusammenstellung herrühren, und dass diese Phänomene nicht auf diejenigen der Familie zurückzuführen sind: die großen Epidemien, die endemischen Ausbreitungen und die Spirale von Arbeit und Reichtum. Die Statistik zeigt auch, dass die Bevölkerung durch ihre Ortswechsel, durch ihre Handlungsweisen, durch ihr Tätigwerden spezifische ökonomische Effekte zeitigt. Indem die Statistik eine Quantifizierung der Phänomene gestattet, die der Bevölkerung eigentümlich sind, lässt sie deren spezifischen Charakter hervortreten, der sich nicht auf den kleinen Rahmen der Familie reduzieren lässt. Mit Ausnahme einer bestimmten Zahl von Restthemen – dies können moralische und religiöse Themen sein – wird die Familie als Modell der Regierung verschwinden.

Umgekehrt wird genau zu diesem Zeitpunkt die Familie wieder als Element innerhalb der Bevölkerung und als fundamentales Relais ihrer Regierung auftauchen. Mit anderen Worten, bis die Problematik der Bevölkerung aufkam, konnte die Regierungskunst nur vom Modell der Familie, von der als Lenkung der Familie verstandenen Ökonomie her, gedacht werden. Dagegen tritt ab dem Augenblick, in dem die Bevölkerung als etwas auftaucht, das sich absolut nicht auf die Familie reduzieren lässt, die Familie folglich gegenüber der Bevölkerung in den Hintergrund; sie tritt innerhalb der Bevölkerung als Element auf. Sie ist also kein Modell mehr; sie ist ein Segment, ein schlechthin privilegiertes Segment, weil man, sobald man bei der Bevölkerung hinsichtlich des Sexualverhaltens, der Demografie, der Kinderzahl oder des Konsums etwas erreichen will, über die Familie vorgehen muss. Damit aber wird die Familie als Modell zum Instrument, sie dient als privilegiertes Instrument für die Regierung der Bevölkerungen und nicht als chimärisches Modell für die gute Regierung. Diese Verschiebung der Familie von der Ebene des Modells zur Ebene der Instrumentalisierung ist absolut fundamental. Seit Mitte des 18. Jahrhunderts taucht die Familie in dieser Instrumentalisierung im Verhältnis zur Bevölkerung auf: in den Kampagnen gegen die hohe Sterblichkeit sowie den Kampagnen, die sich um die Eheschließung, um Pocken- und andere Schutzimpfungen drehen. Indem die Bevölkerung das Modell der Familie eliminiert, macht sie die Aufhebung der Blockierung der Regierungskunst möglich.

Zweitens tritt die Bevölkerung als das schlechthin letzte Ziel der Regierung hervor: Denn was kann, im Grunde genommen, das Ziel der Regierung sein? Gewiss nicht zu regieren, sondern das Los der Bevölkerungen zu verbessern, ihre Reichtümer, ihre Lebensdauer und ihre Gesundheit zu mehren; und die Instrumente, die sich die Regierung gibt, um diese Ziele zu erreichen, sind dem Feld der Bevölkerung gewissermaßen immanent. Im Wesentlichen wird es die Bevölkerung selbst sein, auf die sie direkt mittels Kampagnen oder auch indirekt mittels Techniken einwirkt, die es beispielsweise erlauben, ohne dass es die Leute merken, die Geburtenrate zu steigern oder die Bevölkerungsströme in dieser oder jener Region einer entsprechenden Betätigung zuzuleiten. Statt als Ausdruck der Macht des Souveräns tritt die Bevölkerung vielmehr als Zweck und Instrument der Regierung hervor. Die Bevölkerung tritt als Subjekt von Bedürfnissen und Bestrebungen, aber ebenso auch als Objekt in den Händen der Regierung hervor; der Regierung gegenüber weiß sie, was sie will, zugleich aber weiß sie nicht, was man sie machen lässt. Das Interesse als Bewusstsein jedes einzelnen der Individuen, aus denen sich die Bevölkerung zusammensetzt, und das Interesse als Interesse der Bevölkerung unabhängig von den individuellen Interessen und Bestrebungen derer, aus denen sie sich zusammensetzt, werden die Zielscheibe und das fundamentale Instrument der Regierung der Bevölkerungen sein. Die Geburt einer Kunst oder zumindest die Geburt absolut neuartiger Taktiken und Techniken.

Schließlich wird die Bevölkerung der Bezugspunkt sein, um den herum sich das ausbilden wird, was man in den Texten des 16. Jahrhunderts die »Geduld des Souveräns« nannte; d. h., die Bevölkerung wird das Objekt sein, das die Regierung in ihren Beobachtungen und in ihrem Wissen im Auge behalten muss, um tatsächlich rational und reflektiert regieren zu können. Die Bildung eines Regierungswissens lässt sich in keiner Weise von der Bildung eines Wissens über all die Vorgänge trennen, die sich um die Bevölkerung im weiten Sinne drehen – was man eben die »Ökonomie« nennt. Ich sagte Ihnen das letzte Mal, dass die politische Ökonomie sich von dem Moment an ausbilden konnte, als unter den verschiedenen Elementen des Reichtums ein neues Subjekt auftauchte: die Bevölkerung. Dieses kontinuierliche und vielfältige Netz von Bezügen zwischen Bevölkerung, Territorium und Reichtum aufgreifend, bilden sich eine Wissenschaft aus, die man »politische Ökonomie« nennt, und zugleich ein für das Regieren charakteristischer Interventionstypus: die Intervention auf dem Feld der Ökonomie und der Bevölkerung. Kurz, der Übergang von einer Kunst des Regierens zu einer politischen Wissenschaft, der Übergang von einem von den Strukturen der Souveränität dominierten Regime zu einem von den Techniken des Regierens dominierten Regime erfolgen im 18. Jahrhundert im Umkreis der Bevölkerung und folglich auch im Umkreis der Geburt der politischen Ökonomie.

Damit will ich nun keineswegs behaupten, die Souveränität habe von dem Moment an, als die Regierungskunst begann, zur politischen Wissenschaft zu werden, keine Rolle mehr gespielt; ich würde sogar im Gegenteil behaupten: Niemals hat sich das Problem der Souveränität in größerer Schärfe gestellt als genau zu jenem Zeitpunkt. Denn nun ging es nicht mehr wie im 16. oder im 17. Jahrhundert darum, zu versuchen, aus einer Theorie der Souveränität eine Kunst des Regierens abzuleiten, sondern – in Anbetracht dessen, dass es eine Kunst des Regierens gab und diese sich weiterentwickelte – darum, welche juristische Form, welche institutionelle Form und welche Rechtsgrundlage man der für einen Staat bezeichnenden Souveränität geben konnte.

Lesen Sie die beiden Texte von Rousseau. In dem chronologisch gesehen ersten, d. h. dem Artikel »Politische Ökonomie« aus der *Enzyklopädie*, sehen Sie, wie Rousseau das Problem der Regierung und der Regierungskunst aufwirft und dabei Folgendes vermerkt – und der Text ist, was diesen Standpunkt betrifft, sehr typisch: Das Wort »Ökonomie« bezeichnet im Wesentlichen die Führung der Güter der Familie durch den Familienvater;[19] dennoch muss dieses Modell, selbst wenn man sich in der Vergangenheit darauf berufen hat, nicht länger hingenommen werden. In unseren Tagen, heißt es bei ihm, weiß man sehr wohl, dass die politische Ökonomie nicht mehr die Ökonomie der Familie ist, und ohne sich ausdrücklich auf die Physiokratie, auf die Statistik oder auf das allgemeine Problem der Bevölkerung zu berufen, verzeichnet er eindeutig diesen Einschnitt und die Tatsache, dass Ökonomie – politische Ökonomie – eine ganz und gar

19 [»Dieses Wort [...] bedeutet ursprünglich nichts anderes als eine weise und rechtmäßige Regierung des Hauses zum gemeinschaftlichen Wohl der ganzen Familie.« *»Discours sur l'économie politique«*, S. 241; dt.: S. 227.]

neue Bedeutung hat, die nicht länger auf das alte Modell der Familie zurückgeführt werden darf.[20] Rousseau macht es sich jedenfalls in diesem Artikel zur Aufgabe, eine Regierungskunst zu definieren. Danach wird er den *Contrat social* schreiben, bei dem das Problem darin bestehen wird, wie man mit Begriffen wie »Natur«, »Vertrag« und »allgemeiner Wille« ein allgemeines Prinzip des Regierens aufstellen kann, das sowohl dem juridischen Prinzip der Souveränität als auch den Elementen, durch die man eine Regierungskunst definieren und charakterisieren kann, einen Platz lässt. Somit wird die Souveränität durch das Auftauchen einer neuartigen Kunst des Regierens, die nun die Schwelle zu einer politischen Wissenschaft überschritten hat, keineswegs eliminiert; das Problem der Souveränität ist nicht eliminiert, es ist im Gegenteil akuter geworden denn je.

Ebenso wenig ist die Disziplin eliminiert. Gewiss, ihre Organisation, ihr Einsatz, all die Institutionen, in denen sie im 17. Jahrhundert und zu Beginn des 18. Jahrhunderts ihre große Zeit hatte: Schulen, Werkstätten, Armeen, das alles stand selbstverständlich mit der Entwicklung der großen administrativen Monarchien in einem engen Zusammenhang und lässt sich allein dadurch verstehen. Doch auch die Disziplin war niemals wichtiger und wurde niemals höher bewertet als von dem Zeitpunkt an, da man versuchte, die Bevölkerung zu führen. Die Bevölkerung zu führen heißt nicht, allein die kollektive Masse an Phänomenen oder die Bevölkerung allein auf der Ebene ihrer globalen Befunde zu führen; die Bevölkerung zu führen heißt, sie gleichermaßen in der Tiefe, in der Feinheit und im Detail zu führen.

Die Idee der Regierung der Bevölkerung verschärft noch das Problem der Begründung der Souveränität – denken wir an Rousseau – und verschärft auch die Notwendigkeit, die Disziplinen zu entwickeln (ich habe die Geschichte der Disziplinen an anderer Stelle[21] zu ana-

20 [»Wie könnte die Regierung des Staates der Regierung der Familie ähnlich sein, deren Grundlage so verschieden ist? [...] dass man mit gutem Grunde einen Unterschied gemacht hat zwischen der *öffentlichen Ökonomie und der privaten Ökonomie*, und dass, da der Staat mit der Familie weiter nichts gemein hat [...], einerlei Verhaltensregeln nicht beiden angemessen sein können.« Ebd., S. 241 und S. 244; dt.: S. 227 und S. 230.]

21 [Foucault, M., *Surveiller et punir. Naissance de la prison*, Paris 1975; dt.: *Überwachen und Strafen. Die Geburt des Gefängnisses*, übersetzt von Walter Seitter, Frankfurt a. M. 1976.]

lysieren versucht). Daher darf man die Dinge mitnichten als Ersetzung einer Gesellschaft der Souveränität durch eine Gesellschaft der Disziplin und anschließend einer Gesellschaft der Disziplin durch eine, sagen wir, Regierungsgesellschaft verstehen. In Wirklichkeit hat man ein Dreieck: Souveränität – Disziplin – gouvernementale Führung, dessen Hauptzielscheibe die Bevölkerung ist und dessen wesentliche Mechanismen die Sicherheitsdispositive sind. Was ich auf jeden Fall zeigen wollte, war eine tiefe geschichtliche Verbindung zwischen der Bewegung, welche die Konstanten der Souveränität hinter dem nun vorrangigen Problem der Regierungsoptionen ins Wanken bringt, dann der Bewegung, welche die Bevölkerung als eine Gegebenheit, als ein Interventionsfeld und als das Ziel der Regierungstechniken hervorbringt, und drittens der Bewegung, welche die Ökonomie als spezifischen Realitätsbereich und die politische Ökonomie zugleich als Wissenschaft und als Interventionstechnik der Regierung in dieses Realitätsfeld isoliert. Was diese drei Bewegungen betrifft, ich meine Regierung, Bevölkerung und politische Ökonomie, wird man sich gut merken müssen, dass sie seit dem 18. Jahrhundert eine feste Reihe bilden, die auch heute noch nicht zerfallen ist.

Nur eines möchte ich noch anschließen: Wenn ich der in diesem Jahr von mir durchgeführten Vorlesung einen trefflicheren Titel hätte geben wollen, so hätte ich mich bestimmt nicht für »Sicherheit, Territorium und Bevölkerung« entschieden. Das, was ich jetzt tun würde, könnte man eine »Geschichte der Gouvernementalität« nennen. Mit diesem Wort »Gouvernementalität« ist dreierlei gemeint. Unter Gouvernementalität verstehe ich die Gesamtheit, gebildet aus den Institutionen, den Verfahren, Analysen und Reflexionen, den Berechnungen und den Taktiken, die es gestatten, diese recht spezifische und doch komplexe Form der Macht auszuüben, die als Hauptzielscheibe die Bevölkerung, als Hauptwissensform die politische Ökonomie und als wesentliches technisches Instrument die Sicherheitsdispositive hat. Zweitens verstehe ich unter »Gouvernementalität« die Tendenz oder die Kraftlinie, die im gesamten Abendland unablässig und seit sehr langer Zeit zur Vorrangstellung dieses Machttypus, den man als »Regierung« bezeichnen kann, gegenüber allen anderen – Souveränität, Disziplin – geführt und die Entwicklung einer ganzen Reihe spezifischer Regierungsapparate einerseits und einer ganzen Reihe von Wissensformen andererseits zur Folge gehabt hat. Schließlich glaube ich, dass man unter Gouvernementalität den Vorgang oder eher das Ergebnis des Vorgangs verstehen sollte, durch den der Gerechtigkeitsstaat des Mittelalters, der im 15. und 16. Jahrhundert zum Verwaltungsstaat geworden ist, sich Schritt für Schritt »gouvernementalisiert« hat.

Es ist bekannt, welche Faszination heute die Liebe zum Staat und das Erschrecken vor dem Staat ausüben; es ist bekannt, wie sehr man sich die Geburt des Staates, seine Geschichte, seine Vorstöße, seine Macht und seine Missbräuche angelegen sein lässt. Diese Überbewertung des Problems des Staates findet man meines Erachtens im Wesentlichen in zwei Formen. In einer unmittelbaren, affektiven und tragischen Form: im Lied vom kalten Ungeheuer, das uns gegenübersteht. Das Problem des Staates wird aber noch auf eine zweite Art überbewertet – und zwar in einer paradoxen, weil offensichtlich den Staat reduzierenden Form –, nämlich in Gestalt einer Analyse, die den Staat auf eine bestimmte Anzahl von Funktionen wie beispielsweise die Entwicklung der Produktivkräfte und die Reproduktion der Produktionsverhältnisse reduziert; und diese Rolle, die den Staat anderem gegenüber reduziert, macht ihn trotzdem zu einer ganz wesentlichen Zielscheibe, die es anzugreifen, und zu einer Position, die es, wie Sie genau wissen, bevorzugt zu besetzen gilt. Doch mit Sicherheit besaß der Staat weder in der Gegenwart noch im Verlauf seiner Geschichte je diese Einheit, diese Individualität, diese strikte Funktionalität und, ich würde sogar sagen, diese Bedeutung; letzten Endes ist der Staat vielleicht nur eine zusammengesetzte Wirklichkeit, eine zum Mythos erhobene Abstraktion, deren Bedeutung viel reduzierter ist, als man glaubt. Vielleicht ist das wirklich Wichtige für unsere Moderne, d. h. für unsere Aktualität, nicht die Verstaatlichung der Gesellschaft, sondern das, was ich eher die »Gouvernementalisierung« des Staates nennen würde.

Wir leben im Zeitalter der Gouvernementalität, die im 18. Jahrhundert entdeckt wurde. Der Gouvernementalisierung des Staates, die ein besonders verzwicktes Phänomen ist, denn auch wenn in der Tat die Probleme der Gouvernementalität und die Techniken des Regierens wirklich zum einzigen politischen Einsatz und zum einzigen realen Raum des politischen Kampfes und der politischen Gefechte geworden sind, so ist trotzdem diese Gouvernementalisierung des Staates das Phänomen gewesen, das es dem Staat ermöglicht hat, zu überleben. Und dass der Staat so ist, wie er jetzt ist, dürfte wahrscheinlich dieser Gouvernementalität zu verdanken sein, die dem Staat zugleich innerlich und äußerlich ist. Denn eben die Taktiken des Regierens gestatten es, zu jedem Zeitpunkt zu bestimmen, was in die Zuständigkeit des Staates gehört und was nicht in die Zuständigkeit des Staates gehört, was öffentlich ist und was privat ist, was staatlich ist und was nicht staatlich ist. Also, wenn Sie so wollen, darf man den Staat in seinem Überleben und den Staat in seinen Grenzen nur von den allgemeinen Taktiken der Gouvernementalität her verstehen.

Und so könnte man vielleicht ganz allgemein, grob und folglich ungenau die großen Formen und die großen Ökonomien der Macht im Abendland folgendermaßen wiedergeben: als Erstes der in einer Territorialität feudalen Typs entstandene Gerechtigkeitsstaat, der im Wesentlichen einer Gesellschaft des Gesetzes entspräche – Gewohnheitsrechte und geschriebene Gesetze – mit einer großen Garnitur an Verbindlichkeiten und strittigen Rechtsfällen; zweitens der im 15. und 16. Jahrhundert in einer durch Grenzen und nicht mehr feudal bestimmten Territorialität entstandene Verwaltungsstaat, der einer Gesellschaft von Reglementierungen und Disziplinen entspricht, und schließlich ein Regierungsstaat, der nicht mehr wesentlich durch seine Territorialität, durch die besetzte Fläche, sondern durch eine Masse bestimmt wird: die Masse der Bevölkerung mit ihrem Umfang, ihrer Dichte, mit, gewiss, dem Territorium, auf dem sie ausgebreitet ist, das aber gewissermaßen nur ein Bestandteil davon ist. Und dieser Regierungsstaat, der sich wesentlich auf die Bevölkerung stützt und sich auf die Instrumente des ökonomischen Wissens beruft und davon Gebrauch macht, entspräche einer durch die Sicherheitsdispositive kontrollierten Gesellschaft.

Damit ist, wenn Sie so wollen, einiges zur Einordnung dieses Phänomens der Gouvernementalität gesagt, das ich für bedeutsam halte. Ich werde jetzt zu zeigen versuchen, wie diese Gouvernementalität zum einen ausgehend von einem archaischen Vorbild, nämlich dem des christlichen Pastorats, und zweitens gestützt auf ein diplomatisch-militärisches Vorbild, oder besser eine diplomatisch-militärische Technik, entstanden ist, und schließlich drittens, wie diese Gouvernementalität die Ausmaße, die sie besitzt, nur dank einer Reihe ganz besonderer Instrumente erlangen konnte, deren Ausbildung genau zeitgleich erfolgt mit jener der Regierungskunst und die man im alten Sinne des Ausdrucks, nämlich dem des 17. und des 18. Jahrhunderts, »Policey« nennt. Das Pastorat, die neue diplomatisch-militärische

Technik und schließlich die Polizei sind meines Erachtens die drei großen Elemente gewesen, von denen ausgehend dieses fundamentale Phänomen in der Geschichte des Abendlandes zustande kommen konnte, das die Gouvernementalisierung des Staates gewesen ist.

Übersetzt von Hans-Dieter Gondek

Nutzlos, sich zu erheben

»Inutile de se soulever«, in: *Le Monde*, Nr. 10661, 11.-12. Mai 1979, S. 1-2.

»Damit der Schah geht, sind wir zu Tausenden bereit zu sterben«, sagten die Iraner im letzten Sommer. Und der Ayatollah sagt heute: »Der Iran soll bluten, damit die Revolution stark ist.«

Ein seltsames Echo zwischen diesen beiden Sätzen, die aufeinander zu folgen scheinen. Verdammt der Schrecken des zweiten die Trunkenheit des ersten?

Erhebungen gehören zur Geschichte. Aber in gewisser Weise entgehen sie der Geschichte. Die Bewegung, in der ein einzelner Mensch, eine Gruppe, eine Minderheit oder ein ganzes Volk sagt: »Ich gehorche nicht länger«, und einer als ungerecht empfundenen Macht unter Lebensgefahr entgegentritt – diese Bewegung scheint mir nicht erklärbar zu sein. Weil keine Macht sie jemals vollständig unmöglich zu machen vermag. Warschau wird stets sein aufständisches Getto und seine von Aufständischen bevölkerte Kanalisation haben. Für den Menschen, der sich erhebt, gibt es letztlich keine Erklärung. Ein Mensch muss sich losreißen und den Faden der Geschichte samt ihren langen Kausalketten durchtrennen, um die Todesgefahr »wirklich« der sicheren Pflicht zum Gehorsam vorziehen zu können.

Alle Formen gewonnener oder geforderter Freiheit, alle Rechte, die man geltend macht, und selbst noch die geringfügigsten, finden hier einen Ankerpunkt, der fester ist und näher liegt als die »natürlichen Rechte«. Wenn Gesellschaften durchhalten und lebendig bleiben, das heißt, wenn die Mächte darin nicht »absolut absolut« sind, so weil hinter der Akzeptanz und dem Zwang, jenseits der Drohung, der Gewalt und der Überredung jener Augenblick möglich bleibt, in dem das Leben keinen Handel mehr zulässt, die Mächte alle Macht verlieren und die Menschen sich trotz Galgen und Maschinengewehren erheben.

Weil Erhebungen gleichermaßen in der Geschichte und »außerhalb der Geschichte« stehen und weil es für alle um Leben und Tod geht, wird verständlich, warum sie ihren Ausdruck und ihre Dramaturgie so oft in religiösen Formen finden. Das Versprechen eines Jenseits, die Wiederkehr der Zeiten, das Warten auf einen Erlöser, den Jüngsten Tag und die uneingeschränkte Herrschaft des Guten, all das war dort, wo die Form der Religion sich dafür anbot, jahrhundertelang nicht etwa nur eine ideologische Einkleidung, sondern schlechthin die Art und Weise, wie man eine Erhebung erlebte.

Dann kam das Zeitalter der »Revolution«. Seit zwei Jahrhunderten beherrscht sie die Geschichte, prägt sie unsere Wahrnehmung der Zeit, polarisiert sie die Hoffnungen. Sie war der gigantische Versuch, die Erhebung in eine rationale, beherrschbare Geschichte einzupassen. Sie gab der Erhebung eine Legitimation, unterschied zwischen guten und schlechten Formen, bestimmte die Gesetze ihres Ablaufs und definierte ihre Voraussetzungen, Ziele und Erfolgskriterien. Man definierte sogar den Beruf des Revolutionärs. Durch diese Repatriierung glaubte man, die Erhebung in ihrer Wahrheit erscheinen zu lassen und auf ihren realen Begriff zu bringen. Ein großartiges und gefährliches Versprechen. Manche werden sagen, die Erhebung sei kolonisiert und in den Rahmen der Realpolitik[1] eingepasst worden. Andere, man habe ihr die Dimension einer rationalen Geschichte eröffnet. Ich ziehe es vor, wie einst Horkheimer die naive und etwas fiebrige Frage zu stellen, ob diese Revolution denn wirklich so wünschenswert sei.

Die Erhebung bleibt ein Rätsel. Wer im Iran nicht nach den »tieferen Gründen« der Bewegung suchte, sondern fragte, wie sie erlebt wurde; wer zu verstehen versuchte, was in den Köpfen dieser Männer und Frauen vorging, als sie ihr Leben aufs Spiel setzten, für den war eines frappierend: Ihren Hunger, ihre Demütigungen, ihren Hass auf das Regime und ihren Willen, es zu stürzen, verlegten sie an die Grenze zwischen Himmel und Erde, in eine erträumte Geschichte, die gleichermaßen religiösen und politischen Charakter besaß. Sie widersetzten sich dem Schah in einem Kampf, in dem es für jeden von ihnen um Leben und Tod ging, aber auch um Opfer und millennaristische Versprechungen. So war es möglich, dass die berühmten Demonstrationen, die eine so wichtige Rolle spielten, zugleich eine reale Antwort auf die Bedrohung durch die (letztlich dann auch gelähmte) Armee darstellen, nach dem Rhythmus religiöser Zeremonien ablaufen und schließlich auch auf eine zeitlose Dramaturgie verweisen konnten, in der die Macht stets das Böse ist. In einer erstaunlichen Überlagerung erschien mitten im 20. Jahrhundert eine Bewegung, die stark genug war, das scheinbar bestgerüstete Regime

1 [Im Original Deutsch.]

der Welt umzustürzen, und dennoch jenem Traum sehr nahe kam, den das Abendland einst geträumt hatte, als man die Figuren der Spiritualität auf den Boden des Politischen zu zeichnen versuchte.

Nach Jahren der Zensur und der Verfolgung lag die politische Klasse an der Leine des Regimes, Parteien waren verboten, die revolutionären Gruppen dezimiert. Woran hätte ein verwirrtes, durch die »Entwicklung«, die »Reform«, die »Urbanisierung« und die übrigen Fehlschläge des Regimes traumatisiertes Volk sich halten können, wenn nicht an die Religion? Das ist wahr. Aber konnte man erwarten, dass dieses religiöse Element rasch hinter realere Kräfte und weniger »archaische« Ideologien zurücktreten würde? Sicher nicht. Und zwar aus mehreren Gründen.

Zunächst einmal bestätigte der rasche Erfolg der Bewegung die Form, die sie angenommen hatte. Der zweite Grund lag in der institutionellen Festigkeit eines Klerus, der großen Einfluss auf die Bevölkerung ausübte und seine politischen Ziele mit Macht verfolgte. Hinzu kam der ganze Kontext der islamischen Bewegung. Dank der strategischen und wirtschaftlichen Schlüsselrolle der muslimischen Staaten und der Expansionskraft, die der Islam auf zwei Kontinenten entfaltet, stellt die islamische Bewegung rund um den Iran eine intensive, komplexe Realität dar. Mit der Folge, dass die imaginären Inhalte der Revolte sich nicht verflüchtigten, als die Revolution ausbrach, sondern sogleich auf die politische Ebene transponiert wurden, die gänzlich offen dafür zu sein schien, aber in Wirklichkeit ganz anderer Natur war. Auf dieser Bühne mischt sich Bedeutendes mit Abscheulichem: die großartige Hoffnung, den Islam wieder zu einer lebendigen Zivilisation zu machen, mit virulenten Formen der Fremdenfeindlichkeit; geopolitische Ziele mit regionalen Rivalitäten. Mit dem Problem des Imperialismus. Mit der Unterdrückung der Frau usw.

Die iranische Bewegung ist nicht jener »Gesetzmäßigkeit« der Revolutionen erlegen, wonach, wie es scheint, aus der blinden Begeisterung stets die Tyrannei hervorgeht, die insgeheim bereits darin angelegt ist. Der innerste und am intensivsten erlebte Teil der Erhebung grenzte an einen überlaufenen politischen Kampfplatz. Doch dieser Kontakt bedeutet keine Identität. Die Spiritualität, auf die sich die zum Tode Bereiten beriefen, ist ohne gemeinsames Maß mit der blutigen Herrschaft eines integralistischen Klerus. Die iranischen Geistlichen wollen ihrem Regime durch die Bedeutungen, die der Erhebung zukamen, Authentizität verleihen. Man tut nichts anderes als sie, wenn man die Erhebung durch den Hinweis disqualifiziert, dass es heute eine Regierung von Mullahs gibt. In beiden Fällen haben wir es mit »Angst« zu tun. Mit der Angst vor dem, was vergangenen Herbst im Iran geschehen ist und das die Welt seit langem nicht mehr gesehen hatte.

Gerade deshalb müssen wir klären, was in solch einer Bewegung unerklärlich ist. Und äußerst bedrohlich für jede Despotie der Gegenwart wie auch der Vergangenheit.

Es ist gewiss nicht schändlich, seine Meinung zu ändern. Aber es gibt keinen Grund zu behaupten, man habe seine Meinung geändert, wenn man heute gegen das Abhacken von Händen ist und gestern gegen die Folter des Savak war.

Niemand hat das Recht zu sagen: »Revoltiert für mich, dann werden alle Menschen endlich frei sein.« Aber ich bin auch nicht einverstanden, wenn man sagt, es sei unnütz, sich zu erheben, weil doch alles beim Alten bleibe. Einem Menschen, der sein Leben gegen eine Macht setzt, kann man keine Vorschriften machen. Ist es richtig, zu revoltieren? Lassen wir die Frage offen. Menschen erheben sich, das ist eine Tatsache. Auf diesem Wege gelangt die Subjektivität (nicht der großen Männer, sondern jedes beliebigen Menschen) in die Geschichte und haucht ihr Leben ein. Ein Strafgefangener setzt sein Leben gegen die allzu harte Strafe; ein Irrer will nicht mehr eingesperrt und seiner Rechte beraubt werden; ein Volk stellt sich gegen das Regime, das es unterdrückt. Dadurch wird der Gefangene nicht unschuldig, der Irre nicht gesund und das Volk nicht der versprochenen Zukunft teilhaftig. Und niemand muss solidarisch mit ihnen sein. Niemand muss glauben, diese wirren Stimmen sängen schöner als andere und sagten die letztgültige Wahrheit. Es genügt, dass sie da sind und alles sie zum Schweigen zu bringen versucht, damit es sinnvoll ist, sie anzuhören und verstehen zu wollen, was sie sagen. Eine Frage der Moral? Ganz sicher eine Frage der Realität. Daran ändern auch all die Enttäuschungen der Geschichte nichts. Weil es solche Stimmen gibt, hat die Zeit des Menschen nicht die Form der Evolution, sondern die der »Geschichte«.

Das ist unlösbar mit einem anderen Prinzip verbunden, wonach die Macht, die ein Mensch über den anderen ausübt, stets gefährlich ist. Ich sage nicht, Macht sei ihrem Wesen nach ein Übel. Ich sage, sie ist aufgrund ihrer Mechanismen endlos (was aber nicht heißt, dass sie allmächtig wäre, ganz im Gegenteil). Die Regeln zur Begrenzung der

Macht können gar nicht streng genug, die universellen Prinzipien, die ihr die Gelegenheit nehmen, deren sie sich bemächtigt, nicht strikt genug sein. Der Macht gilt es stets unüberschreitbare Gesetze und uneingeschränkte Rechte entgegenzusetzen.

Die Intellektuellen haben derzeit keine gute »Presse« – ich glaube, ich kann diesen Ausdruck hier in einem recht präzisen Sinne verwenden. Darum wäre es nicht gut, wenn ich sagte, ich sei kein Intellektueller. Damit würde ich mich nur lächerlich machen. Ich bin ein Intellektueller. Wenn man mich fragte, wie ich mir mein Tun vorstelle, würde ich antworten: Wenn der Stratege jemand ist, der sagt, Tod, Leid und Erhebung spielten keine Rolle angesichts der Erfordernisse des großen Ganzen, und allgemeine Prinzipien scherten ihn nicht in der aktuellen Situation, dann ist mir gleichgültig, ob dieser Stratege ein Politiker, ein Historiker, ein Revolutionär, ein Anhänger des Schahs oder der Ayatollah ist, meine theoretische Moral sagt jedenfalls das Gegenteil. Sie ist »antistrategisch«. Sie respektiert das Besondere, das die Erhebung darstellt, und bleibt unnachgiebig, wenn die Macht das Universelle behindert. Eine einfache Wahl, die aber mühsame Arbeit bedeutet. Denn man muss ein wenig unterhalb der Geschichte suchen, was sie zerreißt und bewegt, und zugleich ein wenig hinter der Politik auf das achten, was ihr bedingungslose Grenzen setzt. Das ist nun einmal meine Arbeit, und ich bin weder der Erste noch der Letzte, der sie auf sich nimmt. Aber ich habe mich dafür entschieden.

Übersetzt von Michael Bischoff

Die Geburt der Biopolitik

»Naissance de la biopolitique«, in: *Annuaire du Collège de France, 79. Jahrgang, Histoire des systèmes de pensée, année 1978-1979*, 1979, S. 367-372.

Die Vorlesung war dieses Jahr ausschließlich dem gewidmet, was nur eine Einleitung bilden konnte. Das gewählte Thema war »Biopolitik«: hierunter verstand ich die Weise, in der man seit dem 18. Jahrhundert versuchte, die Probleme zu rationalisieren, die der Regierungspraxis durch die Phänomene gestellt wurden, die eine Gesamtheit von als Population konstituierten Lebewesen charakterisieren: Gesundheit, Hygiene, Geburtenziffer, Lebensdauer, Rassen ... Man weiß, welch wachsenden Raum diese Probleme seit dem 19. Jahrhundert einnahmen und welchen politischen und ökonomischen Einsatz sie bis heute begründet haben.

Mir schien, dass man diese Probleme nicht vom Rahmen politischer Rationalität trennen konnte, innerhalb dessen sie aufgetreten sind und ihre Zuspitzung erfuhren. Insbesondere nicht vom »Liberalismus«, denn durch die Beziehung auf ihn haben sie die Gestalt einer Herausforderung angenommen. Wie kann dieses Phänomen der »Population« mit seinen spezifischen Wirkungen und Problemen in einem System Berücksichtigung finden, das auf die Respektierung des Rechtssubjekts und der Entscheidungsfreiheit bedacht ist? In wessen Namen und gemäß welchen Regeln kann man sie führen? Die Debatte, die in England Mitte des 19. Jahrhunderts in Bezug auf die Gesetzgebung zum Gesundheitswesen stattfand, kann als Beispiel dienen.

*

Was ist unter »Liberalismus« zu verstehen? Ich stützte mich auf die Überlegungen von Paul Veyne über historische Universalien und die Notwendigkeit, eine nominalistische Methode in der Geschichtswissenschaft auszuprobieren. In Anlehnung an einige bereits getroffene methodische Entscheidungen habe ich versucht, den »Liberalismus« nicht als Theorie, noch als eine Ideologie, und erst recht nicht als eine Weise zu begreifen, in der die »Gesellschaft« »sich repräsentiert ...«; sondern als eine Praxis, das heißt als eine auf Ziele hin orientierte und sich durch kontinuierliche Reflexion regulierende »Weise des Tuns«.

Der Liberalismus ist also als Prinzip und Methode der Rationalisierung der Regierungsausübung zu analysieren – einer Rationalisierung, die, und hierin liegt ihre Besonderheit, der internen Regel maximaler Ökonomie gehorcht. Während jede Rationalisierung der Regierungsausübung darauf gerichtet ist, ihre Wirkungen zu maximieren, indem sie die Kosten (sowohl im politischen wie im ökonomischen Sinne) so weit als möglich minimiert, geht die liberale Rationalisierung vom Postulat aus, dass die Regierung (natürlich handelt es sich hier nicht um die Institution »Regierung«, sondern um die Aktivität, die darin besteht, das Verhalten der Menschen innerhalb eines staatlichen Rahmens und mit staatlichen Instrumenten zu regieren) nicht Selbstzweck sein darf. Sie trägt keine eigene Existenzberechtigung in sich und ihre Maximierung darf auch unter den bestmöglichen Bedingungen nicht ihr regulatives Prinzip bilden. Damit bricht der Liberalismus mit jener »Staatsräson«, die seit dem Ende des 16. Jahrhunderts in der Existenz und in der Stärkung des Staates den Zweck gesucht hatte, der im Stande ist, eine wachsende Gouvernementalität zu rechtfertigen und deren Entwicklung zu regulieren. Die *Polizeiwissenschaft*,[1] die im 18. Jahrhundert von den Deutschen entwickelt worden war, sei es nun, weil ihnen eine große staatliche Form fehlte, sei es auch, weil die Enge der territorialen Einteilung zu Einheiten führte, die mit den verfügbaren technischen und begrifflichen Instrumenten der Epoche sehr viel leichter zu beobachten waren, stellte sich stets unter das Prinzip: man schenkt nie genug Beachtung, es entgehen zu viele Dinge, allzu viele Bereiche entbehren der Regelung und Regulierung, die Ordnung und die Verwaltung sind fehlerhaft – kurz, es wird zu wenig regiert. Die *Polizeiwissenschaft* ist die Form, die eine vom Prinzip der Staatsräson beherrschte Regierungstechnologie angenommen hat: Es ist gewissermaßen »ganz natürlich«, dass sie sich den Problemen der Population zuwendet, die möglichst groß und möglichst aktiv sein soll – für die Stärke des Staates: Gesundheit, Geburtenziffer, Hygiene finden hier problemlos einen wichtigen Platz.

Der Liberalismus ist vom Prinzip durchdrungen: »Es wird stets zu viel regiert« – oder dass man zumindest stets den Verdacht haben muss, dass zu viel regiert wird. Die Gouvernementalität darf nicht ausgeübt werden ohne eine »Kritik«, die viel radikaler ist als eine

1 [Im Original Deutsch.]

Prüfung der Optimierung. Sie muss nicht nur nach den geeignetsten (oder den kostengünstigsten) Mitteln zur Erreichung ihrer Zwecke fragen, sondern nach der Möglichkeit und selbst der Legitimität ihres Vorhabens, diese Ziele zu erreichen. In dem Verdacht, dass man stets Gefahr läuft, zu viel zu regieren, verbirgt sich die Frage: »Warum muss man überhaupt regieren?« Daher lässt sich die liberale Kritik nur schwer von einer für die Epoche neuen Problematik der »Gesellschaft« trennen: In ihrem Namen sucht man zu wissen, warum es notwendig ist, dass es eine Regierung gibt, inwieweit man ohne sie auskommt, wo ihr Eingreifen unnütz oder schädlich ist. Die Rationalisierung der Regierungspraxis in Begriffen der Staatsräson implizierte deren Maximierung unter der Bedingung des Optimums, insofern die Existenz des Staates unmittelbar die Ausübung der Regierung voraussetzt. Das liberale Denken geht nicht von der Existenz des Staates aus, um dann im Regieren das Mittel zur Erreichung des Zwecks zu sehen, den er für sich selbst verkörpert. Es geht vielmehr von der Gesellschaft aus, die sich in einem komplexen Exterioritäts- und Interioritätsverhältnis zum Staat befindet. Sie ist es, die es als Bedingung und Endzweck zugleich möglich macht, nicht mehr die Frage zu stellen: Wie kann man am meisten und zu den geringsten Kosten regieren? Sondern vielmehr die Frage: Warum muss man regieren? Was macht es notwendig, eine Regierung zu haben und welche Ziele muss sie in Bezug auf die Gesellschaft verfolgen, um ihre Existenz zu rechtfertigen? Die Idee der Gesellschaft ermöglicht es, eine Technologie der Regierung zu entwickeln, die von dem Prinzip ausgeht, dass man sich stets fragen kann und muss, ob sie notwendig ist und wozu sie nützlich ist, wenn[2] sie bereits »zu viel« oder »übertrieben« ist – oder sich zumindest als Supplement hinzugefügt hat, von dem man sich immer fragen kann und muss, ob es notwendig ist und wozu es dient.

Anstatt aus der Unterscheidung von Staat und Zivilgesellschaft eine historische und politische Universalie zu machen, die es gestattet, alle konkreten Systeme zu untersuchen, kann man versuchen, in ihr eine Form der Schematisierung zu sehen, die einer spezifischen Technologie der Regierung eigen ist.

*

2 In der Neuausgabe der *Résumées des cours* bei Julliard erscheint »dass«, was grammatisch korrekter zu sein scheint, aber dem Satz nicht genau denselben Sinn verleiht.

Man kann folglich nicht sagen, dass der Liberalismus eine nie realisierte Utopie wäre – außer wenn man als Kern des Liberalismus die Projektionen nimmt, deren Formulierung er durch seine Analysen und Kritiken nach sich zog. Er ist kein Traum, der gegen eine Realität stößt und es verfehlt, sich dort einzuschreiben. Er konstituiert – und dies ist der Grund seiner Vielgestaltigkeit und Rekursivität – ein Instrument der Realitätskritik: der Kritik einer früheren Gouvernementalität, von der man sich freizumachen sucht; einer aktuellen Gouvernementalität, die man zu reformieren und zu rationalisieren bestrebt ist, indem man sie nach unten revidiert; einer Gouvernementalität, der man sich entgegenstellt und deren Missbrauch man begrenzen möchte. So dass man dem Liberalismus in verschiedenen, aber simultanen Formen als Regulationsschema der Regierungspraxis und als Thema einer manchmal radikalen Opposition begegnen kann. Das englische politische Denken ist im 18. Jahrhundert und in der ersten Hälfte des 19. Jahrhunderts stark durch diese verschiedenen Verwendungsweisen des Liberalismus geprägt, und dies gilt stärker noch für die Entwicklungen oder die Ambiguitäten Benthams und der Benthamianer.

Gewiss haben der Markt als Realität und die politische Ökonomie als Theorie in der liberalen Kritik eine wichtige Rolle gespielt. Der Liberalismus ist jedoch, wie das wichtige Buch von Pierre Rosanvallon[3] bestätigte, weder deren Folge noch deren Umsetzung. Der Markt spielte in der liberalen Kritik eher die Rolle eines »Tests«, eines privilegierten Ortes der Erfahrung, an dem man die Auswirkungen des Übermaßes an Gouvernementalität ermitteln und sogar messen kann: Die Analyse der Mechanismen der »Teuerung« oder allgemeiner des Getreidehandels Mitte des 18. Jahrhunderts hatte das Ziel, zu zeigen, von welchem Punkt an zu regieren stets bedeutete, zu viel zu regieren. Ob es sich nun um das Tableau der Physiokraten oder um die »unsichtbare Hand« Adam Smiths handelte, also um eine Analyse, die darauf gerichtet ist, in der Form der »Evidenz« die Wertbildung und die Zirkulation des Reichtums sichtbar zu machen, oder im Gegensatz dazu um eine Analyse, die die Unsichtbarkeit des Zusammenhangs zwischen dem individuellen Profitstreben und dem Wachstum des kollektiven Reichtums voraussetzt, auf jeden Fall zeigt die Öko-

3 Rosanvallon, Pierre, *Le Capitalisme utopique: critique de l'idéologie économique*, Paris, Éd. du Seuil, 1979.

nomie eine prinzipielle Unvereinbarkeit zwischen der optimalen Entfaltung des ökonomischen Prozesses und der Maximierung der Regierungsprozeduren. Hierdurch unterscheiden sich die französischen und englischen Ökonomen des 18. Jahrhunderts stärker vom Merkantilismus und vom Kameralismus als durch das Spiel der Begriffe; sie haben das Nachdenken über die wirtschaftliche Praxis von der Hegemonie der Staatsräson und von der Sättigung durch Regierungsinterventionen befreit. Indem sie sie als Maß für das »zu viel regieren« verwenden, haben sie sie »an der Grenze« des Regierungshandelns platziert.

Der Liberalismus entspringt zweifellos ebenso wenig einer juristischen Reflexion wie einer ökonomischen Analyse. Es ist nicht die Idee einer auf vertragliche Bindungen gegründeten politischen Gesellschaft, die ihn entstehen ließ. In der Untersuchung einer liberalen Regierungstechnologie wurde jedoch sichtbar, dass die Regulierung über die Form des Rechts ein viel wirksameres Instrument bildete als die Weisheit oder die Mäßigung der Regierenden. (Die Physiokraten tendierten allerdings aufgrund ihres Misstrauens gegenüber dem Recht und den Institutionen des Rechts eher dazu, diese Regulierung in der Anerkennung »natürlicher« Gesetze der Ökonomie durch einen mit institutionell unbegrenzter Macht ausgestatteten Despoten zu suchen, dem diese sich als evidente Wahrheit aufzwingen.) Diese Regulierung suchte der Liberalismus im »Gesetz«, nicht aufgrund einer Rechtsfixierung, die ihm von Natur eigen wäre, sondern weil das Gesetz Formen allgemeiner Interventionen definiert unter Ausschluss besonderer, individueller und außerordentlicher Maßnahmen, und weil die Beteiligung der Regierten in einem parlamentarischen System bei der Ausarbeitung des Gesetzes das wirkungsvollste System der Ökonomie des Regierens bildet. »L'État de droit«, der *Rechtsstaat*,[4] die *Rule of Law*, die Organisation eines »wirklich repräsentativen« parlamentarischen Systems sind folglich während des gesamten Beginns des 19. Jahrhunderts mit dem Liberalismus verknüpft, aber so wie die politische Ökonomie, die zunächst als Kriterium einer überschießenden Gouvernementalität verwendet wurde und weder von Natur aus noch kraft Übereinkunft liberal war und sogar rasch antiliberale Haltungen zur Folge hatte (etwa in der *Nationalökonomie*[5]

4 [Im Original Deutsch.]
5 [Im Original Deutsch.]

des 19. Jahrhunderts und in den planwirtschaftlichen Systemen des 20. Jahrhunderts), so waren auch die Demokratie und der Rechtsstaat nicht notwendigerweise liberal, noch war der Liberalismus notwendigerweise demokratisch oder an Formen des Rechts gebunden.

Ich wäre daher versucht, im Liberalismus weniger eine mehr oder weniger kohärente Doktrin zu sehen, keine Politik, die eine bestimmte Anzahl von mehr oder weniger klar definierten Zielen verfolgt, sondern vielmehr eine Form der kritischen Reflexion über die Regierungspraxis; diese Kritik mag von innen oder von außen kommen; sie kann sich auf eine bestimmte ökonomische Theorie oder auf ein bestimmtes Rechtssystem stützen, ohne dass eine notwendige und eineindeutige Beziehung bestünde. Die Frage des Liberalismus, verstanden als Frage des »zu viel« Regierens, war eine der konstanten Dimensionen jenes jüngsten Phänomens in Europa, das anscheinend zuerst in England auftrat: nämlich des »politischen Lebens«; sie ist sogar eines seiner konstituierenden Elemente, insofern das politische Leben existiert, sobald die Praxis des Regierens in ihrem möglichen Exzess durch die Tatsache begrenzt ist, dass sie Gegenstand öffentlicher Diskussion über ihr »gut oder schlecht«, ihr »zu viel oder zu wenig« ist.

*

Es handelt sich sicher nicht um eine »Interpretation« des Liberalismus, die erschöpfend sein möchte, sondern um den möglichen Plan einer Analyse – der der »gouvernementalen Vernunft«, d. h. der Rationalitätstypen, die in den Verfahren ins Werk gesetzt sind, durch die man über die staatliche Verwaltung das Verhalten der Menschen dirigiert. Eine solche Analyse habe ich an zwei Beispielen aus der Gegenwart zu leisten versucht: dem deutschen Liberalismus der Jahre 1948-1962 und dem amerikanischen Liberalismus der Chicago-Schule. In beiden Fällen präsentierte sich der Liberalismus in einem sehr genau umrissenen Kontext als eine Kritik der dem Exzess der Regierung eigentümlichen Irrationalität und als eine Rückkehr zu einer Technologie *frugalen Regierens*, wie Franklin gesagt hätte.

Dieser Exzess bestand in Deutschland im Kriegsregime, im Nazismus, aber darüber hinaus in einem aus der Periode von 1914-1918 und der allgemeinen Mobilmachung der Ressourcen und Menschen hervorgegangenen dirigistischen Ökonomie und Planwirtschaft; er bestand auch im »Staatssozialismus«. Der deutsche Liberalismus nach dem 2. Weltkrieg war von Männern definiert, programmatisch formuliert und zu einem gewissen Teil umgesetzt worden, die seit den Jahren 1928-1930 der Freiburger Schule angehört hatten (oder zumindest von ihr inspiriert worden waren) und die sich später in der Zeitschrift *Ordo* Ausdruck verschafften. Am Kreuzungspunkt der neukantianischen Philosophie, der Husserl'schen Phänomenologie und der Soziologie Max Webers, in bestimmten Punkten der Österreichischen Schule nahe stehend, auf die sich in der Geschichte manifestierende Korrelation zwischen ökonomischen Prozessen und rechtlichen Strukturen bedacht, hatten Männer wie Eucken, W. Roepke, Franz Böhm, von Rüstow ihre Kritik gegen drei unterschiedliche Fronten gerichtet: den sowjetischen Sozialismus, den Nationalsozialismus und gegen die von Keynes inspirierte interventionistische Politik; aber sie zielten gegen etwas, das sie als einen einzigen Gegner betrachteten: einen Typ ökonomischen Regierens, der die Marktmechanismen systematisch ignorierte, die allein imstande waren, Regulierung über Preisbildung zu gewährleisten. Der Ordoliberalismus, der sich mit grundlegenden Themen der liberalen Regierungstechnologie befasste, versuchte zu definieren, was eine Marktwirtschaft sein könnte, die innerhalb eines institutionellen und rechtlichen Rahmens organisiert (aber nicht geplant noch gelenkt) wäre, der einerseits die Garantien und die Begrenzungen des Rechts böte und andererseits sicherstellte, dass die Freiheit der wirtschaftlichen Prozesse keine sozialen Verzerrungen produzierte. Der erste Teil der Vorlesung war der Untersuchung dieses Ordoliberalismus gewidmet, der zur Zeit von Adenauer und Ludwig Erhard die wirtschaftlichen Entscheidungen der Politik der Bundesrepublik inspiriert hatte.

Der zweite Teil untersuchte einige Aspekte dessen, was man als den amerikanischen Neoliberalismus bezeichnet, den man im Allgemeinen unter dem Zeichen der Chicago-Schule platziert und der sich ebenfalls als Reaktion auf »zu viel Regierung« herausbildete, die in seinen Augen seit Simons in der Politik des New Deal, in der Planwirtschaft der Kriegszeit und in den großen ökonomischen und sozialen Programmen bestand, die während des größten Teils der Nachkriegszeit von den demokratischen Administrationen unterstützt worden waren. Wie bei den deutschen Ordoliberalen autorisiert sich die im Namen des ökonomischen Liberalismus vorgetragene Kritik durch die Gefahr, die in der unvermeidlichen Sequenz von ökonomischem Interventionismus, der Aufblähung der Regierungsapparate,

Überadministration, Bürokratie, Rigidisierung aller Machtmechanismen zum Ausdruck kam, während sich gleichzeitig neue ökonomische Verzerrungen einstellten, die zu neuen Interventionen führten. Worauf sich jedoch die Aufmerksamkeit im Falle dieses amerikanischen Neoliberalismus richtet, ist der Umstand, dass es sich um eine Bewegung handelt, die völlig dem entgegengesetzt ist, was man in der sozialen Marktwirtschaft in Deutschland findet: Während diese der Auffassung ist, dass die Regulierung der Preise über den Markt – dem einzigen Fundament einer rationalen Ökonomie – von sich aus so fragil ist, dass sie durch eine interne und wachsame Politik sozialer Interventionen (die die Unterstützung von Arbeitslosen einschließen, die Abdeckung der Gesundheitsbedürfnisse, eine Wohnungspolitik usw.) unterstützt, ausgebaut, »geordnet« werden muss, sucht der amerikanische Neoliberalismus eher die Rationalität des Marktes auszudehnen, die Analyseschemata, die sie nahe legt und die Entscheidungskriterien, die sie für Bereiche vorschlägt, die nicht ausschließlich oder nicht in erster Linie ökonomisch sind, wie die Familie und die Geburtenrate, die Kriminalität und die Strafrechtspolitik.

Was jetzt folglich untersucht werden müsste, ist die Weise, in der die spezifischen Probleme des Lebens und der Population innerhalb einer Regierungstechnologie gestellt wurden, die, weit entfernt davon, stets liberal gewesen zu sein, seit dem Ende des 18. Jahrhunderts unablässig von der Frage des Liberalismus beherrscht wurde.

*

Das Seminar widmete sich dieses Jahr der Krise der Rechtsauffassung in den letzten Jahren des 19. Jahrhunderts. Es wurden Referate angefertigt von François Ewald (über das Zivilrecht), Catherine Mevel (über das Öffentliche und Verwaltungsrecht), Éliane Allo (über das Recht auf Leben in der Gesetzgebung über Kinder), Nathalie Coppinger und Pasquale Pasquino (über das Strafrecht), Alexandre Fontana (über die Sicherheitsmaßnahmen), François Delaporte und Anne-Marie Moulin (über die Polizei und die Gesundheitspolitik).

Übersetzt von Hermann Kocyba

»Omnes et singulatim«: zu einer Kritik der politischen Vernunft

»›Omnes et singulatim‹: Towards a Criticism of Political Reason« (»›Omnes et singulatim‹: vers une critique de la raison politique«; übers. v. P. E. Dauzat; Universität Stanford, 10. und 16. Oktober 1979), in: S. McMurrin (Hg.), *The Tanner Lectures on Human Values*, Bd. II, Salt Lake City, 1981, S. 223-254.

I

Der Titel erscheint gestelzt, ich weiß. Aber die Vernunft ist durchaus ihre eigene Entschuldigung. Seit dem 19. Jahrhundert hat das westliche Denken ständig an der Kritik der Rolle der Vernunft in den politischen Strukturen – oder des Mangels an Vernunft – gearbeitet. Folglich ist es völlig fehl am Platze, sich noch einmal in ein so umfangreiches Projekt zu stürzen. Die Vielzahl der vorangegangenen Versuche ist jedoch der Garant dafür, dass jede neue Unternehmung genauso von Erfolg gekrönt sein wird wie die vorherigen – und dass sie jedenfalls wahrscheinlich ebenso gelungen sein wird.

So befinde ich mich denn in der Verlegenheit von jemandem, der nur unvollendbare Skizzen und Entwürfe vorzuschlagen hat. Es ist schon lange her, dass die Philosophie auf den Versuch verzichtet hat, die Ohnmacht der wissenschaftlichen Vernunft zu kompensieren, und dass sie ihr Gebäude nicht mehr zu vollenden versucht.

Eine der Aufgaben der Aufklärung bestand darin, die politischen Fähigkeiten der Vernunft zu vermehren. Aber die Menschen des 19. Jahrhunderts sollten sich bald fragen, ob die Vernunft nicht im Begriff war, in unseren Gesellschaften zu mächtig zu werden. Sie begannen sich über die Beziehung zu beunruhigen, die sie undeutlich zwischen einer Gesellschaft erahnten, die zur Rationalisierung neigt, und bestimmten Bedrohungen, die auf dem Individuum und seinen Freiheiten, auf der Spezies und ihrem Überleben lasten.

Mit anderen Worten, seit Kant bestand die Rolle der Philosophie darin, die Vernunft daran zu hindern, die Grenzen dessen, was in der Erfahrung gegeben ist, zu überschreiten; aber seit jener Epoche – d. h. mit der Entwicklung der modernen Staaten und der politischen Organisation der Gesellschaft – bestand die Rolle der Philosophie auch darin, die Missbräuche der Macht der politischen Rationalität zu überwachen – was ihr eine ziemlich vielversprechende Lebenserwartung verleiht.

Jeder kennt diese Banalitäten. Aber die Tatsache, dass es sich um Banalitäten handelt, bedeutet nicht, dass sie nicht existieren. Angesichts banaler Tatsachen liegt es an uns, die besonderen und vielleicht originellen Probleme zu entdecken – oder zu entdecken zu versuchen –, die mit ihnen verbunden sind.

Die Verbindung zwischen der Rationalisierung und den Missbräuchen der politischen Macht ist offensichtlich. Und man braucht keineswegs auf die Bürokratie oder die Konzentrationslager zu warten, um die Existenz dieser Beziehungen zu erkennen. Das Problem ist dann jedoch, zu wissen, was man mit einer so offensichtlichen Gegebenheit anfangen soll.

Sollen wir der Vernunft den »Prozess« machen? Meiner Meinung nach wäre nichts unfruchtbarer. Zunächst, weil es in diesem Bereich weder um Schuld noch um Unschuld geht. Dann, weil es absurd ist, die »Vernunft« als der Unvernunft entgegengesetzte Entität zu beanspruchen. Schließlich, weil ein solcher Prozess uns in eine Falle führen würde, indem er uns dazu verpflichtete, die willkürliche und langweilige Rolle des Rationalisten oder des Irrationalisten zu spielen.

Sollen wir jene Art von Rationalismus untersuchen, der für unsere Kultur spezifisch zu sein scheint und auf die Aufklärung zurückgeht? Das ist glaube ich die Lösung, die manche Mitglieder der Frankfurter Schule gewählt haben. Ich möchte keine Diskussion über ihre Werke eröffnen – es gibt wichtigere und wertvollere: Ich schlage meinerseits eine andere Weise der Untersuchung der Verbindungen zwischen Rationalisierung und Macht vor:

1) Es ist wohl umsichtig, wenn man die Rationalisierung der Gesellschaft oder der Kultur nicht wie ein Ganzes behandelt, sondern diesen Prozess in mehreren Bereichen analysiert – wobei jeder in einer grundlegenden Erfahrung wurzelt: Wahnsinn, Krankheit, Tod, Verbrechen, Sexualität etc.

2) Ich halte das Wort »Rationalisierung« selbst für gefährlich. Wenn irgendwelche Leute versuchen, irgendetwas zu rationalisieren, besteht das wesentliche Problem nicht darin, zu prüfen, ob sie mit den Prinzipien der Rationalität übereinstimmen oder nicht, sondern herauszufinden, auf welchen Typ von Rationalität sie sich beziehen.

3) Selbst wenn die Aufklärung eine äußerst wichtige Phase in unserer Geschichte und in der Entwicklung der politischen Technologie war, glaube ich, dass wir uns auf viel weiter zurückliegende Prozesse beziehen müssen, wenn wir verstehen wollen, wie wir uns von unserer eigenen Geschichte in die Falle führen ließen.

Das war meine »Leitlinie« in meiner früheren Arbeit: die Beziehungen zwischen Erfahrungen wie der des Wahnsinns, des Todes, des Verbrechens oder der Sexualität und verschiedenen Machttechnologien zu untersuchen. Meine Arbeit wird sich künftig auf das Problem der Individualität beziehen – oder, wie ich auch sagen könnte, auf das Problem der Identität im Zusammenhang mit dem Problem der »individualisierenden Macht«.

Jeder weiß, dass die politische Macht in den europäischen Gesellschaften sich zu immer mehr zentralisierten Formen hin entwickelt hat. Seit mehreren Jahrzehnten studieren Historiker diese Staatsorganisation mit ihrer Verwaltung und ihrer Bürokratie.

Ich möchte hier auf die Möglichkeit hinweisen, eine andere Art von Wandel zu untersuchen, der mit diesen Machtverhältnissen zu tun hat. Dieser Wandel ist vielleicht weniger bekannt. Ich glaube jedoch, dass er nicht von geringerer Bedeutung ist, vor allem für die modernen Gesellschaften. Augenscheinlich ist diese Entwicklung der Entwicklung auf einen zentralisierten Staat hin entgegengesetzt. Ich denke dabei an die Entwicklung der Machttechniken, die auf die Individuen ausgerichtet sind und den Zweck haben, sie kontinuierlich und permanent zu leiten. Wenn der Staat die politische Form einer zentralisierten und zentralisierenden Macht ist, können wir die individualisierende Macht das Pastorat nennen.

Mein Vorschlag ist hier, in groben Zügen den Ursprung dieser pastoralen Modalität der Macht, oder zumindest bestimmte Aspekte ihrer Frühgeschichte, zu untersuchen. In einer zweiten Vorlesung werde ich versuchen zu zeigen, wie dieses Pastorat sich mit seinem Gegenteil, dem Staat, verbunden hat.

Die Vorstellung, dass die Gottheit, der König oder der Führer ein Hirte ist, dem eine Schafherde folgt, war den Griechen und Römern nicht vertraut. Es gab Ausnahmen, ich weiß – die allerersten in der homerischen Literatur und dann in bestimmten Texten des spätrömischen Reiches. Ich werde im Folgenden darauf zurückkommen. Grob gesprochen können wir sagen, dass die Metapher der Herde in den griechischen oder römischen politischen Texten nicht vorkommt.

Das ist jedoch nicht der Fall bei den antiken orientalischen Gesellschaften in Ägypten, Assyrien und Judäa. Der ägyptische Pharao war ein Hirte. Am Tag seiner Krönung empfing er rituell den Hirtenstab; und der Monarch von Babylon hatte neben anderen Titeln Anrecht auf den eines »Menschenhirten«. Gott war jedoch ebenfalls ein Hirte, der die Menschen auf ihre Weide führt und für ihre Nahrung sorgt: »O Re, der wacht, wenn alle Menschen schlafen. Du, der Du das Gute für dein Vieh suchst ...« Die Verbindung zwischen Gott und dem König ist ganz natürlich, da beide dieselbe Rolle spielen: Die Herde, die sie überwachen, ist dieselbe; der königliche Hirte hat die Obhut der Geschöpfe des großen göttlichen Hirten. »Erlauchter Gefährte der Weide, Du, der Du Dich um deine Erde kümmerst und sie ernährst, Hirte allen Überflusses.«[1]

Wie wir jedoch wissen, sind es die Hebräer, die das pastorale Thema entwickeln und ausarbeiten – jedoch mit einer ganz singulären Eigenschaft: Gott, und Gott allein, ist der Hirte seines Volkes. Es gibt nur eine positive Ausnahme: In seiner Eigenschaft als Begründer der Monarchie wird David mit dem Namen des Hirten angesprochen.[2] Gott hat ihm die Mission anvertraut, eine Herde zu versammeln.

Es gibt aber auch negative Ausnahmen: Die schlechten Könige werden einheitlich mit schlechten Hirten verglichen; sie zerstreuen die Herde, lassen sie vor Durst sterben, und schöpfen nur ihren eigenen Profit ab. Jahwe ist der einzige und alleinige wirkliche Hirte. Er führt sein Volk selbst bloß mit Hilfe seiner Propheten. »Du führtest dein Volk wie eine Herde durch die Hand von Mose und Aaron«, sagt der Psalmist.[3] Ich kann natürlich weder die historischen Probleme behandeln, die mit dem Ursprung dieses Vergleichs zu tun haben, noch seine Entwicklung im jüdischen Denken. Ich möchte nur einige typische Themen der pastoralen Macht ansprechen, den Kontrast mit dem politischen Denken der Griechen hervorheben und die Bedeutung aufzeigen, die diese Themen anschließend im christlichen Denken und den Institutionen angenommen haben.

1 Hymne an Amon-Re (Kairo, um 1430 v. Chr.), in: A. Barucq und F. Daumas, *Hymnes et Prières de l'Égypte ancienne*, Paris, Éditions du Cerf, 1980, S. 198.

2 Psalm 78, 70-72, in: Altes Testament, Einheitsübersetzung der Bibel, Dortmund, 1983, S. 1070.

3 Psalm 77, 21, a. a. O., S. 1068.

1) Der Hirte übt seine Macht eher über eine Herde als über ein Land aus. Wahrscheinlich ist die Sachlage noch komplizierter, aber im allgemeinen unterscheidet sich die Beziehung zwischen der Gottheit, der Erde und den Menschen von der der Griechen. Die Götter besaßen die Erde, und dieser ursprüngliche Besitz bestimmte die Beziehungen zwischen den Menschen und den Göttern. Anscheinend ist es im Gegenteil die Beziehung des Gottes als Hirten zu seiner Herde, die ursprünglich und grundlegend ist. Gott gibt oder verspricht seiner Herde ein Land.

2) Der Hirte sammelt, führt und leitet seine Herde. Die Vorstellung, dass es Aufgabe des politischen Führers war, die Feindseligkeiten innerhalb der Gemeinde zu besänftigen und die Einheit gegenüber dem Konflikt geltend zu machen, kommt zweifellos im griechischen Denken vor. Der Hirte sammelt jedoch versprengte Individuen. Sie sammeln sich auf den Ton seiner Stimme hin: »Ich werde pfeifen, und sie werden sich sammeln.« Umgekehrt genügt es, dass der Hirte verschwindet, damit sich die Herde zerstreut. Mit anderen Worten, die Herde existiert durch die unmittelbare Gegenwart und das direkte Handeln des Hirten. Sobald der gute griechische Gesetzgeber, wie beispielsweise Solon, die Auseinandersetzungen geregelt hat, hinterlässt er eine starke Gemeinde, die mit Gesetzen ausgestattet ist, die ihr gestatten, ohne ihn fortzubestehen.

3) Die Rolle des Hirten besteht darin, das Heil seiner Herde sicherzustellen. Die Griechen sagten auch, dass die Gottheit die Gemeinde rettete; und sie verglichen den guten Führer immer mit einem Steuermann, der sein Schiff von den Riffen fern hält. Die Art und Weise, wie der Hirte seine Herde rettet, ist jedoch ganz anders. Es geht nicht darum, sie alle gemeinsam zu retten, wenn Gefahr im Verzug ist, sondern alles ist eine Frage des beständigen Wohlwollens, das individualisiert und zielgerichtet ist. Beständiges Wohlwollen, denn der Hirte sorgt für die Nahrung seiner Herde; er kümmert sich täglich um ihren Hunger und Durst. Vom griechischen Gott verlangte man eine fruchtbare Erde und reiche Ernten. Man verlangte nicht von ihm, dass er tagtäglich eine Herde unterhalten sollte. Aber ein individualisiertes Wohlwollen, denn der Hirte wacht darüber, dass alle seine Schafe ohne Ausnahme gesättigt und gerettet werden. In der Folge haben insbesondere die hebräischen Texte die Betonung auf diese individuell wohltuende Macht gelegt: Ein rabbinischer Kommentar zum Exodus erklärt, warum Jahwe Moses zum Hirten seines

Volkes gemacht hat: Er sollte seine Herde verlassen, um sich auf die Suche nach einem einzelnen verlorenen Schaf zu begeben.

Last and not least handelt es sich um ein zielgerichtetes Wohlwollen. Der Hirte hat einen Plan für seine Herde. Er muss sie entweder auf eine gute Weide führen oder sie zum Schafstall zurückbringen.

4) Es gibt noch einen anderen Unterschied, der mit der Vorstellung zu tun hat, dass die Ausübung der Macht eine »Pflicht« ist. Der griechische Führer musste natürlicherweise seine Entscheidungen im Interesse aller treffen; hätte er sein persönliches Interesse bevorzugt, wäre er ein schlechter Führer gewesen. Seine Pflicht war jedoch eine ruhmreiche Pflicht: selbst wenn er sein Leben bei einem Krieg hingeben musste, wurde sein Opfer durch eine äußerst wertvolle Gabe kompensiert: die Unsterblichkeit. Er verlor nie. Das pastorale Wohlwollen liegt dagegen viel näher an der »Aufopferung«. Was auch immer der Hirte tut, er tut es zum Wohl seiner Herde. Das ist seine beständige Sorge. Wenn sie schlafen, wacht *er*.

Das Thema des Wachens ist bedeutsam. Es macht zwei Aspekte der Aufopferung des Hirten deutlich. Erstens handelt er, müht sich ab und stürzt sich in Unkosten für jene, die er ernährt und die eingeschlafen sind. Zweitens wacht er über sie. Er bringt allen seine Aufmerksamkeit dar, ohne einen von ihnen aus den Augen zu verlieren. Er ist gehalten, seine Herde in ihrer Gesamtheit und im Einzelnen zu kennen. Er muss nicht nur die Orte kennen, an denen sich gute Weiden befinden, die Gesetze der Jahreszeiten und die Ordnung der Dinge, sondern insbesondere auch die Bedürfnisse jedes Einzelnen. Noch einmal beschreibt ein rabbinischer Kommentar zum Exodus die pastoralen Eigenschaften von Moses in folgenden Worten: Er schickte jedes Schaf der Reihe nach zum Weiden – zuerst die jüngsten, um ihnen die zartesten Gräser zu fressen zu geben, dann die älteren und schließlich die ältesten, die in der Lage sind, das zäheste Gras zu fressen. Die pastorale Macht verlangt eine individuelle Aufmerksamkeit auf jedes Mitglied der Herde.

Das sind bloß die Themen, die die hebräischen Texte mit den Metaphern von Gott als Hirten und seinem Volk als Herde verbinden. Ich behaupte keineswegs, dass die politische Macht tatsächlich auf diese Weise in der jüdischen Gesellschaft vor dem Fall Jerusalems ausgeübt wurde. Ich behaupte nicht einmal, dass diese Konzeption der politischen Macht auch im Mindesten kohärent ist.

Es handelt sich hier nur um Themen, die paradox und sogar widersprüchlich sind. Das Christentum sollte ihnen eine beträchtliche Bedeutung verleihen, und zwar sowohl im Mittelalter als auch in der Moderne. Von allen Gesellschaften, die die Geschichte kennt, waren die unseren – ich meine diejenigen, die am Ende der Antike auf der westlichen Seite des europäischen Kontinents in Erscheinung getreten sind – vielleicht die aggressivsten und eroberungslustigsten; sie waren zu den verblüffendsten Gewalttaten gegen sich selbst und die anderen fähig. Sie erfanden eine große Zahl von verschiedenen politischen Formen. Zu wiederholten Malen veränderten sie ihre juridischen Strukturen grundlegend. Man muss sich vor Augen halten, dass sie allein eine eigenartige Technologie der Macht entwickelt haben, die mit einer Hand voll Hirten die überwältigende Mehrheit der Menschen als Herde behandelte. So stellten sie unter den Menschen eine Reihe komplexer Beziehungen her, die zusammenhängend und paradox sind.

Das ist gewiss etwas Einzigartiges im Lauf der Geschichte. Die Entwicklung der »pastoralen Technologie« im Hinblick auf die Führung der Menschen hat ganz offensichtlich die Strukturen der antiken Gesellschaft vollkommen zerstört.

Um die Bedeutung dieses Bruchs klarer zu machen, möchte ich nun kurz auf das zurückkommen, was ich über die Griechen gesagt habe. Ich ahne schon die Einwände, die man mir gegenüber erheben könnte.

Einer besteht darin, dass die homerischen Gedichte die pastorale Metapher verwenden, um Könige zu bezeichnen. In der *Ilias* und der *Odyssee* taucht wiederholt der Ausdruck *poimen laon* auf. Er bezeichnet die Führer und unterstreicht die Größe ihrer Macht. Darüber hinaus handelt es sich um einen rituellen Titel, der selbst in der späten indo-europäischen Literatur häufig vorkommt. In *Beowulf* wird der König noch als Hirte betrachtet.[4] Die Tatsache, dass man jedoch denselben Titel in den archaischen epischen Gedichten, wie beispielsweise in assyrischen Texten, findet, ist in Wirklichkeit nicht überraschend.

Das Problem stellt sich vielmehr im Hinblick auf das griechische

4 *Beowulf: König der Jüten* (6. Jahrhundert), bekannt durch das Gedicht, das im 8. Jahrhundert im angelsächsischen Dialekt geschrieben wurde: *Der altangelsächsische Beowulf*, Osnabrück, 1971.

Denken; es gibt zumindest eine Kategorie von Texten, die Bezüge zu pastoralen Modellen beinhalten: die Texte der Pythagoräer. Die Hirtenmetapher erscheint in den *Fragmenten* von Archytas, die von Stobée zitiert werden.[5] Der Begriff *nomos* (das Gesetz) ist mit dem Wort *nomeus* (Hirte) verbunden: Der Hirte teilt, das Gesetz weist zu. Und Zeus wird *Nomios* und *Nemeios* genannt, weil er über die Nahrung seiner Schafe wacht. Schließlich soll der Magistrat *philanthropos* sein, d. h. ohne Egoismus. Er soll sich voller Eifer und Fürsorge wie ein Hirte zeigen.

Gruppe, der deutsche Herausgeber der *Fragmente* von Archytas, ist der Ansicht, dass sich darin ein einzigartiger hebräischer Einfluss in der griechischen Literatur verrät.[6] Andere Kommentatoren behaupten nach dem Beispiel Delattes, dass der Vergleich zwischen den Göttern, den Magistraten und den Hirten in Griechenland geläufig war.[7] Folglich ist es nutzlos, auf diesem Punkt zu beharren.

Ich werde mich an die politische Literatur halten. Die Forschungsergebnisse sind eindeutig: Die politische Hirtenmetapher kommt weder bei Isokrates noch bei Demosthenes noch bei Aristoteles vor. Das ist ziemlich überraschend, wenn man bedenkt, dass Isokrates in seinem *Vom Frieden* auf den Pflichten der Magistraten besteht: Er betont nachdrücklich, dass sie sich aufopfern und sich um die Jugend kümmern sollen.[8]

Platon spricht dafür häufig vom Hirten-Magistrat. Er erwähnt diese Idee im *Kritias*, im *Staat*[9] und in den *Gesetzen*, und er diskutiert sie ausführlich im *Politikos*. In der ersten Arbeit ist das Thema des Hirten recht zweitrangig. Manchmal findet man im *Kritias* einige Erinnerungen an jene glücklichen Tage, wo die Menschheit direkt von den Göttern regiert wurde und auf reichen Weiden graste.

5 Archytas von Tarent, *Fragmente*, § 22 (zitiert bei Jean Stobée, *Florilegium*, 43, 120, Leipzig, 1856, Bd. II, S. 138), in: A.E. Chaignet, *Pythagore et la Philosophie pythagoricienne, contenant les fragments de Philolaüs et d'Archytas*, Paris, Didier, 1874.

6 Gruppe, O. F., *Über die Fragmente des Archytas und der älteren Pythagoreer*, Berlin, 1840.

7 Delatte, A., *Essai sur la politique pythagoricienne*, Paris, Honoré Champion, 1922.

8 Isokrates, *Aéropagitique*, in: *Discours*, Bd. III (übers. v. G. Mathieu), Paris, Les Belles Lettres, 1942, § 36, S. 72; § 55, S. 77; § 58, S. 78.

9 Platon, *Kritias*, in: *Platon's sämtliche Werke*, Bd. 6 (übers. v. H. Müller), Leipzig, 1857, 109 b, S. 324; 111 c-d, S. 327; *Politeia*, in: *Sämtliche Werke*, Bd. V (übers. v. F. Schleiermacher), Frankfurt/M. und Leipzig, 1991, Buch I, 343 b, S. 71 und 345 c-d, S. 77.

Manchmal insistiert Platon auf der notwendigen Tugend des Magistrats – im Gegensatz zum Laster des Trasimachos (*Staat*). Das Problem besteht zum Teil darin, die untergeordnete Rolle der Verwaltungsbeamten zu definieren: in Wahrheit haben sie nur wie die Wachhunde denen zu gehorchen, »die am oberen Ende der Leiter stehen« (*Gesetze*).[10]

Im *Politikos*[11] ist jedoch die pastorale Macht das zentrale Problem und wird zum Gegenstand langer Ausführungen. Kann man den Entscheidungsträger eines Gemeinwesens, den Kommandanten, als eine Art Hirten bestimmen?

Platons Analyse ist wohlbekannt. Um auf diese Frage zu antworten, macht er eine Differenzierung. Er führt eine Unterscheidung zwischen dem Mann ein, der unbelebten Dingen Befehle erteilt (z. B. der Architekt), und dem Mann, der Tieren Befehle erteilt; zwischen dem Mann, der isolierten Tieren Befehle erteilt (beispielsweise einem Ochsengespann), und demjenigen, der Herden befehligt; und schließlich zwischen dem, der Herden von Tieren Befehle erteilt, und demjenigen, der Herden von Menschen vorsteht. Hier finden wir den politischen Führer: ein Menschenhirte.

Die erste Einteilung ist jedoch wenig zufrieden stellend. Sie muss weitergeführt werden. Die *Menschen* allen anderen Tieren entgegenzusetzen, ist keine gute Methode. Daher beginnt der Dialog noch einmal von vorne, um erneut eine ganze Reihe von Unterscheidungen vorzuschlagen: zwischen den wilden Tieren und den Haustieren; zwischen denen, die im Wasser, und denen, die auf dem Land leben; zwischen denen, die Hörner haben, und denen, die keine haben; zwischen denen, deren Huf gespalten ist, und denen, deren Huf aus einem einzigen Stück ist; zwischen denen, die sich durch Kreuzung fortpflanzen können, und denen, die das nicht können. Und der Dialog verliert sich in endlosen weiteren Unterteilungen.

Was zeigt also die anfängliche Entwicklung des Dialogs und sein späteres Scheitern? Dass die Methode der Unterscheidung überhaupt nichts beweisen kann, wenn sie nicht korrekt angewendet wird. Das zeigt auch, dass die Vorstellung, die politische Macht als Beziehung zwischen einem Hirten und seinen Tieren zu analysieren, zu jener

10 Platon, *Gesetze*, in: *Sämtliche Werke*, Bd. IX (übers. v. F. Schleiermacher), Frankfurt/M. und Leipzig, 1991, Buch X, 906 b, S. 843.

11 Platon, *Politikos*, in: *Sämtliche Werke*, Bd. VII (übers. v. F. Schleiermacher), Frankfurt/M. und Leipzig, 1991, 261 b-262 a, S. 313-317.

Zeit wahrscheinlich recht kontrovers war. Tatsächlich handelt es sich um die erste Vermutung, die den Gesprächspartnern in den Sinn kommt, als sie versuchen, das Wesen des Politischen zu enthüllen. War das also ein Gemeinplatz? Oder diskutierte Platon vielmehr ein pythagoreisches Thema? Die Abwesenheit der Hirtenmetapher in den anderen zeitgenössischen politischen Texten scheint zugunsten der zweiten Hypothese zu sprechen. Wir können diesen Punkt jedoch wohl offen lassen.

Meine eigene Forschung richtet sich auf die Art und Weise, wie Platon mit diesem Thema im übrigen Dialog umgeht. Er beginnt zunächst mit methodologischen Argumenten und spricht dann den berühmten Mythos von der Welt an, die sich um ihre eigene Achse dreht.

Die methodologischen Argumente sind äußerst interessant. Nicht aufgrund dessen, dass man entscheidet, welche Arten eine Herde bilden, sondern indem man untersucht, was der Hirte tut, kann man sagen, ob der König eine Art Hirte ist oder nicht.

Was zeichnet seine Aufgabe aus? Erstens steht der Hirte allein seiner Herde vor. Zweitens besteht seine Aufgabe darin, für die Nahrung seiner Tiere zu sorgen; sie zu pflegen, wenn sie krank sind; Musik zu machen, um sie zu sammeln und zu leiten; ihre Fortpflanzung in der Absicht zu organisieren, die beste Nachkommenschaft zu erzielen. So finden wir rundweg die typischen Themen der Hirtenmetapher wieder, die in den orientalischen Texten vorkommen.

Und worin besteht die Aufgabe des Königs bei all dem? Wie der Hirte steht er allein an der Spitze des Gemeinwesens. Wer versorgt aber weiterhin die Menschheit mit Nahrung? Der König? Nein. Der Landwirt, der Bäcker. Wer kümmert sich um die Menschen, wenn sie krank sind? Der König? Nein. Der Arzt. Und wer leitet die Menschen durch die Musik? Der Leiter der Turnanstalt – und nicht der König. Daher könnten eine ganze Reihe von Bürgern mit gutem Recht den Titel eines »Menschenhirten« beanspruchen. Der Politiker hat wie der Hirte zahlreiche Rivalen. Wenn wir also einsehen wollen, was der Politiker wirklich und im Grunde ist, müssen wir »all jene, mit denen die Menge ihn umgibt«, von ihm entfernen und dadurch zeigen, in welcher Hinsicht er *kein* Hirte ist.

Platon greift dann auf den Mythos des Universums zurück, das sich in zwei aufeinander folgenden und entgegengesetzten Bewegungen um seine Achse dreht.

Zunächst gehörte jede Tierart einer Herde an, die von einem Hirten als gutem Schutzgeist geführt wurde. Die menschliche Herde wurde von der Gottheit persönlich geleitet. Sie konnte nach Belieben über die Früchte der Erde verfügen; sie brauchte kein Obdach; und nach dem Tod erhielten die Menschen wieder das Leben. Ein wichtiger Satz fügt hinzu: »Unter Seiner [Gottes] Hut aber gab es keine bürgerlichen Verfassungen noch auch häusliche ...«[12]

Im zweiten Abschnitt dreht sich die Welt in der entgegengesetzten Richtung. Die Götter waren nicht mehr Hirten der Menschen, die seither sich selbst überlassen waren. Denn sie hatten das Feuer bekommen. Was ist dann die Rolle des Politikers? Sollte *er* nun Hirte anstelle der Gottheit werden? Keineswegs. Seine Aufgabe wird künftig darin bestehen, ein solides Gewebe für das Gemeinwesen zu weben. Ein Politiker zu sein, bedeutete nicht, seine Nachkommen zu ernähren, zu pflegen und aufzuziehen, sondern zu verbinden: verschiedene Tugenden miteinander zu verbinden; gegensätzliche Temperamente (ungestüm und gemäßigt) zu verbinden, indem er sich des »Weberschiffchens« der Volksmeinung bedient. Die königliche Kunst des Regierens bestand darin, die Lebenden »durch Übereinstimmung und Freundschaft gemeinschaftlich [zu vereinigen]«, und auf diese Weise »das herrlichste und trefflichste aller Gewebe« zu bilden. Die ganze Bevölkerung, »alle übrigen Freien und Knechte in den Staaten umfassend, [soll] unter diesem Geflechte [zusammengehalten werden]«.[13]

Der Staatsmann erscheint also als sehr systematische Widerspiegelung der klassischen Antike im Hinblick auf das Thema des Pastorats, das eine so große Bedeutung im christlichen Abendland anzunehmen berufen war. Unsere Erörterung scheint zu beweisen, dass ein Thema, das wahrscheinlich östlichen Ursprungs war, für die Zeit Platons hinreichende Bedeutsamkeit hatte, so dass es verdiente, diskutiert zu werden; vergessen wir jedoch nicht, dass diese Vorstellung bestritten wurde.

Jedoch nicht völlig. Denn Platon erkannte zweifellos dem Arzt, dem Landwirt, dem Turnlehrer und dem Pädagogen die Eigenschaft des Hirten zu. Dagegen lehnte er es ab, dass sie sich mit politischen Aktivitäten abgeben. Er sagt ausdrücklich: Wie soll der Politiker je-

12 Ebd., 271 e, S. 345.
13 Ebd., 311 c, S. 463.

mals die Zeit finden, jede einzelne Person zu besuchen, ihr zu essen zu geben, ihr Konzerte darzubieten und sie im Krankheitsfall zu pflegen? Allein ein König des goldenen Zeitalters könnte sich so verhalten; oder auch wie ein Arzt oder ein Pädagoge für das Leben und die Entwicklung einer kleinen Zahl von Individuen verantwortlich sein. Da sie aber zwischen beiden stehen – den Göttern und den Hirten –, sind die Männer, die die politische Macht innehaben, keine Hirten. Ihre Aufgabe besteht nicht darin, das Leben einer Gruppe von Individuen zu unterhalten. Sie besteht in der Bildung und Sicherung der Einheit des Gemeinwesens. Kurz, das Problem der Politik ist das der Beziehung zwischen dem Einen und dem Vielen im Rahmen des Gemeinwesens und seiner Bürger. Das Problem des Pastorats betrifft das Leben der Einzelnen.

All das scheint vielleicht sehr fern zu liegen. Wenn ich auf diesen antiken Texten bestehe, dann deshalb, weil sie uns zeigen, dass dieses Problem – oder vielmehr diese Reihe von Problemen – sich sehr früh gestellt hat. Sie durchziehen die gesamte abendländische Geschichte, und sie sind für die zeitgenössische Gesellschaft immer noch von größter Bedeutung. Sie haben mit den Beziehungen zwischen der politischen Macht zu tun, die innerhalb des Staates als rechtlichem Rahmen der Einheit spielt, und einer Macht, die wir »pastorale« Macht nennen können und deren Rolle darin besteht, ständig über das Leben von allen und jedem Einzelnen zu wachen, ihnen zu helfen und ihr Los zu verbessern.

Das berühmte »Problem des Fürsorgestaats« zeigt nicht nur die Bedürfnisse oder die neuen Regierungstechniken der gegenwärtigen Welt auf. Es muss als das erkannt werden, was es in Wirklichkeit ist: eine der äußerst zahlreichen Manifestationen der Feinabstimmung zwischen der politischen Macht, die auf bürgerliche Untertanen ausgeübt wird, und der pastoralen Macht, die sich auf die lebenden Individuen richtet.

Ich habe natürlich nicht die geringste Absicht, die Entwicklung der pastoralen Macht durch das Christentum hindurch zurückzuverfolgen. Die gewaltigen Probleme, die dadurch aufgeworfen werden würden, lassen sich leicht vorstellen: von Problemen, die die Lehre betreffen, wie etwa der Titel des »guten Hirten«, der Christus verliehen wurde, bis hin zu institutionellen Problemen, wie beispielsweise die Organisation der Pfarrgemeinde oder die Teilung pastoraler Verantwortlichkeiten zwischen Priestern und Bischöfen.

Mein einziges Ziel besteht darin, zwei oder drei Aspekte hervorzuheben, die ich bei der Entwicklung des Pastorats, d. h. bei der Technologie der Macht, für wichtig halte.

1) Betrachten wir zunächst die theoretische Konstruktion dieses Themas in der christlichen Literatur der ersten Jahrhunderte: Chrysostomos, Cyprianus, Ambrosius, Hieronymus und, im Hinblick auf das klösterliche Leben, Cassian oder Benedikt. Die hebräischen Themen haben sich auf mindestens vier Ebenen beträchtlich gewandelt.

Erstens im Hinblick auf die Verantwortlichkeit. Wir haben gesehen, dass der Hirte die Verantwortung für das Schicksal der gesamten Herde und jedes einzelnen Schafes übernehmen musste. In der christlichen Vorstellung soll der Hirte nicht nur für jedes einzelne Schaf verantwortlich sein, sondern für alle seine Handlungen, für jedes Wohl oder Übel, das von ihm ausgehen könnte, für alles, was ihm zustößt.

Darüber hinaus sieht das Christentum zwischen jedem Schaf und seinem Hirten einen komplexen Austausch und Verkehr von Sünden und Verdiensten vor. Die Sünde des Schafes kann auch dem Hirten zugeschrieben werden. Er muss sich dafür am Tag des Jüngsten Gerichts verantworten. Umgekehrt findet der Hirte sein eigenes Heil, indem er der Herde dabei hilft, das ihre zu finden. Indem er jedoch seine Schafe rettet, läuft er Gefahr, sich zu verlieren; wenn er sich selbst retten will, muss er notwendigerweise das Risiko eingehen, für die anderen verloren zu sein. Wenn er sich verliert, ist die Herde den größten Gefahren ausgesetzt. Aber lassen wir diese Paradoxa beiseite. Mein Ziel bestand allein darin, die Kraft und die Komplexität der moralischen Bindungen zu unterstreichen, die den Hirten mit jedem Mitglied seiner Herde verbinden. Und vor allem wollte ich nachdrücklich daran erinnern, dass diese Bindungen nicht nur das Leben der Individuen betrafen, sondern auch ihre Handlungen, und zwar bis in die allerkleinsten Details.

2) Die zweite wichtige Veränderung hat mit dem Problem des Gehorsams oder der Fügsamkeit zu tun. Da Gott ein Hirte ist, ordnet sich nach der hebräischen Vorstellung die Herde, die ihm folgt, seinem Willen und seinem Gesetz unter.

Das Christentum verstand seinerseits die Beziehung zwischen dem Hirten und seinen Schafen als eine Beziehung individueller und vollständiger Abhängigkeit. Das ist ganz gewiss einer der Punkte, in denen das christliche Pastorat radikal vom griechischen Denken abweicht. Wenn ein Grieche zu gehorchen hatte, dann tat er es, weil es das Gesetz oder der Wille des Gemeinwesens verlangte. Wenn er einmal dem Willen von jemand Einzelnem folgte (Arzt, Redner oder Pädagoge), dann deshalb, weil diese Person ihn mit Gründen überzeugt hat, die entsprechende Handlung vorzunehmen. Und die Handlung fand nach einem streng bestimmten Plan statt: die Heilung, der Erwerb einer Kompetenz, das Treffen der besten Wahl.

Innerhalb des Christentums ist die Beziehung zum Hirten eine individuelle Beziehung, eine Beziehung der persönlichen Unterordnung. Sein Wille wird nicht deshalb ausgeführt, weil er dem Gesetz entspricht, sondern hauptsächlich deshalb, weil es sein *Wille* ist.

In den *Institutions cénobitiques* von Cassian findet man viele erbauliche Anekdoten, in denen der Mönch sein Heil dadurch findet, dass er die absurdesten Anweisungen seines Vorgesetzten ausführt.[14] Der *Gehorsam* ist eine Tugend. Das bedeutet, dass er nicht wie bei den Griechen ein vorläufiges Mittel ist, um ein Ziel zu erreichen, sondern vielmehr ein Zweck an sich. Er ist ein Dauerzustand; die Schafe sollen sich dauernd ihren Hirten unterordnen: *subditi*. Wie der heilige Benedikt sagt, leben die Mönche nicht gemäß ihrem freien Willen; ihr Gelübde besteht darin, sich der Autorität eines Abts unterzuordnen: *ambulantes alieno judicio et imperio.*[15] Das griechische Christentum bezeichnete diesen Zustand des Gehorsams mit *apatheia*. Und die Entwicklung der Bedeutung dieses Wortes ist bezeichnend. In der griechischen Philosophie bezeichnet *apatheia* die Herrschaft, die das Individuum dank seiner Vernunft auf seine Leidenschaften ausübt. Im christlichen Denken ist der *pathos* der Wille, den man auf sich und für sich ausübt. Die *apatheia* erlöst uns von solchem Eigensinn.

3) Das christliche Pastorat nimmt eine besondere Form der Erkenntnis zwischen dem Hirten und jedem seiner Schafe an. Diese Erkenntnis ist partikularisiert. Sie individualisiert. Es genügt nicht zu wissen, in welchem Zustand sich die Herde befindet. Man muss auch den Zustand von jedem Schaf kennen. Dieses Thema gab es schon lange vor dem christlichen Pastorat, es wurde jedoch in dreierlei verschiedenen Hinsichten beträchtlich erweitert: Der Hirte muss über die materiellen Bedürfnisse von jedem Mitglied der Herde informiert sein und sie stillen, wenn es nötig ist. Er muss wissen, was vor sich

14 Cassian, J., *Institutions cénobitiques* (übers. v. J.-C. Guy), Paris, Éditions du Cerf, 1965.

15 *Regula Sancti Benedicti* (*Die Benediktus-Regel*, Beuron, 1963, Kap. V: »Vom Gehorsam«, S. 83-85).

geht, was jeder Einzelne tut – seine öffentlichen Sünden. *Last and not least* muss er wissen, was in der Seele jedes Einzelnen vor sich geht, seine geheimen Sünden und seinen Fortschritt auf dem Weg der Heiligkeit kennen.

Um diese individuelle Erkenntnis sicherzustellen, eignete sich das Christentum zwei wesentliche Instrumente an, die in der hellenischen Welt verbreitet waren: die Gewissensprüfung und die Leitung des Gewissens. Es nahm sie auf, aber nicht, ohne sie beträchtlich zu verändern.

Die Gewissensprüfung war bekanntlich unter den Pythagoräern, den Stoikern und den Epikuräern verbreitet, die darin ein Mittel sahen, die tägliche Bilanz der guten und schlechten Taten im Hinblick auf ihre Pflichten aufzustellen. So konnte man seinen Fortschritt auf dem Weg zur Vollkommenheit messen, d. h. die Selbstbeherrschung und die Herrschaft über seine eigenen Leidenschaften. Die Leitung des Gewissens dominierte auch in bestimmten kultivierten Milieus, nahm dann aber die Form erteilter – und manchmal vergüteter – Ratschläge in besonders schwierigen Umständen an: in der Bedrängnis oder wenn man unter einem Schicksalsschlag litt.

Das christliche Pastorat assoziierte diese beiden Praktiken eng miteinander. Die Leitung des Gewissens stellt eine ständige Bindung dar: Das Schaf ließ sich nicht nur zu dem alleinigen Zweck leiten, eine gefährliche Wegstelle siegreich zu durchschreiten; es ließ sich in jedem Augenblick führen. Führer zu sein, war ein Zustand, und man war unvermeidlich verloren, wenn man versuchte, der Leitung zu entkommen. Wer keinen Rat befolgt, verwelkt wie ein totes Blatt, sagt das ewige Sprichwort. Was die Gewissensprüfung angeht, so bestand ihr Zweck nicht darin, das Selbstbewusstsein zu kultivieren, sondern es seinem Leiter gegenüber völlig offen zu legen – ihm die Tiefen der Seele zu enthüllen.

Es gibt viele asketische und monastische Texte aus dem 1. Jahrhundert über die Beziehung zwischen der Leitung und der Prüfung des Gewissens, die zeigen, in welchem Maß diese Techniken für das Christentum wichtig waren und welchen Komplexitätsgrad sie schon hatten. Ich möchte jedoch die Tatsache betonen, dass sie das Auftauchen eines sehr merkwürdigen Phänomens in der griechisch-römischen Kultur zum Ausdruck bringen, nämlich die Einrichtung einer Beziehung zwischen dem völligen Gehorsam, der Selbsterkenntnis und dem Bekenntnis gegenüber jemand anderem.

4) Es gibt einen anderen Wandel – den wichtigsten vielleicht. Alle diese christlichen Techniken der Prüfung, des Bekenntnisses, der Gewissensleitung und des Gehorsams haben ein Ziel: die Individuen dazu zu bringen, ihre eigene »Kasteiung« in dieser Welt zu bewerkstelligen. Die »Kasteiung« ist natürlich nicht gleichbedeutend mit dem Tod, aber ein Verzicht auf diese Welt und auf sich selbst: eine Art von täglichem Tod. Es ist nicht das erste Mal, dass wir das pastorale Thema mit dem Tod assoziiert finden, aber sein Sinn ist ein anderer als in der griechischen Vorstellung von der politischen Macht. Es handelt sich nicht um ein Opfer für das Gemeinwesen; die christliche Kasteiung ist eine Form der Beziehung zu sich selbst. Sie ist ein Element, ein wesentlicher Bestandteil der christlichen Identität.

Man kann sagen, dass das christliche Pastorat ein Spiel eingeführt hat, das sich weder die Griechen noch die Hebräer vorgestellt hatten. Ein merkwürdiges Spiel, dessen Elemente das Leben, der Tod, die Wahrheit, der Gehorsam, die Individuen, die Identität sind; ein Spiel, das keinerlei Beziehung mit dem des Gemeinwesens zu haben scheint, das durch das Opfer seiner Bürger hindurch überlebt. Unsere Gesellschaften haben sich als wirklich dämonisch erwiesen, indem es ihnen gelang, diese beiden Spiele miteinander zu kombinieren – das Spiel des Gemeinwesens und des Bürgers und das Spiel des Hirten und der Herde.

Wie Sie feststellen können, habe ich hier nicht versucht, ein Problem zu lösen, sondern eine bestimmte Behandlung dieses Problems vorzuschlagen. Das Problem ist von derselben Größenordnung wie diejenigen, über die ich seit meinem ersten Buch über den Wahnsinn und die Geisteskrankheit gearbeitet habe. Wie ich zuvor schon gesagt habe, hat es mit den Beziehungen zwischen Erfahrungen (wie dem Wahnsinn, der Übertretung der Gesetze, der Sexualität, der Identität), Wissensgebieten (wie der Psychiatrie, der Medizin, der Kriminologie, der Sexualwissenschaft und der Psychologie) und der Macht (wie der Macht, die in den psychiatrischen Einrichtungen und den Strafanstalten sowie in allen anderen Institutionen ausgeübt wird, die mit der Kontrolle einzelner Personen beauftragt sind) zu tun.

Unsere Zivilisation hat das komplexeste Wissenssystem und die raffiniertesten Machtstrukturen entwickelt: Was war verantwortlich dafür, dass wir diese Form von Wissen und diese Art von Macht geschaffen haben? Auf welche Weise sind diese Grunderfahrungen des Wahnsinns, des Leidens, des Todes, des Verbrechens, des Verlangens und der Individualität mit dem Wissen und der Macht verbunden, auch wenn wir uns dessen nicht bewusst sind? Ich bin sicher, dass wir darauf nie eine Antwort finden werden; das bedeutet jedoch nicht, dass wir darauf verzichten sollen, die Frage zu stellen.

II

Ich habe zu zeigen versucht, wie das moderne Christentum der Vorstellung eines pastoralen Einflusses, der kontinuierlich und durch den Ausweis ihrer besonderen Wahrheit auf die Individuen ausgeübt wurde, Gestalt verliehen hat. Und ich habe zu zeigen versucht, wie sehr diese Vorstellung einer pastoralen Macht dem griechischen Denken fremd war, und zwar trotz einer Reihe von Entlehnungen, wie etwa die praktische Prüfung und Leitung des Gewissens.

Ich möchte nun gerne, auch wenn ich dafür mehrere Jahrhunderte überspringen muss, eine andere Episode beschreiben, die an sich eine besondere Bedeutung in der Geschichte der Regierung der Individuen durch ihre eigene Wahrheit angenommen hat.

Dieses Beispiel bezieht sich auf die Staatsbildung im modernen Sinn dieses Begriffs. Wenn ich diese historische Annäherung herstelle, dann natürlich nicht deshalb, weil ich unterstellen möchte, dass der pastorale Aspekt der Macht im Verlauf der zehn großen Jahrhunderte des christlichen Europas, des katholischen und römischen, verschwand. Vielmehr scheint mir, dass entgegen aller Erwartung diese Periode gerade nicht die des siegreichen Pastorats war. Und das aus verschiedenen Gründen, unter denen kein einziger ökonomischer Natur ist – das Hirtenamt der Seelen ist eine typisch städtische Erfahrung, die nur schwer mit der Armut und der extensiven Landwirtschaft der Anfänge des Mittelalters vereinbar ist. Andere Gründe haben mit der soziopolitischen Struktur zu tun. Der Feudalismus stellte zwischen den Individuen ein Gewebe persönlicher Beziehungen her, die von einem ganz anderen Typ als das Pastorat waren.

Nicht dass ich behaupten möchte, dass die Vorstellung einer pastoralen Regierung der Menschen in der mittelalterlichen Kirche völlig verschwunden wäre. In Wirklichkeit bestand sie fort, und man kann sogar sagen, dass sie eine große Vitalität gezeigt hat. Zwei Reihen von Tatsachen bekräftigen das. Erstens hatten die Reformen, die innerhalb der Kirche selbst vollzogen wurden, insbesondere in den Mönchsorden – die verschiedenen Reformen fanden nach und nach innerhalb der bestehenden Klöster statt –, zum Ziel, die Strenge der pastoralen Ordnung unter den Mönchen wiederherzustellen. Was die neu geschaffenen Orden der Dominikaner und Franziskaner betrifft, so nahmen sie sich vor allem vor, unter den Gläubigen pastoral wirksam zu sein. Im Verlauf ihrer aufeinander folgenden Krisen hat die Kirche unablässig versucht, ihre pastoralen Funktionen wiederherzustellen. Es gibt jedoch noch etwas anderes. In der Bevölkerung entwickelt sich im ganzen Mittelalter eine lange Reihe von Kämpfen, bei denen es um die pastorale Macht ging. Die Gegner der Kirche, die ihren Verpflichtungen nicht nachkommen, stellen ihre hierarchische Struktur in Frage und suchen nach mehr oder weniger spontanen Formen der Gemeinschaft, in denen die Herde den Hirten finden könnte, den sie braucht. Diese Suche nach einem pastoralen Ausdruck nahm zahlreiche Aspekte an: Manchmal, wie im Fall der Waadtländer, gab sie Anlass zu äußerst heftigen Kämpfen; bei anderen Gelegenheiten, wie bei der Gemeinschaft der Brüder des Lebens, blieb diese Suche friedlich. Bisweilen brachte sie Bewegungen von großer Breite hervor, wie etwa die der Hussiten, mitunter erzeugte sie beschränkte Gruppen wie die der Freunde Gottes aus dem Oberland. Manchmal handelt es sich um Bewegungen, die sich in der Nähe der Häresie befinden (wie die Begharden), manchmal um rührige orthodoxe Bewegungen, die aber im Schoß der Kirche bleiben (wie die italienischen Oratorianer im 15. Jahrhundert).

Ich erwähne all das auf eine Weise, die voller Anspielungen ist, mit dem alleinigen Ziel hervorzuheben, dass das Pastorat im Mittelalter eine beständige Sorge und der Gegenstand endloser Auseinandersetzungen war, auch wenn es nicht als wirkliche und praktische Regierung der Menschen eingesetzt wurde. Während dieser ganzen Periode zeigte sich ein brennendes Verlangen, pastorale Beziehungen zwischen den Menschen herzustellen, und dieses Bestreben beeinflusste die mystische Strömung genauso wie die großen chiliastischen Träume.

Ich will hier gewiss nicht das Problem der Staatsbildung behandeln. Ich möchte auch nicht die verschiedenen ökonomischen, sozialen und politischen Prozesse untersuchen, aus denen sie hervorgehen. Schließlich erhebe ich auch nicht den Anspruch, die verschiedenen Mechanismen und Institutionen zu analysieren, mit denen die Staaten sich ausgestattet haben, um ihr Überleben zu sichern. Ich möchte bloß ein paar fragmentarische Hinweise auf etwas geben, das sich auf halbem Wege zwischen dem Staat als politischer Organisation und seinen Mechanismen befindet, nämlich der Typ von Rationalität, die in der Ausübung der Staatsmacht zur Geltung kommt.

Ich habe in meiner ersten Vorlesung darauf hingewiesen. Anstatt sich zu fragen, ob die Verirrungen der Staatsmacht auf einen Überschuss an Rationalismus oder Irrationalismus zurückgehen, wäre es, glaube ich, klüger, sich an den besonderen Typ politischer Rationalität zu halten, der vom Staat erzeugt wird.

Schließlich ähneln die politischen Praktiken zumindest in dieser Hinsicht den wissenschaftlichen: Man wendet nicht die »Vernunft im Allgemeinen« an, sondern immer einen sehr spezifischen Typ von Rationalität.

Erstaunlicherweise war sich die Rationalität der Staatsmacht ihrer Einzigartigkeit völlig bewusst. Sie war nicht in spontanen und blinden Praktiken gefangen, und sie wurde nicht erst von einer retrospektiven Analyse an den Tag gebracht. Sie wurde insbesondere in zwei Lehrsystemen formuliert: in der Lehre von der *Staatsräson* und in der *Theorie der Polizei*. Diese beiden Ausdrücke nahmen schon bald einen engen und abwertenden Sinn an, ich weiß. Aber während der hundertfünfzig oder zweihundert Jahre, die die Bildung der modernen Staaten in Anspruch nahm, behielten sie einen viel weiteren Sinn als heute.

Die Lehre von der Staatsräson versuchte zu bestimmen, worin sich die Prinzipien und die Methoden der staatlichen Regierung beispielsweise von der Art und Weise unterschieden, mit der Gott die Welt, der Vater seine Familie oder ein Vorstand seine Gemeinde regierte.

Was die Lehre von der Polizei angeht, so bestimmt sie das Wesen der Gegenstände der rationalen Aktivität des Staats; sie bestimmt die Natur der Ziele, die er verfolgt, die allgemeine Form der Mittel, die er einsetzt.

Von diesem System der Rationalität möchte ich also jetzt sprechen. Ich muß jedoch mit zwei Vorbemerkungen beginnen: 1) Da Meinecke eines der wichtigsten Bücher über die Staatsräson geschrieben hat,[16] werde ich hauptsächlich über die Theorie der Polizei sprechen. 2) Deutschland und Italien hatten mit größten Schwierigkeiten zu kämpfen, um sich als Staaten zu konstituieren, und diese beiden

16 Meinecke, F., *Die Idee der Staatsräson in der neueren Geschichte*, Berlin, 1924.

Länder haben die meisten Überlegungen zur Staatsräson und zur Polizei hervorgebracht. Ich werde also oft auf italienische und deutsche Texte verweisen.

Beginnen wir mit der Staatsräson, für die ich im Folgenden einige Definitionen anführen möchte:

Botero: »Eine vollständige Kenntnis der Mittel, durch die sich Staaten bilden, stärker werden, dauern und wachsen.«[17]

Palazzo (*Discours sur le gouvernement et la véritable raison d'État*, 1606): »Eine Methode oder eine Kunst, die uns einzusehen gestattet, wie man die Herrschaft von Ordnung und Frieden innerhalb der Republik verwirklichen kann.«[18]

Chemnitz (*De ratione status*, 1647): »Eine bestimmte politische Sichtweise, die für alle öffentlichen Angelegenheiten, Beratungen und Vorhaben notwendig ist und deren alleiniges Ziel in der Erhaltung, der Ausdehnung und der Glückseligkeit des Staates besteht; zu diesem Zweck wendet man die am schnellsten wirkenden und die bequemsten Mittel an.«[19]

Betrachten wir bestimmte gemeinsame Züge dieser Definitionen.

1) Die Staatsräson wird als eine »Kunst« betrachtet, d. h. als eine Technik, die sich an bestimmte Regeln hält. Diese Regeln betreffen nicht nur die Sitten oder Traditionen, sondern auch die Erkenntnis – die rationale Erkenntnis. In unseren Tagen evoziert der Ausdruck *Staatsräson* »Willkür« oder »Gewalt«. Zu jener Zeit verstand man darunter jedoch eine Rationalität, die der Regierungskunst der Staaten eigentümlich war.

17 Botero, G., *Della ragione di Stato dieci libri*, Rom, 1590, dt. *Gründlicher Bericht, von Anordnung guter Policeyen und Regiments*, Straßburg, 1596, Buch I: ›Was die Staatsräson ist‹, S. 4.

18 Palazzo, G. A., *Discorso del governo e della ragione vera di Stato*, Venedig, 1606, 1. Teil: »Von den Ursachen und Teilen der Regierung«, Kap. III: »Von der Staatsräson«.

19 Chemnitz, B. P. von, *Dissertatio de Ratione Status in Imperio nostro romano-germanico* (unter dem Pseudonym Hippolithus a Lapide veröffentlichte Streitschrift, Paris, 1647; Intérêts des princes d'Allemagne, où l'on voit ce que c'est que cet empire, la raison d'État suivant laquelle il devrait être gouverné, (übers. v. Bourgeois du Chastenet) Paris, 1712, Bd. I: Considérations générales sur la raison d'État. De la raison d'État en général, § 2, S. 12); dt. *Abriß der Staats-Verfassung, Staats-Verhältnis und Bedürfnis des Römischen Reiches deutscher Nationen*, Mainz und Koblenz, 1761.

2) Woher bezieht diese Kunst ihre Daseinsberechtigung? Die Antwort auf diese Frage führt zum Skandal des in Entstehung begriffenen politischen Denkens. Und dennoch ist sie ganz einfach: Die Regierungskunst ist rational, wenn sie durch die Reflexion dazu gebracht wird, die Natur dessen zu respektieren, was regiert wird – d. h. die Natur des *Staats*.

Eine solche Platitüde zu äußern bedeutet, mit einer christlichen und rechtlichen Tradition zu brechen, die behauptete, dass die Regierung im Grunde gerecht sei. Sie respektierte ein ganzes System von Gesetzen: von Menschen gemachte Gesetze, Naturgesetze, göttliche Gesetze.

Zu diesem Punkt gibt es einen sehr aufschlussreichen Text von Thomas von Aquin.[20] Er erinnert daran, dass »die Kunst in ihrem Bereich das nachahmen soll, was die Natur in ihrem eigenen Bereich erreicht«; nur unter dieser Bedingung ist sie vernünftig. Bei der Regierung seines Königreichs soll der König die Regierung der Natur durch Gott nachahmen; oder auch die Regierung des Körpers durch die Seele. Der König soll genauso Gemeinwesen gründen, wie Gott die Welt geschaffen hat oder wie die Seele dem Körper Form verleiht. Der König soll die Menschen auch zu ihrer Bestimmung führen, wie Gott es für die natürlichen Lebewesen tut oder wie die Seele es tut, indem sie den Körper leitet. Aber was ist die Bestimmung des Menschen? Das, was gut für den Körper ist? Nein. Dafür bräuchte man nur einen Arzt, aber keinen König. Der Reichtum? Auch nicht. Ein Gutsverwalter würde genügen. Die Wahrheit? Nicht einmal sie. Das könnte nur ein Lehrmeister besorgen. Der Mensch braucht jemanden, der in der Lage ist, den Weg zur himmlischen Glückseligkeit zu ebnen, indem er sich im Diesseits an das hält, was *honestum* ist.

Wie wir sehen können, sieht die Regierungskunst ihr Vorbild in Gott, der seine Gesetze seinen Geschöpfen vorschreibt. Das Vorbild der rationalen Regierung, das Thomas befürwortet, ist kein politisches, während das 16. und 17. Jahrhundert unter dem Namen der »Staatsräson« nach Prinzipien suchten, die eine praktische Politik leiten konnten. Man interessierte sich weder für ihre Natur noch für Gesetze im Allgemeinen. Man interessiert sich für den Staat und für seine Erfordernisse.

Auf diese Weise können wir den religiösen Skandal verstehen, der durch diese Art von Suche entfesselt wurde. Das erklärt auch, warum

20 Thomas von Aquin, *De regimine Principium ad regem Cypri* (1266), Utrecht 1473.

die Staatsräson mit dem Atheismus in Verbindung gebracht wurde. In Frankreich galt dieser Ausdruck, der in einem politischen Kontext erschienen war, gewöhnlich als »atheistisch«.

3) Die Staatsräson wendet sich auch noch gegen eine andere Tradition. Im *Fürst* besteht das Problem Machiavellis in der Frage, wie man gegen innere und äußere Feinde eine Provinz oder ein Territorium schützen kann, das durch Erbschaft oder Eroberung erworben wurde.[21] Machiavellis ganze Analyse versucht zu bestimmen, was die Beziehung zwischen dem Fürsten und dem Staat erhält und verstärkt, während das Problem, das durch die Staatsräson aufgeworfen wird, in der Existenz und der Natur des Staates besteht. Deshalb bemühten sich die Theoretiker der Staatsräson, sich so weit wie möglich von Machiavelli fern zu halten; dieser hatte einen schlechten Ruf, und sie konnten sein Problem nicht als ihr eigenes erkennen. Umgekehrt versuchten die Gegner der Staatsräson die neue Regierungskunst dadurch zu kompromittieren, dass sie in ihr das Erbe Machiavellis anprangerten. Trotz der verworrenen Streitigkeiten, die sich ein Jahrhundert nach der Niederschrift des *Fürsten* entwickelten, markiert die *Staatsräson* das Erscheinen eines Typus von Rationalität, der – wenn auch nur teilweise – äußerst verschieden ist von dem Machiavellis.

Das Ziel einer solchen Regierungskunst besteht gerade darin, die Macht, die ein Fürst über seinen Herrschaftsbereich ausüben kann, nicht zu stärken. Ihr Ziel ist es, den Staat selbst zu stärken. Das ist einer der charakteristischsten Züge aller Definitionen, die im 16. und 17. Jahrhundert vorgebracht wurden. Das Wesen der rationalen Regierung liegt sozusagen in Folgendem: Auf der Grundlage der Natur des Staates kann sie seine Feinde unbestimmt lange niederhalten. Sie kann das nur dadurch tun, dass sie ihre eigene Macht erhöht. Und ihre Feinde tun das Gleiche. Der Staat, dessen einzige Sorge in der fortgesetzten Dauer besteht, würde auf diese Weise ganz gewiss in einer Katastrophe enden. Diese Vorstellung ist von höchster Bedeutung und knüpft sich an eine neue historische Perspektive. Sie setzt in der Tat voraus, dass die Staaten Wirklichkeiten sind, die mit aller Notwendigkeit in einer historischen Periode von unbeschränkter Dauer und in einem umstrittenen geographischen Raum überdauern müssen.

4) Schließlich können wir einsehen, dass sich die Staatsräson im Sinne einer rationalen Regierung, die in der Lage ist, die Macht des

21 Machiavelli, N., *Il Principe*, Rom, 1532 (*Der Fürst*, Frankfurt am Main, 2001).

Staates in Übereinstimmung mit ihr selbst zu vergrößern, durch die vorgängige Konstitution eines bestimmten Typs von Wissen vollzieht. Die Regierung ist nur dann möglich, wenn man die Kraft des Staates kennt; nur so kann sie aufrechterhalten werden. Das Vermögen des Staates und die Mittel für seine Steigerung müssen ebenfalls bekannt sein, sowie die Stärke und das Vermögen der anderen Staaten. Der regierte Staat muss sich wirklich gegenüber den anderen behaupten. Die Regierung kann sich also nicht bloß auf die Anwendung allgemeiner Prinzipien der Vernunft, Weisheit und Klugheit beschränken. Ein Wissen ist notwendig: ein konkretes, genaues und abgemessenes Wissen, das sich auf die Macht des Staates bezieht. Die Regierungskunst, die die Staatsräson charakterisiert, ist eng mit der Entwicklung dessen verbunden, was man politische *Statistik* oder *Arithmetik* genannt hat, d. h. mit der Kenntnis der jeweiligen Kräfte der verschiedenen Staaten. Ein solches Wissen ist für eine gute Regierung unverzichtbar.

Um zusammenzufassen: Die Staatsräson ist keine Regierungskunst nach göttlichen, natürlichen oder vom Menschen geschaffenen Gesetzen. Diese Regierung muss sich nicht an die allgemeine Weltordnung halten. Es handelt sich um eine Regierung, die mit der Macht des Staates im Einklang steht, eine Regierung, deren Ziel es ist, diese Macht in einem ausgedehnten Rahmen des Wettbewerbs zu vergrößern.

Was die Autoren des 17. und 18. Jahrhunderts unter »Polizei« verstanden, unterscheidet sich sehr von dem, was wir mit diesem Begriff verbinden. Es wäre der Mühe wert, zu untersuchen, warum die meisten dieser Autoren Italiener oder Deutsche sind, aber was hat das schon zu sagen! Unter »Polizei« verstehen sie nicht eine Institution oder einen Mechanismus, der innerhalb des Staates funktioniert, sondern eine Regierungstechnik, die dem Staat eigentümlich ist; Bereiche, Techniken und Ziele, die das Eingreifen des Staates erfordern.

Um der Klarheit und Einfachheit willen werde ich meine Sicht durch einen Text illustrieren, der sowohl den Charakter einer Utopie als auch eines Vorhabens hat. Es ist eines der ersten utopischen Programme eines Polizeistaats. Turquet de Mayerne verfasste und präsentierte es 1611 den Generalständen Hollands.[22] In *Science and Ratio-*

22 Mayerne, L. Turquet de, *La Monarchie aristodémocratique, ou le gouvernement composé des trois formes de légitimes républiques*, Paris, J. Berjon, 1611.

nalism in the Government of Louis XIV[23] lenkt J. King die Aufmerksamkeit auf die Bedeutung dieses eigenartigen Werkes, dessen Titel *Monarchie aristodémocratique* hinreichend zeigt, was in den Augen des Autors zählt: Es geht weniger darum, zwischen den verschiedenen Typen von Verfassungen zu wählen, als darum, sie im Hinblick auf ein lebenswichtiges Ziel abzustimmen, nämlich den Staat. Turquet nennt sie daher auch Gemeinwesen, Republik oder aber Polizei.

Turquet schlägt folgende Organisation vor. Vier große Würdenträger stehen dem König bei. Der eine ist mit der Justiz beauftragt; der zweite mit der Armee, der dritte mit dem Schatzamt, d. h. mit den Steuern und den Ressourcen des Königs; und der vierte mit der *Polizei*. Es scheint, dass die Rolle dieses großen Verwaltungsbeamten wesentlich moralischer Natur sein sollte. Nach Turquet sollte er der Bevölkerung »Bescheidenheit, Nächstenliebe, Treue, Eifrigkeit, freundschaftlichen Beistand und Ehrlichkeit« einflößen. Wir erkennen hier eine traditionelle Vorstellung: Die Tugend des Untertanen ist das Unterpfand für die gute Verwaltung des Königreichs. Wenn wir jedoch die Einzelheiten genauer betrachten, stellt sich die Sache etwas anders dar.

Turquet schlägt die Schaffung von Räten in jeder Provinz vor, die mit der Aufrechterhaltung der öffentlichen Ordnung beauftragt sind. Zwei sollten die Menschen überwachen; zwei andere die Güter. Der erste Rat, der sich um die Menschen kümmert, sollte sich um die positiven, aktiven und produktiven Aspekte des Lebens sorgen. Mit anderen Worten, er würde sich um die Erziehung kümmern, würde den Geschmack und die Fähigkeiten von jedem bestimmen und die nützlichen Berufe auswählen: Jede Person über fünfundzwanzig sollte in einem Register eingetragen sein, das ihren Beruf angibt. Diejenigen, die keine nützliche Anstellung hatten, wurden als Abschaum der Gesellschaft betrachtet.

Der zweite Rat sollte sich mit den negativen Aspekten des Lebens befassen: mit den bedürftigen Armen (Witwen, Waisen, Alten); mit den Arbeitslosen; mit denjenigen, deren Aktivitäten eine finanzielle Hilfe erfordern (und von denen man keine Zinsen verlangt); aber auch mit der öffentlichen Gesundheit – Krankheiten, Epidemien – und Unglücksfällen wie etwa Bränden und Überschwemmungen.

Der eine Rat, der mit den Gütern beauftragt war, sollte sich auf

23 King, J., *Science and Rationalism in the Government of Louis XIV*, Baltimore, 1949.

Waren und Manufakturprodukte spezialisieren. Er sollte beschließen, was und wie es produziert werden sollte, aber auch die Märkte und den Handel kontrollieren. Der vierte Rat würde über die »Ländereien« wachen, d. h. über das Territorium und den Raum, indem er die privaten Güter, die Vermächtnisse, die Stiftungen und die Verkäufe kontrollierte; indem er die Rechte der Gutsherren reformierte und sich um die Straßen, die Flüsse, die öffentlichen Gebäude und die Wälder kümmerte.

In vielen Hinsichten ist dieser Text mit den politischen Utopien verwandt, die in dieser Zeit so zahlreich sind. Er stammt aber auch aus derselben Zeit wie die großen theoretischen Diskussionen über die Staatsräson und die Verwaltungsorganisation der Monarchien. Er ist äußerst repräsentativ für das, was im Geist jener Zeit die Aufgaben eines Staates werden sollten, der gemäß der Tradition regiert wird.

Was zeigt dieser Text?

1) Die »Polizei« erscheint wie ein Verwaltungsorgan, das den Staat zusammen mit der Justiz, der Armee und dem Schatzamt leitet. Das ist richtig. In der Tat umfasst sie jedoch alles Übrige. Wie Turquet erklärt, dehnt sie ihre Aktivitäten auf alle Situationen aus, auf alles, was die Menschen tun oder unternehmen. Ihr Betätigungsfeld umfasst die Justiz, das Finanzwesen und die Armee.

2) Die *Polizei* umfasst alles. Aber von einem äußerst speziellen Gesichtspunkt aus. Menschen und Dinge werden in ihren Beziehungen zueinander betrachtet: die Koexistenz der Menschen auf einem Territorium; ihre Eigentumsverhältnisse; ihre Produkte; was auf dem Markt getauscht wird. Die Polizei interessiert sich auch für ihre Lebensgewohnheiten, für die Krankheiten und für die möglichen Unglücksfälle, denen sie ausgesetzt sind. Die Polizei überwacht einen lebenden, aktiven und produktiven Menschen. Turquet verwendet einen bemerkenswerten Ausdruck: Der Mensch ist der wahrhafte Gegenstand der Polizei, behauptet er im Wesentlichen.[24]

3) Ein solches Eingreifen in die Aktivitäten der Menschen könnte wohl als totalitär bezeichnet werden. Welche Ziele wurden verfolgt? Sie gehören zwei Kategorien an. In erster Linie hat die Polizei mit allem zu tun, was zum Schmuck, zur Form und zum Glanz des Gemeinwesens gereicht. Der Glanz bezieht sich nicht allein auf die Schönheit eines perfekt organisierten Staates, sondern auch auf seine

24 Mayerne, L. Turquet de, a. a. O., Buch III, S. 208.

Macht, seine Stärke. Daher sichert die Polizei die Stärke des Staates und rückt sie in den Vordergrund. Zweitens ist das andere Ziel der Polizei die Entwicklung der Arbeitsverhältnisse und Handelsbeziehungen zwischen den Menschen, sowie die Hilfe und der gegenseitige Beistand. Auch hier ist das Wort von Bedeutung, das Turquet verwendet: Die Politik soll die »Kommunikation« zwischen den Menschen im weiten Sinne sicherstellen. Ohne sie könnten die Menschen nicht leben; oder ihr Leben wäre unsicher, elend und ständig bedroht.

Wir können hier, glaube ich, eine wichtige Idee erkennen. Insofern sie die Form einer rationalen Intervention ist, die politische Macht auf die Menschen ausübt, besteht die Rolle der Polizei darin, den Menschen ein kleines Mehr an Leben zu geben; und dadurch dem Staat ein wenig mehr Kraft. Das wird durch die Kontrolle der »Kommunikation« erreicht, d. h. der gemeinsamen Aktivitäten der Einzelnen (Arbeit, Produktion, Tausch, Annehmlichkeiten).

Sie werden einwenden: Aber das ist doch nur die Utopie irgendeines unbekannten Autors. Daraus können Sie nicht die geringste bedeutsame Folgerung ableiten! *Ich* für meinen Teil behaupte, dass dieses Werk von Turquet nur ein Beispiel für eine gewaltige Literatur ist, die in den meisten europäischen Ländern zu jener Zeit zirkuliert. Die Tatsache, dass es überaus einfach und dennoch sehr detailliert ist, hebt die Merkmale, die man überall erkennen konnte, klarer hervor. Vor allem würde ich sagen, dass diese Ideen keine totgeborenen waren. Sie verbreiten sich während des ganzen 17. und 18. Jahrhunderts, und zwar entweder in Form konkreter politischer Vorschläge (wie etwa dem Kameralismus oder dem Merkantilismus) oder in Form von Unterrichtsdisziplinen (die deutsche *Polizeiwissenschaft*; vergessen wir nicht, dass die Verwaltungswissenschaft in Deutschland unter diesem Titel gelehrt wurde).

Es gibt zwei Perspektiven, die ich gern, wenn schon nicht untersuchen, so doch zumindest nennen möchte. Ich beziehe mich zunächst auf ein französisches Verwaltungskompendium und anschließend auf ein deutsches Lehrbuch.

1) Jeder Historiker kennt das Kompendium von De Lamare.[25] Zu Beginn des 18. Jahrhunderts unternahm dieser Verwaltungsbeamte die Kompilation der polizeilichen Regelungen des ganzen Königreichs. Es handelt sich um eine unerschöpfliche Quelle von größtem

25 Lamare, N. de, *Traité de la police*, Paris, Jean Cot, 2 Bde., 1705.

Interesse. Meine Absicht ist es im Augenblick, die allgemeine Konzeption der Polizei vorzustellen, die eine solche Menge von Regeln und Regelungen in einem Verwaltungsbeamten wie Lamare entstehen lassen konnte.

De Lamare erklärt, dass es elf Dinge gibt, über die die Polizei im Innern des Staates wachen muss: 1) die Religion; 2) die Moral; 3) die Gesundheit; 4) die Vorräte; 5) die Straßen, die Brücken und Fahrbahnen und die öffentlichen Gebäude; 6) die öffentliche Sicherheit; 7) die freien Künste (allgemein gesagt, die Künste und Wissenschaften); 8) der Handel; 9) die Fabriken; 10) die Hausangestellten und Handlanger; 11) die Armen.

Dieselbe Klassifikation zeichnet alle Abhandlungen über die Polizei aus. Wie im utopischen Programm von Turquet wacht die Polizei anscheinend über alles, mit Ausnahme der Armee, der eigentlichen Justiz und der direkten Abgaben. Man kann dasselbe auch anders ausdrücken: Die königliche Macht hat sich dank der Unterstützung durch ein bewaffnetes Heer sowie der Entwicklung eines Justizsystems und eines Fiskalsystems gegen den Feudalismus behauptet. So wurde traditionellerweise die königliche Macht ausgeübt. Mit »Polizei« wird nun die Gesamtheit des neuen Bereichs bezeichnet, in den die politische und administrative zentralisierte Macht eingreifen kann.

Welche Logik ist nun aber hinter diesem Eingreifen in die kulturellen Riten, die Produktionstechniken im kleinen Maßstab, das Geistesleben und das Verkehrsnetz am Werke?

De Lamares Antwort scheint ein wenig zögerlich zu sein. Die Polizei, so sagt er im Wesentlichen, wacht über alles, was mit dem *Glück* der Menschen zu tun hat. Und er fügt hinzu: Die Polizei wacht über alles, was die *Gesellschaft* (die gesellschaftlichen Beziehungen) regelt, welche unter den Menschen vorherrscht.[26] Und schließlich, versichert er, wacht die Polizei über das *Lebendige*.[27] Bei dieser Definition werde ich verweilen. Es ist die originellste, und sie erhellt die beiden anderen; de Lamare betont das selbst. Seine Bemerkungen über die elf Gegenstände der Polizei sind folgende. Die Polizei kümmert sich um die Religion, und zwar natürlich nicht vom Standpunkt der dogmatischen Wahrheit aus, sondern vom Standpunkt der moralischen Qualität des Lebens. Indem sie über die Gesundheit und die

26 Ebd., Buch I, Kap. I, S. 2.
27 Ebd., S. 4.

Vorräte wacht, bemüht sie sich, das Leben zu erhalten; in Bezug auf den Handel, die Fabriken, die Arbeiter, die Armen und die öffentliche Ordnung kümmert sie sich um die Annehmlichkeiten des Lebens. Da sie über das Theater, die Literatur, die Schauspiele wacht, hat sie keinen anderen Gegenstand als die Freuden des Lebens. Kurz, das Leben ist der Gegenstand der Polizei: das Notwendige, das Nützliche und das Überflüssige. Die Aufgabe der Polizei ist es, das Überleben der Menschen zu ermöglichen, ihr Leben und ihr Wohlergehen.

So finden wir die anderen Definitionen, die de Lamare vorschlägt: Das einzige und alleinige Ziel der Polizei besteht darin, den Menschen zum größten Glück zu führen, das er in diesem Leben genießen kann. Oder die Polizei kümmert sich auch um das Wohl der Seele (durch die Religion und die Moral), das Wohl des Körpers (Nahrung, Gesundheit, Kleidung, Wohnung) und um den Reichtum (Industrie, Handel, Handarbeit). Oder schließlich wacht die Polizei über die Vorteile, die man nur aus einem Leben in Gesellschaft ziehen kann.

2) Werfen wir nun einen Blick auf die deutschen Lehrbücher. Sie wurden etwas später im Unterricht der Verwaltungswissenschaft verwendet. Dieser Unterricht wurde an verschiedenen Universitäten erteilt, insbesondere in Göttingen, und entwickelte eine enorme Bedeutung für Kontinentaleuropa. Dort wurden die preußischen, österreichischen und russischen Beamten ausgebildet – diejenigen, die die Reformen von Joseph II. und Katharina der Großen ausführen sollten. Manche Franzosen, insbesondere in der Umgebung Napoleons, kannten die Lehren der *Polizeiwissenschaft* sehr gut.

Was findet man in diesen Lehrbüchern?

In seinem *Liber de politia*[28] unterscheidet Hohenthal die folgenden Rubriken: die Anzahl der Bürger; die Religion und die Moral; die Gesundheit; die Ernährung; die Sicherheit der Menschen und Güter (insbesondere im Hinblick auf Brände und Überschwemmungen), die Justizverwaltung; die Annehmlichkeiten und Freuden der Bürger (wie man sie herstellt und wie man sie mäßigt). Es folgt eine ganze Reihe von Kapiteln über die Flüsse, die Wälder, die Minen, die Salinen und die Wohnungen und schließlich mehrere Kapitel über die verschiedenen Mittel zum Gütererwerb durch die Landwirtschaft, die Industrie oder den Handel.

28 Hohenthal, P. C. W., *Liber de politia, adspersis observationibus de causarum politiae et justitiae differentiis*, Leipzig, 1776.

In seinem *Abrégé de la police*[29] widmet sich Willebrandt nacheinander der Moral, den Künsten und Gewerben, der Gesundheit, der Sicherheit und am Ende den öffentlichen Gebäuden und dem Städtebau. Zumindest was die Themen betrifft, gibt es keinen großen Unterschied zur Liste von de Lamare.

Von allen diesen Texten ist jedoch jener von Justi der wichtigste, *Grundsätze der Policey-Wissenschaft.*[30] Der besondere Gegenstand der Polizei bleibt bestimmt als das Leben in Gesellschaft von lebenden Individuen. Trotzdem ordnet von Justi sein Werk auf eine etwas andere Weise an. Er beginnt mit der Untersuchung dessen, was er die »Liegenschaften des Staates« nennt, d. h. sein Territorium. Er betrachtet es unter zwei Aspekten: auf welche Weise es bevölkert ist (Städte und Ländereien), wer seine Bewohner sind (Anzahl, demographisches Wachstum, Gesundheit, Sterblichkeit, Einwanderung). Dann analysiert von Justi die »Güter und Effekten«, d. h. die Waren, die Manufakturprodukte, sowie ihren Umlauf, der Probleme aufwirft, die mit ihren Kosten, mit dem Kredit und mit der Währung zu tun haben. Der letzte Teil ist schließlich dem Verhalten der Individuen gewidmet: ihrer Moral, ihren beruflichen Fähigkeiten, ihrer Ehrlichkeit und ihrer Achtung des Gesetzes.

Meiner Meinung nach ist von Justis Werk ein viel eindringlicherer Beweis für die Entwicklung der Frage nach der Polizei als die Einleitung von de Lamare zu seinem Kompendium von Regelungen. Dafür gibt es vier Gründe.

Erstens beschreibt von Justi in viel klareren Begriffen das zentrale Paradox der *Polizei*. Die Polizei, so erklärt er, ist dasjenige, was dem Staat gestattet, seine Macht zu vermehren und seine Gewalt in vollem Umfang auszuüben. Außerdem soll die Polizei die Leute in einem glücklichen Zustand erhalten, wobei das Glück als Überleben, Leben und besseres Leben verstanden wird.[31] Er beschreibt in vollkommener Weise, was er für das Ziel der modernen Regierungskunst oder der staatlichen Rationalität hält: die Entwicklung der konstitutiven Elemente des Lebens der Individuen, und zwar auf solche Weise, dass deren Entwicklung auch die Macht des Staates stärkt.

29 Willebrandt, J. P., *Abrégé de la police, accompagné de réflexions sur l'accroissement des villes*, Hamburg, 1765.

30 Justi, J. H. G. von, *Grundsätze der Policey-Wissenschaft*, Göttingen, 1756.

31 Ebd., Einleitung: »Von den allgemeinen Grundsätzen der Policey und der Eintheilung des Vortrages«, § 2-3, S. 4-5.

Dann macht von Justi eine Unterscheidung zwischen dieser Aufgabe, die er nach dem Vorbild seiner Zeitgenossen *Polizei* nennt, und der *Politik*. Die *Politik* ist im Grunde eine negative Aufgabe. Für den Staat besteht sie darin, sich gegen seine Feinde im Inneren wie von außen zur Wehr zu setzen. Die *Polizei* ist dagegen eine positive Aufgabe: Sie besteht sowohl darin, das Leben der Bürger *als auch* die Stärke des Staates zu fördern.

Hier sind wir an einem wichtigen Punkt angelangt: Von Justi hebt viel stärker als de Lamare einen Begriff hervor, der im Laufe des 18. Jahrhunderts wachsende Bedeutung annehmen sollte – die Bevölkerung. Die Bevölkerung wurde als eine Gruppe lebender Individuen bestimmt. Ihre Merkmale waren die Merkmale aller Individuen, die derselben Spezies angehören und Seite an Seite leben. (So sind sie beispielsweise durch Sterblichkeits- und Fruchtbarkeitsraten gekennzeichnet; sie sind Epidemien und Erscheinungen der Überbevölkerung unterworfen; sie weisen eine bestimmte Art der räumlichen Verteilung auf.) De Lamare verwendete zwar das Wort »Leben«, um den Gegenstand der Polizei zu bestimmen, er betonte diesen Begriff jedoch nicht übermäßig. Während des ganzen 18. Jahrhunderts, und vor allem in Deutschland, ist es die Bevölkerung – d. h. eine Gruppe von Individuen, die in einem bestimmten Gebiet leben –, die als Gegenstand der Polizei bestimmt wird.

Schließlich genügt es, von Justi zu lesen, um sich darüber klar zu werden, dass es sich nicht wie bei Turquet bloß um eine Utopie handelt, und auch nicht um ein Kompendium von Regelungen, die systematisch aufgeführt sind. Von Justi will eine *Polizeiwissenschaft* ausarbeiten. Sein Buch ist nicht einfach eine Liste von Vorschriften. Es ist außerdem ein Raster, durch das man den Staat beobachten kann, d. h. sein Territorium, seine Ressourcen, seine Bevölkerung, seine Städte etc. Von Justi verknüpft die »Statistik« (die Beschreibung der Staaten) mit der Regierungskunst. Die *Polizeiwissenschaft* ist zugleich eine Regierungskunst und eine Methode, um eine lebende Bevölkerung auf einem bestimmten Territorium zu untersuchen.

Solche historischen Betrachtungen müssen als sehr fern liegend erscheinen; sie müssen im Hinblick auf die aktuellen Sorgen als nutzlos erscheinen. Ich würde nicht so weit wie Hermann Hesse gehen, der sagt, dass nur der »ständige Bezug auf die Geschichte, auf die Vergangenheit und auf die Antike« fruchtbar ist. Aber die Erfahrung hat mich gelehrt, dass die Erfassung der Geschichte der verschiedenen

Formen von Rationalität manchmal eher zum Erfolg führt als eine abstrakte Kritik, die unsere Gewissheiten und unseren Dogmatismus erschüttern soll. Jahrhundertelang hat die Religion es nicht ertragen, dass man ihre Geschichte erzählte. Heute schätzen es unsere Schulen der Rationalität kaum noch, dass man ihre Geschichte schreibt, was zweifellos bezeichnend ist.

Was ich aufzeigen wollte, ist eine Forschungsrichtung. Es handelt sich hier nur um die Umrisse einer Untersuchung, an der ich jetzt seit zwei Jahren arbeite. Es geht um eine historische Analyse dessen, was wir mit einem altmodischen Ausdruck Regierungskunst nennen würden.

Diese Untersuchung beruht auf einer Reihe von Basispostulaten, die ich folgendermaßen zusammenfassen würde:

1) Die Macht ist keine Substanz. Sie ist auch keine geheimnisvolle Eigenschaft, nach deren Ursprüngen man forschen müsste. Die Macht ist nichts anderes als eine bestimmte Art von Beziehungen zwischen Individuen. Und diese Beziehungen sind eigentümlicher Natur: Mit anderen Worten, sie haben nichts mit dem Tausch, der Produktion und der Kommunikation zu tun, auch wenn sie damit verbunden sind. Das unterscheidende Merkmal der Macht besteht darin, dass bestimmte Menschen mehr oder weniger das Verhalten anderer Menschen völlig bestimmen können – jedoch nie erschöpfend oder zwingend. Ein gefesselter und geschlagener Mensch ist der Kraft unterworfen, die man auf ihn ausübt. Nicht aber der Macht. Wenn man ihn aber zum Sprechen bringen kann, wenn seine letzte Zuflucht darin hätte bestehen können, dass er schweigt und den Tod vorzieht, dann deshalb, weil man ihn dazu getrieben hat, sich auf eine bestimmte Weise zu verhalten. Seine Freiheit wurde der Macht unterworfen. Er wurde dem Einfluss der Regierung unterzogen. Auch wenn ein Individuum frei bleiben kann, so begrenzt seine Freiheit auch sein mag, kann die Macht es doch der Regierung unterwerfen. Es gibt keine Macht ohne potentielle Weigerung oder Auflehnung.

2) Was die Beziehungen zwischen den Menschen angeht, so wird die Macht von vielen Faktoren bestimmt. Und dennoch verfolgt die Macht unablässig ihr Werk und nimmt spezifische Formen an. Sie unterscheidet sich von der Rationalisierung, die den Wirtschaftsprozessen oder den Produktions- und Kommunikationstechniken eigentümlich ist; sie unterscheidet sich auch von der Rationalität des wissenschaftlichen Diskurses. Die Regierung der Menschen durch die

Menschen – ob sie nun bescheidene oder bedeutende Gruppen bilden, ob es sich um die Macht der Männer gegenüber den Frauen, der Erwachsenen gegenüber den Kindern, einer Klasse gegenüber einer anderen oder einer Bürokratie gegenüber einer Bevölkerung handelt – erfordert eine bestimmte Form der Rationalität, und nicht eine instrumentelle Gewalt.

3) Diejenigen, die gegen eine Form der Macht Widerstand leisten oder sich gegen sie auflehnen, können sich nicht damit begnügen, die Gewalt anzuprangern oder eine Institution zu kritisieren. Es genügt nicht, der Vernunft im Allgemeinen den Prozess zu machen. Was man in Frage stellen muss, ist die vorhandene Form der Rationalität. Die Kritik der Macht, die auf die Geisteskranken oder die Verrückten ausgeübt wird, kann sich nicht auf die Institutionen der Psychiatrie beschränken; genauso können jene, die die Macht zu strafen bestreiten, sich nicht damit begnügen, die Gefängnisse als totalitäre Institutionen anzuprangern. Die Frage ist: Wie werden die Machtverhältnisse rationalisiert? Diese Frage zu stellen, ist die einzige Möglichkeit, zu verhindern, dass andere Institutionen mit denselben Zielen und denselben Wirkungen ihren Platz einnehmen.

4) Jahrhundertelang war der Staat eine der bemerkenswertesten, und auch eine der fürchterlichsten, menschlichen Regierungsformen.

Die Tatsache, dass die politische Kritik dem Staat vorgehalten hat, gleichzeitig ein Faktor der Individualisierung und ein totalitäres Prinzip zu sein, ist sehr aufschlussreich. Man muss nur die Rationalität des entstehenden Staates betrachten und sehen, welches sein erstes Projekt einer Polizei war, um sich darüber klar zu werden, dass von allem Anfang an der Staat sowohl individualisierend als auch totalitär war. Dem Staat das Individuum und seine Interessen entgegenzusetzen, ist genauso gefährlich, wie ihm die Gemeinschaft und ihre Ansprüche entgegenzusetzen.

Die politische Rationalität hat sich im Laufe der Geschichte der abendländischen Gesellschaften entwickelt und eingerichtet. Sie hat sich zunächst in der Vorstellung der pastoralen Macht verankert und dann in der Idee der Staatsräson. Die Individualisierung und die Totalisierung sind dabei unvermeidliche Effekte. Die Befreiung kann nicht nur durch einen Angriff auf den einen oder den anderen dieser Effekte erreicht werden, sondern durch einen Angriff auf die eigentlichen Wurzeln der politischen Rationalität.

Übersetzt von Jürgen Schröder

Die Maschen der Macht

»As malhas do poder« (1. Teil übers. von P. W. Prado Jr., Vortrag an der philosophischen Fakultät der Universität Bahia, 1976), in: *Barbárie*, Nr. 4, Sommer 1981, S. 23-27.

Dieser Vortrag wurde in zwei Teilen publiziert, der erste 1981 in Nr. 4 der Zeitschrift *Barbárie*, ein zweiter Teil 1985 in Nr. 5 der Zeitschrift (siehe unten Nr. 315). Der Vortrag wird hier in voller Länge abgedruckt.

Wir wollen versuchen, den Begriff der Macht zu analysieren. Ich bin wahrhaftig nicht der Erste, der den Versuch macht, das Freud'sche Schema zu umgehen, das einen Gegensatz zwischen Trieb und Triebunterdrückung, Trieb und Kultur herstellt. Eine ganze Schule von Psychoanalytikern versucht seit gut einem Jahrzehnt, den von Freud formulierten Gegensatz zwischen Trieb und Kultur oder Trieb und Triebunterdrückung zu modifizieren und zu elaborieren. Ich denke dabei an Psychoanalytiker des englischen und französischen Sprachraums wie Melanie Klein, Winnicott und Lacan, die zu zeigen versucht haben, dass die Triebunterdrückung durchaus kein sekundärer, später und nachträglich einsetzender Mechanismus ist, der einen von der Natur vorgegebenen Trieb zu kontrollieren versuchte, sondern Bestandteil des Triebmechanismus oder zumindest des Prozesses, über den der Sexualtrieb sich entwickelt, entfaltet und als Trieb konstituiert.

Der Freud'sche Triebbegriff darf nach Ansicht dieser Psychoanalytiker nicht im Sinne einer Naturgegebenheit oder eines natürlichen biologischen Mechanismus interpretiert werden, dem die Triebunterdrückung ihre Verbote auferlegte, sondern als etwas immer schon tief von der Triebunterdrückung Durchdrungenes. Bedürfnis, Kastration, Mangel, Verbot, Gesetz sind bereits Elemente, über die das Begehren sich als sexuelles Begehren konstituiert, und das erfordert eine Umgestaltung des ursprünglichen Begriffs des Sexualtriebs, wie Freud ihn Ende des 19. Jahrhunderts erdacht hatte. Wir dürfen uns den Trieb nicht als naturgegeben vorstellen, sondern als etwas schon Elaboriertes, als komplexes Wechselspiel zwischen Körper und Gesetz, zwischen dem Leib und den kulturellen Mechanismen, die eine Kontrolle des Volkes sicherstellen.

Ich glaube also, die Psychoanalytiker haben das Problem durch ihren neuen Triebbegriff, ihr neues Verständnis von Trieb und Begehren, beträchtlich verschoben. Allerdings stört mich daran oder zumindest finde ich es unzureichend, dass die Psychoanalytiker zwar den Begriff des Begehrens verändert haben, den Begriff der Macht aber vollkommen unangetastet lassen.

Die Bedeutung von »Macht«, der zentrale Punkt, das, worin Macht besteht, ist für sie immer noch das Verbot, das Gesetz, das Neinsagen, die Formel »Du darfst nicht«. Für sie ist Macht ihrem Wesen nach die Instanz die »Du darfst nicht« sagt. Ich halte dieses Verständnis von Macht – und ich werde darauf später noch zurückkommen – für eine vollkommen unzulängliche, rein juristische und formale Konzeption, die durch ein neues Verständnis von Macht ersetzt werden sollte, durch eines, das die in den westlichen Gesellschaften entstandenen Beziehungen zwischen Macht und Sexualität besser zu erklären vermag.

Ich werde zu zeigen versuchen, in welche Richtung eine Analyse der Macht gehen könnte, die sich nicht auf einen juristischen, rein negativen Machtbegriff beschränkt, sondern den Gedanken einer Technologie der Macht entwickelt.

Bei Psychoanalytikern, Psychologen und Soziologen ist die Vorstellung verbreitet, wonach Macht in erster Linie Regel, Gesetz oder Verbot ist und die Grenze zwischen Erlaubtem und Verbotenem markiert. Ich glaube, dass dieses im Wesentlichen Ende des 19. Jahrhunderts ausformulierte Verständnis von Macht weitgehend von der Ethnologie entwickelt worden ist. Die Ethnologie hat immer versucht, in fremden Gesellschaften Machtsysteme aufzuspüren, die sie als Regelsysteme verstand. Und auch wenn wir selbst über unsere Gesellschaft und die darin anzutreffenden Formen der Machtausübung nachdenken, tun wir das meist auf der Basis einer juristischen Konzeption: Wo liegt die Macht? Wer hält die Macht inne? Welche Regeln regieren die Macht? Welches System von Gesetzen wird der Gesellschaft von der Macht auferlegt?

In unserer eigenen Gesellschaft unterziehen wir die Macht also immer einer rechtssoziologischen Betrachtung und bei fremden Gesellschaften betreiben wir eine Ethnologie, die vor allem auf Regeln und Verbote schaut. Von Durkheim bis Lévi-Strauss taucht in den ethnologischen Studien immer wieder dasselbe Problem auf: die Frage nach den Verboten und vor allem nach dem Inzestverbot. Das

Inzestverbot gilt als Matrix oder als Kern, von denen her man die Funktionsweise des gesamten Systems zu begreifen versucht. Erst in jüngster Zeit sind neue Sichtweisen hinsichtlich der Macht aufgekommen, nämlich eine streng marxistische und eine vom klassischen Marxismus weiter entfernte Sichtweise. Jedenfalls ist mit Arbeiten wie denen von Clastres[1] eine ganz neue Sicht der Macht als Technologie entstanden, die sich vom Primat oder von der Privilegierung der Regel und des Verbots zu emanzipieren versucht, wie sie die Ethnologie von Durkheim bis Lévi-Strauss beherrscht haben.

Jedenfalls möchte ich folgende Frage stellen: Wie kommt es, dass unsere Gesellschaft und die westliche Gesellschaft schlechthin Macht so restriktiv, so arm, so negativ versteht? Warum denken wir bei Macht immer an Gesetz und Verbot? Warum diese Privilegierung? Offensichtlich geht das auf den Einfluss Kants zurück, auf den Gedanken, die Grundlage und Matrix jeder Lenkung menschlichen Verhaltens sei das »Sittengesetz«, das »Du darfst nicht«, der Gegensatz zwischen »Du darfst« und »Du darfst nicht«. Eine Erklärung, die auf Kants Einfluss verweist, ist aber offensichtlich vollkommen unzureichend. Es fragt sich, ob Kant tatsächlich solch einen Einfluss gehabt hat und warum er ihn hatte. Warum stützte Durkheim, der als Philosoph vage von sozialistischen Vorstellungen aus der Anfangszeit der Dritten Republik geprägt war, sich bei der Analyse der gesellschaftlichen Machtmechanismen in dieser Weise auf Kant?

Ich glaube, wir können die Gründe in groben Zügen folgendermaßen analysieren: Die großen Systeme, die seit dem Mittelalter in Europa entstanden, entwickelten sich weitgehend über eine Zunahme der monarchischen Macht auf Kosten der feudalen Macht oder besser gesagt, der feudalen Mächte. Bei diesem Kampf zwischen den Feudalmächten und der monarchischen Macht diente das Recht stets als Instrument der monarchischen Macht gegen die Institutionen, Sitten, Regelungen, Bindungen und Zugehörigkeiten, die für die Feudalgesellschaft typisch waren. Ich möchte hier nur zwei Beispiele nennen. Einerseits stützte sich die monarchische Macht in Europa bei ihrer Entwicklung weitgehend auf juristische Institutionen und auf deren Weiterentwicklung. Während des Bürgerkriegs gelang es, die alte

1 [Verweis auf die Arbeiten, die Pierre Clastres in seinem Buch *La Société contre l'État. Recherches d'anthropologie politique*, Paris 1974, versammelt hat; dt. *Staatsfeinde. Studien zur politischen Anthropologie*, Frankfurt am Main 1976.]

Form der Beilegung privater Streitigkeiten durch ein auf Gesetzen basierendes Gerichtswesen zu ersetzen, das nun der monarchischen Macht die Möglichkeit bot, selbst solche Streitfälle zu lösen. Auch das römische Recht, das im 8. und 9. Jahrhundert wieder in Europa auftauchte, war für die Monarchie ein großartiges Instrument, mit dem sie die Formen und Mechanismen ihrer Macht auf Kosten der Feudalmächte definieren konnte. Mit anderen Worten, das Wachstum des Staates in Europa sicherte partiell die Entwicklung eines juristischen Denkens und benutzte es in jedem Fall als Werkzeug. Die Macht des Monarchen und des Staates ist ganz wesentlich im Recht repräsentiert.

Es zeigte sich nun, dass die Bourgeoisie, die großen Nutzen aus der Stärkung der königlichen Macht oder der Schwächung und dem Rückgang der feudalen Macht zog, gleichfalls Interesse an der Entwicklung dieses Rechtssystems hatte, weil sie damit dem ökonomischen Austausch, auf dem ihre eigene gesellschaftliche Entwicklung beruhte, Form verleihen konnte. Darum waren Sprache und Form des Rechts das der Bourgeoisie und der Monarchie gemeinsame System zur Repräsentation von Macht. Vom Ende des Mittelalters bis zum 18. Jahrhundert gelang es der Bourgeoisie und der Monarchie nach und nach, eine Form von Macht zu etablieren, die sich als Recht darstellte und sich als Sprache oder Diskurs den Wortschatz des Rechts gab. Als die Bourgeoisie sich schließlich der monarchischen Macht entledigte, tat sie das wiederum mit Hilfe dieses juristischen Diskurses, der doch eigentlich der Diskurs der Monarchie war und den sie nun gegen die Monarchie selbst wendete.

Hier nur ein einfaches Beispiel: Als Rousseau seine Staatstheorie entwickelte, versuchte er zu zeigen, wie ein Souverän, und zwar ein kollektiver Souverän, ein Souverän als gesellschaftlicher Körper oder eher noch ein gesellschaftlicher Körper als Souverän entsteht durch die Abtretung oder Aufhebung individueller Rechte und durch die Formulierung gesetzlicher Verbote, die jeder Einzelne beachten muss, weil er selbst sie erlassen hat, da er selbst der Souverän oder ein Glied des Souveräns ist. Der theoretische Mechanismus, über den man die Institution des Monarchen kritisierte, war also das Instrument des Rechts, das der Monarch selbst geschaffen hatte. Mit anderen Worten, im Westen hatte man nie ein anderes System der Repräsentation, Formulierung und Analyse von Macht als das System des Rechts und der Gesetze. Und ich glaube, das ist der Grund, weshalb wir bis vor kurzem Macht immer nur über solche elementaren Grundbegriffe wie Gesetz, Regel, Souverän, Delegation von Macht usw. haben analysieren können. Ich glaube, von diesem juristischen Verständnis der Macht, diesem Machtbegriff, der auf Gesetz und Souverän, Regel und Verbot aufbaut, müssen wir uns nun befreien, wenn wir nicht nur die Repräsentation von Macht, sondern deren reale Funktionsweise analysieren wollen.

Wie könnten wir nun versuchen, Macht in ihren positiven Mechanismen zu analysieren? Mir scheint, wir können die Grundelemente solch einer Analyse in einer Reihe von Texten finden. Möglicherweise finden wir sie bei Bentham, einem englischen Philosophen, der Ende des 18. und Anfang des 19. Jahrhunderts lebte und im Grunde der letzte große Theoretiker der bürgerlichen Macht war. Natürlich finden wir sie auch bei Marx, vor allem im zweiten Buch des *Kapital*. Dort können wir meines Erachtens einige Elemente finden, auf die ich bei der Analyse der Macht in ihren positiven Mechanismen zurückgreifen werde.

Im zweiten Buch des *Kapital*[2] sehen wir in erster Linie, dass es nicht nur Macht im Singular gibt, sondern Mächte, das heißt Formen der Herrschaft und Unterdrückung, die lokal funktionieren, zum Beispiel in der Fabrik, in der Armee, in einem Eigentum nach Art der Sklaverei oder einem Eigentum, in dem es Knechtschaftsbeziehungen gibt. All das sind lokale oder regionale Formen von Macht, die ihre eigene Funktionsweise, eigene Verfahren, eine eigene Technik besitzen. Diese Formen von Macht sind heterogen. Wenn wir eine Analyse der Macht unternehmen, dürfen wir darum nicht von Macht im Singular, sondern müssen von Mächten im Plural sprechen und versuchen, sie in ihrer geschichtlichen und geographischen Besonderheit zu erfassen.

Eine Gesellschaft ist kein einheitliches Gebilde, in dem nur eine einzige Macht herrschte, sondern ein Nebeneinander, eine Verbindung, eine Koordination und auch eine Hierarchie verschiedener Mächte, die dennoch ihre Besonderheit behalten. Marx etwa betont deutlich den besonderen und zugleich relativ autonomen, gleichsam undurchdringlichen Charakter der faktischen Macht, die der Fabrikherr in der Fabrik ausübt, im Vergleich zu der rechtsförmigen Macht

2 [Karl Marx, *Das Kapital. Kritik der politischen Ökonomie*, Buch II: »Der Zirkulationsprozeß des Kapitals«, Hamburg 1867.]

in der übrigen Gesellschaft. Es gibt also regionale Formen von Macht. Die Gesellschaft ist ein Archipel aus verschiedenen Mächten.

Zweitens können und dürfen diese Mächte nicht einfach als Ableitung oder Folge einer als ursprünglich zu denkenden zentralen Macht verstanden werden. Nach dem Schema der Juristen, ob Grotius, Pufendorf oder Rousseau, gab es zunächst keine Gesellschaft. Sie entstand erst mit einer zentralen souveränen Macht, die den Gesellschaftskörper organisierte und in der Folge eine Reihe lokaler und regionaler Mächte möglich machte. Marx verwirft dieses Schema ausdrücklich. Er zeigt stattdessen, wie aus diesen kleinen ursprünglichen und primitiven Machtregionen – wie dem Eigentum, der Sklaverei, der Fabrik, aber auch der Armee – nach und nach große Staatsapparate entstehen konnten. Die staatliche Einheit ist letztlich sekundär gegenüber diesen regionalen und besonderen Mächten, die am Anfang stehen.

Drittens ist es keineswegs die Hauptfunktion dieser besonderen, regionalen Mächte, zu verbieten, zu verhindern oder »Du darfst nicht« zu sagen. Die ursprüngliche, wesentliche und dauerhafte Funktion dieser lokalen und regionalen Mächte liegt in Wirklichkeit in der Herstellung von Effizienz, von Fähigkeiten, von Produzenten eines Produkts. Marx hat zum Beispiel das Problem der Disziplin in Armee und Fabrik ausgezeichnet analysiert. Meine Analyse der Disziplin in der Armee, die ich gleich vorstellen werde, findet sich nicht bei Marx, aber das hat keine Bedeutung. Was geschah in der Armee ab Ende des 16. und Anfang des 17. bis fast zum Ende des 18. Jahrhunderts? Eine gewaltige Veränderung. Bis dahin bestand die Armee im Wesentlichen aus kleinen, um einen Führer organisierten Einheiten relativ austauschbarer Individuen, die nun durch eine große, pyramidenförmig aufgebaute Einheit mit einer Reihe von Unterführern, Unteroffizieren und auch Technikern ersetzt wurden, und zwar hauptsächlich wegen einer technischen Erfindung, nämlich des relativ schnell und zielsicher feuernden Gewehrs.

Von da an konnte man die Armee nicht mehr in Gestalt kleiner, isolierter Einheiten mit austauschbaren Elementen führen – es war gefährlich, sie in Aktion zu setzen. Wenn man die Armee wirkungsvoll einsetzen und die Möglichkeiten des Gewehrs voll ausnutzen wollte, musste jeder Einzelne eine entsprechende Ausbildung erhalten, damit er eine bestimmte Stellung in der ausgedehnten Front beziehen konnte, und zwar gleichzeitig mit den anderen, so dass die Linie an keiner

Stelle unterbrochen war usw. Das Problem der Disziplin erforderte neue Techniken der Macht, mit Unteroffizieren, einer ganzen Reihe von Unteroffizieren, von niederen und höheren Dienstgraden. So konnte man die Armee als sehr komplexe hierarchische Einheit behandeln und über die gesamte Einheit bei gleichzeitiger Besonderheit der Stellung und Aufgabe jedes Teilelements größtmögliche Wirkung entfalten.

Man verbesserte die militärische Leistung durch eine neue Machttechnik, deren Aufgabe keineswegs darin bestand, etwas zu verbieten. Natürlich war manches verboten, aber das Ziel war es nicht, »Du darfst nicht« zu sagen. Das Ziel war eine größere Leistung, eine bessere Produktion, eine größere Produktivität der Armee. Verbessert oder gesichert wurde durch diese neue Machttechnologie die Armee als Produzent von Toten. Es ging ganz und gar nicht um Verbote. Dasselbe gilt auch für die Disziplin in den Werkstätten, die sich im 17. und 18. Jahrhundert herauszubilden begann. Als Fabriken mit zahlreichen – und manchmal mehreren hundert – Arbeitern an die Stelle der Handwerksbetriebe traten, entstand mit der Arbeitsteilung auch die Notwendigkeit, die Arbeit zu überwachen und die verschiedenen Tätigkeiten zu koordinieren. Die Arbeitsteilung war der eigentliche Grund, weshalb man die neue Arbeitsdisziplin erfinden musste. Aber umgekehrt können wir auch sagen, dass die Arbeitsdisziplin die Voraussetzung für die Entwicklung der Arbeitsteilung darstellte. Ohne diese Arbeitsdisziplin, also ohne Hierarchie, ohne Überwachung, ohne Vorarbeiter, ohne die zeitliche Kontrolle der Arbeitsvorgänge wäre es nicht möglich gewesen, eine solche Arbeitsteilung zu entwickeln.

Und noch ein vierter wichtiger Gedanke: Diese Machtmechanismen und Machtverfahren müssen wir als Techniken verstehen, also als Verfahren, die erfunden und verbessert und ständig weiterentwickelt werden. Es gibt tatsächlich eine Technologie der Macht oder besser der Mächte, die ihre eigene Geschichte hat. Auch dafür lässt sich im zweiten Buch des *Kapital* zwischen den Zeilen leicht eine Analyse oder zumindest der Ansatz einer Analyse finden, nämlich die Geschichte der Machttechnologie in Werkstatt und Fabrik. Ich werde diesen wichtigen Hinweisen folgen und versuchen, die Macht im Bereich der Sexualität nicht aus rechtlicher, sondern technologischer Perspektive zu untersuchen.

Wenn wir bei der Analyse der Macht den Staatsapparat in den

Vordergrund stellen, wenn wir in der Macht einen auf Bewahrung ausgerichteten Mechanismus erblicken, wenn wir sie für einen rechtlichen Überbau halten, übernehmen wir letztlich nur das klassische Thema des bürgerlichen Denkens, das in der Macht vor allem ein rechtliches Phänomen sieht. Wer den Staatsapparat, die bewahrende Funktion, den rechtlichen Überbau in den Vordergrund stellt, reduziert Marx auf Rousseau und stellt ihn zurück in den Rahmen der bürgerlichen, ganz auf das Rechtliche fixierten Theorie der Macht. Wenn ich nun aufnehme, was im zweiten Buch des *Kapital* zu finden ist, und alles entferne, was hinsichtlich des Vorrangs des Staatsapparats, der bewahrenden Funktion und des rechtlichen Überbaus hinzugefügt und umgeschrieben worden ist, so möchte ich damit herausfinden, wie man eine Geschichte der Mächte im Westen schreiben kann, und zwar vor allem jener Mächte, die im Bereich der Sexualität wirksam geworden sind.[3]

Wie können wir nun auf der Basis dieses methodologischen Prinzips die Geschichte der Machtmechanismen im Bereich der Sexualität erforschen? Ich denke, ganz schematisch könnte man sagen, das von der Monarchie seit dem Mittelalter aufgebaute Machtsystem legte der Entwicklung des Kapitalismus zwei größere Hindernisse in den Weg. Erstens war die im Gesellschaftskörper ausgeübte politische Macht sehr diskontinuierlich. Die Maschen des Netzes waren zu groß, so dass zahllose Dinge, Elemente, Verhaltensweisen und Prozesse der Kontrolle durch die Macht entgingen. Wenn wir uns etwa ansehen, welche Bedeutung der Schleichhandel Ende des 18. Jahrhunderts in ganz Europa erlangte, stellen wir fest, dass diese Wirtschaftsströme, die der Macht vollständig entgingen, fast denselben Umfang hatten wie die offiziellen Ströme. Und er bildete die Existenzgrundlage für zahlreiche Menschen. Ohne Piraterie hätte der Handel gar nicht funktioniert und die Menschen hätten nicht leben können. Anders ausgedrückt, die Gesetzlosigkeit war Voraussetzung des Lebens. Das bedeutete aber zugleich, dass manches dem Zugriff der Macht entging und nicht von der Macht kontrolliert werden konnte. Ökonomische Prozesse und diverse Mechanismen, die jenseits jeglicher Kontrolle lagen, erforderten daher die Schaffung einer kontinuierlichen, präzisen, gleichsam atomaren Macht, den Übergang von einer lückenhaft globalen zu einer stetigen, atomaren, individualisierenden Macht.

3 [Ende des 1981 veröffentlichten Teils.]

Statt einer globalen, auf die Masse zielenden Kontrolle bedurfte es einer Kontrolle jedes Einzelnen in seiner Leiblichkeit und seinem gesamten Tun.

Der zweite große Nachteil der in der Monarchie entwickelten Machtmechanismen bestand darin, dass sie extrem aufwendig waren. Und sie waren deshalb so aufwendig, weil die Funktion der Macht – also das, was sie ausmachte – vornehmlich in der Erhebung von Abgaben auf die Ernte lag: von Steuern oder im Fall der Kirche des Zehnten. Sie hatte das Recht und die Macht, einen gewissen Prozentsatz für die Herren, die königliche Macht oder Kirche einzufordern. Macht nahm etwas weg und war daher im Wesentlichen räuberisch. Sie bewirkte stets einen ökonomischen Abzug. Sie förderte und stimulierte nicht die Wirtschaftsströme, sondern behinderte und bremste sie ständig. Daher das zweite Erfordernis, einen Machtmechanismus zu finden, der Dinge und Menschen bis ins kleinste Detail kontrolliert und die Gesellschaft weder belastet noch gar ausraubt, sondern in dieselbe Richtung arbeitet wie der ökonomische Prozess.

Ich denke, mit diesen beiden Zielen können wir die große technologische Veränderung im Westen weitgehend verstehen. Wir sagen gerne – auch hier im Einklang mit einem eher schlichten Marxismus –, die große Erfindung sei bekanntlich die Dampfmaschine gewesen oder eine andere Erfindung dieser Art. Natürlich war die Dampfmaschine sehr wichtig, aber es gibt eine Reihe ebenso wichtiger Erfindungen, die letztlich die Voraussetzung für deren Funktionieren bildeten. Das gilt auch für die politische Technologie. Im 17. und 18. Jahrhundert gab es zahlreiche Erfindungen auf dem Gebiet der Machtformen. Darum müssen wir neben der Geschichte der industriellen auch die der politischen Techniken betrachten, und ich glaube, wir können die Erfindungen auf dem Gebiet der politischen Technologie in zwei große Kapitel einteilen, die wir in erster Linie dem 17. und 18. Jahrhundert zuschreiben müssen. Ich teile sie in zwei Kapitel ein, weil ich den Eindruck habe, dass sie sich in zwei verschiedene Richtungen entwickelten. Auf der einen Seite haben wir die Technologie, die ich als »Disziplin« bezeichnen möchte. Disziplin ist im Grunde der Machtmechanismus, über den wir den Gesellschaftskörper bis hin zum kleinsten Element, bis hin zu den sozialen Atomen, also den Individuen, zu kontrollieren vermögen. Es handelt sich um Techniken der Individualisierung von Macht. Wie kann man jemanden überwachen, sein Verhalten und seine Eignung kontrollieren, seine Leistung steigern, seine Fähigkeiten verbessern? Wie kann man ihn an den Platz stellen, an dem er am nützlichsten ist? Darum geht es bei der Disziplin.

Ich habe eben von der Disziplin in der Armee gesprochen. Die Armee ist deshalb ein wichtiges Beispiel, weil dort die Disziplin im Grunde entdeckt und auch in erster Linie entwickelt wurde. In Verbindung mit jener anderen technisch-industriellen Erfindung, dem relativ schnell feuernden Gewehr. Von da an können wir sagen, was nun folgt: Der Soldat war nicht länger austauschbar, war kein bloßes Kanonenfutter und kein bloßes Individuum mehr, das zuschlagen konnte. Um ein guter Soldat zu sein, musste er schießen können, also einen Ausbildungsprozess durchlaufen haben. Der Soldat musste auch wissen, wo er Stellung beziehen sollte und wie er sein Tun mit dem der anderen Soldaten abstimmen konnte. Der Soldat erwarb also gewisse Fähigkeiten und wurde dadurch kostbar. Und je kostbarer er wurde, desto wichtiger wurde es, ihn vor Tod oder Verwundung zu bewahren. Je wichtiger es wurde, ihn davor zu bewahren, desto notwendiger wurde es, ihm die Techniken beizubringen, mit deren Hilfe er in der Schlacht überleben konnte. Und je länger diese Ausbildung dauerte, desto kostbarer wurde er. Und plötzlich haben wir hier einen Antrieb für jene Techniken der militärischen Abrichtung, die ihren Höhepunkt in der berühmten preußischen Armee Friedrichs II. fand, wo die Soldaten die meiste Zeit mit Exerzieren verbrachten. Die preußische Armee, das Vorbild preußischer Disziplin, steht für die Perfektionierung und äußerste Intensivierung der körperlichen Disziplin des Soldaten, die in gewissem Maße auch zum Vorbild für andere Formen von Disziplin wurde.

Ein weiterer Ort, an dem wir die neue Disziplinartechnik entstehen sehen, ist die Schule. Zunächst in den höheren Schulen und dann auch in der Grundschule kommen Disziplinarmethoden auf, die eine Individualisierung in der Vielfalt ermöglichen. In den höheren Schulen sind Dutzende, Hunderte und manchmal sogar Tausende von Schülern versammelt, über die es nun eine weit weniger kostspielige Macht auszuüben gilt, als es bei der Macht des Hauslehrers der Fall war, die nur im Verhältnis zwischen Schüler und Meister bestehen kann. Hier haben wir nun einen Lehrer für Dutzende von Schülern, und trotz dieser Vielzahl muss man eine Individualisierung der Macht erreichen, die eine permanente Kontrolle und lückenlose Überwachung ermöglicht. Darum finden wir nun diese mit Überwachungsaufgaben betraute Person, die jeder kennt, der einmal auf dem Gymnasium war, und die in der Hierarchie dem Unteroffizier in der Armee entspricht. Und es entsteht die quantitative Benotung, das Prüfungswesen, also die Möglichkeit, die Einzelnen so einzuordnen, dass jeder seinen Platz hat: unter den Augen des Lehrers oder in der Qualifikation und der Beurteilung jedes Einzelnen.

Sie sitzen hier in Reihen vor mir. Das mag Ihnen ganz selbstverständlich erscheinen, aber wir sollten uns daran erinnern, dass dies eine relativ neue Erscheinung in der Geschichte der Zivilisation darstellt, denn noch zu Beginn des 19. Jahrhunderts kam es vor, dass die Schüler in Gruppen um den Lehrer herum standen und seinen Ausführungen zuhörten. Das hieß natürlich, dass der Lehrer sie nicht wirklich und nicht individuell überwachen konnte. Der Lehrer stand einer Gruppe gegenüber. Heute sitzen die Schüler in Reihen, und der Lehrer kann sie individuell ins Auge fassen, kann sie einzeln aufrufen, um ihre Anwesenheit zu prüfen, kann sehen, was sie tun, ob sie träumen oder gähnen ... Das sind Kleinigkeiten, aber sie sind dennoch sehr wichtig, denn in Verbindung mit einer ganzen Reihe weiterer Formen der Machtausübung sorgen erst diese kleinen Techniken dafür, dass die neuen Mechanismen auch funktionieren. Was in der Armee und in den Schulen geschah, kann man auch während des ganzen 19. Jahrhunderts in den Fabriken beobachten. Ich spreche hier von einer individualisierenden Machttechnologie, weil sie letztlich auf den Einzelnen bis in seine Körperlichkeit und sein Verhalten hinein zielt. Es handelt sich *grosso modo* um eine politische Anatomie, eine anatomische Politik, eine Anatomie, die auf den Einzelnen zielt und ihn dabei gleichsam in seine anatomischen Bestandteile zerlegt.

Diese Gruppe von Machttechnologien ist im 17. und 18. Jahrhundert entstanden. Es gibt noch eine weitere Gruppe von Machttechnologien, die etwas später entstanden, nämlich in der zweiten Hälfte des 18. Jahrhunderts, und zwar hauptsächlich in England. (Zur Schande Frankreichs muss man sagen, dass die erste Gruppe vor allem in Frankreich und Deutschland entwickelt wurde.) Bei der zweiten Gruppe handelt es sich um Technologien, die nicht auf den Einzelnen, sondern auf die gesamte Bevölkerung zielen. Mit anderen Worten, das 18. Jahrhundert entdeckte etwas sehr Wichtiges: dass Macht nicht nur über Untertanen ausgeübt wird, wie es der Grundthese der Monarchie entsprach, wonach es einen Souverän und Untertanen gab. Man entdeckte, dass Macht auch über die Bevölkerung ausgeübt wird. Und was bedeutet »Bevölkerung«? Die Bevölkerung ist eine Gruppe, die nicht einfach nur aus vielen Menschen besteht, sondern aus Menschen, die von biologischen Prozessen und Gesetzen durchdrungen, beherrscht und gelenkt sind. Eine Bevölkerung hat eine Geburtenrate, eine Alterskurve, eine Alterspyramide, eine Sterblichkeitsrate und einen Gesundheitszustand. Eine Bevölkerung kann zugrunde gehen oder sich entwickeln.

All das begann man im 18. Jahrhundert zu entdecken. Man bemerkte, dass die Beziehung zwischen der Macht und dem Untertan oder besser dem Einzelnen sich nicht auf jene Form von Unterwerfung beschränken darf, die es der Macht gestattet, dem Untertan Güter, Reichtümer und möglicherweise sogar Blut und Leben wegzunehmen, sondern dass sie sich auf das Individuum als biologisches Wesen beziehen sollte, das in Betracht gezogen werden muss, wenn man die Bevölkerung als Produktionsmaschine zur Erzeugung von Reichtum, Gütern und weiteren Individuen nutzen will. Die Entdeckung der Bevölkerung ist zugleich die Entdeckung des Einzelnen und des dressierbaren Körpers, die zweite große Kerntechnologie, um die herum sich die politischen Praktiken des Westens veränderten. Damals erfand man etwas, das ich im Unterschied zu der eben erwähnten anatomischen Politik als Biopolitik bezeichne. Zu dieser Zeit kamen Probleme auf wie das der Wohnverhältnisse, der städtischen Lebensbedingungen, der öffentlichen Hygiene oder der Veränderung des Verhältnisses zwischen Geburtenrate und Sterblichkeit. Damals begann man sich auch zu fragen, wie man die Menschen veranlassen konnte, mehr Kinder zu bekommen, oder jedenfalls, wie sich die Entwicklung der Bevölkerung, ihr Wachstum und ihre Wanderungsbewegungen steuern ließ. Eine ganze Reihe von Beobachtungstechniken, darunter natürlich die Statistik, aber auch große administrative, ökonomische und politische Körperschaften übernehmen von nun an die Aufgabe einer Regulierung der Bevölkerung. Es gibt zwei große Revolutionen in der Technologie der Macht: die Entdeckung der Disziplin und die Entdeckung der Regulierung, die Perfektionierung einer anatomischen Politik und die Perfektionierung einer Biopolitik.

Mit dem 18. Jahrhundert wird das Leben zu einem Objekt der Macht. Das Leben und der Körper. Bis dahin gab es nur Untertanen, nur Rechtssubjekte, denen man Güter und auch das Leben wegnehmen konnte. Nun gibt es Körper und Bevölkerungen. Die Macht ist materialistisch geworden. Sie beschränkt sich nicht mehr im Wesentlichen auf den rechtlichen Aspekt. Nun muss sie mit realen Dingen umgehen, mit dem Körper und dem Leben. Das Leben gelangt in den Einflussbereich der Macht – eine überaus wichtige Veränderung und ohne Zweifel eine der wichtigsten in der Geschichte der menschlichen Gesellschaften. Und natürlich kann man leicht sehen, wie es möglich war, dass die Sexualität von da an, das heißt seit dem 18. Jahrhundert, auch hier erstrangige Bedeutung erlangte. Denn die Sexualität liegt letztlich genau an der Verbindungsstelle zwischen der individuellen Disziplinierung des Körpers und der Regulierung der Bevölkerung. Die Sexualität ist von nun an der Bereich, von dem aus man die Überwachung des Einzelnen sicherstellen kann. So wird auch verständlich, warum seit dem 18. Jahrhundert und vor allem in den höheren Schulen die Sexualität der Heranwachsenden zu einem medizinischen, einem moralischen und fast schon zu einem politischen Problem ersten Ranges wird, denn über die Kontrolle der Sexualität – und unter dem Vorwand dieser Kontrolle – konnte man die Schüler, die Heranwachsenden, ihr Leben lang überwachen, in jedem Augenblick und selbst noch im Schlaf. Die Sexualität wird also zu einem Instrument der Disziplinierung. Und schon bald ist sie eines der wichtigsten Elemente der anatomischen Politik, von der ich eben gesprochen habe. Auf der anderen Seite sichert die Sexualität die Reproduktion der Bevölkerung. Über die Sexualität, über eine Sexualpolitik, können wir das Verhältnis zwischen Geburten- und Sterberate verändern. Jedenfalls wird die Sexualpolitik Bestandteil jener Politik des Lebens, die im 19. Jahrhundert solche Bedeutung erlangen wird. Die Sexualität ist das Bindeglied zwischen anatomischer Politik und Biopolitik; sie liegt am Kreuzungspunkt der Disziplinierungs- und Regulierungsformen, und in dieser Funktion wird sie Ende des 19. Jahrhunderts zu einem erstrangigen politischen Instrument, das es ermöglicht, die Gesellschaft in eine Produktionsmaschine umzuwandeln.

M. Foucault: Haben Sie Fragen dazu?

Ein Hörer: Auf welche Produktivität zielt die Macht im Gefängnis?

M. Foucault: Das ist eine lange Geschichte. Das Gefängnissystem, also das repressive, auf Sühne ausgerichtete Gefängnis, entstand recht spät, nämlich praktisch erst Ende des 18. Jahrhunderts. Davor diente das Gefängnis nicht dem Vollzug gesetzlich festgelegter Strafen. Man sperrte Menschen lediglich ein, um sie bis zu ihrem Prozess festzuhalten. Von wenigen Ausnahmen abgesehen, ging es nicht um Strafe. Als Repressionssystem schuf man das Gefängnis, weil man glaubte, Kriminelle dort umerziehen zu können. Nach einem Aufenthalt im Gefängnis werde der Häftling durch eine Domestizierung nach Art des Militärs oder der Schule zu einem Menschen, der die Gesetze achtet. Es ging im Gefängnis also um die Produktion gehorsamer Individuen.

Schon in der allerersten Zeit erkannte man, dass dieses Gefängnissystem nicht zu den erwünschten Ergebnissen führte, sondern genau die entgegensetzten Folgen zeitigte. Je länger ein Mensch im Gefängnis blieb, desto geringer der Umerziehungserfolg und desto stärker seine Kriminalisierung. Die Produktivität war nicht nur gleich null, sie war negativ. Deshalb hätte das Gefängnissystem eigentlich verschwinden müssen. Aber es blieb und ist bis heute geblieben. Und wenn wir fragen, was wir an die Stelle des Gefängnisses setzen sollen, gibt niemand eine Antwort.

Warum sind die Gefängnisse trotz ihrer negativen Produktivität geblieben? Ich glaube, gerade weil sie Kriminelle produzieren und weil Kriminalität in den uns bekannten Gesellschaften einen gewissen ökonomischen und politischen Nutzen hat. Diesen ökonomischen und politischen Nutzen der Kriminalität können wir leicht erkennen. Je mehr Kriminelle, desto mehr Verbrechen. Je mehr Verbrechen, desto größer die Angst in der Bevölkerung. Und je größer die Angst in der Bevölkerung, desto akzeptabler und wünschenswerter das System der polizeilichen Kontrolle. Die Existenz dieser permanenten kleinen inneren Gefahr gehört zu den Voraussetzungen für die Akzeptanz des Kontrollsystems. Deshalb räumt man der Kriminalität in Presse, Radio und Fernsehen aller Länder der Erde so viel Platz ein, als wäre sie jeden neuen Tag eine Neuigkeit. Seit 1830 finden sich in allen Ländern der Erde immer wieder Kampagnen zum Thema der wachsenden Kriminalität, obwohl diese Behauptung niemals bewiesen wurde. Die unterstellte Präsenz, die Bedrohung, die Zunahme der Kriminalität ist ein Faktor in der Akzeptanz der Kontrollen.

Aber das ist noch nicht alles. Kriminalität hat wirtschaftlichen Nutzen. Denken Sie nur an die äußerst lukrativen unsauberen Geschäftszweige, die in den Bereich des kapitalistischen Profits gehören und ihren Weg über die Kriminalität nehmen. Zum Beispiel die Prostitution. In allen Ländern Europas (ich weiß nicht, ob das in Brasilien auch so ist) liegt sie bekanntlich in den Händen so genannter

Zuhälter, die alle schon einmal im Gefängnis waren und nun die Aufgabe haben, die im Bereich des sexuellen Vergnügens erzielten Profite in Richtung ökonomischer Kreisläufe wie des Hotelwesens und auf Bankkonten zu lenken. Durch die Prostitution ist das sexuelle Vergnügen in der Bevölkerung kostspielig geworden, und das System der Zuhälter gestattet es, den aus dem sexuellen Vergnügen gezogenen Profit in gewisse Kreisläufe einzuspeisen. Waffenhandel, Drogenhandel und eine ganze Reihe unsauberer Geschäfte, die in der Gesellschaft aus diversen Gründen nicht direkt betrieben werden können, nehmen ihren Weg über die Kriminalität und werden durch sie gesichert.

Außerdem hatte die Kriminalität im 19. Jahrhundert und auch noch im 20. Jahrhundert ganz massive Bedeutung für eine Reihe politischer Operationen wie das Brechen von Streiks, die Infiltration der Gewerkschaften oder den Personenschutz für mehr oder weniger ehrenwerte Führer politischer Parteien. Ganz konkret spreche ich hier von Frankreich, wo alle politischen Parteien Leute aus dem kriminellen Milieu beschäftigen, und die Palette reicht von Plakatklebern bis hin zu Schlägern. Wir haben hier also eine ganze Reihe ökonomischer und politischer Institutionen, die auf der Basis der Kriminalität funktionieren, und insofern hat das Gefängnis, das Berufsverbrecher fabriziert, durchaus einen Nutzen und eine Produktivität.

Ein Hörer: Zunächst einmal möchte ich sagen, welches Vergnügen es mir bereitet hat, Ihnen zuzuhören, Sie zu sehen und Ihre Bücher nochmals zu lesen. Alle meine Fragen gründen in der Kritik, die Dominique[4] an Ihnen geübt hat: Wenn Sie einen Schritt weiter gehen, sind Sie kein Archäologe, kein Archäologe des Wissens mehr. Wenn Sie einen Schritt weiter gehen, verfallen sie in den historischen Materialismus. Das ist die eigentliche Frage. Dann möchte ich noch gerne wissen, warum Sie sagen, die Anhänger des historischen Materialismus und der Psychoanalyse seien sich ihrer selbst und der Wissenschaftlichkeit ihrer Position nicht sicher. Zunächst einmal überrascht mich das, weil ich so viel über den Unterschied zwischen *Verdrängung* und *Repression* gelesen habe, einen Unterschied, den wir im Portugiesischen nicht kennen, und weil Sie zunächst über

4 [Gemeint ist der Artikel von Dominique Lecourt, »Sur l'archéologie et le savoir«, *La Pensée*, Nr. 152, August 1970, S. 67-87, wiederabgedruckt in D. Lecourt, *Pour une critique de l'épistémologie*, Paris 1972, S. 98-183.]

Repression gesprochen haben, ohne sie von Verdrängung zu unterscheiden. Das überrascht mich. Die zweite Überraschung liegt darin, dass Sie bei dem Versuch, auf der Basis der militärischen Disziplin eine Anatomie des Sozialen zu entwerfen, dieselbe Terminologie verwenden wie die Rechtsanwälte in Brasilien. Auf dem Kongress des OAB,[5] der kürzlich in Salvador stattgefunden hat, sprachen die Anwälte bei der Definition ihrer juristischen Funktion viel von »Kompensieren« und »Disziplinieren«. Seltsamerweise benutzen Sie dieselben Ausdrücke, wenn Sie über Macht sprechen, Sie benutzen dieselbe juristische Sprache. Ich möchte Sie nun fragen, ob Sie da nicht demselben Scheindiskurs der kapitalistischen Gesellschaft verfallen, der Illusion der Macht, dem Diskurs, den die Juristen zu benutzen beginnen. Das neue Gesetz über Aktiengesellschaften zum Beispiel wird als Mittel zur Disziplinierung der Monopole dargestellt, aber in Wirklichkeit ist es ein wertvolles, technologisch sehr fortschrittliches Instrument und wird von Dingen bestimmt, die vom Willen der Juristen unabhängig sind, nämlich von den Erfordernissen der Reproduktion des Kapitals. Deshalb erstaunt mich die Verwendung derselben Terminologie, da Sie doch eine Dialektik zwischen Technologie und Disziplin herstellen. Und schließlich erstaunt mich noch, dass Sie die Bevölkerung als Element der Gesellschaftsanalyse wählen und damit noch in die Zeit vor Marx und dessen Kritik an Ricardo zurückfallen.

M. Foucault: Wir haben ein Problem mit der Zeit. Auf jeden Fall werden wir morgen um 15.30 Uhr wieder zusammenkommen. Dann werden wir diese wichtigen Fragen ausführlicher diskutieren können als jetzt. Ich möchte versuchen, kurz auf zwei Fragen zu antworten, und die übrigen können Sie morgen noch einmal stellen. Sind Sie damit einverstanden? Betrachten wir zuerst einmal die allgemeine Thematik der Frage. Über das Problem Lecourt und den historischen Materialismus können wir morgen sprechen, aber in den beiden anderen Punkten haben Sie Recht, denn sie beziehen sich auf Dinge, die ich heute morgen gesagt habe. Ich habe nicht über Verdrängung gesprochen, wohl aber über Repression, Verbot und Gesetz. Das hat mit der notwendigen Kürze und der wenigen Zeit zu tun, die mir zur Verfügung steht. Freuds Gedanke ist in der Tat sehr viel subtiler als das Bild, das ich hier davon gegeben habe. Um den Begriff der Ver-

5 [Orden dos Advogados do Brasil, brasilianische Anwaltsvereinigung.]

drängung gibt es eine Debatte zwischen Reich und den Reichianern, Marcuse und auf der anderen Seite den eigentlich psychoanalytischen Psychoanalytikern wie Melanie Klein und vor allem Lacan, wie man etwas verkürzt sagen könnte. Denn der Begriff der Verdrängung lässt sich zur Analyse der sozialen Repressionsmechanismen verwenden, sofern man annimmt, dass es sich bei der Instanz, die über die Verdrängung bestimmt, um eine soziale Realität handelt, die als Realitätsprinzip auftritt und die Verdrängung unmittelbar auslöst.

Ganz allgemein können wir hier von einer durch Marcuses Begriff der übermäßigen Repression[6] modifizierten Analyse im Sinne Reichs sprechen. Auf der anderen Seite greifen die Lacanianer den Begriff der Verdrängung auf und sagen, wenn Freud von Verdrängung spreche, denke er nicht an Repression, sondern an einen für das Begehren absolut konstitutiven Mechanismus, denn für Freud, so behauptet Lacan, gibt es kein nicht verdrängtes Begehren. Begehren als solches existiert nur, insofern es verdrängt wird und das Gesetz konstitutiv für das Begehren ist, so dass er den Begriff der Verdrängung aus dem Begriff des Gesetzes herleitet.

Daraus ergeben sich zwei Interpretationen, die über die Repression und die über das Gesetz, und die beiden Interpretationen beschreiben zwei vollkommen verschiedene Prozesse. Es stimmt, dass Freuds Verdrängungsbegriff je nach Text im einen und im anderen Sinne verwendet werden kann. Um dem schwierigen Problem der Interpretation Freuds aus dem Wege zu gehen, habe ich nur von Repression gesprochen, denn die Historiker der Sexualität haben nie einen anderen Begriff als den der Repression benutzt, und zwar aus einem sehr einfachen Grunde: Dieser Begriff lässt die sozialen Konturen hervortreten, welche die Verdrängung bestimmen. Wir können also die Geschichte der Verdrängung vom Repressionsbegriff her aufbauen, nicht aber die Geschichte der Sexualität vom Verbotsbegriff her, der in den meisten Gesellschaften weitgehend isomorph ist. Deshalb habe ich den Begriff der Verdrängung vermieden und nur von Repression gesprochen.

Zweitens überrascht es mich, dass die Anwälte den Ausdruck »Disziplin« verwenden, während ich den Ausdruck »kompensieren« kein einziges Mal benutzt habe. Dazu möchte ich nur sagen: Ich glaube,

6 [Im portugiesischen Text heißt es hier: *mais-repressão*. Herbert Marcuse, *Eros and Civilization. A Philosophical Inquiry into Freud*, London 1956; dt. *Eros und Kultur*, Stuttgart 1957; später unter dem Titel *Triebstruktur und Gesellschaft*, Frankfurt am Main 1965.]

seit der Entstehung der von mir so genannten Biomacht oder anatomischen Politik leben wir in einer Gesellschaft, die dabei ist, nicht länger eine juristische Gesellschaft zu sein. Die juristische Gesellschaft war die monarchische. Vom 12. bis ins 18. Jahrhundert hinein waren die europäischen Gesellschaften weitestgehend juristische Gesellschaften, in denen das Problem des Rechts das Grundproblem darstellte. Man kämpfte dafür, und man machte Revolutionen deswegen. In den Gesellschaften, die sich seit dem 19. Jahrhundert mit ihren Parlamenten, Gesetzgebungsverfahren, Gesetzbüchern und Gerichten als Gesellschaften des Rechts darstellten, setzte sich in Wirklichkeit ein ganz anderer Machtmechanismus durch, der nicht rechtlichen Formen gehorchte. Dessen Grundprinzip ist nicht das Gesetz, sondern die Norm, und als Instrumente dienen ihm nicht mehr die Gerichte, das Recht und der Justizapparat, sondern Medizin, soziale Kontrolle, Psychiatrie und Psychologie. Wir sind hier also in einer Welt der Disziplin, in einer Welt der Regulierung. Wir glauben immer noch, in einer Welt des Gesetzes zu sein, aber in Wirklichkeit entsteht hier eine ganz andere Form von Macht, und zwar auf Grundlagen, die nicht mehr rechtlicher Natur sind. Darum ist es gar nicht verwunderlich, den Ausdruck »Disziplin« aus dem Munde von Juristen zu hören, und in einem Punkt ist es sogar aufschlussreich, in der Frage nämlich, wie die auf Normalisierung ausgerichtete Gesellschaft [...][7] zu bewohnen und zugleich die rechtsförmige Gesellschaft dysfunktional werden zu lassen.

Sehen Sie nur, was im Strafsystem geschieht. Ich weiß nicht, wie es in Brasilien ist, aber in europäischen Staaten wie Deutschland, Frankreich oder Großbritannien gibt es praktisch keinen Straftäter mehr und wird es bald schon keinen Menschen mehr geben, der nicht bei einem Strafverfahren durch die Hände von Spezialisten aus dem Bereich der Medizin, Psychiatrie oder Psychologie ginge. Das ist so, weil wir in einer Gesellschaft leben, in der das Verbrechen nicht mehr nur und vor allem eine Gesetzesübertretung darstellt, sondern in allererster Linie eine Abweichung von der Norm. Im Bereich der Strafgerichtsbarkeit spricht man heute, wie Sie wissen, nur noch von Neurosen, Devianz, Aggressivität und Trieben. Wenn ich von Disziplin und Normalisierung spreche, verfalle ich durchaus nicht der juristischen Ebene. Vielmehr sind die Männer des Rechts, die Männer des Ge-

7 [Lücke in der portugiesischen Transkription der Bandaufzeichnung.]

setzes, die Juristen heute gezwungen, dieses Vokabular der Disziplin und der Normalisierung zu verwenden. Wenn auf dem Kongress des OAB von Disziplin gesprochen wurde, so bestätigt das nur, was ich gesagt habe, und nicht etwa, dass ich in eine juristische Konzeption zurückgefallen wäre. Die Juristen haben sich bewegt.

Ein Hörer: Wie sehen Sie das Verhältnis zwischen Wissen und Macht? Führt die Machttechnologie zur sexuellen Perversion, oder ist dafür die natürliche biologische Anarchie verantwortlich, die beim Menschen anzutreffen ist?

M. Foucault: Ich glaube nicht, dass wir sagen könnten, die biologische Entwicklung motivierte oder erklärte die Entwicklung dieser Machttechnologie. Ich habe im Gegenteil zu zeigen versucht, dass die Veränderung der Machttechnologie Teil der kapitalistischen Entwicklung ist. Und zwar insofern, als die Entwicklung des Kapitalismus die veränderte Machttechnologie erforderlich macht, und umgekehrt diese Veränderung erst die kapitalistische Entwicklung ermöglicht hat, so dass beide sich gleichsam gegenseitig hervorgebracht haben.

Nun zu der anderen Frage, die den Umstand betrifft, dass Machtbeziehungen [...],[8] wenn Lust und Macht miteinander einhergehen. Das ist ein wichtiges Problem. Ich habe in knapper Form zum Ausdruck bringen wollen, dass genau dies charakteristisch für die in unseren Gesellschaften anzutreffenden Mechanismen zu sein scheint und dass wir gerade deshalb nicht einfach sagen können, die Funktion der Macht sei das Verbot. Wenn wir davon ausgehen, dass die Funktion der Macht im Verbot liegt, sind wir gezwungen, Mechanismen zu erfinden – Lacan muss das tun, und die anderen auch –, um sagen zu können, dass wir uns mit der Macht identifizieren oder dass eine masochistische Beziehung hergestellt wird, die bewirkt, dass wir Verbote lieben. Wenn wir aber davon ausgehen, dass Macht nicht in erster Linie die Funktion hat zu verbieten, sondern zu produzieren, Lust zu schaffen, können wir verstehen, warum wir der Macht gehorchen und uns zugleich daran erfreuen können, was nicht unbedingt als masochistisch einzustufen wäre. Kinder können uns hier als Beispiel dienen. Ich glaube, die Tatsache, dass man die kindliche Sexualität im 19. Jahrhundert zu einem Hauptproblem der bürgerlichen Familie machte, hat eine Vielzahl von Kontrollen über die Familie, die Eltern wie auch die Kinder, ausgelöst und ermöglicht, die aber

8 [Lücke in der Transkription der Bandaufzeichnung.]

zugleich auch eine Reihe neuer Vergnügungen schufen: die Lust der Eltern, ihre Kinder zu überwachen; die Lust der Kinder, mit ihrer eigenen Sexualität zu spielen, gegen die Eltern und mit den Eltern; eine neue Ökonomie der Lust um den Körper des Kindes. Wir brauchen nicht zu sagen, die Eltern hätten sich aus Masochismus mit dem Gesetz identifiziert...

Eine Hörerin: Sie haben nicht auf die Frage nach dem Verhältnis zwischen Wissen und Macht geantwortet und nach der Macht, die Sie, Michel Foucault, durch Ihr Wissen ausüben.

M. Foucault: Vielen Dank, dass Sie mich an die Frage erinnern. Tatsächlich muss die Frage gestellt werden. Ich glaube – jedenfalls ist das der Sinn der Analysen, die ich vornehme und deren Inspirationsquelle Sie sehen können –, ich glaube, dass wir Machtbeziehungen nicht schematisch betrachten dürfen, auf der einen Seite jene, die Macht haben, und auf der anderen jene, die keine haben. Nochmals, hier verwendet ein gewisser akademischer Marxismus häufig den Gegensatz zwischen herrschender und beherrschter Klasse, zwischen herrschendem und beherrschtem Diskurs. Dieser Dualismus findet sich bei Marx niemals, wohl aber bei reaktionären und rassistischen Denkern wie Gobineau, die behaupten, in jeder Gesellschaft gäbe es stets zwei Klassen, eine beherrschte und eine herrschende. Das können Sie bei diversen Leuten finden, aber niemals bei Marx, denn Marx ist zu klug, um so etwas zu behaupten. Er weiß genau, die Festigkeit der Machtverhältnisse beruht gerade darauf, dass sie nirgendwo enden. Es gibt nicht auf der einen Seite wenige, auf der anderen viele. Die Machtbeziehungen sind überall. Die Arbeiterklasse erwidert Machtbeziehungen und übt ihrerseits Macht aus. Allein schon die Tatsache, dass Sie Studentin sind, versetzt Sie in eine bestimmte Machtposition. Andererseits bin ich als Professor gleichfalls in einer Machtposition. Ich bin in einer Machtposition, weil ich keine Frau bin, sondern ein Mann. Und als Frau sind Sie gleichfalls in einer Machtposition, nicht in derselben, aber wir beide sind gleichermaßen in einer Machtposition. Von jedem, der etwas weiß, können wir sagen, dass er Macht ausübt. Stupide ist solch eine Kritik, wenn sie sich darauf beschränkt. Interessant ist dagegen, wie die Maschen der Macht in einer Gruppe, einer Klasse, einer Gesellschaft funktionieren, das heißt, wo sie jeweils im Netz der Macht lokalisiert sind und wie sie Macht ausüben, sichern und weitergeben.

Übersetzt von Michael Bischoff

Subjekt und Macht

»The Subject and Power«, in: H. Dreyfus und P. Rabinow, *Michel Foucault: Beyond Structuralism and Hermeneutics*, Chicago 1982, S. 208-226.

Was soll eine Erforschung der Macht? Die Frage nach dem Subjekt

Die Ideen, die ich hier vortragen möchte, sind kein Ersatz für eine Theorie oder eine Methodologie.

Zunächst möchte ich sagen, welches Ziel ich in den letzten zwanzig Jahren in meiner Arbeit verfolgt habe. Es ging mir nicht darum, Machtphänomene zu analysieren oder die Grundlagen für solch eine Analyse zu schaffen. Vielmehr habe ich mich um eine Geschichte der verschiedenen Formen der Subjektivierung des Menschen in unserer Kultur bemüht. Und zu diesem Zweck habe ich Objektivierungsformen untersucht, die den Menschen zum Subjekt machen.

Da sind zunächst die verschiedenen Forschungsweisen, die den Anspruch auf Wissenschaftlichkeit erheben. Ich denke zum Beispiel an die Objektivierung des sprechenden Subjekts in der Grammatik, der Philologie und der Sprachwissenschaft. Oder auch an die Objektivierung des produzierenden, arbeitenden Subjekts in den Wirtschaftswissenschaften. Ein drittes Beispiel wäre die Objektivierung der bloßen Tatsache des Lebens in Naturgeschichte oder Biologie.

Im zweiten Teil meiner Arbeit habe ich die Objektivierung des Subjekts in den auf Unterscheidung und Teilung ausgerichteten Praktiken untersucht. Das Subjekt wird entweder in sich selbst geteilt oder von den anderen unterschieden und getrennt. Dadurch wird es zum Objekt. Die Unterscheidung zwischen Irren und Nichtirren, Kranken und Gesunden, Kriminellen und »anständigen Leuten« ist ein Beispiel für diese Bestrebung.

Schließlich habe ich zu klären versucht – und daran arbeite ich auch gegenwärtig noch –, auf welche Weise ein Mensch zum Subjekt wird. Dabei habe ich meine Forschung auf die Sexualität ausgerichtet und zum Beispiel untersucht, auf welche Weise der Mensch gelernt hat, sich als Subjekt einer »Sexualität« zu begreifen.

Das umfassende Thema meiner Arbeit ist also nicht die Macht, sondern das Subjekt.

Allerdings ist es richtig, dass ich mich veranlasst sah, mich auch näher für das Problem der Macht zu interessieren. Mir wurde rasch klar, wenn das menschliche Subjekt in Produktionsverhältnisse und Sinnbeziehungen eingebunden ist, dann ist es zugleich auch in hochkomplexe Machtbeziehungen eingebunden. Nun zeigt sich aber, dass wir dank der Geschichtswissenschaft und der Ökonomie über angemessene Instrumente zur Erforschung der Produktionsverhältnisse verfügen, während Sprachwissenschaft und Semiotik Instrumente zur Erforschung von Sinnbeziehungen bereitstellen. Doch für die Analyse der Machtbeziehungen fehlten bislang die entsprechenden Werkzeuge. Macht dachte man entweder im Rahmen rechtlicher Modelle (Wodurch wird Macht legitimiert?) oder im Rahmen institutioneller Modelle (Was ist der Staat?).

Ich musste daher die Dimensionen einer Definition der Macht erweitern, wenn ich diese Definition für die Erforschung der Objektivierung des Subjekts benutzen wollte.

Brauchen wir eine Theorie der Macht? Da jede Theorie eine Objektivierung voraussetzt, kann keine Theorie als Grundlage für die Analyse dienen. Aber man kann keine Analyse vornehmen, ohne vorher die behandelten Probleme in Begriffe zu fassen. Und diese Begriffsbildung setzt kritisches Denken und eine ständige Verifizierung voraus.

Zunächst müssen wir die »begrifflichen Erfordernisse« klären, wie ich sie nennen möchte. Damit meine ich, dass die Begriffsbildung nicht mit einer Theorie des Objekts vermengt werden darf. Das begrifflich zu erfassende Objekt ist nicht das einzige Geltungskriterium für die Begriffsbildung. Wir müssen auch die historischen Bedingungen kennen, die eine bestimmte Art der Begriffsbildung motivieren. Wir brauchen ein geschichtliches Bewusstsein der Situation, in der wir leben.

Zweitens müssen wir klären, mit welcher Art von Realität wir es zu tun haben.

Ein Journalist einer großen französischen Tageszeitung fragte einmal verwundert: »Warum werfen heute so viele die Frage der Macht auf? Ist das ein wichtiges Thema? Und ein so unabhängiges, dass man darüber sprechen kann, ohne auch andere Probleme zu berücksichtigen?«

Diese Verwunderung hat mich überrascht. Es fällt mir schwer zu glauben, dass diese Frage erst im 20. Jahrhundert aufgeworfen wurde.

Für uns jedenfalls ist Macht keineswegs nur eine theoretische Frage, sondern Teil unserer Erfahrung. Ich erinnere nur an zwei ihrer »pathologischen Formen«, den Faschismus und den Stalinismus, diese beiden »Krankheiten der Macht«. Neben vielen anderen Gründen beunruhigen sie uns gerade deshalb, weil sie trotz ihrer historischen Einzigartigkeit keineswegs originell sind. Faschismus und Stalinismus haben Mechanismen genutzt und ausgebaut, die in den meisten anderen Gesellschaften bereits zu finden waren. Und nicht nur das. Trotz ihres inneren Wahnsinns griffen sie in weitem Maße auf die Ideen und Verfahren unserer politischen Rationalität zurück.

Wir brauchen daher eine neue Ökonomie der Machtbeziehungen – und den Ausdruck »Ökonomie« verwende ich hier sowohl im theoretischen als auch im praktischen Sinne. Ich kann es auch anders ausdrücken: Seit Kant hat die Philosophie die Aufgabe, zu verhindern, dass die Vernunft die Grenzen des in der Erfahrung Gegebenen überschreitet, doch seit dieser Zeit – das heißt seit der Entstehung des Staates und der politischen Verwaltung der Gesellschaft – hat sie auch die Aufgabe, die überzogene Macht der politischen Rationalität zu überwachen. Und das ist sehr viel verlangt.

Das alles sind äußerst banale Tatsachen, und jedermann kennt sie. Aber bei aller Banalität sind es dennoch Tatsachen. Und wenn man es mit banalen Tatsachen zu tun hat, muss man herausfinden – oder zumindest versuchen herauszufinden –, welche spezifischen und möglicherweise ganz besonderen Probleme damit verbunden sind.

Der Zusammenhang zwischen Rationalisierung und überzogener politischer Macht liegt auf der Hand. Und wir brauchten nicht erst auf die Bürokratie oder die Konzentrationslager zu warten, um zu erkennen, dass es solche Zusammenhänge gibt. Die Frage ist nur: Was fangen wir damit an?

Müssen wir der Vernunft den Prozess machen? Nichts wäre in meinen Augen fruchtloser. Zunächst einmal, weil unser Thema nichts mit der Frage nach Schuld oder Unschuld zu tun hat. Sodann weil es absurd ist, auf die Vernunft als Gegensatz zur Unvernunft zu verweisen. Und schließlich weil solch ein Prozess uns dazu verdammte, die willkürliche und unerquickliche Rolle des Rationalisten oder des Irrationalisten zu spielen.

Sollen wir versuchen, jene Art von Rationalismus zu analysieren, die ein typisches Merkmal unserer modernen Kultur darstellt und sich am Grunde der Aufklärung[1] findet? Diesen Weg sind einige Mitglieder der Frankfurter Schule gegangen. Ich möchte jedoch keine Diskussion über deren Arbeiten beginnen, so wichtig und kostbar sie sein mögen, sondern einen anderen Weg zur Analyse des Verhältnisses zwischen Rationalisierung und Macht vorschlagen.

Ohne Zweifel ist es klüger, die Rationalisierung der Gesellschaft oder der Kultur nicht global zu betrachten, sondern in einzelnen Bereichen zu untersuchen, die jeweils auf eine Grunderfahrung verweisen: Wahnsinn, Krankheit, Tod, Verbrechen, Sexualität usw.

Ich halte den Ausdruck »Rationalisierung« für gefährlich. Wir sollten spezifische Rationalitäten analysieren, statt immer nur auf die fortschreitende Rationalisierung insgesamt zu schauen.

Die Aufklärung war zwar eine sehr wichtige Phase in unserer Geschichte und in der Entwicklung der politischen Technologie, aber ich glaube, wir müssen auf sehr viel weiter zurückliegende Prozesse zurückgehen, wenn wir verstehen wollen, über welche Mechanismen wir zu Gefangenen unserer eigenen Geschichte geworden sind.

Ich möchte hier einen anderen Weg zu einer neuen Ökonomie der Machtbeziehungen vorschlagen, der stärker empirisch ausgerichtet und unmittelbarer mit unserer gegenwärtigen Situation verbunden ist, aber auch eine engere Verbindung zwischen Theorie und Praxis impliziert. Dieser neue Forschungsansatz wählt als Ausgangspunkt den jeweiligen Widerstand gegen die verschiedenen Formen von Macht. Oder um es mit einem anderen Bild zu sagen, er benutzt diesen Widerstand als chemischen Katalysator, der die Machtbeziehungen sichtbar macht und zeigt, wo sie zu finden sind, wo sie ansetzen und mit welchen Methoden sie arbeiten. Statt die Macht im Blick auf ihre innere Rationalität zu analysieren, möchte ich die Machtbeziehungen über das Wechselspiel gegensätzlicher Strategien untersuchen.

Will man zum Beispiel verstehen, was die Gesellschaft unter geistiger Gesundheit versteht, muss man untersuchen, was auf dem Gebiet der Geisteskrankheiten geschieht. Wenn wir wissen wollen, was wir mit Gesetzlichkeit meinen, müssen wir analysieren, was im Bereich der Gesetzlosigkeit geschieht. Und wenn wir wissen möchten, was Machtbeziehungen sind, müssen wir vielleicht die Widerstände dagegen untersuchen und die Bemühungen, diese Beziehungen aufzulösen.

1 [Im Original Deutsch.]

Ich schlage daher vor, zum Ausgangspunkt eine Reihe von Widerständen zu nehmen, die sich in den letzten Jahren entwickelt haben: den Widerstand gegen die Macht der Männer über die Frauen, der Eltern über ihre Kinder, der Psychiatrie über die Geisteskranken, der Medizin über die Bevölkerung, der staatlichen Verwaltung über die Lebensweise der Menschen.

Es reicht nicht, wenn man sagt, bei diesem Widerstand handle es sich um einen Kampf gegen die Autorität. Wir müssen schon genauer bestimmen, was diese Kämpfe gemeinsam haben.

1. Es handelt sich um »transversale« Kämpfe. Damit meine ich, dass sie sich nicht auf ein einzelnes Land beschränken. Natürlich sind die Bedingungen in manchen Ländern besonders günstig für ihre Entstehung und Ausbreitung, doch sie sind nicht auf bestimmte politische oder ökonomische Systeme beschränkt.

2. Das Ziel dieser Kämpfe sind die Auswirkungen der Macht als solche. So wirft man dem Ärztestand nicht in erster Linie vor, aus dem Arztberuf ein Geschäft zu machen, sondern eine nicht kontrollierte Macht über den Körper, über die Gesundheit, über Leben und Tod der Menschen auszuüben.

3. Es handelt sich um »unmittelbare« Kämpfe, und das aus zwei Gründen. Erstens kritisieren die Menschen jene Machtinstanzen, die ihnen am nächsten sind und auf den Einzelnen einwirken. Sie suchen nicht nach dem »Feind Nr. 1«, sondern nach dem unmittelbaren Gegner. Zweitens denken sie nicht, dass die Lösung ihrer Probleme irgendwo in der Zukunft läge (das heißt im Versprechen einer Befreiung oder einer Revolution, in der Hoffnung auf ein Ende des Klassenkampfes). Im Vergleich zu einer theoretischen Erklärungsebene oder zur Frage der Revolution, die eine Polarisierung unter den Historikern bewirkt, sind das anarchische Kämpfe.

Doch damit haben wir noch nicht ihre typischsten Merkmale erfasst. Ihre Besonderheit liegt vielmehr in folgenden Eigenschaften:

4. Es handelt sich um Kämpfe, die den Status des Individuums in Frage stellen. Einerseits treten sie für das Recht auf Anderssein ein und betonen alles, was die Individualität des Individuums ausmacht. Andererseits wenden sie sich gegen alles, was das Individuum zu isolieren und von den anderen abzuschneiden vermag, was die Gemeinschaft spaltet, was den Einzelnen zwingt, sich in sich selbst zurückzuziehen, und was ihn an seine eigene Identität bindet.

Diese Kämpfe werden nicht für oder gegen das »Individuum« ausgetragen, sondern gegen die »Lenkung durch Individualisierung«, wie man sie nennen könnte.

5. Sie leisten Widerstand gegen alle Formen von Macht, die in einem Zusammenhang mit Wissen, Kompetenz und Qualifikation stehen. Sie kämpfen gegen die Privilegien des Wissens. Aber sie wenden sich auch gegen Mysterien, Deformationen und Mystifikationen jeglicher Art in den Vorstellungen, die man den Menschen aufzwingen möchte.

In alledem liegt jedoch nichts »Szientistisches« (also kein dogmatischer Glaube an den Wert wissenschaftlichen Wissens), aber auch keine skeptische oder relativistische Ablehnung jeder gesicherten Wahrheit. In Frage gestellt wird hier vielmehr die Art und Weise, wie Wissen zirkuliert und funktioniert, ihr Verhältnis zur Macht. Kurz: das Wissensregime.

6. Und schließlich geht es in allen gegenwärtigen Kämpfen um die Frage: Wer sind wir? Sie wenden sich gegen jene Abstraktionen und jene Gewalt, die der ökonomische und ideologische Staat ausübt, ohne zu wissen, wer wir als Individuum sind, wie auch gegen die wissenschaftliche oder administrative Inquisition, die unsere Identität festlegt.

Insgesamt richten sich diese Kämpfe also nicht in erster Linie gegen bestimmte Machtinstitutionen, Gruppen, Klassen oder Eliten, sondern gegen eine bestimmte Machttechnik oder Machtform.

Diese Machtform gilt dem unmittelbaren Alltagsleben, das die Individuen in Kategorien einteilt, ihnen ihre Individualität zuweist, sie an ihre Identität bindet und ihnen das Gesetz einer Wahrheit auferlegt, die sie in sich selbst und die anderen in ihnen zu erkennen haben. Diese Machtform verwandelt die Individuen in Subjekte. Das Wort »Subjekt« hat zwei Bedeutungen: Es bezeichnet das Subjekt, das der Herrschaft eines anderen unterworfen ist und in seiner Abhängigkeit steht; und es bezeichnet das Subjekt, das durch Bewusstsein und Selbsterkenntnis an seine eigene Identität gebunden ist. In beiden Fällen suggeriert das Wort eine Form von Macht, die unterjocht und unterwirft.

Ganz allgemein gibt es drei Arten von Kämpfen. Die einen richten sich gegen die (ethnischen, sozialen und religiösen) Formen von Herrschaft, andere prangern die Ausbeutung an, die den Einzelnen von seinem Erzeugnis trennt, und wieder andere kämpfen gegen alles, was den Einzelnen an sich selbst bindet und dadurch seine Unterwerfung unter die anderen sicherstellt (Kämpfe gegen die »Objektivierung« und die verschiedenen Formen der Unterordnung).

Die Geschichte ist reich an Beispielen für diese drei Arten sozialer Kämpfe, ob sie nun isoliert oder in Verbindung mit anderen auftraten. Doch auch wenn diese Kämpfe sich miteinander mischen, dominiert fast immer eine ihrer Formen. So stand in der Feudalgesellschaft der Kampf gegen ethnische oder soziale Herrschaft im Vordergrund, aber auch die ökonomische Ausbeutung war ein wichtiger Faktor in der Entstehung von Revolten.

Im 19. Jahrhundert trat dann der Kampf gegen die Ausbeutung in den Vordergrund.

Und heute gewinnt der Kampf gegen die Formen der »Objektivierung« – gegen die Unterwerfung der Subjektivität – immer größere Bedeutung, auch wenn der Kampf gegen Herrschaft und Ausbeutung nicht verschwunden ist, im Gegenteil.

Ich habe den Eindruck, es ist nicht das erste Mal, dass unsere Gesellschaft sich mit Kämpfen dieses Typs konfrontiert sieht. All jene Bewegungen, die ihren Ausgang im 15. und 16. Jahrhundert nahmen und ihren Ausdruck wie auch ihre Rechtfertigung in der Reformation fanden, müssen als Anzeichen einer schweren Krise im westlichen Verständnis der Subjektivität und als Indiz einer Revolte gegen jene Form religiöser und moralischer Macht verstanden werden, welche dieser Subjektivität im Mittelalter Gestalt verliehen hatte. Das damals empfundene Bedürfnis nach einer direkten Beteiligung am spirituellen Leben, an der Heilsarbeit und an der Wahrheit der Bibel – all das zeugt von einem Kampf für eine neue Subjektivität.

Ich weiß sehr wohl, welche Einwände man hier erheben könnte. Man könnte sagen, bei all diesen Formen der »Objektivierung« handele es sich um abgeleitete Erscheinungen, um die Folgen anderer, nämlich ökonomischer und sozialer Prozesse: der Produktivkräfte, Klassenkämpfe und ideologischen Strukturen, die den jeweiligen Subjektivitätstyp bestimmten.

Natürlich kann man die Mechanismen der »Objektivierung« nicht erforschen, ohne deren Beziehungen zu den Herrschafts- und Ausbeutungsmechanismen zu berücksichtigen. Doch die Mechanismen der »Objektivierung« bilden nicht einfach den »Endpunkt« anderer, fundamentalerer Mechanismen. Vielmehr unterhalten sie komplexe, zirkuläre Beziehungen untereinander.

Der Kampf gegen die »Objektivierung« steht in unserer Gesellschaft deshalb im Vordergrund, weil sich seit dem 16. Jahrhundert kontinuierlich eine neue Form politischer Macht entwickelt hat. Diese neue politische Struktur ist bekanntlich der Staat. Doch in den meisten Fällen wird der Staat als eine Form politischer Macht verstanden, die keine Rücksicht auf den Einzelnen nimmt, sondern allein die Interessen der Gemeinschaft verfolgt oder eher noch die einer Klasse oder einer Gruppe ausgewählter Bürger.

Das ist vollkommen richtig. Und dennoch möchte ich hervorheben, dass die Macht des Staates – darin liegt einer der Gründe für seine Stärke – eine zugleich globalisierende und totalisierende Form von Macht ist. Nirgendwo sonst in der Geschichte der menschlichen Gesellschaften – nicht einmal in der alten chinesischen Gesellschaft – findet sich, wie ich glaube, innerhalb der politischen Strukturen eine so komplexe Verbindung zwischen Techniken der Individualisierung und totalisierenden Verfahren.

Der Grund liegt in der Tatsache, dass der moderne westliche Staat in neuer politischer Form eine alte Machttechnik aufgriff, die in den christlichen Institutionen entstanden war. Diese Machttechnik wollen wir als Pastoralmacht bezeichnen.

Zu Beginn ein paar Worte über diese Pastoralmacht.

Man hat oft gesagt, das Christentum habe einen Sittenkodex hervorgebracht, der sich grundlegend von dem der antiken Welt unterschied. Nicht so oft wird die Tatsache erwähnt, dass es auch neue Machtbeziehungen entwickelte und in der gesamten antiken Welt verbreitete.

Das Christentum ist die einzige Religion, die sich als Kirche organisiert hat. Und als Kirche vertritt es eine Theorie, wonach manche Menschen aufgrund einer religiösen Qualität die Fähigkeit besitzen, anderen zu dienen, und zwar nicht als Fürsten, Richter, Propheten, Wahrsager, Wohltäter oder Erzieher, sondern als Hirten. Aber diese Form bezeichnet eine ganz bestimmte Form von Macht.

1. Es handelt sich um eine Form von Macht, die das Seelenheil des Einzelnen im Jenseits sichern soll.

2. Die Pastoralmacht ist keine bloß ordnende Macht. Ihr Inhaber, der Hirte, muss auch bereit sein, sich für das Leben und das Seelenheil seiner Herde zu opfern. Darin unterscheidet sie sich von der Macht des Herrschers, der von seinen Untertanen verlangen kann, dass sie sich opfern, um den Thron zu retten.

3. Es handelt sich um eine Form von Macht, die sich nicht nur um

die Gemeinschaft als ganze kümmert, sondern um jeden Einzelnen, und das sein Leben lang.

4. Schließlich lässt sich diese Form von Macht nur ausüben, wenn man weiß, was in den Köpfen der Menschen vor sich geht, wenn man ihre Seele erforscht, wenn man sie zwingt, ihre intimsten Geheimnisse preiszugeben. Sie setzt voraus, dass man das Bewusstsein des Einzelnen kennt und zu lenken vermag.

Diese Form von Macht ist auf das Seelenheil ausgerichtet (im Unterschied zur politischen Macht). Sie ist opferbereit (im Unterschied zum Herrschaftsprinzip), und sie individualisiert (im Unterschied zur richterlichen Macht). Sie ist koextensiv mit dem Leben und dessen Fortsetzung nach dem Tod. Sie ist mit der Erzeugung von Wahrheit verbunden, und zwar der Wahrheit des Einzelnen.

Sie werden sagen, all das gehöre der Vergangenheit an, da die Pastoralmacht zwar nicht vollkommen verschwunden sei, aber doch ihre Wirksamkeit im Wesentlichen verloren habe.

Das ist richtig, aber ich glaube, wir müssen hier zwei Aspekte der Pastoralmacht unterscheiden: die kirchliche Institutionalisierung, die verschwunden ist oder zumindest seit dem 18. Jahrhundert ihre Kraft eingebüßt hat, und die Funktion dieser Institutionalisierung, die sich außerhalb der Institution Kirche ausgebreitet und weiterentwickelt hat.

Um das 18. Jahrhundert kam es zu einer wichtigen Erscheinung: einer neuen Verteilung und Organisation dieser individualisierenden Machtform.

Ich glaube nicht, dass der »moderne Staat« als eine Entität gelten muss, die sich unter Missachtung des Individuums und seiner existenziellen Eigenheit entwickelt hat, sondern als eine hoch elaborierte Struktur, in die sich die Individuen integrieren lassen, sofern man dieser Individualität eine neue Form verleiht und sie einer Reihe spezifischer Mechanismen unterwirft.

In gewissem Sinne kann man im Staat eine Matrix der Individualisierung oder eine neue Form von Pastoralmacht erblicken.

Ich möchte noch ein paar Worte zu dieser neuen Pastoralmacht sagen.

1. Sie erfuhr in ihrer Entwicklung einen Wechsel der Zielsetzung. Aus der Sorge um das Heil der Menschen im Jenseits wurde die Sorge um ihr Heil im Diesseits. In diesem Kontext erhält das Wort »Heil« mehrere Bedeutungen; es meint nun Gesundheit, Wohlergehen (im

Sinne eines angemessenen Lebensstandards und ausreichender Ressourcen), Sicherheit und Schutz vor Unfällen aller Art. Die religiöse Zielsetzung des traditionellen Hirtenamtes wurde durch eine Reihe »irdischer« Ziele ersetzt, die man allerdings auch bisher schon nebenher verfolgt hatte, so dass der Wechsel nicht sonderlich schwer fiel. Man denke nur an die medizinischen Aufgaben und die soziale Funktion, die von der katholischen und der protestantischen Kirche seit langem schon erfüllt wurden.

2. Daneben verstärkte man auch die Verwaltung der Pastoralmacht. Manchmal wurde diese Machtform vom Staatsapparat oder zumindest von einer öffentlichen Institution wie der Polizei ausgeübt. (Vergessen wir nicht, dass die Polizei im 18. Jahrhundert nicht nur zur Aufrechterhaltung von Gesetz und Ordnung und zum Schutz der Regierenden vor ihren Feinden erfunden wurde, sondern auch zur Sicherung der Versorgung in den Städten, zum Schutz der Hygiene, der Gesundheit und all der Bedingungen, die als notwendig für die Entwicklung des Handwerks und des Handels galten.) Manchmal wurde sie auch von privaten Einrichtungen, Hilfsvereinen, einzelnen Wohltätern oder von Philanthropen ausgeübt. Auf der anderen Seite mobilisierte man auch alte Institutionen wie die Familie für pastorale Funktionen. Und schließlich wurde die Pastoralmacht auch von komplexen Strukturen wie der Medizin ausgeübt, die zugleich auf privater Initiative (dem Verkauf von Dienstleistungen im Rahmen der Marktökonomie) und auf öffentlichen Einrichtungen wie den Krankenhäusern basierten.

3. Dank der Vermehrung der Zielsetzungen und Träger der Pastoralmacht konnte die Entwicklung des Wissens über den Menschen sich auf zwei Pole konzentrieren, einen globalisierenden und quantitativen, der die Bevölkerung betraf, und einen analytischen, der dem Individuum galt.

In der Folge breitete sich die Pastoralmacht, die über Jahrhunderte, ja über mehr als ein Jahrtausend mit einer ganz bestimmten religiösen Institution verbunden gewesen war, auf die gesamte Gesellschaft aus und stützte sich auf eine ganze Reihe von Institutionen. Statt einer mehr oder weniger deutlichen Trennung und eines Rivalitätsverhältnisses zwischen Pastoralmacht und politischer Macht entwickelte sich eine »Taktik« der Individualisierung, die für diverse Machtformen typisch war, für die der Familie, der Medizin, der Psychiatrie, des Bildungswesens, der Arbeitgeber usw.

Ende des 18. Jahrhunderts publizierte Kant in der *Berliner Monatsschrift* einen kurzen Text mit dem Titel »Was heißt Aufklärung?«, der lange Zeit als weniger bedeutend galt und vielfach auch heute noch so eingeschätzt wird.

Ich finde ihn jedoch erstaunlich und interessant, weil sich dort ein Philosoph zum ersten Mal als Philosoph die Aufgabe stellt, nicht nur das System oder die metaphysischen Grundlagen wissenschaftlicher Erkenntnis, sondern ein historisches Geschehen zu analysieren, und noch dazu ein ganz aktuelles.

Als Kant 1784 fragt: »Was ist Aufklärung?«, da meint er damit: »Was geschieht da gegenwärtig? Was geschieht mit uns? Was ist das für eine Welt und eine Zeit, in der wir leben?«

Oder anders gefragt: »Wer sind wir?« Wer sind wir als Aufklärer, als Zeugen dieses Jahrhunderts der Aufklärung? Vergleichen wir diese Frage mit der kartesischen Frage: Wer bin ich? Wer bin ich als dieses einzigartige, aber universelle und nichtgeschichtliche Subjekt? Wer bin *ich*? Denn dieses »Ich« des Descartes ist jedermann, ganz gleich wo und wann er lebt.

Kant stellt eine andere Frage: Wer sind wir in diesem ganz bestimmten geschichtlichen Augenblick? Diese Frage analysiert uns und unsere aktuelle Situation.

Dieser Aspekt der Philosophie erlangte dann immer größere Bedeutung. Man denke nur an Hegel und Nietzsche.

Der andere Aspekt, die »universelle Philosophie«, ist nicht verschwunden. Doch die kritische Analyse der Welt, in der wir leben, wurde immer mehr zur großen Aufgabe der Philosophie. Das philosophische Problem, das sich uns ganz unvermeidlich aufdrängt, ist die Frage nach unserer Zeit und danach, was wir in diesem Augenblick sind.

Das Hauptziel besteht heute zweifellos nicht darin, herauszufinden, sondern abzulehnen, was wir sind. Wir müssen uns vorstellen und konstruieren, was wir sein könnten, wenn wir uns dem doppelten politischen Zwang entziehen wollen, der in der gleichzeitigen Individualisierung und Totalisierung der modernen Machtstrukturen liegt.

Abschließend könnte man sagen, das gleichermaßen politische, ethische, soziale und philosophische Problem, das sich uns heute stellt, ist nicht der Versuch, das Individuum vom Staat und dessen Institutionen zu befreien, sondern uns selbst vom Staat und der damit verbundenen Form von Individualisierung zu befreien. Wir müssen nach neuen Formen von Subjektivität suchen und die Art von Individualität zurückweisen, die man uns seit Jahrhunderten aufzwingt.

Wie wird Macht ausgeübt?

Manche meinen, wer nach dem »Wie« der Macht fragt, beschränke sich darauf, die Wirkungen zu beschreiben, ohne jemals einen Zusammenhang mit den Ursachen oder dem Wesen der Macht herzustellen. Dadurch werde die Macht zu einer geheimnisvollen Substanz, über die man keine Fragen stellt, weil man sie lieber nicht »in Frage stellt«. Hinter diesem, wie sie meinen, unbewussten Vorgehen vermuten sie eine fatalistische Einstellung. Aber zeigt nicht gerade dieser Verdacht, dass sie selbst unterstellen, Macht sei etwas, das einerseits einen Ursprung, andererseits ein Wesen und schließlich auch seine Äußerungsformen besitze.

Wenn ich der Frage nach dem »Wie« vorläufig den Vorzug gebe, so heißt das nicht, dass ich die Frage nach dem Was und Warum gar nicht stellen wollte. Ich will sie nur anders stellen. Ich möchte wissen, ob wir uns Macht als etwas vorstellen dürfen, das ein Was, ein Wie und ein Warum in sich vereint. Etwas zugespitzt könnte ich sagen, wenn ich die Analyse mit dem »Wie« beginne, äußere ich damit den Verdacht, dass es Macht gar nicht gibt. Jedenfalls frage ich, was man eigentlich inhaltlich meint, wenn man diesen majestätischen, globalisierenden, substanzialisierenden Ausdruck gebraucht. Und ich habe den Verdacht, dass man eine recht komplexe Realität außer Acht lässt, wenn man immer nur fragt: »Was ist Macht? Woher kommt Macht?« Die kleine, platte, zur Erkundung des Terrains vorausgeschickte empirische Frage, wie denn Macht ausgeübt wird, soll keine falsche »Metaphysik« oder »Ontologie« der Macht, sondern eine kritische Erforschung des Themas Macht vorbereiten.

1. Die Frage lautet nicht, wie Macht sich manifestiert, sondern wie sie ausgeübt wird, also was da geschieht, wenn jemand, wie man sagt, Macht über andere ausübt.

Von dieser Macht müssen wir zunächst die Macht unterscheiden, die man über Dinge ausübt, so dass man sie verändern, benutzen, verbrauchen oder zerstören kann, eine Macht, die auf unmittelbar körperliche oder über Werkzeuge vermittelte Fertigkeiten verweist. Wir können sagen, es handelt sich um »Fähigkeiten«. Charakteristisch für die »Macht«, die wir hier analysieren möchten, ist dagegen die Tatsache, dass sie Beziehungen zwischen Individuen (oder Gruppen) ins Spiel bringt. Denn eines sollte klar sein: Wenn wir von der Macht der Gesetze, der Institutionen oder der Ideologien sprechen, dann meinen wir damit immer, dass »manche Menschen« Macht über andere ausüben. Der Ausdruck »Macht« bezeichnet eine Beziehung unter »Partnern« (und damit meine ich kein Spiel, sondern lediglich und für den Augenblick noch sehr allgemein ein Ensemble wechselseitig induzierter und aufeinander reagierender Handlungen).

Von den Machtbeziehungen zu unterscheiden sind außerdem die Kommunikationsbeziehungen, die über eine Sprache, ein Zeichensystem oder ein anderes symbolisches Medium Information übertragen. Natürlich heißt Kommunizieren immer auch, in gewisser Weise auf den oder die anderen einzuwirken. Doch die Erzeugung und Verbreitung von Bedeutungselementen kann auch Machteffekte zum Ziel oder zur Folge haben, und solche Machteffekte stellen keineswegs bloß einen Aspekt dieser Prozesse dar. Machtbeziehungen haben ihre Besonderheit, ob sie nun über Kommunikationssysteme vermittelt sind oder nicht.

»Machtbeziehungen«, »Kommunikationsbeziehungen« und »objektive Fähigkeiten« dürfen nicht miteinander verwechselt werden. Das heißt allerdings nicht, dass es sich dabei um getrennte Bereiche handelte: auf der einen Seite den Bereich der Dinge, der zweckgerichteten Technik, der Arbeit und der Umwandlung materieller Dinge, auf der anderen Seite um den der Zeichen, der Kommunikation, der Reziprozität und Erzeugung von Sinn und schließlich um den Bereich der Herrschaft über die Zwangsmittel, der Ungleichheit und der Einwirkung der Menschen auf Menschen.[2] Es handelt sich hier um drei Arten von Beziehungen, die in Wirklichkeit eng miteinander verschränkt sind, sich gegenseitig stützen und einander als Instrument dienen. Der Einsatz objektiver Fähigkeiten setzt schon in seinen elementarsten Formen Kommunikationsbeziehungen voraus (in Gestalt vorgängiger Information oder gemeinsamer Arbeit). Und er ist auch

2 Wenn Habermas zwischen Herrschaft, Kommunikation und zweckrationalem Handeln unterscheidet, sieht er darin meines Erachtens nicht drei verschiedene Bereiche, sondern drei »Transzendentalien«.

mit Machtbeziehungen verbunden (obligatorische Aufgaben, durch Tradition oder eine Lehre vorgeschriebene Handgriffe, mehr oder weniger obligatorische Formen der Arbeitsteilung). Kommunikationsbeziehungen setzen zweckrationales Handeln voraus (und sei es nur die »korrekte« Anwendung bedeutungstragender Elemente), und schon weil sie den Informationsstand der Partner verändern, induzieren sie Machteffekte. Machtbeziehungen wiederum laufen zu ganz erheblichen Teilen über die Erzeugung und den Austausch von Zeichen, und auch vom zweckrationalen Handeln sind sie kaum zu trennen, seien es nun solche Handlungsformen, die erst die Ausübung dieser Macht ermöglichen (wie die Techniken der Abrichtung, der Herrschaft und der Sicherung von Gehorsam), oder solche, die zu ihrer Entfaltung ihrerseits auf Machtbeziehungen zurückgreifen (etwa in der Arbeitsteilung oder in der Hierarchie der Aufgaben).

Natürlich erfolgt die Koordination dieser drei Beziehungsarten nicht immer und überall auf die gleiche Weise. In einer Gesellschaft gibt es keine generelle Form eines Gleichgewichts zwischen zweckrationalem Handeln, Kommunikationssystemen und Machtbeziehungen. Dieses Wechselverhältnis stellt sich vielmehr in jeweils besonderer Weise je nach Form, Ort, Umständen oder Gelegenheit ein. Es gibt jedoch auch »Blöcke«, in denen die wechselseitige Anpassung der Fähigkeiten, Kommunikationsnetze und Machtbeziehungen geregelte, abgestimmte Systeme bildet. Man nehme zum Beispiel eine schulische Institution: Die räumliche Anordnung; die penible Regulierung des schulischen Lebens; die verschiedenen Tätigkeiten, die dort organisiert werden; die verschiedenen Personen, die darin leben oder dort zusammenkommen und jeweils ihre Aufgabe, ihren Platz, ihr Gesicht haben – all das bildet einen »Block« aus Fähigkeiten, Kommunikation und Macht. Das Handeln, das den Erwerb von Wissen und Fertigkeiten oder von Verhaltensweisen sicherstellt, entwickelt sich dort über einen Komplex geregelter Kommunikation (Unterricht, Fragen und Antworten, Anordnungen, Ermahnungen, kodierte Zeichen des Gehorsams, Zeichen zur Unterscheidung des »Werts« oder des Wissensstands der Schüler) und über eine Reihe von Machttechniken (Abschließung, Überwachung, Belohnung und Strafe, pyramidenförmige Hierarchie).

Diese Blöcke, in denen technische Fähigkeiten, wechselseitige Kommunikation und Machtbeziehungen in überlegter Weise aufeinander abgestimmt sind, bilden gleichsam Formen der Disziplin, wie man sagen könnte, wenn man die Bedeutung des Wortes ein wenig erweitert. Die empirische Untersuchung bestimmter Disziplinformen, wie sie historisch entstanden sind, ist aus diesem Grunde von einem gewissen Interesse. Zunächst einmal, weil die Disziplinformen nach klaren und künstlich abgeklärten Schemata zeigen, in welcher Weise Systeme zweckrationalen Handelns, Kommunikationssysteme und Machtsysteme miteinander verbunden werden können. Und dann auch, weil sie verschiedene Modelle für diese Verbindung aufzeigen. (Bei manchen stehen Gehorsam und Machtbeziehungen im Vordergrund wie bei den Disziplinformen vom Typ Kloster oder Gefängnis, bei anderen ist es das zweckrationale Handeln wie bei den Disziplinformen in Werkstatt oder Krankenhaus, bei wieder anderen liegt das Schwergewicht auf den Kommunikationsbeziehungen wie der Disziplin in Schule und Lehre, und gelegentlich findet sich auch eine Sättigung mit allen drei Arten von Beziehungen wie vielleicht in der militärischen Disziplin, wo eine Vielzahl von Zeichen bis zum Überdruss enge, sorgfältig berechnete Machtbeziehungen markiert, um eine Reihe technischer Effekte zu erzielen.)

Die zunehmende Disziplinarisierung der europäischen Gesellschaften seit dem 18. Jahrhundert bedeutet natürlich nicht, dass die Individuen innerhalb dieser Gesellschaften immer gehorsamer würden. Und auch nicht, dass die Gesellschaften nun bald Kasernen, Schulen oder Gefängnissen glichen, sondern dass man dort nach einer immer besser kontrollierten – immer rationaleren und ökonomischeren – Abstimmung zwischen den produktiven Tätigkeiten, den Kommunikationsnetzen und den Machtbeziehungen strebte.

Wenn wir das Thema Macht über eine Analyse des »Wie« angehen, verschieben wir die Fragestellung gegenüber der Annahme einer fundamentalen Macht in mehrfacher Weise. Wir wählen als Gegenstand der Analyse nicht Macht, sondern Machtbeziehungen; diese Machtbeziehungen lassen sich sowohl von objektiven Fähigkeiten als auch von Kommunikationsbeziehungen unterscheiden; und schließlich können wir die Vielfalt der Machtbeziehungen in ihrer Verknüpfung mit objektiven Fähigkeiten und Kommunikationsbeziehungen erfassen.

2. Worin besteht die Besonderheit der Machtbeziehungen?

Die Ausübung von Macht ist keine bloße Beziehung zwischen individuellen oder kollektiven »Partnern«, sondern eine Form handelnder Einwirkung auf andere. Das heißt natürlich, dass es so etwas wie *die* Macht nicht gibt, eine Macht, die global und massiv oder in diffusem, konzentriertem oder verteiltem Zustand existierte. Macht wird immer von den »einen« über die »anderen« ausgeübt. Macht existiert nur als Handlung, auch wenn sie natürlich innerhalb eines weiten Möglichkeitsfeldes liegt, das sich auf dauerhafte Strukturen stützt. Das heißt auch, dass Macht nicht auf Konsens beruht. Sie ist nicht als solche Verzicht auf Freiheit, Übertragung von Rechten, eine Macht aller, die auf wenige übertragen worden wäre (dennoch kann Konsens durchaus die Voraussetzung dafür sein, dass Machtbeziehungen zustande kommen und Bestand haben). Machtbeziehungen können das Ergebnis eines früheren oder immer noch bestehenden Konsenses sein, sind aber nicht ihrem Wesen nach Ausdruck eines Konsenses.

Heißt das nun, dass wir das Charakteristikum der Machtbeziehungen in einer Gewalt suchen müssen, die deren Urform, ständiges Geheimnis und letzte Zuflucht wäre – die letztlich als deren Wahrheit hervortritt, wenn sie gezwungen ist, die Maske fallen zu lassen und sich so zu zeigen, wie sie ist? In Wirklichkeit sind Machtbeziehungen definiert durch eine Form von Handeln, die nicht direkt und unmittelbar auf andere, sondern auf deren Handeln einwirkt. Eine handelnde Einwirkung auf Handeln, auf mögliches oder tatsächliches, zukünftiges oder gegenwärtiges Handeln. Gewaltbeziehungen wirken auf Körper und Dinge ein. Sie zwingen, beugen, brechen, zerstören. Sie schneiden alle Möglichkeiten ab. Sie kennen als Gegenpol nur die Passivität, und wenn sie auf Widerstand stoßen, haben sie keine andere Wahl als den Versuch, ihn zu brechen. Machtbeziehungen beruhen dagegen auf zwei Elementen, die unerlässlich sind, damit man von Machtbeziehungen sprechen kann: Der »Andere« (auf den Macht ausgeübt wird) muss durchgängig und bis ans Ende als handelndes Subjekt anerkannt werden. Und vor den Machtbeziehungen muss sich ein ganzes Feld möglicher Antworten, Reaktionen, Wirkungen und Erfindungen öffnen.

Machtbeziehungen schließen den Einsatz von Gewalt natürlich ebenso wenig aus wie die Herstellung von Konsens. Die Ausübung von Macht kann auf keins von beidem verzichten, und manchmal benötigt sie beides zugleich. Doch Gewalt und Konsens sind Mittel oder Wirkungen, nicht aber Prinzip oder Wesen der Machtausübung. Sie kann auf breiteste Zustimmung stoßen. Sie kann Leichenberge produzieren und bei allen erdenklichen Drohungen Zuflucht suchen. Aber sie ist nicht als solche eine Gewalt, die sich nur versteckte, oder ein Konsens, der stillschweigend verlängert würde. Sie ist ein Ensemble aus Handlungen, die sich auf mögliches Handeln richten, und operiert in einem Feld von Möglichkeiten für das Verhalten handelnder Subjekte. Sie bietet Anreize, verleitet, verführt, erleichtert oder erschwert, sie erweitert Handlungsmöglichkeiten oder schränkt sie ein, sie erhöht oder senkt die Wahrscheinlichkeit von Handlungen, und im Grenzfall erzwingt oder verhindert sie Handlungen, aber stets richtet sie sich auf handelnde Subjekte, insofern sie handeln oder handeln können. Sie ist auf Handeln gerichtetes Handeln.

Der Ausdruck »Führung« (*conduite*) vermag in seiner Mehrdeutigkeit das Spezifische an den Machtbeziehungen vielleicht noch am besten zu erfassen. »Führung« heißt einerseits, andere (durch mehr oder weniger strengen Zwang) zu lenken, und andererseits, sich (gut oder schlecht) aufzuführen, also sich in einem mehr oder weniger offenen Handlungsfeld zu verhalten. Machtausübung besteht darin, »Führung zu lenken«, also Einfluss auf die Wahrscheinlichkeit von Verhalten zu nehmen. Macht gehört letztlich weniger in den Bereich der Auseinandersetzung zwischen Gegnern oder der Vereinnahmung des einen durch den anderen, sondern in den Bereich der »Regierung« in dem weiten Sinne, den das Wort im 16. Jahrhundert besaß. Damals bezog es sich nicht nur auf politische Strukturen und die Staatsverwaltung, sondern meinte auch die Lenkung des Verhaltens von Individuen und Gruppen: von Kindern, Seelen, Gemeinschaften, Familien, Kranken. Es umfasste nicht nur institutionalisierte und legitime Formen politischer und ökonomischer Unterordnung, sondern mehr oder weniger überlegte und berechnete Handlungsweisen, die jedoch alle darauf abzielten, die Handlungsmöglichkeiten anderer Individuen zu beeinflussen. In diesem Sinne heißt Regieren, das mögliche Handlungsfeld anderer zu strukturieren. Der für Macht typische Beziehungstyp ist daher nicht im Bereich der Gewalt und des Kampfes zu suchen und auch nicht im Bereich des Vertrags und der freiwilligen Bindung (die letztlich nur Instrumente der Macht sein können), sondern im Bereich jenes einzigartigen, weder kriegerischen noch juristischen Handlungsmodus, den das Regieren darstellt.

Wenn man Machtausübung als ein auf Handeln gerichtetes Handeln definiert, wenn man sie als »Regierung« von Menschen durch andere Menschen im weitesten Sinne des Wortes beschreibt, dann schließt man darin ein wichtiges Element ein, nämlich das der Freiheit. Macht kann nur über »freie Subjekte« ausgeübt werden, insofern sie »frei« sind – und damit seien hier individuelle oder kollektive Subjekte gemeint, die jeweils über mehrere Verhaltens-, Reaktions- oder Handlungsmöglichkeiten verfügen. Wo die Bedingungen des Handelns vollständig determiniert sind, kann es keine Machtbeziehung geben. Sklaverei ist keine Machtbeziehung, wenn der Mensch in Eisen geschlagen ist (dann handelt es sich um ein Verhältnis physischen Zwangs); sie ist es nur dann, wenn er sich bewegen und letztlich auch entfliehen kann. Macht und Freiheit schließen einander also nicht aus (wo Macht ist, kann es keine Freiheit geben). Ihr Verhältnis ist weitaus komplexer. In diesem Verhältnis ist Freiheit die Voraussetzung für Macht (als Vorbedingung, insofern Freiheit vorhanden sein muss, damit Macht ausgeübt werden kann, und auch als dauerhafte Bedingung, denn wenn die Freiheit sich der über sie ausgeübten Macht entzöge, verschwände im selben Zuge die Macht und müsste bei reinem Zwang oder schlichter Gewalt Zuflucht suchen). Aber zugleich muss die Freiheit sich einer Machtausübung widersetzen, die letztlich danach trachtet, vollständig über sie zu bestimmen.

Machtbeziehung und Widerspenstigkeit der Freiheit lassen sich also nicht voneinander trennen. Das Hauptproblem der Macht ist nicht die »freiwillige Knechtschaft«. (Wie könnten wir wünschen wollen, Sklaven zu sein?) Den Kern der Machtbeziehung, der sie immer wieder »provoziert«, bildet die Relativität des Wollens und die Intransitivität der Freiheit. Statt von einem wesenhaften »Antagonismus« sollten wir hier besser von einem »Agonismus« sprechen – einem Verhältnis, das durch gegenseitiges Antreiben und Kampf geprägt ist und weniger durch einen Gegensatz, in dem beide Seiten einander blockieren, als durch ein permanentes Provozieren.

3. Wie lassen sich Machtbeziehungen analysieren?

Man kann Machtbeziehungen durchaus innerhalb bestimmter Institutionen analysieren. Das ist vollkommen legitim, denn diese Institutionen eröffnen besonders gute Möglichkeiten, die Machtbeziehungen in vielfältigen, konzentrierten, geordneten und zu höchster

Effizienz geführten Formen zu beobachten. Darum darf man erwarten, dort Form und Logik ihrer elementaren Mechanismen erkennen zu können. Doch die Analyse von Machtbeziehungen in abgeschlossenen institutionellen Räumen hat auch einige Nachteile. Da ein großer Teil der eingesetzten Mechanismen der Selbsterhaltung der betreffenden Institution dient, läuft man Gefahr, vor allem in den »innerinstitutionellen« Machtbeziehungen nur die Reproduktionsfunktionen wahrzunehmen. Wenn man Machtbeziehungen auf der Basis der Institutionen untersucht, besteht zweitens die Gefahr, dass man in den Institutionen Ursprung und Erklärung der Machtbeziehungen sucht, letztlich also Macht durch Macht erklärt. Und da Institutionen hauptsächlich über das Wechselspiel zweier Elemente agieren, nämlich über (explizite oder stillschweigende) Regeln und einen Apparat, läuft man schließlich auch Gefahr, beiden übertriebene Bedeutung in der Machtbeziehung beizumessen und darin lediglich Modulationen von Gesetz und Zwang zu erblicken.

Ich bestreite nicht die Bedeutung der Institutionen bei der Verwaltung von Machtbeziehungen. Aber ich meine, man sollte Institutionen von den Machtbeziehungen her analysieren und nicht umgekehrt. Die eigentliche Verankerung der Machtbeziehungen ist außerhalb der Institutionen zu suchen, auch wenn sie in einer Institution Gestalt annehmen.

Kommen wir auf die Definition zurück, wonach bei der Ausübung von Macht die einen das mögliche Handlungsfeld der anderen strukturieren. Das charakteristische Merkmal der Machtbeziehungen läge dann in der Tatsache, dass wir es hier mit einem Handlungsmodus zu tun haben, der auf Handeln einwirkt. Das heißt, Machtbeziehungen sind tief im sozialen Nexus verwurzelt und bilden daher keine zusätzliche Struktur oberhalb der »Gesellschaft«, von deren vollständiger Beseitigung man träumen könnte. In Gesellschaft leben bedeutet: Es ist stets möglich, dass die einen auf das Handeln anderer einwirken. Eine Gesellschaft ohne »Machtbeziehungen« wäre nur eine Abstraktion. Dadurch wird es, nebenbei gesagt, jedoch politisch nur noch notwendiger, dass wir analysieren, wie sie in einer bestimmten Gesellschaft beschaffen und wie sie geschichtlich entstanden sind, was ihre Festigkeit oder Zerbrechlichkeit ausmacht und unter welchen Umständen die einen verändert, die anderen abgeschafft werden können. Denn dass es keine Gesellschaft ohne Machtbeziehungen geben kann, bedeutet keineswegs, dass die bestehenden Machtbeziehungen notwendig sind oder dass Macht innerhalb der Gesellschaft ein unabwendbares Schicksal darstellt, sondern dass es eine ständige politische Aufgabe bleibt, die Machtbeziehungen und den »Agonismus« zwischen ihnen und der intransitiven Freiheit zu analysieren, herauszuarbeiten und in Frage zu stellen, ja dass dies sogar die eigentliche politische Aufgabe jeglicher sozialen Existenz darstellt.

Konkret sind zur Analyse der Machtbeziehungen mehrere Punkte zu klären:

1. *Das System der Differenzierungen*, das es gestattet, auf das Handeln anderer einzuwirken: rechtliche oder traditionsbestimmte Unterschiede im Status und in den Privilegien; ökonomische Unterschiede in der Aneignung materieller Güter; Unterschiede der Stellung in den Produktionsprozessen; sprachliche oder kulturelle Unterschiede; Unterschiede im praktischen Wissen und in den Fähigkeiten usw. Jede Machtbeziehung arbeitet mit Differenzierungen, die für sie zugleich Voraussetzung und Wirkung sind.

2. *Die Art der Ziele*, die bei der Einwirkung auf das Handeln anderer verfolgt werden: Schutz von Privilegien, Akkumulation von Profiten, Ausübung statusabhängiger Autorität, Ausübung eines Amtes oder eines Berufs.

3. *Die instrumentellen Modalitäten*: ob die Macht durch Drohung mit Waffengewalt, durch das Wort, über ökonomische Ungleichheit, über mehr oder weniger komplexe Kontrollmechanismen oder Überwachungssysteme, mit oder ohne Archive, nach expliziten oder stillschweigenden, dauerhaften oder veränderbaren Regeln, mit oder ohne materielle Dispositive usw. ausgeübt wird.

4. *Die Formen der Institutionalisierung*, in denen sich traditionelle Dispositionen mit rechtlichen Strukturen und Phänomenen der Gewohnheit oder der Mode mischen können (wie man es an den Machtbeziehungen innerhalb der Institution Familie beobachtet). Sie können auch die Gestalt einer in sich geschlossenen Einrichtung mit spezifischen Orten, eigenen Regeln, sorgfältig entworfenen hierarchischen Strukturen und einer relativen funktionalen Autonomie annehmen (wie etwa in Schule und Armee). Gelegentlich bilden sie auch hochkomplexe, mit vielfältigen Apparaten ausgestattete Systeme, wie es beim Staat der Fall ist, dessen Funktion darin besteht, die allgemeine Hülle, die globale Kontrollinstanz, das Regulations- und in gewissem Maße auch das Verteilungsprinzip für die Machtbeziehungen in der jeweiligen Gesellschaft zu bilden.

5. *Der Grad der Rationalisierung.* Denn der Einsatz von Machtbeziehungen zur Einwirkung auf fremde Handlungsmöglichkeiten kann mit mehr oder weniger wirksamen Mitteln und mehr oder weniger sicheren Resultaten erfolgen (mit unterschiedlichen Graden der technologischen Verfeinerung in der Machtausübung) oder auch mit unterschiedlichen Kosten (den ökonomischen »Kosten« der eingesetzten Mittel oder den durch Widerstand entstehenden »Reaktionskosten«). Machtausübung ist kein *factum brutum*, keine institutionelle Gegebenheit und auch keine Struktur, die Bestand hat oder zerfällt. Sie entwickelt, verwandelt, organisiert sich und setzt mehr oder weniger gut angepasste Verfahren ein.

Wir sehen nun, warum die Analyse der Machtbeziehungen in einer Gesellschaft sich nicht auf die Erforschung einiger Institutionen beschränken darf, selbst wenn es sich um jene Institutionen handelt, die man zu Recht als »politisch« bezeichnen kann. Die Machtbeziehungen wurzeln im gesamten gesellschaftlichen Geflecht. Das heißt aber nicht, dass es ein erstes und fundamentales Machtprinzip gäbe, das die Gesellschaft bis ins letzte Element hinein beherrschte. Auf der Grundlage der mit jeder sozialen Beziehung koextensiven Möglichkeit, auf das Handeln anderer einzuwirken, definieren vielfältige individuelle Unterschiede, Ziele, an uns und anderen einzusetzende Mittel, mehr oder weniger sektorale oder globale Institutionalisierungen und mehr oder weniger bewusst konstruierte Organisationsformen jeweils verschiedene Machtformen. In einer Gesellschaft gibt es zahlreiche Formen und Orte des »Regierens« von Menschen durch andere Menschen. Sie überlagern, kreuzen und begrenzen einander, zuweilen heben sie sich gegenseitig auf, und in anderen Fällen verstärken sie sich wechselseitig. Es ist eine gesicherte Tatsache, dass der Staat in den heutigen Gesellschaften nicht bloß eine der Formen oder einer der Orte der Machtausübung ist – wenn auch vielleicht die wichtigste Form oder der wichtigste Ort –, sondern dass sich alle anderen Arten von Machtbeziehungen in gewisser Weise auf ihn beziehen. Allerdings nicht weil sie vom Staat abgeleitet wären, sondern weil es zu einer stetigen Etatisierung der Machtbeziehungen gekommen ist (auch wenn sie im Bereich der Pädagogik, des Rechts, der Wirtschaft oder der Familie nicht dieselbe Form angenommen hat). Wenn man den Ausdruck »Gouvernement« diesmal in seiner engeren Bedeutung von »Regierung« nehmen will, könnte man sagen, die Machtbeziehungen sind zunehmend »gouvernementalisiert«, das heißt in der Form oder unter den Auspizien der staatlichen Institutionen elaboriert, rationalisiert und zentralisiert worden.

4. Machtbeziehungen und strategische Beziehungen

Der Ausdruck »Strategie« wird gewöhnlich in drei Bedeutungen gebraucht. Erstens bezeichnet er die Wahl der für ein Ziel eingesetzten Mittel. In dieser Bedeutung verweist der Ausdruck auf Zweckrationalität. Zweitens bezeichnet man damit in der Spieltheorie ein Verhalten, bei dem die Partner ihr Verhalten auf das erwartete Verhalten der anderen und auf die eigenen Erwartungen hinsichtlich der Erwartungen der anderen abstellt. Hier geht es also letztlich um den Versuch, Einfluss auf andere zu nehmen. Und drittens bezeichnet der Ausdruck die Verfahren, die in einer Auseinandersetzung eingesetzt werden, um den anderen seiner Kampfmittel zu berauben und ihn zur Aufgabe des Kampfes zu zwingen. Hier geht es also um die Mittel, die dazu dienen, den Sieg zu erringen. Diese drei Bedeutungen vereinigen sich in Kampfsituationen – Krieg oder Spiel –, in denen es darum geht, auf einen Gegner so einzuwirken, dass der Kampf für ihn unmöglich wird. Strategie ist also durch die Wahl der »gewinnenden« Lösung definiert. Aber wir dürfen nicht aus dem Blick verlieren, dass es sich hier um eine besondere Situation handelt und dass es andere Situationen gibt, in denen wir an der Unterscheidung zwischen den verschiedenen Bedeutungen von »Strategie« festhalten müssen.

Im Blick auf die erste Bedeutung kann man als »Machtstrategie« die Gesamtheit der Mittel bezeichnen, die eingesetzt werden, um das Funktionieren oder den Bestand eines Machtdispositivs zu sichern. Auch bei Machtbeziehungen kann man von Strategien sprechen, sofern es dabei um die Einwirkung auf das mögliche und erwartete Handeln anderer geht. Daher kann man die in Machtbeziehungen eingesetzten Mechanismen auch mit dem Begriff der »Strategie« erfassen. Entscheidend ist hier aber offenbar das Verhältnis zwischen Machtbeziehungen und Konfliktstrategien. Denn wenn sich im Kern der Machtbeziehungen und gleichsam als deren ständige Existenzbedingung eine gewisse »Widerspenstigkeit« und störrische Freiheit findet, gibt es keine Machtbeziehung ohne Widerstand, ohne Ausweg oder Flucht, ohne möglichen Umschwung. Jede Machtbeziehung impliziert also zumindest virtuell eine Kampfstrategie, auch wenn die Machtbeziehungen dadurch nicht ihre Besonderheit verlieren und identisch mit diesen Strategien würden. Sie bilden füreinander gleichsam eine ständige Grenze, einen Punkt möglicher Umkehrung. Eine Auseinandersetzung findet ihr Ende (mit dem Sieg eines Gegners über den anderen), wenn an die Stelle der gegensätzlichen Reaktionen jene stabilen Mechanismen treten, durch die der eine das Verhalten des anderen relativ dauerhaft und mit hinreichender Sicherheit zu lenken vermag. Für eine Auseinandersetzung, in der es nicht gerade um Leben und Tod geht, stellt die Herstellung einer Machtbeziehung einen Zielpunkt dar, an dem die Auseinandersetzung erfolgreich zum Abschluss gebracht, aber zugleich auch in der Schwebe gehalten wird. Umgekehrt bildet die Machtstrategie auch für die Machtbeziehung eine Grenze, an der die berechnete Lenkung fremden Verhaltens nicht mehr über die Replik auf das eigene Verhalten hinauszugehen vermag. Da es keine Machtbeziehung ohne Widerspenstigkeit geben kann, auf die sie *per definitionem* keinen Einfluss hat, kann jede zur Brechung dieser Widerspenstigkeit eingesetzte Intensivierung oder Erweiterung der Machtbeziehung die Machtausübung nur an ihre Grenzen führen, und zwar entweder in einem Handlungstyp, der den anderen zu völliger Ohnmacht verdammt (aus der Machtausübung wird dann ein »Sieg« über den Gegner), oder in einer Umkehrung, die aus den Regierten Feinde macht. Jede Konfliktstrategie träumt davon, Machtbeziehung zu werden, und jede Machtbeziehung, ob sie nun der eigenen Entwicklungslinie folgt oder frontal auf Widerstand stößt, möchte Gewinnstrategie werden.

Tatsächlich stehen Machtbeziehung und Kampfstrategie in einem Verhältnis wechselseitiger Provokation, endloser Verkettung und ständiger Verkehrung. Die Machtbeziehung kann jederzeit zu einer Auseinandersetzung zwischen Gegnern werden – und wird dies gelegentlich auch. Umgekehrt führt Gegnerschaft innerhalb der Gesellschaft immer wieder zum Einsatz von Machtmechanismen. Wegen dieser Instabilität können dieselben Prozesse, Ereignisse und Veränderungen sowohl im Rahmen der geschichtlichen Kämpfe als auch im Rahmen der Machtbeziehungen und Machtdispositive interpretiert werden. Dabei begegnen wir nicht denselben Bedeutungselementen, nicht denselben Verkettungen und auch nicht denselben Arten von Intelligibilität, obwohl sie auf dasselbe geschichtliche Gewebe verweisen und beide Analysen sich aufeinander beziehen müssen. Gerade die Interferenz zweier Lesarten lässt jene fundamentalen »Herrschaftsphänomene« hervortreten, die sich in weiten Teilen der Geschichte menschlicher Gesellschaften zeigen. Herrschaft ist eine globale Machtstruktur, deren Bedeutung und Folgen oft bis in die kleinsten Verästelungen der Gesellschaft reichen. Zugleich ist sie jedoch auch eine strategische Situation, die sich über lange geschichtliche Zeiträume zwischen Gegnern herausgebildet und verfestigt hat. Es kann durchaus vorkommen, dass Herrschaft nur die Machtmechanismen einer Auseinandersetzung und ihrer Folgen zum Ausdruck bringt (man denke an eine politische Struktur, die aus einer Invasion hervorgegangen ist). Es kommt auch vor, dass ein Kampf zwischen zwei Gegnern aus der Entwicklung der Machtbeziehungen samt der zugehörigen Konflikte und Spaltungen resultiert. Doch die Herrschaft einer Gruppe, Kaste oder Klasse und die dadurch ausgelösten Widerstände oder Revolten bilden deshalb ein zentrales Phänomen in der Geschichte der Gesellschaft, weil sich dort in massiver und globaler Form auf der Ebene der Gesamtgesellschaft zeigt, wie Machtbeziehungen und strategische Beziehungen ineinander greifen und aufeinander einwirken.

Übersetzt von Michael Bischoff

Politik und Ethik: ein Interview

»Politics and Ethics: An Interview« (»Politique et éthique: une interview«; Gespräch mit M. Jay, L. Löwenthal, P. Rabinow, R. Rorty und Ch. Taylor, Universität von Berkeley, April 1983); die ins Englische übersetzten Antworten in: Rabinow, P. (Hg.), *The Foucault Reader*, New York 1984, S. 373-380.

– *Es ist in letzter Zeit in Amerika viel um Vergleiche zwischen Ihrer Arbeit und der von Habermas gegangen. Es kam dabei heraus, dass Sie sich mehr mit Ethik beschäftigen würden, und er mit Politik. So sieht Habermas beispielsweise seit seinen allerfrühesten Vorlesungen in Heidegger einen politisch verhängnisvollen Erben Nietzsches. Er verbindet Heidegger mit dem deutschen Neokonservativismus. Die Neokonservativen sind für ihn die konservativen Erben Nietzsches, wohingegen Sie sein anarchistischer Erbe sind. Aber das ist nicht Ihre Interpretation der philosophischen Tradition, nicht wahr?*

– Das ist richtig. Als Habermas in Paris war, haben wir ausführlich diskutiert, und in der Tat war ich sehr überrascht, als ich von ihm hörte, wie äußerst gegenwärtig und bedeutend für ihn das Problem Heidegger und der politischen Implikationen des Heidegger'schen Denkens war. In dem, was er mir sagte, war etwas, das mich nachdenklich stimmte und was ich mir selbst gern aufs neue als Frage stellen würde: Nachdem er mir erklärt hatte, wie sehr tatsächlich das Heidegger'sche Denken ein politisches Verhängnis darstellte, erzählte er mir von dem einen seiner Professoren, der ein großer, um 1930 bis 1940 herum sehr bekannter Kantianer war, und erklärte er mir, wie äußerst erstaunt und enttäuscht er war, als er in den Karteikästen der Bibliothek um 1934 herum auf Texte dieses berühmten Kantianers stieß, die vollkommen nationalsozialistisch waren.

Ich habe gerade in diesen Tagen dieselbe Erfahrung mit Max Pohlenz gemacht, der sich sein ganzes Leben lang zum Herold der universalen Werte des Stoizismus gemacht hat. Ich bin auf seinen Text von 1934 gestoßen, der dem *Führertum*[1] im Stoizismus gewidmet war.[2] Lesen Sie nur die Einführungsseite und die letzten Bemerkun-

1 [Im Original Deutsch. A.d.Ü.]

2 [Pohlenz, M., *Antikes Führertum. Ciceros De officiis und das Lebensideal des Panaitios*, Leipzig-Berlin 1934.]

gen des Buches über das *Führerideal*[3] und über den wahren Humanismus, den das von der Leitung durch den Führer beseelte *Volk*[4] darstellt ... Heidegger hat nichts Schlimmeres geschrieben. Damit wird selbstverständlich in keiner Weise der Stoizismus oder Kantianismus verurteilt.

Jedoch denke ich, dass man sich einige Dinge bewusst machen muss: das Wenige an »analytischer« Verbindung, das zwischen einer philosophischen Auffassung und der konkreten politischen Haltung desjenigen besteht, der sich darauf beruft; auch die »besseren« Theorien stellen keinen richtig wirksamen Schutz gegen verhängnisvolle politische Entscheidungen dar, und gewisse große Themen wie der »Humanismus« können zu wer weiß was dienen, wie etwa zu zeigen, mit welcher Dankbarkeit Pohlenz Hitler begrüßen sollte.

Ich ziehe daraus nicht die Schlussfolgerung, dass man im Bereich der Theorie irgendetwas Beliebiges sagen kann, sondern im Gegenteil, dass man eine anspruchsvolle, vorsichtige, »experimentelle« Haltung haben muss; man muss jeden Augenblick, Schritt für Schritt, das, was man denkt, und das, was man sagt, mit dem konfrontieren, was man tut und was man ist. Mir sind diejenigen nicht wichtig, die sagen: »Sie nehmen Ideen von Nietzsche her; nun ist Nietzsche aber von den Nazis benutzt worden, also ...«; doch umgekehrt ist es mir immer wichtig gewesen, so eng wie eben möglich die historische und theoretische Analyse der Machtbeziehungen, der Institutionen und der Erkenntnisse mit den Bewegungen, den Kritiken und den Erfahrungen zu verbinden, durch die sie in der Wirklichkeit in Frage gestellt werden. An dieser ganzen »Praxis« habe ich nicht festgehalten, um Ideen »anzuwenden«, sondern um sie zu überprüfen und zu verändern. Den Schlüssel zur persönlichen politischen Haltung eines Philosophen wird man nicht seinen Ideen abgewinnen können, so als ließe er sich daraus ableiten, sondern seiner Philosophie als Leben, das heißt seinem philosophischen Leben, seinem *ethos*.

Einer der französischen Philosophen, die während des Krieges Widerstand geleistet haben, war Cavaillès, ein Historiker der Mathematik, der sich für die Entwicklung ihrer inneren Strukturen interessierte. Keiner der Philosophen des politischen Engagements, weder Sartre

3 [Im Original Deutsch. A.d.Ü.]
4 [Im Original Deutsch. A.d.Ü.]

noch Simone de Beauvoir, noch Merleau-Ponty, hat irgendwas unternommen.

– *Ist da etwas, das sich auch auf Ihre historische Arbeit anwenden ließe? Mir scheint, dass diejenigen, die Sie lesen, in Ihnen mehr als Ihnen lieb sein mag, einen politischen Denker sehen – oder geht das zu weit? Aus Ihnen einen anarchistischen Erben Nietzsches zu machen, scheint mir völlig irrig; es stellt Ihre Arbeit in einen schlechten Kontext.*

– Ich wäre so weit einverstanden, dass ich sagen würde, dass mich in der Tat viel mehr die Moral als die Politik oder jedenfalls die Politik als eine Ethik interessiert.

– *Könnte man das auch über Ihre Arbeit von vor fünf oder zehn Jahren sagen? Mit anderen Worten, über die Epoche, in der Sie sich eher als Philosoph oder Historiker der Macht denn als Historiker des Selbst oder des Subjekts dargestellt haben? Zweifellos hat das dafür gesorgt, dass man Sie bevorzugt als jemanden wahrgenommen hat, der eine andere Auffassung der Politik anpries, denn als jemanden, der überhaupt keine anpries. Das ist der Grund, warum Marxisten, Habermasianer und andere in Ihnen eine Gestalt gesehen haben, die es zu bekämpfen galt.*

– Mich hat verblüfft, dass ich von Anbeginn von den Marxisten als ein Feind, von den Leuten von rechts als ein Feind und von den Leuten der Mitte als ein Feind angesehen wurde. Ich denke, wenn meine Arbeit eine von ihrem Wesen her politische Arbeit ist, müsste sie doch irgendwo ihren Platz finden können.

– *Wo?*

– Ich weiß nicht ... Wenn sie politisch wäre, müsste sie ja wohl ihre Lokalisierung auf dem politischen Feld finden. In Wirklichkeit habe ich vor allem Fragen an die Politik stellen und auf dem Feld der Politik sowie der historischen und philosophischen Befragung Probleme zum Vorschein bringen wollen, die dort kein Bürgerrecht hatten. Die Fragen, die ich zu stellen versuche, sind nicht durch eine ihnen vorausgehende politische Auffassung bestimmt und streben nicht die Verwirklichung eines bestimmten politischen Projekts an.

Das meinen sicherlich die Leute, wenn sie mir vorwerfen, keine

Theorie des Ganzen vorzulegen. Doch glaube ich eben, dass die durch die Politik angebotenen Totalisierungsformen in Wirklichkeit sehr begrenzt sind. Ich versuche im Gegenteil, außerhalb jeder sowohl *abstrakten* als auch *einschränkenden Totalisierung* so *konkrete* wie *allgemeine* Probleme zu *eröffnen* wie eben möglich – Probleme, die die Politik von hinten her angehen, die sich diagonal durch die Gesellschaft hindurchziehen und die zugleich konstitutiv für unsere Geschichte sind und von dieser konstituiert werden; das gilt für das Problem der Bezüge zwischen Vernunft und Wahnsinn sowie für die Frage der Krankheit, des Verbrechens und der Sexualität. Und man müsste versuchen, sie als Fragen der Aktualität und der Geschichte, als moralische, epistemologische und politische Probleme zu stellen.

– *Und all das lässt sich nur schwer innerhalb eines Kampfes einordnen, der bereits begonnen hat, da die Grenzen von anderen festgelegt werden...*

– Es ist schwierig, diese Fragen, die mehrere Dimensionen, mehrere Gesichter umfassen, in einen politischen persönlichen Raum zu projizieren. Es gab Marxisten, die es fertig brachten zu behaupten, ich sei eine Gefahr für die westliche Demokratie – das ist so geschrieben worden –, und ein Sozialist schrieb, der Kämpfer, der mir am nächsten stünde, wäre Adolf Hitler in *Mein Kampf*. Ich bin von den Liberalen als ein technokratischer Agent der gaullistischen Regierung, ich bin von den Leuten von rechts, ob Gaullisten oder andere, als ein gefährlicher Anarchist von links angesehen worden; ein amerikanischer Professor fragte an, warum man an die amerikanischen Universitäten einen Kryptomarxisten wie mich einladen würde, der offensichtlich ein Agent des KGB wäre, usw. Das hat keine Bedeutung; wir alle sind dem ausgesetzt gewesen, und ich stelle mir vor, Sie auch. Es geht überhaupt nicht darum, aus meiner Situation einen besonderen Fall zu machen; aber, wenn Sie so wollen, denke ich, dass man, wenn man diese Art ethisch-epistemologisch-politischer Frage stellt, nicht eine Stellung auf einem Schachbrett bezieht.

– *Die Benennung »ethischer Denker« scheint mir in Bezug auf Sie treffend und sehr interessant; man muss nur richtig stellen, dass Sie kein rein kontemplativer Denker sind. Seit Jahren führen Sie eine Aktion in ganz besonderen Sektoren der französischen Gesellschaft durch, und, was interessant ist, was vielleicht auch eine größere Herausforderung für die politischen Parteien darstellt, ist die Art und Weise, wie Sie vorgehen, indem Sie eine Analyse an einen Aktionstypus zurückbinden, der an sich selbst nicht ideologisch ist, und der folglich schwieriger zu benennen ist... Zudem helfen Sie anderen Leuten, ihre Kämpfe in spezifischen Bereichen zu führen; wir haben es da sicherlich mit einer Ethik, wenn man das so sagen kann, der Interaktion zwischen Theorie und Praxis zu tun; einer Ethik, die darin besteht, sie miteinander zu verbinden. Denken und Aktion sind auf ethische Weise verbunden, doch diese Weise bringt Ergebnisse hervor, die man allerdings als politisch bezeichnen muss.*

– Ja, doch denke ich, dass die Ethik eine Praxis und das *ethos* eine Seinsweise ist. Nehmen wir ein Beispiel auf, das uns alle betrifft, Polen. Wenn man die Polenfrage in im eigentlichen Sinne politischen Ausdrücken stellt, ist es offensichtlich, dass man sehr schnell dazu kommt zu sagen, dass man nichts machen kann. Man kann keine Fallschirmspringer abwerfen, und man kann keine Panzer schicken, um Warschau zu befreien. Ich glaube, dass man sich das politisch klar machen muss, aber ich glaube, dass sicherlich Übereinstimmung besteht, dass man aus ethischen Gründen das Polenproblem in der Form stellen muss, dass man das nicht hinnehmen darf, was dort drüben passiert, und ebenso wenig die Passivität unserer Regierungen, und ich glaube, dass das eine Haltung ist, die ethisch ist, die aber auch politisch ist; sie besteht nicht darin, bloß zu sagen, ich protestiere, sondern aus dieser Haltung eine möglichst stichhaltige politische Tatsache zu machen, welche diejenigen, die hier oder dort drüben regieren, eindeutig nötigt, sie auf eine bestimmte Weise zur Kenntnis zu nehmen.

– Es gibt eine Art und Weise, die Politik in den Blick zu nehmen – die man in den Vereinigten Staaten mit den Namen Hannah Arendt und jetzt Jürgen Habermas verbindet –, die, statt die Macht als ein Herrschaftsverhältnis anzusehen, ihre Möglichkeit im vereinbarten Handeln, im gemeinschaftlichen Handeln sieht. Diese Idee, dass die Macht ein Konsensus, eine Intersubjektivitätssphäre, ein gemeinschaftliches Handeln sein kann, ist eine Idee, die Ihre Arbeit scheinbar erschüttern will. Man wird Mühe haben, in Ihrem Werk die Vision einer anderen Politik zu finden. Vielleicht in diesem Sinne können Sie als ein antipolitischer Denker wahrgenommen werden.

– Ich werde sehr einfache Beispiele nehmen, die aber, denke ich, nicht von dem Thema abweichen werden, das Sie ausgewählt haben: Nimmt man das Strafsystem und die Fragen, die aktuell gestellt werden, so weiß man wohl, dass in vielen demokratischen Ländern versucht wird, die Strafjustiz in einer anderen Form funktionieren zu lassen, in der Form dessen, was man in den Vereinigten Staaten *informal justice* und in Frankreich *forme sociétale* nennt. Das heißt, dass man in Wirklichkeit Gruppen, *leaders* in Gruppen eine bestimmte Form von Autorität gibt, die anderen Regeln und anderen Instrumenten gehorcht, die aber auch Machtwirkungen hervorbringt, die nicht zwangsläufig aufgrund der alleinigen Tatsache ungültig sind, dass sie nicht staatlich sind, dass sie nicht über dasselbe Netz einer Autorität gehen. Um auf Ihre Frage zurückzukommen, die Idee einer konsensuellen Politik kann in der Tat zu einem gegebenen Zeitpunkt entweder als regulatives Prinzip oder vor allem als kritisches Prinzip im Verhältnis zu anderen politischen Formen dienen; aber ich glaube nicht, dass damit das Problem der Machtbeziehung aufgelöst wird.

– *Kann ich Ihnen zu diesem Thema von Hannah Arendt her eine Frage stellen? Arendt behielt den Gebrauch des Wortes »Macht« nur einer der beiden Seiten vor; dagegen gebrauchen wir es in einem weiteren Sinne, sagen wir, dass sie die beiden möglichen Seiten der Macht geahnt hat. Es bestehen Beziehungen zwischen den Leuten, die es ihnen erlauben, Dinge zu vollbringen, die sie anders nicht vollbringen könnten; die Leute sind durch Machtbeziehungen in dem Sinne verbunden, wie sie gemeinsam eine Fähigkeit haben, über die sie allein nicht verfügen würden; und dies setzt unter anderem eine Gemeinschaft von Ansichten voraus, die auch Beziehungen der Unterordnung implizieren kann, weil es eine der notwendigen Bedingungen für dieses gemeinschaftliche Handeln sein kann, Köpfe oder* leaders *zu haben – das aber könnte für Hannah Arendt keine Herrschaftsbeziehungen konstituieren; somit gibt es einen weiteren Aspekt der Macht, einen gewissermaßen in ebendiesen Beziehungen mitverstandenen Aspekt: den Aspekt, der auf unzweideutige Weise Herrschaftsbeziehungen bestimmter Individuen über andere ins Spiel bringt. Erkennen Sie diese zwei Aspekte der Macht an? Oder ist für Sie die Macht eher in der Form des zweiten Aspekts zu definieren?*

– Sie haben völlig Recht, dieses Problem der Herrschaftsbeziehung zu stellen, weil es mir in der Tat so scheint, dass in vielen von Arendt oder jedenfalls in dieser Sichtweise durchgeführten Analysen ziemlich durchgängig die Herrschaftsbeziehung von der Machtbeziehung abgetrennt wurde; doch frage ich mich, ob diese Trennung nicht bloß verbal ist; man kann zwar in der Tat annehmen, dass gewisse Machtbeziehungen derart funktionieren, dass sie in ihrer Gesamtheit eine Herrschaftswirkung ausmachen, doch das von den Machtbeziehungen konstituierte Netz erlaubt kaum eine trennscharfe Unterscheidung. Ich denke, dass man von diesem allgemeinen Thema ausgehend äußerst vorsichtig und empirisch zugleich sein muss. Nichts beweist beispielsweise, dass in der pädagogischen Beziehung – ich meine in der Unterrichtsbeziehung, diesem Übergang, der von dem, der mehr weiß, zu dem, der weniger weiß, erfolgt – die Selbstverwaltung die besten Ergebnisse bringt; nichts beweist im Gegenteil, dass das die Dinge nicht blockiert. Also würde ich im Großen und Ganzen Ja sagen, unter dem Vorbehalt, dass man sich die ganzen Einzelheiten anschauen muss.

– *Selbst wenn das Modell des Konsensus vielleicht nur eine fiktive Möglichkeit ist, können dennoch die Leute dieser Fiktion entsprechend so handeln, dass die erhaltenen Ergebnisse dem Handeln überlegen wären, das aus der meiner Ansicht nach eher deprimierenden Auffassung der Politik als Herrschaft und Unterdrückung resultieren würde; so dass, auch wenn Sie empirisch Recht haben sollten und die Utopie sich niemals verwirklichen lässt, es in einem Sinne pragmatisch besser, gesünder, befreiender sein könnte – verbinden Sie damit die positiven Werte, die Sie möchten –, wenn der Konsensus für uns eher ein zu erreichendes Ziel bliebe denn ein Ziel, das wir verwerfen und für unerreichbar erklären.*

– Ja, das ist das, was ich als, sagen wir, kritisches Prinzip denke...

– *Regulatives Prinzip?*

– Ich würde vielleicht nicht regulatives Prinzip sagen, das würde zu weit gehen, weil von dem Moment an, da Sie regulatives Prinzip sagen, gestehen Sie zu, dass es eben abhängig davon ist, dass die Sache in den Grenzen, die durch die Erfahrung oder den Kontext definiert werden können, organisiert werden muss. Ich würde eher sagen, dass es vielleicht eine kritische Idee ist, die man ständig haben muss: sich zu fragen, welches der Anteil an Nicht-Konsensualität ist, der in einer solchen Machtbeziehung impliziert ist, und ob dieser Anteil an Nicht-Konsensualität notwendig ist oder nicht, und entsprechend kann man dann jede Machtbeziehung befragen. Ich würde bestenfalls sagen: Man muss vielleicht nicht für die Konsensualität sein, aber man muss gegen die Nicht-Konsensualität sein.

– Das Problem der Subjektivierung ist nicht dasselbe wie das der Herstellung der Ordnung. Aktuell sehen wir sehr häufig im Namen des Konsensus, der Befreiung, des persönlichen Ausdrucks usw. eine ganz andere Betätigung der Machtfelder, wobei Macht nicht Herrschaft im strengen Sinne ist, die aber dennoch nicht sehr anziehend ist. Meiner Meinung nach bestand einer der durch die Analysen der Macht bewirkten Fortschritte darin zu zeigen, dass bestimmte Konzeptionen einer Subjektivierung, die keine Herstellung einer Ordnung im strengen Sinne war, dennoch sehr gefährlich sein konnten.

– Die Macht disziplinarischer Art, so wie sie in einer gewissen Anzahl von Institutionen, im Grunde in etwa denjenigen, die Goffman die totalen Institutionen nannte, ausgeübt wird – zumindest ausgeübt wurde –, ist absolut lokalisiert; das ist eine zu einem bestimmten Zeitpunkt erfundene Formulierung, die eine gewisse Anzahl von Resultaten hervorgebracht hat, die als völlig unerträglich oder teilweise unerträglich empfunden wurden; aber es ist klar, dass das nicht auf adäquate Weise all die Machtbeziehungen und Möglichkeiten von Machtbeziehungen darstellt. Die Macht ist nicht die Disziplin; die Disziplin ist eine mögliche Verfahrensweise der Macht.

– Aber gibt es nicht auch Disziplinverhältnisse, die nicht zwangsläufig Herrschaftsverhältnisse sind?

– Sicher, es gibt konsensuelle Disziplinen. Ich habe versucht, die Grenzen von dem anzuzeigen, was ich tun wollte, nämlich die Analyse einer genau bestimmten geschichtlichen Gestalt, einer genau bestimmten Technik zur Regierung von Individuen. Infolgedessen können diese Analysen in meinem Sinne keinesfalls als eine allgemeine Analytik jeder möglichen Machtbeziehung gelten.

Übersetzt von Hans-Dieter Gondek

Den Regierungen gegenüber: die Rechte des Menschen (Wortmeldung)

»Face aux gouvernements, les droits de l'homme«, in: *Libération*, Nr. 967, 30. Juni - 1. Juli 1984, S. 22.

M. Foucault hatte diesen Text einige Minuten, nachdem er ihn geschrieben hatte, aus Anlass der Pressekonferenz verlesen, auf der in Genf im Juni 1981 die Schaffung eines Internationalen Komitees gegen Piraterie verkündet wurde. Im Weiteren ging es darum, möglichst vielen Personen eine Reaktion auf diesen Text zu ermöglichen, in der Hoffnung, zu einer potentiellen neuen Deklaration der Menschenrechte zu gelangen.

Wir sind hier nur Privatmenschen, die keinen anderen Anspruch darauf haben zu sprechen und gemeinsam zu sprechen als eine gewisse gemeinsame Schwierigkeit, das zu ertragen, was geschieht.

Ich weiß wohl, und man muss sich das vor Augen führen: Für die Gründe, aus denen Männer und Frauen lieber ihre Länder verlassen als darin zu leben, können wir nicht viel. Die Sache liegt außerhalb unserer Reichweite.

Wer hat uns also beauftragt? Niemand. Und das genau macht unser Recht aus. Mir scheint, dass man drei Grundsätze im Sinn haben muss, die, glaube ich, diese Initiative wie so viele andere leiten, die ihr vorangegangen sind: die *Île-de-Lumière*, die Cap Anamur, das Flugzeug für El Salvador, aber auch Terre des Hommes, Amnesty International.[1]

1) Es gibt eine internationale Bürgerschaft, die ihre Rechte hat, die ihre Pflichten hat und die dazu verpflichtet, sich gegen jeden Machtmissbrauch zu erheben, wer auch immer dessen Urheber ist und wer auch immer dessen Opfer sind. Schließlich sind wir alle Regierte und insofern miteinander solidarisch verbunden.

2) Weil sie den Anspruch erheben, sich um das Glück der Gesellschaften zu kümmern, maßen sich die Regierungen das Recht an, das

1 [Vom Hospitalschiff *Île-de-Lumière*, das ausgeschickt wurde, um 1979 den *boat people* im Chinesischen Meer zu helfen, bis zur internationalen Verteidigung aller politischen Gefangenen erwähnt Foucault hier die humanitären Initiativen von Nicht-Regierungs-Organisationen, die seit den 1970er Jahren das neue Recht eines freien Zugangs zu den Opfern sämtlicher Konflikte vorangebracht haben.]

Unglück der Menschen, das ihre Entscheidungen hervorrufen oder ihre Unterlassungen ermöglichen, auf dem Gewinn- und Verlustkonto zu verbuchen. Es ist eine Pflicht dieser internationalen Bürgerschaft, stets in den Augen und den Ohren der Regierungen die Unglücke der Menschen geltend zu machen, für die nicht verantwortlich zu sein sie zu Unrecht behaupten. Das Unglück der Menschen darf niemals ein stummer Rest der Politik sein. Ich begründe ein absolutes Recht, sich zu erheben und sich an diejenigen zu wenden, die die Macht innehaben.

3) Man muss die uns so häufig vorgeschlagene Aufgabenverteilung zurückweisen: den Individuen, sich zu empören und zu reden; den Regierungen, zu reflektieren und zu handeln. Es ist wahr: Die guten Regierungen lieben die fromme Empörung der Regierten, solange sie lyrisch bleibt. Ich glaube, dass man sich klar machen muss, dass es sehr oft die Regierenden sind, die reden und die nichts anderes können und wollen als reden. Die Erfahrung zeigt, dass man die theatralische Rolle der schlichten und einfachen Empörung, die man uns vorschlägt, zurückweisen kann und muss. Amnesty International, Terre des Hommes, Médecins du Monde sind Initiativen, die dieses neue Recht geschaffen haben: das Recht der privaten Individuen, wirksam in den Bereich der Politiken und der internationalen Strategien einzugreifen. Der Wille der Individuen muss sich in eine Wirklichkeit eintragen, für die die Regierungen sich das Monopol reservieren wollten, dieses Monopol, das man ihnen Schritt für Schritt jeden Tag aufs Neue entreißen muss.

Übersetzt von Hans-Dieter Gondek

Die Ethik der Sorge um sich als Praxis der Freiheit

»L'éthique du souci de soi comme pratique de la liberté« (Gespräch mit Helmut Becker, Raúl Fornet-Betancourt, Alfred Gomez-Müller, 20. Januar 1984), in: *Concordia. Revista international de filosofia*, Nr. 6, Juli - Dezember 1984, S. 99-116.

– *Zunächst einmal wüssten wir gerne etwas über den Gegenstand Ihres augenblicklichen Denkens. Wir haben Ihre letzten Entwicklungen verfolgt, vor allem Ihre Vorlesungen am Collège de France 1981-1982 über die Hermeneutik des Subjekts. Wir hätten nun gern gewusst, ob Ihr augenblickliches philosophisches Vorgehen immer noch durch den Pol Subjektivität und Wahrheit bestimmt ist.*

– In Wirklichkeit ist das schon immer mein Problem gewesen, auch wenn ich den Rahmen meiner Überlegungen ein wenig anders formuliert habe. Ich habe herauszufinden versucht, wie das menschliche Subjekt in die Spiele der Wahrheit eingetreten ist, die entweder die Form einer Wissenschaft haben oder sich auf ein wissenschaftliches Modell beziehen, oder die Spiele der Wahrheit wie diejenigen, die man in den Institutionen oder Praktiken der Kontrolle finden kann. Dies ist das Thema von *Les mots et les choses* [*Die Ordnung der Dinge*]. Dort versuchte ich herauszufinden, wie sich das menschliche Subjekt im Rahmen wissenschaftlicher Diskurse als sprechendes, lebendes und arbeitendes Individuum definiert. In den Vorlesungen am Collège de France habe ich dann diese Problematik in ihrer Allgemeinheit entwickelt.

– *Gibt es nicht einen Sprung zwischen Ihrer früheren Fragestellung und der von Subjektivität/Wahrheit, besonders wenn man vom Begriff der »Sorge um sich« ausgeht?*

– Das Problem der Beziehungen zwischen dem Subjekt und den Spielen der Wahrheit habe ich damals aus der Perspektive von Zwangspraktiken betrachtet wie im Falle der Psychiatrie oder des Strafsystems oder in der Form wissenschaftlicher oder theoretischer Spiele wie im Falle der Analyse der Reichtümer, der Sprache und der Lebewesen. In meinen Vorlesungen am Collège de France habe ich es nun aber zu erfassen versucht durch etwas, was man als eine Praxis des Selbst bezeichnen könnte, die, wie ich glaube, seit der griechisch-römischen Antike ein ziemlich wichtiges Phänomen unserer Gesellschaften ist – auch wenn es nicht sehr eingehend untersucht wurde. Diese Praktiken des Selbst besaßen in den griechischen und römischen Zivilisationen eine sehr viel größere Bedeutung und vor allem Autonomie als später, als sie bis zu einem gewissen Grad von den Institutionen der Religion, der Pädagogik, der Medizin und der Psychiatrie vereinnahmt wurden.

– *Es findet jetzt also so etwas wie eine Verlagerung statt: Diese Spiele der Wahrheit beziehen sich nicht mehr auf eine Zwangspraxis, sondern auf eine Praxis der Selbstformierung des Subjekts.*

– Richtig. Man könnte das als eine asketische Praxis bezeichnen, wenn man Askese in einem sehr allgemeinen Sinne fasst, also nicht im Sinne einer Moral des Verzichts, sondern in dem einer Einwirkung des Subjekts auf sich selbst, durch die man versucht, sich selbst zu bearbeiten, sich selbst zu transformieren und zu einer bestimmten Seinsweise Zugang zu gewinnen. Ich begreife Askese hier in einem weiteren Sinne als beispielsweise Max Weber, aber es liegt dennoch auf derselben Linie.

– *Eine Arbeit des Selbst an sich selbst, kann sie als eine Art Befreiung, als ein Prozess der Befreiung verstanden werden?*

– Ich wäre hier etwas vorsichtiger. Ich war immer etwas misstrauisch in Bezug auf das allgemeine Thema der Befreiung, denn wenn man es nicht mit einer gewissen Vorsicht und innerhalb bestimmter Grenzen angeht, läuft man Gefahr, auf die Vorstellung zurückzufallen, dass es ein Wesen, eine Natur des Menschen gäbe, die sich infolge einer Reihe historischer, ökonomischer und sozialer Prozesse in und durch Repressionsmechanismen entfremdet und eingesperrt wird. Dieser Hypothese zufolge würde es genügen, die repressiven Riegel aufzusprengen, damit sich der Mensch wieder mit sich selbst versöhnt, seine Natur wiederfindet oder mit seinem Ursprung wieder in Verbindung tritt und ein erfülltes und positives Verhältnis zu sich selbst wiederherstellt. Ich glaube, das ist ein Thema, das man nicht so ohne weiteres, ohne Überprüfung gelten lassen kann. Ich will nicht sagen, dass es die Befreiung oder diese oder jene Form der Befreiung nicht gibt:

Wenn ein kolonialisiertes Volk sich von seinen Kolonialherren befreien will, dann ist dies gewiss im strengen Sinne eine Befreiungspraxis. Aber in diesem übrigens sehr präzisen Falle weiß man sehr genau, dass diese Praxis der Befreiung nicht ausreicht, um die Praktiken der Freiheit zu definieren, die in der Folge nötig sind, damit dieses Volk, diese Gesellschaft und diese Individuen für sich annehmbare und akzeptable Formen ihrer Existenz oder der politischen Gemeinschaft definieren können. Deshalb insistiere ich mehr auf den Praktiken der Freiheit als auf den Prozessen der Befreiung, die, um es noch einmal zu sagen, ihren Stellenwert haben, mir aber aus sich selbst heraus nicht in der Lage zu sein scheinen, alle praktischen Formen der Freiheit zu bestimmen. Dabei handelt es sich genau um das Problem, auf das ich in Bezug auf die Sexualität gestoßen bin: Hat es Sinn zu sagen: »Befreien wir unsere Sexualität«? Besteht das Problem nicht eher darin, diejenigen Praktiken der Freiheit zu definieren zu suchen, durch die man definieren könnte, was die sexuelle Lust, die erotischen, leidenschaftlichen und Liebesbeziehungen zu anderen sind? Dieses ethische Problem der Definition der Praktiken der Freiheit ist, wie mir scheint, sehr viel wichtiger als die etwas repetitive Beteuerung, dass man die Sexualität oder das Begehren befreien müsse.

– *Setzt die Ausübung von Praktiken der Freiheit denn nicht einen gewissen Grad an Befreiung voraus?*

– Ja, absolut. An dieser Stelle muss man den Begriff der Herrschaft einführen. Die Analysen, die ich durchzuführen versuche, zielen im Wesentlichen auf Machtbeziehungen. Darunter verstehe ich etwas anderes als Herrschaftsbeziehungen. Machtbeziehungen besitzen in den menschlichen Beziehungen eine außerordentlich große Ausdehnung. Dies soll nun nicht besagen, dass die politische Macht überall ist, sondern dass in den menschlichen Beziehungen ein ganzes Bündel von Machtbeziehungen existiert, die zwischen den Individuen, innerhalb einer Familie, in einer pädagogischen Beziehung oder im politischen Körper wirksam werden. Diese Analyse der Machtbeziehungen bildet ein überaus komplexes Feld; sie stößt manchmal auf etwas, das man als Herrschaftstatsachen oder als Herrschaftszustände bezeichnen kann, in denen die Machtbeziehungen, anstatt veränderlich zu sein und den verschiedenen Mitspielern eine Strategie zu ermöglichen, die sie verändern, vielmehr blockiert und erstarrt sind. Wenn es einem Individuum oder einer gesellschaftlichen Gruppe gelingt, ein Feld von Machtbeziehungen zu blockieren, sie unbeweglich und starr zu machen und jede Umkehrung der Bewegung zu verhindern – durch den Einsatz von Instrumenten, die sowohl ökonomischer, politischer oder militärischer Natur sein mögen –, dann steht man vor etwas, das man als einen Herrschaftszustand bezeichnen kann. Gewiss existieren in einem solchen Zustand die Praktiken der Freiheit nicht oder nur einseitig oder sind äußerst eingeschränkt und begrenzt. Deshalb stimme ich mit Ihnen darin überein, dass die Befreiung manchmal die politische oder historische Bedingung für eine Praxis der Freiheit ist. Wenn man das Beispiel der Sexualität nimmt, so ist klar, dass in Beziehung auf die Macht des Mannes eine ganze Reihe von Befreiungen erforderlich waren, dass es erforderlich war, sich von einer Zwangsmoral zu befreien, die sowohl die Heterosexualität wie die Homosexualität betrifft. Aber diese Befreiung lässt das erfüllte und glückliche Sein einer Sexualität nicht zutage treten, in der das Subjekt eine vollständige und befriedigende Beziehung erreichte. Die Befreiung eröffnet ein Feld für neue Machtbeziehungen, die es durch Praktiken der Freiheit zu kontrollieren gilt.

– *Könnte nicht die Befreiung selbst eine Weise oder eine Form der Freiheitspraxis sein?*

– Ja, in einer Reihe von Fällen. Es gibt Fälle, in denen die Befreiung und der Befreiungskampf in der Tat für eine Praxis der Freiheit unerlässlich sind. Was beispielsweise die Sexualität anbetrifft – und ich sage das ganz ohne Polemik, weil ich Polemiken nicht mag, ich finde sie meistens unfruchtbar –, so gibt es da ein Reich'sches Schema, das sich aus einer bestimmten Freudlektüre herleitet; es unterstellt, dass das Problem in seiner Gesamtheit zur Ordnung der Befreiung gehörte. Etwas schematisch ausgedrückt: Es gibt Begehren, Trieb, Verbot, Unterdrückung, Verinnerlichung, und indem man diese Verbote sprengt, das heißt, indem man sich befreit, löst man das Problem. Aber damit, so glaube ich – und ich weiß, dass ich damit die sehr viel interessanteren und subtileren Positionen vieler Autoren verzerre –, verfehlt man völlig das ethische Problem einer Praxis der Freiheit: Wie kann man Freiheit praktizieren? Im Bereich der Sexualität geht es, indem man sein Begehren befreit, darum, zu wissen, wie man sich zu anderen in den Beziehungen der Lust ethisch zu verhalten hat.

– *Sie sagen, dass es die Freiheit ethisch zu praktizieren gilt…*

– Ja, denn was ist die Ethik anderes als die Praxis der Freiheit, die reflektierte Praxis der Freiheit?

– *Das heißt, Sie begreifen Freiheit als eine bereits in sich selbst ethische Realität?*

– Die Freiheit ist die ontologische Bedingung der Ethik. Aber die Ethik ist die reflektierte Form, die die Freiheit annimmt.

– *Verwirklicht sich die Ethik in der Erforschung des Selbst, in der Sorge um sich?*

– Die Sorge um sich war in der griechisch-römischen Welt die Art und Weise, in der sich die individuelle Freiheit – oder gewissermaßen die bürgerliche Freiheit – als Ethik reflektierte. Wenn Sie eine ganze Reihe von Texten nehmen, angefangen von den ersten platonischen Dialogen bis hin zu den großen Texten der späten Stoa (Epiktet, Marc Aurel …), dann sehen Sie, dass dieses Thema der Sorge um sich wirklich das gesamte moralische Denken durchzog. Es ist interessant zu sehen, dass in unseren Gesellschaften die Sorge um sich von einem bestimmten Zeitpunkt an – und es ist schwierig zu bestimmen, wann sich dies vollzog – zu etwas wurde, das ein wenig suspekt ist. Von einem bestimmten Zeitpunkt an wurde die Beschäftigung mich sich selbst als eine Form der Eigenliebe, eine Form des Egoismus oder des individuellen Interesses angeprangert, die im Gegensatz zu dem Interesse steht, das es den anderen entgegenzubringen gilt oder zur Notwendigkeit der Selbstaufopferung. Das alles hat sich im Verlauf des Christentums abgespielt, aber ich sage nicht, dass wir es schlicht und einfach dem Christentum verdanken. Die Frage ist sehr viel komplexer, denn im Christentum bedeutet das Streben nach dem Heil auch eine Weise, sich um sich selbst zu sorgen. Im Christentum jedoch verwirklicht sich das Heil durch den Verzicht auf das Selbst. Es gibt im Christentum ein Paradox der Sorge um sich, aber dies ist ein anderes Problem. Um auf Ihre Frage zurückzukommen, ich glaube, dass es bei den Griechen und den Römern – vor allem bei den Griechen – um sich richtig zu verhalten und um den rechten Gebrauch von der Freiheit zu machen notwendig war, dass man sich mit sich selbst befasste, dass man sich um sich selbst sorgte, einerseits um sich zu erkennen – dies ist der vertraute Aspekt des *gnothi seauton* – und andererseits um sich zu formen, um sich selbst zu verbessern und um in sich die Begierden zu meistern, die einen mitzureißen drohen. Für die Griechen war die individuelle Freiheit etwas sehr Wichtiges, ganz im Gegensatz zu dem mehr oder weniger von Hegel herkommenden Gemeinplatz, wonach die individuelle Freiheit gegenüber der schönen Totalität der Polis keinerlei Bedeutung besessen hätte: Kein Sklave zu sein (sei es der Sklave einer anderen Polis, sei es derer, die einen umgeben, die einen regieren oder seiner eigenen Leidenschaften) war ein absolut fundamentales Thema; die Sorge um die Freiheit war während der großen acht Jahrhunderte der antiken Kultur ein wesentliches und beständiges Problem. Dort findet sich eine ganze Ethik, die sich um die Frage der Sorge um sich dreht und die der antiken Ethik ihre besondere Gestalt verleiht. Ich sage nicht, dass die Ethik in der Sorge um sich besteht, sondern dass sich in der Antike die Ethik als reflektierte Praxis der Freiheit ganz um diesen fundamentalen Imperativ drehte: »Sorge dich um dich selbst«.

– *Ein Imperativ, der die Assimilation der logoi, der Wahrheiten impliziert.*

– Ganz gewiss. Man kann sich nicht um sich selbst sorgen, ohne zu erkennen. Die Selbstsorge ist selbstverständlich Selbsterkenntnis – dies ist die sokratisch-platonische Seite –, aber sie besteht auch in der Kenntnis einer bestimmten Anzahl von Verhaltensregeln oder von Prinzipien, die zugleich Wahrheiten und Vorschriften sind. Sich um sich selbst sorgen heißt, sich mit diesen Wahrheiten auszurüsten: Dies ist der Punkt, an dem die Ethik mit dem Spiel der Wahrheit verknüpft ist.

– *Sie sagen, dass es darum geht, aus dieser angeeigneten, erinnerten und schrittweise angewandten Wahrheit ein Quasi-Subjekt zu machen, das in uns souverän regiert. Welchen Status hat dieses Quasi-Subjekt?*

– Im platonischen Denken, zumindest wenn man dem Schluss des *Alkibiades*[1] folgt, besteht das Problem für das Subjekt oder für die

1 Platon, *Alkibiades I,* 133 a-d (übersetzt von Friedrich Schleiermacher), in: *Sämtliche Werke, Band 1*, Reinbek 1994, S. 174-175.

individuelle Seele darin, die Augen auf sich selbst zu richten, um sich in dem, was sie ist, zu erkennen; und sich, indem sie sich in dem, was sie ist, erkennt, an die Wahrheiten zu erinnern, mit denen sie verwandt ist und die sie hat schauen können. Umgekehrt besteht das Problem in dem, was man ganz global als das stoische Denken bezeichnen könnte, darin, durch Unterweisung bestimmte Wahrheiten und Doktrinen zu erlernen, wobei die einen die Grundprinzipien und die anderen die Verhaltensregeln bilden. Es handelt sich darum, es so einzurichten, dass diese Prinzipien einem in jeder Lage gewissermaßen spontan sagen, wie man sich zu verhalten hat. Hier trifft man auf eine Metapher, die nicht von den Stoikern, sondern von Plutarch stammt, der sinngemäß sagt: »Ihr müsst euch die Prinzipien auf eine so sichere Weise angeeignet haben, dass, wenn eure Begierden, eure Gelüste, eure Ängste wie bellende Hunde erwachen, der Logos mit der Stimme des Herren spricht, der mit einem einzigen Ruf die Hunde zum Schweigen bringt.«[2] Da haben Sie die Vorstellung eines *logos*, der gewissermaßen funktioniert, ohne dass sie etwas getan hätten; Sie sind der *logos* geworden oder der *logos* wäre Sie selbst geworden.

– *Kommen wir auf die Frage des Verhältnisses zwischen Freiheit und Ethik zurück. Wenn Sie sagen, dass die Ethik der reflektierte Teil der Freiheit ist, heißt das, dass sich die Freiheit ihrer selbst als ethischer Praxis bewusst werden kann? Ist sie auf Anhieb und jederzeit sozusagen eine moralisierte Freiheit oder bedarf es einer Arbeit an sich selbst, um diese ethische Dimension der Freiheit zu entdecken?*

– Die Griechen problematisierten in der Tat ihre Freiheit und die Freiheit des Individuums als ethisches Problem. Aber Ethik in dem Sinne, in dem sie die Griechen verstehen konnten: Das *ethos* war die Weise zu sein und sich zu verhalten. Es war eine Seinsweise des Subjekts und eine bestimmte, für die anderen sichtbare Weise des Handelns. Das *ethos* von jemandem äußert sich in seiner Kleidung, seiner

2 Anspielung auf die Passage von Plutarch, *Von der Ruhe des Gemütes* [in: *Von der Ruhe des Gemütes und andere philosophische Schriften*, übersetzt von Bruno Snell], S. 28. (»Bissige Hunde fahren bei jedem fremden Lärm auf, aber die gewohnte Stimme besänftigt sie; so ist es schwer, der tobenden Leidenschaften der Seele Herr zu werden; es müssen gewohnte, geläufige Grundsätze bei der Hand sein, um die entstandene Unruhe zu dämpfen.«)

Bewegung, seiner Art zu gehen, in der Ruhe, mit der er auf alle Ereignisse reagiert usw. Darin besteht für sie die konkrete Form der Freiheit, so problematisierten sie ihre Freiheit. Der Mann, der ein schönes *ethos* besitzt, der bewundert und als Beispiel zitiert werden kann, ist jemand, der die Freiheit auf eine bestimmte Weise praktiziert. Ich glaube nicht, dass es einer Konversion bedarf, um die Freiheit als *ethos* zu reflektieren; sie ist unmittelbar als *ethos* problematisiert. Damit jedoch diese Praxis der Freiheit in einem *ethos* Gestalt annehmen kann, die als gut, schön, ehrenhaft, achtbar und erinnerungswürdig erscheint, bedarf es eingehender Arbeit des Selbst an sich selbst.

– *Und an dieser Stelle situieren Sie die Analyse der Macht?*

– Ich denke, dass in dem Maße, in dem Freiheit für die Griechen bedeutet, nicht Sklave zu sein, was eine von der unseren ganz verschiedene Definition ist, das Problem bereits durch und durch politisch ist. Sie ist in dem Maße politisch, in dem sie an die Bedingung geknüpft ist, nicht der Sklave anderer zu sein: Ein Sklave hat keine Ethik. Die Freiheit ist also in sich selbst politisch. Und schließlich verfügt sie in dem Maße über ein politisches Modell, in dem frei zu sein bedeutet, nicht Sklave seiner selbst und seiner Begierden zu sein, was impliziert, dass man zu sich selbst eine bestimmte Beziehung der Beherrschung, der Bemeisterung herstellt, die man als *arche*, als Macht oder Führung bezeichnete.

– *Die Sorge um sich ist, wie Sie sagten, in gewisser Weise die Sorge um die anderen. In diesem Sinne ist die Sorge um sich auch immer ethisch, sie ist ethisch in sich selbst.*

– Für die Griechen ist sie nicht deshalb ethisch, weil sie Sorge um die anderen ist. Die Sorge um sich ist ethisch in sich selbst, aber sie impliziert komplexe Beziehungen zu anderen in dem Maße, in dem dieses *ethos* der Freiheit auch eine Weise darstellt, sich um andere zu sorgen; deshalb ist es für einen freien Mann, der sich richtig verhält, wichtig zu wissen, wie er seine Frau, seine Kinder, sein Haus regiert. Es handelt sich dabei auch um die Kunst des Regierens. Das *ethos* impliziert auch in dem Maße eine Beziehung zu anderen, in dem die Sorge um sich dazu befähigt, in der Polis, in der Gemeinschaft oder in den Beziehungen zwischen den Individuen den gebührenden Platz einzunehmen – sei es um ein öffentliches Amt auszuüben oder um Freundschaftsbeziehungen zu haben. Und schließlich impliziert die Sorge um sich die Beziehung zum anderen auch in dem Maße, in dem man, um sich gut um sich selbst zu sorgen, auf die Unterweisungen eines Meisters hören muss. Man bedarf eines Führers, eines Ratgebers, eines Freundes, jemandes, der einem die Wahrheit sagt. Somit ist das Problem der Beziehung zu anderen während der gesamten Entwicklung der Sorge um sich gegenwärtig.

– *Die Sorge um sich zielt immer auf das Wohl der anderen: Sie zielt darauf ab, den Raum der Macht, der in jeder Beziehung anwesend ist, gut zu verwalten, ihn also im Sinne von Nicht-Herrschaft zu verwalten. Worin kann in diesem Zusammenhang die Rolle des Philosophen bestehen, also desjenigen, der sich sorgt um die Sorge um sich der anderen?*

– Nehmen wir zum Beispiel Sokrates. Das ist genau der, der die Menschen auf der Straße oder die Jungen im Gymnasium anspricht und sie fragt: »Beschäftigst du dich mit dir selbst?« Gott hat ihm diese Bürde auferlegt, es ist seine Mission, er wird sie niemals aufgeben, nicht einmal in dem Augenblick, in dem er vom Tode bedroht ist. Er ist der Mensch, der sich um die Sorge der anderen sorgt: Dies ist die besondere Position des Philosophen. Aber im Falle des, sagen wir einfach: freien Menschen bestand, so glaube ich, die Forderung dieser gesamten Moral darin, dass derjenige, der sich in der rechten Weise um sich selbst sorgte, aufgrund dieser Tatsache in der Lage war, sich in der rechten Weise in Bezug auf andere und für diese anderen zu leiten. Eine Polis, in der jedermann sich in der rechten Weise sich um sich selbst sorgte, wäre eine Polis, die gut funktionierte und die darin das ethische Prinzip ihrer Dauer fände. Aber ich glaube nicht, dass man sagen könnte, dass der Grieche, der sich um sich selbst sorgt, sich zuerst um die anderen sorgen muss. Dieses Thema wird, wie mir scheint, erst sehr viel später auftreten. Die Sorge um die anderen ist nicht vor die Sorge um sich zu stellen; die Sorge um sich ist ethisch vorrangig, so wie die Beziehung zu sich ontologisch vorrangig ist.

– *Könnte diese Sorge um sich, die einen positiven ethischen Sinn besitzt, als eine Art Konversion der Macht verstanden werden?*

– Eine Konversion, ja. Es handelt sich in der Tat um eine Art und Weise, sie zu kontrollieren und zu begrenzen. Denn wenn es stimmt, dass die Sklaverei das große Risiko darstellt, dem sich die griechische Freiheit entgegensetzt, dann gibt es auch eine andere Gefahr, die auf den ersten Blick wie das Gegenteil der Sklaverei erscheint: der Missbrauch der Macht. Beim Missbrauch der Macht überschreitet man die legitime Ausübung seiner Macht und zwingt den anderen seine Laune, seine Begierden, seine Gelüste auf. Man stößt hier auf das Bild des Tyrannen oder des mächtigen und reichen Mannes, der von dieser Macht und diesem Reichtum profitiert, um die anderen zu missbrauchen, um ihnen eine ungebührliche Macht aufzuzwingen. Aber man wird gewahr – dies sagen jedenfalls die griechischen Philosophen –, dass dieser Mensch in Wahrheit Sklave seiner Begierden ist. Und der gute Souverän ist gerade der, der seine Macht in der rechten Weise ausübt, das heißt der zugleich seine Macht über sich selbst ausübt. Und es ist die Macht über sich selbst, die die Macht über die anderen reguliert.

– Besteht nicht die Gefahr, dass sich die Sorge um sich »verabsolutiert«, wenn man sie ablöst von der Sorge um die anderen? Könnte diese Verabsolutierung der Sorge um sich nicht zu einer Form der Ausübung von Macht über andere im Sinne einer Herrschaft über andere werden?

– Nein, weil die Gefahr, andere zu beherrschen und über sie eine tyrannische Macht auszuüben, eben genau daher rührt, dass man sich nicht um sich selbst gesorgt hat und zum Sklaven seiner Begierden geworden ist. Aber wenn Sie sich in der rechten Weise um sich selbst sorgen, das heißt, wenn Sie ontologisch wissen, was Sie sind, wenn Sie zugleich wissen, wozu Sie imstande sind, wenn Sie wissen, was es für Sie bedeutet, Bürger einer Polis zu sein, Hausherr in einem *oikos* zu sein, wenn Sie wissen, welche Dinge Sie fürchten müssen und welche Sie nicht fürchten dürfen, wenn Sie wissen, welche Dinge sich zu erhoffen schickt und welche Dinge Ihnen im Gegensatz dazu völlig gleichgültig sein müssen, wenn Sie schließlich wissen, dass Sie vor dem Tod nicht Angst haben dürfen, dann können Sie in diesem Augenblick nicht Ihre Macht über die anderen missbrauchen. Es besteht also keine Gefahr. Diese Idee wird sehr viel später auftauchen, als die Liebe zu sich suspekt wurde und als mögliche Wurzel verschiedener moralischer Fehler betrachtet wurde. In diesem neuen

Zusammenhang wird die erste Form der Sorge um sich in dem Verzicht auf das Selbst bestehen. Dies findet sich in einer recht klaren Fassung in der Abhandlung *Über die Jungfräulichkeit* des Gregor von Nyssa, wo der Begriff der Sorge um sich, der *epimeleia heautou* im Kern als Aufgabe aller irdischen Bande definiert wird.[3] Ich glaube jedoch, dass im griechischen und römischen Denken die Sorge um sich nicht aus sich selbst heraus zu dieser übertriebenen Selbstliebe tendiert, die dazu führt, die anderen zu vernachlässigen oder, schlimmer noch, dazu, die Macht zu missbrauchen, die man über sie besitzen kann.

– *Es handelt sich also um eine Sorge um sich, die, indem sie sich um sich selbst sorgt, um den anderen sorgt?*

– Ja, genau. Wer sich um sich selbst sorgt, bis er genau weiß, welches seine Pflichten als Hausherr, als Gatte oder als Vater sind, wird zu seiner Frau und seinen Kinder das rechte Verhältnis haben.

– *Aber spielt da nicht die conditio humana im Sinne der Endlichkeit eine sehr wichtige Rolle? Sie haben vom Tod gesprochen: Wenn man keine Angst vor dem Tod hat, kann man seine Macht über die anderen nicht missbrauchen. Dieses Problem der Endlichkeit ist sehr wichtig, wie uns scheint; die Angst vor dem Tod, vor der Endlichkeit, vor der Verletzung steht im Mittelpunkt der Sorge um sich.*

– Ganz gewiss. Und an dieser Stelle führt das Christentum das Heil als das nach dem Leben kommende Heil ein und bringt dadurch die gesamte Thematik der Sorge um sich aus dem Gleichgewicht und bringt sie durcheinander. Obgleich, ich rufe dies noch einmal in Erinnerung, sein Heil zu suchen bedeutet, sich um sich selbst zu sorgen. Aber die Bedingung dafür, sein Heil zu verwirklichen wird genau in dem Verzicht bestehen. Die Griechen und Römer gehen demgegenüber davon aus, dass man sich in seinem eigenen Leben um sich selbst sorgt und dass der gute Ruf, den man hinterlassen wird, das einzig Jenseitige ist, worum man sich sorgen kann; die Sorge um sich kann

3 Gregor von Nyssa, *Über die Jungfräulichkeit*, Kapitel XIII: »Anfang der Sorge um sich ist das Loskommen von der Ehe«, in: *Über das Wesen des christlichen Bekenntnisses. Über die Vollkommenheit. Über die Jungfräulichkeit*, Stuttgart 1977, S. 118-120.

also vollständig auf sich selbst gerichtet sein, auf das, was man tut und auf den Platz, den man inmitten der anderen einnimmt; sie kann völlig auf das Akzeptieren des Todes ausgerichtet sein – was in der späten Stoa sehr deutlich werden wird –, und kann sogar bis zu einem bestimmten Punkt beinahe zu einem Todesdrang werden. Sie kann gleichzeitig, wenn nicht eine Sorge um andere, so doch eine Sorge um sich sein, die für andere förderlich ist. Es ist beispielsweise interessant bei Seneca zu sehen, wie wichtig das Thema ist: Beeilen wir uns mit dem Altwerden, beeilen wir uns, zum Ende zu gelangen, das uns gestatten wird, wieder zu uns selbst zu gelangen. Dieser Augenblick kurz vor dem Tod, in dem nichts mehr geschehen kann, ist etwas anderes als der Todeswunsch, den man bei den Christen findet, die vom Tod das Heil erwarten. Es ist wie eine Bewegung, mit der man seine Existenz dem Punkt entgegenschleudert, an dem sie nur noch die Möglichkeit des Todes vor sich hat.

– *Wir schlagen vor, jetzt zu einem anderen Thema überzugehen. In Ihren Vorlesungen am Collège de France haben Sie über das Verhältnis von Macht und Wissen gesprochen. Jetzt reden Sie über das Verhältnis von Subjekt und Wahrheit. Besteht zwischen den beiden Begriffspaaren, zwischen Wissen/Macht und Subjekt/Wahrheit eine Komplementarität?*

– Wie ich eingangs bereits gesagt habe, bestand mein Problem schon immer in dem des Verhältnisses zwischen Subjekt und Wahrheit: Wie tritt das Subjekt in ein bestimmtes Spiel der Wahrheit ein? Mein erstes Problem bestand darin: Wie zum Beispiel kommt es, dass der Wahnsinn ab einem bestimmten Augenblick und in Folge einer bestimmten Anzahl von Prozessen als eine Krankheit problematisiert wurde, die von einer bestimmten Form von Medizin abhängig war? Wie wurde das wahnsinnige Subjekt in dieses durch ein medizinisches Wissen oder Modell definierte Wahrheitsspiel gestellt? Und bei der Durchführung dieser Untersuchung habe ich festgestellt, dass es im Gegensatz zu dem, was damals zu Beginn der sechziger Jahre üblich war, nicht ausreichte, einfach nur von Ideologie zu sprechen, wenn man sich über dieses Phänomen klar werden wollte. Tatsächlich gab es Praktiken, im Wesentlichen diese große Praxis der Internierung, die sich seit Beginn des 17. Jahrhunderts entwickelt hatte und die die Bedingung für die Eingliederung des wahnsinnigen Subjekts in diesen Typus von Wahrheitsspielen war – was mich sehr viel stärker auf das

Problem der Institutionen der Macht als auf das Problem der Ideologie verwies. So wurde ich dazu gebracht, das Problem Wissen/Macht aufzuwerfen, das für mich nicht das fundamentale Problem darstellt, sondern ein Instrument, das es ermöglicht, das Verhältnis zwischen Subjekt und Spielen der Wahrheit auf möglichst genaue Weise zu analysieren.

– *Aber Sie haben sich stets dagegen gewehrt, dass man zu Ihnen vom Subjekt im Allgemeinen spricht.*

– Nein, das habe ich nicht. Vielleicht habe ich unangemessene Formulierungen verwendet. Was ich zurückgewiesen habe, bestand genau darin, dass man sich vorweg eine Theorie des Subjekts bildet, wie man dies beispielsweise in der Phänomenologie oder im Existentialismus tun konnte, und dann ausgehend von dieser Theorie des Subjekts zu der Fragestellung gelangt, wie beispielsweise eine bestimmte Form der Erkenntnis möglich sei. Was ich zeigen wollte, war, wie sich das Subjekt in der einen oder anderen Weise durch eine Reihe von Praktiken, die in Spielen der Wahrheit, Praktiken der Macht usw. bestehen, als wahnsinniges oder gesundes Subjekt, als delinquentes oder nicht delinquentes Subjekt konstituiert. Ich musste eine bestimmte Theorie *a priori* des Subjekts zurückweisen, um diese Analyse der Beziehungen zwischen der Konstitution des Subjekts oder verschiedener Formen des Subjekts und den Spielen der Wahrheit, den Praktiken der Macht usw. vornehmen zu können.

– *Das heißt, dass das Subjekt keine Substanz ist...*

– Es ist keine Substanz. Es ist eine Form, und diese Form ist weder vor allem noch durchgängig mit sich selbst identisch. Sie haben zu sich selbst nicht dieselbe Art von Verhältnis, wenn Sie sich als politisches Subjekt konstituieren, das zur Wahl geht oder das in einer Versammlung das Wort ergreift, als wenn Sie versuchen, Ihr Begehren in einer sexuellen Beziehung zu verwirklichen. Es gibt zweifellos Beziehungen und Interferenzen zwischen diesen verschiedenen Formen des Subjekts, aber man steht nicht demselben Typus von Subjekt gegenüber. In jedem dieser Fälle spielt man mit verschiedenen Formen der Beziehung zu sich selbst oder bildet sie aus. Und gerade die historische Konstitution dieser unterschiedlichen Formen des Subjekts und ihre Beziehung zu den Spielen der Wahrheit ist es, die mich interessiert.

– Aber das wahnsinnige, das kranke, das delinquente Subjekt, vielleicht sogar das sexuelle Subjekt, war ein Subjekt, das Objekt eines theoretischen Diskurses war, ein sozusagen »passives« Subjekt; wogegen das Subjekt, von dem Sie in den beiden letzten Jahren in Ihren Vorlesungen am Collège de France sprechen, ein »aktives«, ein politisch aktives Subjekt ist. Die Sorge um sich betrifft alle Probleme politischer Praxis, des Regierens usw. Es scheint, es gibt da bei Ihnen eine Veränderung nicht der Perspektive, sondern der Fragestellung.

– Wenn es zum Beispiel wahr ist, dass die Konstitution des wahnsinnigen Subjekts als Folge eines Zwangssystems betrachtet werden kann – das ist das passive Subjekt –, so wissen Sie sehr wohl, dass das wahnsinnige Subjekt kein unfreies Subjekt ist und dass sich gerade der Geisteskranke als wahnsinniges Subjekt in der Beziehung zu und der Konfrontation mit demjenigen konstituiert, der ihn als wahnsinnig erklärt. Die Hysterie, die in der Geschichte der Psychiatrie und in der Welt der Irrenhäuser des 19. Jahrhunderts eine so bedeutende Rolle spielte, scheint mir geradezu die Illustration für die Art und Weise zu sein, in der sich das Subjekt als wahnsinniges Subjekt konstituiert. Und es war ganz und gar kein Zufall, dass die großen Phänomene der Hysterie gerade dann beobachtet wurden, als es ein Höchstmaß an Zwang gab, um die Individuen dazu zu bringen, sich als Wahnsinnige zu konstitutieren. Umgekehrt würde ich andererseits sagen, dass diese Praktiken, wenn ich mich jetzt für die Form interessiere, in der sich das Subjekt auf aktive Weise, durch Praktiken des Selbst, konstituiert, dass diese Praktiken dann nichtsdestoweniger nicht etwas sind, was das Subjekt selbst erfindet. Es sind Schemata, die es in seiner Kultur vorfindet und die ihm vorgegeben, von seiner Kultur, seiner Gesellschaft, seiner Gruppe aufgezwungen sind.

– Es könnte den Anschein haben, als gäbe es in Ihrer Fragestellung, insbesondere was die Konzeption eines Widerstands gegen die Macht anbelangt, eine Schwachstelle. Dieser setzt ein sehr aktives Subjekt voraus, das sehr um sich selbst und um die anderen sorgt, also ein politisch und philosophisch befähigtes Subjekt.

– Dies führt uns zu dem Problem zurück, was ich unter Macht verstehe. Ich gebrauche das Wort Macht kaum, und wenn ich es zuweilen tue, dann um den Ausdruck abzukürzen, den ich stets gebrauche: die Machtbeziehungen. Aber es gibt fertige Schemata: Wenn man von Macht spricht, dann denken die Menschen sofort an eine politische Struktur, an eine Regierung, an eine herrschende soziale Klasse, an den Herrn gegenüber dem Knecht usw. An so etwas denke ich überhaupt nicht, wenn ich von Machtbeziehungen spreche. Was ich sagen will ist, dass in den menschlichen Beziehungen, was sie auch immer sein mögen, ob es nun darum geht, sprachlich zu kommunizieren, wie wir dies gerade tun, oder ob es sich um Liebesbeziehungen, um institutionelle oder ökonomische Beziehungen handelt, die Macht stets präsent ist: Damit meine ich die Beziehungen, in denen der eine das Verhalten des anderen zu lenken versucht. Es sind also Beziehungen, die man auf unterschiedlichen Ebenen, in verschiedener Gestalt finden kann. Diese Machtbeziehungen sind mobile Beziehungen, sie können sich verändern und sind nicht ein für alle Mal gegeben. Die Tatsache beispielsweise, dass ich älter bin und Sie zu Beginn ein wenig befangen waren, kann sich im Verlaufe der Unterhaltung umkehren und ich bin es dann, der vor jemandem befangen sein kann, gerade weil dieser jünger ist. Diese Machtbeziehungen sind also mobil, reversibel und instabil.

Man sollte außerdem beachten, dass es Machtbeziehungen nur in dem Maße geben kann, in dem die Subjekte frei sind. Wenn einer von beiden vollständig der Verfügung des anderen unterstünde und zu dessen Sache geworden wäre, ein Gegenstand, über den dieser schrankenlose und unbegrenzte Gewalt ausüben könnte, dann gäbe es keine Machtbeziehungen. Damit eine Machtbeziehung bestehen kann, bedarf es also auf beiden Seiten einer bestimmten Form von Freiheit. Selbst wenn die Machtbeziehung völlig aus dem Gleichgewicht geraten ist, wenn man wirklich sagen kann, dass der eine alle Macht über den anderen besitzt, so lässt sich die Macht über den anderen nur in dem Maße ausüben, in dem diesem noch die Möglichkeit bleibt, sich zu töten, aus dem Fenster zu springen oder den anderen zu töten. Das heißt, dass es in Machtbeziehungen notwendigerweise Möglichkeiten des Widerstands gibt, denn wenn es keine Möglichkeit des Widerstands – gewaltsamer Widerstand, Flucht, List, Strategien, die die Situation umkehren – gäbe, dann gäbe es überhaupt keine Machtbeziehungen. Vor diesem allgemeinen Hintergrund weigere ich mich, die Frage zu beantworten, die man mir manchmal stellt: »Aber wenn die Macht überall ist, dann gibt es keinen Widerstand.« Ich antworte: Wenn es Machtbeziehungen gibt, die das gesamte soziale Feld durchziehen, dann deshalb, weil es überall Freiheit gibt. Jetzt gibt es in der Tat Herrschaftszustände. In sehr vielen Fällen sind die Machtbeziehungen derart verfestigt, dass sie auf Dauer asymmetrisch sind und der Spielraum der Freiheit äußerst beschränkt ist. Um ein wenn auch etwas schematisches Beispiel zu geben: Man kann nicht sagen, dass es in der traditionellen Struktur der Ehe in der Gesellschaft des 18. und 19. Jahrhunderts ausschließlich die Macht des Mannes gegeben hätte; die Frau konnte eine ganze Reihe von Dingen tun: Sie konnte ihn betrügen, konnte ihm sein Geld entlocken oder sich ihm sexuell verweigern. Sie befand sich dennoch in dem Maße in einem Herrschaftszustand, dass all dies nur eine Reihe von Listen bedeutete, die niemals dazu führen könnten, die Situation umzukehren. In diesen Fällen ökonomischer, sozialer, institutioneller oder sexueller Herrschaft besteht das Problem in der Tat darin, zu wissen, wo sich Widerstand formieren kann. Kann dies zum Beispiel in einer Arbeiterklasse der Fall sein, die in der Gewerkschaft, in der Partei (und in welcher Form: Streik, Generalstreik, Revolution, parlamentarischer Kampf) gegen die politische Herrschaft Widerstand leistet. In einer solchen Situation der Herrschaft muss man auf all diese Fragen je nach dem Typus und der genauen Form der Herrschaft jeweils auf spezifische Weise antworten. Die Behauptung jedoch: »Sehen Sie, die Macht ist überall, folglich gibt es keinen Platz für die Freiheit«, scheint mir absolut unangemessen. Man kann mir nicht die Vorstellung zuschreiben, dass Macht ein Herrschaftssystem darstellt, das alles kontrolliert und keinerlei Raum für Freiheit lässt.

– *Sie sprachen gerade vom freien Menschen und vom Philosophen als zwei verschiedenen Modalitäten der Sorge um sich. Die Sorge um sich des Philosophen besitzt demzufolge eine gewisse Spezifität und darf nicht mit der des freien Menschen verwechselt werden.*

– Ich würde sagen, dass es sich eher um zwei verschiedene Positionen innerhalb der Sorge um sich als um zwei unterschiedliche Formen derselben handelt. Ich glaube, dass die Sorge um sich in ihrer Form dieselbe bleibt, aber in ihrer Intensität, im Grade der Hingabe für sich selbst – und folglich auch der Hingabe für die anderen – im Falle des Philosophen nicht dieselbe ist wie bei einem beliebigen freien Menschen.

– *Kann man an dieser Stelle an eine grundlegende Verbindung zwischen Philosophie und Politik denken?*

– Ja sicher, ich glaube, dass es zwischen Philosophie und Politik dauerhafte und grundlegende Beziehungen gibt. Es steht fest, dass – nimmt man die Geschichte der Sorge um sich im griechischen Denken – die Beziehung zur Politik evident ist. In einer übrigens sehr komplexen Form: Auf der einen Seite finden Sie Sokrates – sowohl bei Platon im *Alkibiades*[4] als auch bei Xenophon in den *Memorabilia*[5] –, der die jungen Männer anruft indem er ihnen sagt: »Nun sage mir, du willst ein Mann der Politik werden, willst die Polis regieren, willst dich also mit anderen befassen, aber du hast dich nicht einmal mit dir selbst befasst, und wenn du dich nicht mit dir selbst befasst, dann wirst du ein schlechter Regent sein.« In dieser Perspektive erscheint die Sorge um sich als eine pädagogische, ethische und auch ontologische Bedingung für die Konstitution des guten Regenten. Sich als Subjekt zu konstituieren, das regiert, impliziert, dass man sich als ein Subjekt konstituiert hat, das sich um sich selbst sorgt. Auf der anderen Seite jedoch finden Sie Sokrates, der in der *Apologie*[6] sinngemäß sagt: »Ich überrede Jung und Alt«, denn jedermann hat sich um sich selbst zu sorgen; aber er fügt sogleich hinzu:[7] »Indem ich das tue, erweise ich der Polis den größten Dienst, und statt mich zu bestrafen müsstet ihr mich besser belohnen als einen Sieger bei den Olympischen Spielen«. Es gibt also eine sehr starke Zusammengehörigkeit von Philosophie und Politik, die sich im weiteren Verlauf entfalten wird, da der Philosoph nicht allein die Sorge um die Seele der Bürger, sondern auch die um die Seele des Fürsten kennt. Der Philosoph wird Berater, Pädagoge, Gewissenslenker des Fürsten.

4 Platon, *Alkibiades*, a. a. O., 124 b, S. 156, 127 d-e, S. 165.

5 Xenophon, *Erinnerungen an Sokrates* (übersetzt von Rudolf Preiswerk), Drittes Buch, Kap. 7, Stuttgart 1985, S. 92.

6 Platon, *Apologie des Sokrates*, 30 b, in: *Sämtliche Werke, Bd. 1*, Reinbek 1994, S. 28-29.

7 A. a. O., 36 c-d, S. 36.

– *Könnte diese Problematik der Sorge um sich der Kern eines neuen politischen Denkens sein, einer anderen Politik als der, die man heute in Betracht zieht?*

– Ich muss gestehen, dass ich in dieser Richtung noch nicht weit vorangekommen bin und dass ich gerne auf die gegenwartsnäheren Probleme zurückkommen würde, um herauszufinden, was man mit all dem in der aktuellen politischen Problematik anfangen könnte. Ich habe jedoch den Eindruck, dass man im politischen Denken des 19. Jahrhunderts – und man müsste vielleicht noch weiter bis zu Rousseau und zu Hobbes zurückgehen – das politische Subjekt im Wesentlichen als Rechtssubjekt aufgefasst hat, sei es in Begriffen des Naturrechts, sei es in Begriffen des positiven Rechts. Umgekehrt scheint mir, dass die Frage des ethischen Subjekts nicht viel Raum besitzt im zeitgenössischen politischen Denken. Schließlich mag ich es nicht sehr, auf Fragen zu antworten, die ich überhaupt nicht untersucht habe. Ich würde jedoch gern wieder jene Fragen aufnehmen, die ich in Bezug auf die antike Kultur angesprochen habe.

– *Worin bestünde die Beziehung zwischen dem Weg der Philosophie, der zur Selbsterkenntnis führt und dem Weg der Spiritualität?*

– Unter Spiritualität verstehe ich das – aber ich bin mir nicht sicher, ob dies eine Definition ist, die man längere Zeit aufrechterhalten könnte –, was sich sehr genau auf den Zugang des Subjekts zu einer bestimmten Seinsweise bezieht und auf die Transformationen, die das Subjekt selbst durchlaufen muss, um zu dieser Seinsweise zu gelangen. Ich glaube, dass es in der antiken Spiritualität eine Identität oder eine Beinahe-Identität zwischen dieser Spiritualität und der Philosophie gab. Auf jeden Fall galt die wichtigste Beschäftigung der Philosophie dem Selbst, danach erst kam die Erkenntnis der Welt, die sich die meiste Zeit auf diese Sorge um sich stützte. Wenn man Descartes liest, ist man erstaunt, in den *Meditationen* genau dieselbe spirituelle Sorge um den Zugang zu einer Seinsweise zu finden, in der der Zweifel nicht mehr erlaubt ist und wo man schließlich zur Erkenntnis gelangen wird;[8] wenn man aber die Seinsweise, zu der die Philosophie

8 René Descartes, *Meditationes de prima philosophia*, Paris 1641 [dt. *Meditationen* (dreisprachige Parallelausgabe Latein-Französisch-Deutsch), übersetzt von Andreas Schmidt, Göttingen 2004].

Zugang verschafft, auf diese Weise definiert, dann stellt man fest, dass diese Seinsweise ganz und gar durch Erkenntnis bestimmt ist, und die Philosophie sich als Zugang zum erkennenden Subjekt oder zu dem, was das Subjekt als solches ausmacht, definiert. Und von diesem Gesichtspunkt aus scheint mir, dass sie die Funktionen der Spiritualität durch das Ideal einer Begründung der Wissenschaftlichkeit überlagert.

– *Sollte man diesen Begriff der Sorge um sich im klassischen Sinne gegen dieses moderne Denken aktualisieren?*

– Durchaus, aber ich mache das keineswegs, um sagen zu können: »Unglücklicherweise hat man die Sorge um sich vergessen, seht her, hier ist sie, der Schlüssel zu allem.« Nichts ist mir fremder als die Vorstellung, dass die Philosophie von einem bestimmten Zeitpunkt an auf Abwege geraten ist, dass sie etwas vergessen hat, dass irgendwo in ihrer Geschichte ein Prinzip, eine Begründung existiert hätte und nun wiederentdeckt werden müsste. Ich glaube, dass all diese Formen der Analyse nicht besonders interessant sind und dass man aus ihnen nicht sehr viel gewinnen kann, und zwar gleichgültig, ob sie eine radikale Gestalt annehmen, indem sie erklären, dass die Philosophie von Anbeginn an vergessen worden sei, oder ob sie sehr viel historischer verfahren, wenn sie erklären: »Dort, in dieser Philosophie gibt es etwas, das vergessen wurde«. Dies soll trotzdem nicht heißen, dass der Kontakt mit der einen oder anderen Philosophie nicht etwas hervorbringen könnte, aber man müsste dann richtig betonen, dass dies etwas Neues ist.

– *Dies führt uns zu der Frage: Warum sollte man heute Zugang zur Wahrheit haben, im politischen Sinne, das heißt im Sinne der politischen Strategie gegen die verschiedenen Punkte der »Blockade« der Macht innerhalb des Systems von Beziehungen?*

– Das ist wirklich ein Problem: Wozu nach allem die Wahrheit? Und warum sorgt man sich um die Wahrheit, und zwar übrigens mehr als um sich selbst? Und wieso sorgt man sich um sich selbst nur über die Sorge um die Wahrheit? Ich glaube, dass man da auf eine fundamentale Frage stößt, die, würde ich sagen, die Frage des Abendlands ist: Was hat dazu geführt, dass die gesamte abendländische Kultur um diese Verpflichtung zur Wahrheit kreist, die eine ganze Reihe unterschiedlicher Formen angenommen hat? So wie die Dinge liegen, hat nichts bis heute zeigen können, dass man eine Strategie außerhalb ihrer definieren könnte. Gerade auf diesem Feld der Verpflichtung zur Wahrheit kann man sich zuweilen auf die eine oder andere Weise von den Herrschaftseffekten absetzen, die mit Strukturen der Wahrheit oder mit wahrheitslastigen Institutionen verknüpft sind. Um das Ganze sehr schematisch zu formulieren, kann man zahlreiche Beispiele anführen: Es gab eine ökologische Bewegung, die im Übrigen recht alt ist und nicht aus dem 20. Jahrhundert stammt, die mit einer Wissenschaft oder zumindest zu einer in Begriffen von Wahrheit garantierten Technologie einherging und zu dieser ein oftmals feindseliges Verhältnis hatte. Aber in Wirklichkeit stimmte auch diese Ökologie einen Wahrheitsdiskurs an: Nur im Namen eines Wissens über die Natur, über das Gleichgewicht der Lebensprozesse konnte man Kritik üben. Der Herrschaft einer Wahrheit entkommt man also nicht, indem man ein Spiel spielt, das dem Spiel der Wahrheit vollständig fremd ist, sondern indem man das Wahrheitsspiel anders spielt, indem man ein anderes Spiel, eine andere Partie oder mit anderen Trümpfen spielt. Ich glaube, das ist in der Politik genauso, wo man zwar eine Politik etwa ausgehend von den Auswirkungen des Herrschaftszustands einer unangebrachten unrechten Politik her kritisieren kann, dies aber nicht anders tun kann als dadurch, dass man ein bestimmtes Wahrheitsspiel spielt und die Konsequenzen dieser Politik aufzeigt, indem man aufzeigt, dass es andere vernünftige Möglichkeiten gibt oder den Menschen klar macht, was sie über ihre eigene Situation nicht wissen, über ihre Arbeitsbedingungen, ihre Ausbeutung.

– *Glauben Sie nicht, dass man angesichts des Problems der Wahrheits- und Machtspiele in der Geschichte die Präsenz einer besonderen Modalität dieser Wahrheitsspiele feststellen könnte, die gegenüber allen anderen Möglichkeiten von Wahrheits- und Machtspielen einen besonderen Status hätte und die sich durch ihre wesentliche Offenheit, ihre Opposition gegen jede Blockade durch die Macht im Sinne von Herrschaft/Unterdrückung charakterisieren ließe?*

– Ja, bestimmt. Aber wenn ich von Machtbeziehungen und Wahrheitsspielen rede, will ich absolut nicht sagen, dass die Wahrheitsspiele allesamt nur Machtbeziehungen wären, die ich maskieren will – das wäre eine grauenvolle Karikatur. Wie schon gesagt, besteht mein Problem darin, zu wissen, wie sich die Wahrheitsspiele etablieren und mit Machtbeziehungen verknüpfen. Man kann beispielsweise zeigen, dass die Medikalisierung des Wahnsinns, das heißt die Organisation eines medizinischen Wissens um die als Irre bezeichneten Individuen herum, mit einer ganzen Reihe von sozialen Prozessen verknüpft war, die zu einem bestimmten Zeitpunkt ökonomisch, aber auch durch Institutionen und Praktiken der Macht bestimmt waren. Dieser Sachverhalt berührt die wissenschaftliche Gültigkeit oder die therapeutische Wirksamkeit der Psychiatrie in gar keiner Weise: Sie garantiert sie nicht, aber sie annulliert sie ebenso wenig. Dass zum Beispiel die Mathematik, natürlich auf eine ganz andere Art als die Psychiatrie, mit Machtstrukturen verbunden ist, stimmt ebenfalls, und wäre es auch nur durch die Art und Weise, wie sie unterrichtet wird, wie sich der Konsens der Mathematiker herstellt, wie er in einem geschlossenen Kreis funktioniert, seine Werte ausbildet und bestimmt, was in der Mathematik gut (wahr) oder schlecht (falsch) ist. Das soll nun keineswegs besagen, dass die Mathematik lediglich ein Spiel der Macht ist, sondern dass das Machtspiel der Mathematik auf eine bestimmte Art und Weise, und ohne dass das ihre Gültigkeit in irgendeiner Weise berührt, mit den Institutionen der Macht verbunden ist. Selbstverständlich sind in einer bestimmten Zahl von Fällen diese Verbindungen so, dass man die Geschichte der Mathematik vollständig schreiben kann, ohne dem Rechnung zu tragen, obwohl diese Problematik immer von Interesse bleibt und gerade jetzt auch die Mathematikhistoriker mit dem Studium der Geschichte ihrer Institutionen anfangen. Aber es ist klar, dass das in der Mathematik mögliche Verhältnis von Machtbeziehungen und Wahrheitsspielen ganz anders ist als das in der Psychiatrie. Jedenfalls kann man nicht sagen, dass die Wahrheitsspiele nichts weiter sind als Spiele der Macht.

– Diese Frage weist auf das Problem des Subjekts zurück, denn in den Wahrheitsspielen stellt sich die Frage, wer die Wahrheit sagt, wie er sie sagt und warum er sie sagt. Denn im Spiel der Wahrheit kann man damit spielen, die Wahrheit zu sagen: Es gibt ein Spiel, man spielt mit der Wahrheit oder die Wahrheit ist ein Spiel.

– Das Wort »Spiel« kann Sie zu einem Irrtum führen. Wenn ich von »Spiel« spreche, dann spreche ich von einer Gesamtheit von Regeln zur Herstellung der Wahrheit. Dies bedeutet nicht Spiel im Sinne von Nachahmung oder Schauspiel; es besteht in einer Gesamtheit von Verfahren, die zu einem bestimmten Resultat führen, das nach Maßgabe seiner Prinzipien und Verfahrensregeln als gültig oder ungültig, als erfolgreich oder als erfolglos betrachtet werden kann.

– *Es bleibt noch die Frage des »Wer«: ist dies eine Gruppe, eine Menge?*

– Es kann eine Gruppe sein, ein Individuum. Da gibt es wirklich ein Problem. In Bezug auf die vielfältigen Wahrheitsspiele kann man beobachten, dass das, was seit der Zeit der Griechen unsere Gesellschaft immer wieder ausgemacht hat, darin besteht, dass man keine geschlossene und zwingende Definition der Wahrheitsspiele hat, die unter Ausschluss aller anderen zugelassen wären. In einem gegebenen Wahrheitsspiel gibt es immer die Möglichkeit, etwas anderes zu entdecken und diese oder jene Regel mehr oder weniger abzuändern, manchmal sogar das gesamte Spiel der Wahrheit umzugestalten. Zweifellos hat das dem Abendland im Vergleich zu anderen Gesellschaften Entwicklungsmöglichkeiten geboten, die man woanders nicht findet. Wer sagt die Wahrheit? Freie Individuen, die einen gewissen Konsensus herstellen und die sich in ein bestimmtes Netz von Machtpraktiken und Zwangsinstitutionen eingespannt sehen.

– *Die Wahrheit ist also keine Konstruktion?*

– Das kommt darauf an: Es gibt Wahrheitsspiele, in denen die Wahrheit eine Konstruktion ist und solche, in denen sie es nicht ist. Man hat zum Beispiel ein Wahrheitsspiel, wenn man die Dinge auf die eine oder andere Weise beschreibt: Wer eine anthropologische Beschreibung der Gesellschaft gibt, liefert keine Konstruktion, sondern eine Deskription, die ihrerseits eine gewisse Zahl historisch veränderlicher Regeln hat, so dass man bis zu einem gewissen Punkt sagen kann, dass sie im Verhältnis zu anderen Beschreibungen eine Konstruktion ist. Das heißt nicht, dass man nichts in der Hand hat und dass alles irgendjemandes Kopf entspringt. Manche ziehen aus dem, was man über diese Transformation der Wahrheitsspiele hat sagen können, den Schluss, man habe gesagt, dass nichts existiere – man hat mich sagen lassen, der Wahnsinn existiere nicht, wohingegen das Problem gerade umgekehrt ist: Es ging darum, zu wissen, wie der Wahnsinn in den verschiedenen Definitionen, die man von ihm hat geben können, zu einem gegebenen Zeitpunkt in ein institutionelles Feld integriert werden konnte, das ihn als Geisteskrankheit an einem bestimmten Ort neben anderen Krankheiten konstituierte.

– *Im Grunde gibt es im Kern der Wahrheitsfrage auch ein Problem der Kommunikation, das Problem der Transparenz der Worte des Diskurses. Wer die Möglichkeit hat, Wahrheiten zu formulieren, hat auch Macht; die Macht, die Wahrheit sagen zu können und sie auszudrücken wie er will.*

– Ja, und dennoch bedeutet das nicht, dass nicht wahr ist, was er sagt, wie die meisten Leute glauben. Wenn man sie darauf aufmerksam macht, dass es zwischen der Wahrheit und der Macht eine Beziehung geben könnte, dann sagen sie: »Aha, dann ist es also nicht die Wahrheit.«

– *Das passt zu dem Problem der Kommunikation; denn wenn die Kommunikation in einer Gesellschaft einen hohen Grad an Transparenz erreicht hat, dann sind die Wahrheitsspiele möglicherweise etwas unabhängiger von den Machtstrukturen.*

– Da werfen Sie ein wichtiges Problem auf, und ich glaube, Sie denken dabei ein wenig an Habermas. Ich interessiere mich sehr für das, was Habermas macht; ich weiß, dass er überhaupt nicht einverstanden ist mit dem, was ich sage, während ich etwas mehr mit dem einverstanden bin, was er sagt, aber es gibt da etwas, das mir immer Probleme bereitet: wenn er den Kommunikationsbeziehungen diesen dermaßen wichtigen Platz und vor allem eine Funktion zuweist, die ich »utopisch« nennen würde. Die Vorstellung, dass es einen Zustand der Kommunikation geben kann, worin die Wahrheitsspiele ohne Hindernisse, Beschränkungen und Zwangseffekte zirkulieren können, scheint mir zur Ordnung der Utopie zu gehören. Das gerade heißt nicht zu sehen, dass die Machtbeziehungen nicht etwas an sich Schlechtes sind, wovon man sich frei machen müsste. Ich glaube, dass es keine Gesellschaft ohne Machtbeziehungen geben kann, sofern man sie als Strategien begreift, mit denen die Individuen das Verhalten der anderen zu lenken und zu bestimmen versuchen. Das Problem ist also nicht, sie in der Utopie einer vollkommen transparenten Kommunikation aufzulösen zu versuchen, sondern sich die Rechtsregeln, die Führungstechniken und auch die Moral zu geben, das *ethos*, die Sorge um sich, die es gestatten, innerhalb der Machtspiele mit dem Minimum an Herrschaft zu spielen.

– *Sie sind sehr weit entfernt von Sartre, der sagte: »Die Macht ist das Böse«.*

– Ja. Man hat mir oft diese Idee zugeschrieben, die sehr weit von dem entfernt ist, was ich denke. Die Macht ist nicht das Böse. Macht heißt: strategische Spiele. Man weiß sehr wohl, dass die Macht nicht das Böse ist. Nehmen Sie zum Beispiel sexuelle oder Liebesbeziehungen: Über den anderen Macht auszuüben in einer Art offenen strategischen Spiels, worin sich die Dinge umkehren können, ist nichts Schlechtes, das ist Teil der Liebe, der Leidenschaft, der sexuellen Lust. Oder nehmen wir etwas, das Gegenstand von oft berechtigten Kritiken gewesen ist: die pädagogische Institution. Ich sehe nicht, was schlecht sein soll an der Praxis desjenigen, der in einem bestimmten Wahrheitsspiel mehr weiß als ein anderer und ihm sagt, was er tun muss, ihn unterrichtet, ihm ein Wissen übermittelt, ihm Techniken mitteilt; das Problem liegt eher darin, zu wissen, wie man bei diesen Praktiken, bei denen die Macht sich nicht nicht ins Spiel bringen kann und in denen sie nicht an sich selbst schlecht ist, Herrschaftseffekte vermeiden kann, die einen kleinen Jungen der unnützen und willkürlichen Autorität eine Lehrers unterwerfen, einen Studenten von einem sein Amt missbrauchenden Professor abhängig machen usw. Ich meine, man muss diese Probleme in Form von Rechtsregeln, vernünftigen Regierungstechniken und des *ethos*, der Praxis des Selbst und der Freiheit fassen.

– *Könnte man das, was sie eben gesagt haben, als fundamentale Kriterien für das auffassen, was Sie eine neue Ethik genannt haben? Es ginge darum, mit einem Minimum an Herrschaft zu spielen ...*

– Ich glaube, das ist wirklich der Punkt, wo die ethische Hauptaufgabe und der politische Kampf für die Achtung vor dem Gesetz, die kritische Reflexion gegen die missbräuchlichen Techniken des Regierens und die ethische Suche nach dem, was die individuelle Freiheit zu begründen gestattet, ineinander greifen.

– *Wenn Sartre von der Macht als dem größten Übel spricht, scheint er auf Herrschaft als die Wirklichkeit der Macht anzuspielen. Da sind Sie mit Sartre nicht einig.*

– Ja, ich glaube, dass all diese Begriffe schlecht definiert sind und man nicht recht weiß, worüber man eigentlich spricht. Ich selbst bin mir nicht sicher, ob ich zu Beginn meines Interesses am Problem der Macht sehr klar darüber gesprochen und die richtigen Worte gebraucht habe. Jetzt habe ich von all dem eine sehr viel klarere Vorstellung. Mir scheint, dass man unterscheiden muss auf der einen Seite zwischen Machtbeziehungen als strategischen Spielen zwischen Freiheiten, also Spielen, in denen die einen das Verhalten der anderen zu bestimmen versuchen, worauf die anderen mit dem Versuch antworten, sich darin nicht bestimmen zu lassen oder ihrerseits versuchen, das Verhalten der anderen zu bestimmen, und auf der anderen Seite Herrschaftszuständen, die das sind, was man üblicherweise Macht nennt. Und zwischen beiden, zwischen den Spielen der Macht und den Zuständen der Herrschaft, gibt es die Regierungstechnologien, wobei dieser Ausdruck einen sehr weitgefassten Sinn hat: das ist sowohl die Art und Weise, wie man Frau und Kinder leitet, als auch die, wie man eine Institution führt. Die Analyse dieser Techniken ist erforderlich, weil sich häufig mit ihrer Hilfe die Herrschaftszustände errichten und aufrechterhalten. In meiner Machtanalyse gibt es drei Ebenen: strategische Beziehungen, Regierungstechniken und Herrschaftszustände.

– *In Ihrer Vorlesung über die »Hermeneutik des Subjekts« findet sich ein Abschnitt, in dem Sie sagen, dass es für den Widerstand gegen die politische Macht keinen anderen praktikablen Ausgangspunkt gäbe als den des Bezugs des Selbst auf sich selbst.*

– Ich glaube nicht, dass der einzig mögliche Widerstandspunkt gegen die politische Macht, verstanden als Herrschaftszustand, im Bezug des Selbst auf sich selbst besteht. Ich sage, dass das Regierungsdenken, die Gouvernementalität den Selbstbezug auf sich impliziert, was gerade besagt, dass ich mit diesem Begriff der Gouvernementalität auf die

Gesamtheit der Praktiken ziele, mit denen man die Strategien konstituieren, definieren, organisieren und instrumentalisieren kann, die die Einzelnen in ihrer Freiheit wechselseitig verfolgen können. Die Individuen, die versuchen, die Freiheit der anderen zu kontrollieren, zu bestimmen und zu begrenzen, sind selber frei, und sie verfügen über bestimmte Instrumente, um die anderen regieren zu können. All dies beruht also auf der Freiheit, auf der Beziehung des Selbst auf sich selbst und auf der Beziehung zu anderen. Folglich kann man das Subjekt, wenn man bei der Machtanalyse nicht von Freiheit, von den Strategien und der Gouvernementalität ausgeht, sondern von der Institution und der Politik, nur als Rechtssubjekt ins Auge fassen. Man hätte ein Subjekt, das mit Rechten ausgestattet wäre oder nicht, und das durch die Institutionen der politischen Gesellschaft Rechte erhalten oder verloren hätte: Man wird so auf eine juridische Konzeption des Subjekts zurückverwiesen. Umgekehrt gestattet, so glaube ich, der Begriff der Gouvernementalität, die Freiheit des Subjekts und die Beziehung zu anderen geltend zu machen, was doch gerade den Gegenstandsbereich der Ethik konstituiert.

– *Glauben Sie, dass die Philosophie etwas über das »Warum?« dieser Tendenz zu sagen hat, das Verhalten des anderen bestimmen zu wollen?*

– Dies Art, das Verhalten anderer zu bestimmen, wird je nach Gesellschaft ganz verschiedene Formen annehmen, wird Lüste und Begierden ganz unterschiedlicher Intensität wecken. Ich kenne mich in der Anthropologie nicht gut aus, aber man kann sich vorstellen, dass es Gesellschaften gibt, in denen die Art und Weise, in der man das Verhalten der anderen lenkt, im Vorhinein gut geregelt ist, so dass alle Spiele gewissermaßen bereits gelaufen sind. Umgekehrt könnten in einer Gesellschaft wie der unseren, und das ist zum Beispiel in den familiären, sexuellen und affektiven Beziehungen ganz offensichtlich, die Spiele außerordentlich zahlreich sein, und folglich ist die Lust, das Verhalten anderer zu bestimmen, umso größer. Je freier die Menschen in ihren Beziehungen zueinander sind, desto größer ist ihre Lust, das Verhalten des jeweils anderen zu bestimmen. Je offener das Spiel ist, desto verlockender und faszinierender ist es.

– *Glauben Sie, dass die Aufgabe der Philosophie darin besteht, vor den Gefahren der Macht zu warnen?*

– Diese Aufgabe war immer eine wichtige Funktion der Philosophie. Auf ihrer kritischen Seite, ich verstehe kritisch in einem sehr weiten Sinne, ist die Philosophie das, was alle Erscheinungen der Herrschaft, auf welcher Ebene und in welcher Form auch immer sie sich darstellen, immer wieder politisch, ökonomisch, sexuell, institutionell usw. in Frage stellt. Diese kritische Funktion der Philosophie leitet sich bis zu einem gewissen Punkt vom sokratischen Imperativ ab: »Befasse dich mit dir selbst«, was bedeutet: »Gründe deine Freiheit auf die Meisterung deiner selbst«.

Übersetzt von Hermann Kocyba

Michel Foucault, ein Interview: Sex, Macht und die Politik der Identität

»Michel Foucault, an Interview: Sex, Power, and the Politics of Identity« (»Michel Foucault, une interview: sexe, pouvoir et la politique de l'identité«; Gespräch mit B. Gallagher und A. Wilson, Toronto, Juni 1982; übersetzt von F. Durand-Bogaert), in: *The Advocate*, Nr. 400, 7. August 1984, S. 26-30 und 58.

Dieses Gespräch war für die kanadische Zeitschrift *Body Politic* bestimmt.

– *Sie legen in Ihren Büchern nahe, dass die sexuelle Befreiung nicht so sehr die Aufdeckung verborgener Wahrheiten ist, die einen selbst oder das eigene Begehren betreffen, sondern vielmehr ein Element im Prozess der Definition und Konstruktion des Begehrens. Welches sind die praktischen Implikationen dieser Unterscheidung?*

– Was ich sagen wollte, ist, dass meiner Meinung nach die homosexuelle Bewegung heute mehr das Bedürfnis nach einer Lebenskunst hat als nach einer Wissenschaft oder einer wissenschaftlichen (oder pseudowissenschaftlichen) Erkenntnis dessen, was die Sexualität ist. Die Sexualität bildet einen Teil unserer Lebensführung. Sie bildet einen Teil der Freiheit, die wir in dieser Welt genießen. Die Sexualität ist etwas, das wir selbst erschaffen – sie ist unsere eigene Schöpfung, weit mehr als die Entdeckung eines verborgenen Aspekts unseres Begehrens. Wir müssen verstehen, dass sich mit unseren Begierden und durch sie neue Formen von Beziehungen, neue Formen von Liebe und neue Formen von Schöpfung herstellen lassen. Der Sex ist nichts Schicksalhaftes; er ist eine Möglichkeit, Zugang zu einem schöpferischen Leben zu erhalten.

– *Das ist im Grunde die Schlussfolgerung, zu der Sie gelangen, wenn Sie sagen, dass wir versuchen müssten, Schwule* [gays] *zu werden, und uns nicht damit zufrieden geben dürften, unsere Identität als Schwule zu bekräftigen.*

– Ja, das ist es. Wir haben es nicht nötig zu entdecken, dass wir Homosexuelle sind.

– *Auch nicht nötig zu entdecken, was das heißt?*

– Genau. Wir müssen vielmehr eine schwule Lebensweise erschaffen. Ein Schwul*werden*.

– *Und das ist etwas, das grenzenlos ist?*

– Ja, selbstverständlich. Wenn man untersucht, wie unterschiedlich die Leute ihre sexuelle Freiheit erfahren haben – die Art und Weise, wie sie ihre Kunstwerke erschaffen haben –, muss man zwangsläufig konstatieren, dass die Sexualität, so wie wir sie heute kennen, zu einer der produktivsten Quellen unserer Gesellschaft und unseres Seins geworden ist. Ich denke, was mich betrifft, dass wir die Sexualität andersherum verstehen sollten: Die Welt nimmt an, dass die Sexualität das Geheimnis des schöpferischen kulturellen Lebens darstellt; sie ist eher ein Prozess, der sich für uns heute in die Notwendigkeit einschreibt, unter dem Deckmantel unserer sexuellen Wahlen ein neues kulturelles Leben zu erschaffen.

– *In der Praxis ist es eine der Konsequenzen dieses Versuchs, das Geheimnis aufzudecken, dass die homosexuelle Bewegung nicht weiter gegangen ist als bis zur Einforderung von Bürger- oder Menschenrechten mit einem Bezug zur Sexualität. Was bedeutet, dass die sexuelle Befreiung auf der Stufe einer Forderung nach sexueller Toleranz stehen geblieben ist.*

– Ja, aber das ist ein Aspekt, den man unterstützen muss. Es ist zunächst einmal für ein Individuum wichtig, die Möglichkeit – und das Recht – zu haben, seine Sexualität zu wählen. Die die Sexualität betreffenden Rechte des Individuums sind wichtig, und es gibt schließlich noch so manchen Ort, an dem sie nicht respektiert werden. Man darf diese Probleme gegenwärtig nicht als geregelt ansehen. Es ist völlig richtig, dass es Anfang der siebziger Jahre einen wirklichen Befreiungsprozess gegeben hat. Dieser Prozess war sehr hilfreich, ebenso sehr, was die Situation wie auch die Mentalitäten angeht, aber die Situation hat sich nicht endgültig stabilisiert. Wir müssen, denke ich, noch einen Schritt nach vorne machen. Und ich glaube, dass einer der Faktoren dieser Stabilisierung die Schaffung neuer Lebensformen, Beziehungen und Freundschaften in Gesellschaft, Kunst und Kultur sein wird, neuer Formen, die durch unsere sexuellen, ethischen und politischen Wahlen gestiftet werden. Wir müssen uns nicht nur verteidigen, sondern uns auch bejahen, und uns nicht nur als Identität, sondern auch als schöpferische Kraft bejahen.

– *Vieles von dem, was Sie sagen, erinnert beispielsweise an die Versuche der feministischen Bewegung, die ihre eigene Sprache und ihre eigene Kultur erschaffen wollte.*

– Ja, aber ich bin nicht sicher, dass wir unsere *eigene* Kultur erschaffen sollten. Wir müssen eine Kultur *erschaffen*. Wir müssen kulturelle Schöpfungen verwirklichen. Doch dabei kommen wir beim Problem der Identität ins Straucheln. Ich weiß nicht, was wir tun sollten, um diese Schöpfungen hervorzubringen, und ich weiß auch nicht, welche Formen diese Schöpfungen annehmen sollten. So bin ich mir zum Beispiel überhaupt nicht sicher, dass die beste Form literarischer Schöpfung, die man von Homosexuellen erwarten könnte, homosexuelle Romane wären.

– *In der Tat würden wir selbst diese Behauptung nicht akzeptieren. Man würde sich damit auf einen Essentialismus gründen, den wir genau vermeiden müssen.*

– Das ist wahr. Was ist beispielsweise unter »schwuler Malerei« zu verstehen? Und doch bin ich sicher, dass wir ausgehend von unseren sexuellen Wahlen, ausgehend von unseren ethischen Wahlen etwas schaffen können, das einen gewissen Bezug zur Homosexualität haben wird. Aber dieses Etwas darf nicht eine Übersetzung der Homosexualität in den Bereich der Musik, der Malerei – und was sonst noch? – sein, denn ich nehme nicht an, dass dies möglich ist.

– *Wie sehen Sie die außerordentliche Vermehrung, seit diesen letzten zehn oder fünfzehn Jahren, der maskulinen homosexuellen Praktiken, die Sensualisierung, wenn Sie das vorziehen, bestimmter bis dahin vernachlässigter Teile des Körpers und den Ausdruck neuer Begierden? Ich denke selbstverständlich an die frappierendsten Charakteristika dessen, was wir Ghetto-Pornofilme, SM-Clubs oder* fistfucking *nennen. Ist das eine einfache Ausweitung, in eine andere Sphäre hinein, der allgemeinen Vermehrung der sexuellen Diskurse seit dem 19. Jahrhundert, oder handelt es sich um Entwicklungen einer anderen Art, die dem aktuellen geschichtlichen Kontext entsprechen?*

– In Wirklichkeit geht es bei dem, worüber wir hier sprechen wollen, sehr wohl, denke ich, um von diesen Praktiken eingeführte *Innovationen*. Sehen wir uns zum Beispiel die »SM-Subkultur« an, um einen Ausdruck aufzunehmen, der unserer Freundin Gayle Rubin wichtig ist.[1] Ich denke nicht, dass diese Bewegung sexueller Praktiken irgendetwas mit der Auf- oder Entdeckung von tief in unserem Unbewussten vergrabenen sadomasochistischen Strebungen zu tun hat. Ich denke, dass SM viel mehr ist als das; es ist die wirkliche Erschaffung neuer Möglichkeit von Lust, die man sich zuvor nicht hatte vorstellen können. Die Vorstellung, dass SM mit einer tiefsitzenden Gewalt verbunden sei, dass ihre Praxis ein Mittel sei, um diese Gewalt freizusetzen, um der Aggression freien Lauf zu lassen, ist eine dümmliche Vorstellung. Wir wissen sehr gut, dass das, was diese Leute machen, nicht aggressiv ist; dass sie neue Möglichkeiten von Lust erfinden, indem sie bestimmte eigentümliche Partien ihrer Körper gebrauchen – indem sie diesen Körper erotisieren. Ich denke, dass wir da eine Art Schöpfung, schöpferisches Unternehmen haben, bei denen ein Hauptmerkmal das ist, was ich Desexualisierung der Lust nenne. Die Vorstellung, dass die physische Lust stets aus der sexuellen Lust herrührt, und die Vorstellung, dass die sexuelle Lust die Grundlage *aller* möglichen Lüste ist, dies, denke ich, ist wirklich etwas, das falsch ist. Die SM-Praktiken zeigen uns, dass wir Lust ausgehend von äußerst seltsamen Objekten hervorbringen können, indem wir bestimmte eigentümliche Partien unseres Körpers in sehr ungewöhnlichen Situationen usw. gebrauchen.

– *Die Assimilierung der Lust ans Geschlecht ist damit überwunden.*

– Das genau ist es. Die Möglichkeit, unseren Körper als mögliche Quelle für eine Mannigfaltigkeit von Lüsten zu gebrauchen, ist etwas sehr Wichtiges. Sieht man sich beispielsweise die traditionelle Konstruktion der Lust an, so stellt man fest, dass die physischen Lüste oder Lüste des Fleisches stets das Trinken, das Essen und der Sex sind. Und darauf beschränkt sich, scheint mir, unser Verständnis des Körpers und der Lüste. Mich frustriert beispielsweise, dass man das Pro-

1 [Rubin, G., »The Leather Menace: Comments on Politics and SM«, in: The Group of Samois (Hg.), *Coming to Power. Writings and Graphics on Lesbian SM*, Berkeley 1981, S. 195.]

blem der Drogen immer ausschließlich in einer Terminologie von Freiheit und Verbot in den Blick nimmt. Ich denke, dass die Drogen zu einem Element unserer Kultur werden müssen.

– *Als Quelle von Lust?*

– Als Quelle von Lust. Wir müssen die Drogen studieren. Wir müssen die Drogen versuchen. Wir müssen *gute* Drogen herstellen – die fähig sind, eine äußerst intensive Lust hervorzubringen. Ich denke, dass der Puritanismus, der hinsichtlich der Droge angesagt ist – ein Puritanismus, der impliziert, dass man entweder dafür oder dagegen ist –, eine irrige Einstellung ist. Die Drogen bilden jetzt einen Teil unserer Kultur. Genauso wie es gute und schlechte Musik gibt, gibt es gute und schlechte Drogen. Und daher können wir, genauso wenig wie wir sagen können, wir seien »gegen« die Musik, nicht sagen, wir seien »gegen« die Drogen.

– *Das Ziel ist, die Lust und ihre Möglichkeiten zu testen.*

– Ja. Die Lust muss ebenfalls ein Teil unserer Kultur sein. Es ist sehr interessant, beispielsweise festzustellen, dass seit Jahrhunderten die Leute im Allgemeinen – aber auch die Ärzte, die Psychiater und selbst die Befreiungsbewegungen – stets von Begehren und niemals von Lust gesprochen haben. »Wir müssen unser Begehren befreien«, sagen sie. Nein! Wir müssen neue Lüste erschaffen. Dann wird das Begehren vielleicht folgen.

– *Ist es von Bedeutung, dass sich im Umkreis neuer Sexualpraktiken wie SM bestimmte Identitäten ausbilden? Diese Identitäten befördern die Erkundung dieser Praktiken; sie tragen zudem dazu bei, das Recht des Individuums zu verteidigen, sich dem zu widmen. Aber beschränken sie nicht auch die Möglichkeiten des Individuums?*

– Nun gut, wenn die Identität nur ein Spiel ist, wenn sie nur eine Vorgehensweise ist, um Beziehungen, soziale Beziehungen und Beziehungen sexueller Lust zu befördern, die neue Freundschaften erschaffen würden, dann ist sie von Nutzen. Doch wenn die Identität zum Hauptproblem der sexuellen Existenz wird, wenn die Leute denken, dass sie ihre »eigene Identität« »enthüllen« müssen, und dass diese

Identität zum Gesetz, Prinzip und Kodex ihrer Existenz werden muss; wenn die Frage, die sie ständig stellen, lautet: »Ist diese Sache meiner Identität entsprechend?«, dann kehren sie, denke ich, zu einer Art Ethik zurück, die der traditionellen heterosexuellen Virilität sehr nahe ist. Wenn wir zur Frage der Identität Stellung beziehen müssen, so muss dies sein, insofern wir einmalige Wesen sind. Doch die Beziehungen, die wir zu uns selbst unterhalten müssen, sind keine Identitätsbeziehungen; sie müssen eher Beziehungen der Differenzierung, der Schöpfung und der Innovation sein. Es ist sehr langweilig, immer derselbe zu sein. Wir dürfen die Identität nicht ausschließen, sofern die Leute auf dem Umweg über ihre Identität ihre Lust finden, aber wir dürfen diese Identität nicht als ein universales ethisches Richtmaß betrachten.

– Doch bis in die Gegenwart ist die sexuelle Identität politisch sehr nützlich gewesen.

– Ja, sie ist *sehr* nützlich gewesen, aber es ist eine Identität, die uns begrenzt, und ich denke, dass wir das Recht haben (und haben können), frei zu sein.

– Wir wollen, dass bestimmte unserer sexuellen Praktiken Widerstandspraktiken im politischen und sozialen Sinne sind. Wie soll das möglich sein, wo doch die Stimulierung der Lust dazu dienen kann, eine Kontrolle auszuüben? Können wir sicher sein, dass es keine Ausbeutung dieser neuen Lüste geben wird – ich denke an die Art und Weise, wie die Werbung die Stimulierung der Lust als soziales Kontrollinstrument benutzt?

– Man kann niemals sicher sein, dass es keine Ausbeutung geben wird. In Wirklichkeit kann man sicher sein, *dass es eine geben wird*, und dass alles das, was geschaffen oder errungen wurde, das ganze Terrain, das gewonnen wurde, irgendwann einmal auf diese Weise benutzt werden wird. So verhält es sich mit dem Leben, dem Kampf und der Geschichte der Menschen. Und ich denke nicht, dass dies ein Einwand gegen all diese Bewegungen oder gegen all diese Situationen ist. Doch Sie heben ganz zu Recht hervor, dass wir vorsichtig und uns der Tatsache bewusst sein müssen, dass wir zu etwas anderem übergehen, auch andere Bedürfnisse haben müssen. Das SM-Ghetto von San Francisco ist ein gutes Beispiel für eine Gemeinschaft, die die

Erfahrung der Lust gemacht und um diese Lust herum für sich eine Identität ausgebildet hat. Diese Ghettoisierung, diese Identifizierung, diese Ausschlussprozedur usw., all das hat auch Rückwirkungen hervorgebracht. Ich wage nicht, das Wort »Dialektik« zu gebrauchen, aber wir sind nicht sehr weit davon entfernt.

– *Sie schreiben, dass die Macht nicht allein eine negative Kraft, sondern auch eine produktive Kraft ist; dass die Macht stets da ist; dass es da, wo es Macht gibt, Widerstand gibt, und dass der Widerstand niemals in einer Position der Äußerlichkeit gegenüber der Macht ist. Wenn es so ist, wie können wir dann zu einer anderen Schlussfolgerung kommen als zu sagen, dass wir immer in der Falle sitzen innerhalb dieser Beziehung, einer Beziehung, der wir auf gewisse Weise nicht entkommen können?*

– In der Tat denke ich nicht, dass das Wort »in der Falle sitzen« das richtige Wort ist. Es geht um einen Kampf, doch wenn ich von Machtbeziehungen spreche, meine ich damit, dass wir, die einen im Verhältnis zu den anderen, in einer strategischen Situation sind. Weil wir zum Beispiel Homosexuelle sind, sind wir im Kampf mit der Regierung, und ist die Regierung im Kampf mit uns. Wenn wir es mit der Regierung zu tun haben, ist der Kampf selbstverständlich kein symmetrisch geführter, ist die Machtsituation nicht dieselbe, aber wir nehmen gemeinsam an diesem Kampf teil. Der eine von uns gewinnt die Oberhand über den anderen, und die Ausweitung dieser Situation kann bestimmen, wie man sich zu verhalten hat, und kann das Verhalten oder Nicht-Verhalten des anderen beeinflussen. Wir stecken also nicht in der Falle. Zwar befinden wir uns stets in dieser Art Situation. Was aber bedeutet, dass wir stets die Möglichkeit haben, die Situation zu verändern, dass diese Möglichkeit stets existiert. Wir können uns nicht aus dieser Situation *heraus*versetzen, und wir sind nirgendwo frei von jeder Machtbeziehung. Aber wir können stets die Situation umgestalten. Ich habe also nicht sagen wollen, dass wir stets in der Falle sitzen, sondern im Gegenteil, dass wir stets frei sind. Und dass es schließlich, kurz gesagt, stets die Möglichkeit gibt, die Dinge umzugestalten.

– *Der Widerstand ist also innerhalb dieser Dynamik, so dass man aus ihr schöpfen kann?*

– Ja. Sehen Sie, wenn es keinen Widerstand gäbe, gäbe es keine Machtbeziehungen. Weil alles einfach eine Frage des Gehorchens wäre. Von dem Augenblick an, da das Individuum in seiner Situation nicht das tun kann, was es will, muss es Machtbeziehungen gebrauchen. Der Widerstand kommt also als Erstes, und er bleibt sämtlichen Kräften des Prozesses überlegen; er nötigt mit seiner Wirkung die Machtverhältnisse dazu, sich zu verändern. Ich gehe also davon aus, dass der Terminus »Widerstand« das wichtigste Wort, das *Schlüsselwort* dieser Dynamik ist.

– *Politisch gesprochen ist das vielleicht wichtigste Element, wenn man die Macht untersucht, die Tatsache, dass nach bestimmten früheren Auffassungen »widerstehen« einfach bedeutete, nein zu sagen. Man hat den Widerstand nur in Gestalt der Negation auf den Begriff gebracht. Doch so wie wir den Widerstand verstehen, ist er nicht einzig und allein eine Negation: Er ist ein Schöpfungsprozess; erschaffen und wieder erschaffen, die Situation umgestalten, aktiv am Prozess teilnehmen, das ist widerstehen.*

– Ja, so würde ich die Dinge definieren. Nein sagen stellt die Minimalform eines Widerstands dar. Doch natürlich ist das in bestimmten Momenten äußerst wichtig. Man muss nein sagen und aus diesem Nein eine Form entschiedenen Widerstands machen.

– *Dies wirft die Frage auf, auf welche Weise und in welchem Maße ein beherrschtes Subjekt – oder eine beherrschte Subjektivität – seinen bzw. ihren eigenen Diskurs erschaffen kann. In der traditionellen Analyse der Macht ist das allgegenwärtige Element, auf dem die Analyse sich gründet, der herrschende Diskurs; die Reaktionen auf diesen Diskurs oder innerhalb dieses Diskurses sind nur subsidiäre Elemente. Wenn wir jedoch unter »Widerstand« im Innern der Machtbeziehungen mehr verstehen als eine schlichte Negation, kann man dann nicht sagen, dass bestimmte Praktiken – lesbischer SM zum Beispiel – in der Tat die Art und Weise sind, wie beherrschte Subjekte ihre eigene Sprache formulieren?*

– Tatsächlich denke ich, dass der Widerstand ein Element dieses strategischen Verhältnisses ist, worin die Macht besteht. Der Widerstand stützt sich stets, in Wirklichkeit, auf die Situation, die er bekämpft. In der homosexuellen Bewegung zum Beispiel bildete die medizinische Definition der Homosexualität ein äußerst wichtiges Werkzeug zur Bekämpfung der Unterdrückung, der die Homosexualität am Ende des 19. Jahrhunderts und zu Beginn des 20. Jahrhunderts anheim fiel. Diese Medizinisierung, die ein Mittel zur Unterdrückung war, war immer auch ein Widerstandsinstrument, da die Leute sich sagen konnten: »Wenn wir krank sind, warum verurteilt man uns dann, warum verachtet man uns?« Usw. Sicher, dieser Diskurs erscheint uns heute recht naiv, doch zu der Zeit war er äußerst wichtig.

Ich würde auch sagen, dass, was die lesbische Bewegung betrifft, meiner Ansicht nach die Tatsache, dass die Frauen über Jahrhunderte hinweg in der Gesellschaft isoliert, frustriert und auf mancherlei Weise verachtet wurden, ihnen eine wirkliche Möglichkeit gab, eine Gesellschaft, eine bestimmte Art sozialer Beziehung untereinander außerhalb einer von den Männern beherrschten Welt zu bilden. Das Buch von Lillian Faderman, *Surpassing the Love of Men*, ist in dieser Hinsicht sehr interessant.[2] Es wirft eine Frage auf: die Frage, welche Art emotionale Erfahrung, welche Art Beziehungen in einer Welt möglich waren, in der die Frauen keine gesellschaftliche, rechtliche oder politische Macht hatten. Und Faderman bestätigt, dass die Frauen diese Isolierung und dieses Fehlen von Macht genutzt haben.

– *Wenn der Widerstand der Prozess ist, sich von diskursiven Praktiken frei zu machen, würde es so scheinen, als wäre der lesbische SM eine der Praktiken, die sich auf den ersten Blick mit größter Berechtigung zu Widerstandspraktiken erklären können. In welchem Maße können diese Praktiken und diese Identitäten als eine Bestreitung des herrschenden Diskurses wahrgenommen werden?*

– Am lesbischen SM erscheint mir interessant, dass es ermöglicht, sich von einer bestimmten Anzahl von Stereotypien der Weiblichkeit frei zu machen, die in der lesbischen Bewegung benutzt wurden – eine Strategie, die die lesbische Bewegung in der Vergangenheit ausgearbeitet hatte. Diese Strategie gründete sich auf der Unterdrückung, deren Opfer die Lesben waren, und die Bewegung benutzte sie, um gegen diese Unterdrückung zu kämpfen. Doch möglicherweise sind

2 [Faderman, L., *Surpassing the Love of Man*, New York 1981; dt.: *Köstlicher als die Liebe des Mannes*, Zürich 1990.]

diese Werkzeuge, diese Waffen heute überholt. Es ist klar, dass lesbisches SM versucht, sich von allen diesen alten Stereotypien der Weiblichkeit, von Haltungen einer Zurückweisung der Männer, usw., frei zu machen.

– *Was können wir Ihnen zufolge hinsichtlich der Macht – und im Übrigen auch der Lust – von der Praxis des SM lernen, die im Grunde die explizite Erotisierung der Macht ist?*

– Man kann sagen, dass SM die Erotisierung der Macht ist, die Erotisierung strategischer Beziehungen. Was mich an SM verblüfft, ist die Art und Weise, wie er sich von der sozialen Macht unterscheidet. Die Macht ist durch die Tatsache charakterisiert, dass sie eine strategische Beziehung darstellt, die sich in Institutionen verfestigt hat. Innerhalb von Machtbeziehungen ist die Beweglichkeit folglich beschränkt, und bestimmte Festungen lassen sich nur sehr, sehr schwer zu Fall bringen, weil sie institutionalisiert wurden, weil ihr Einfluss in den Gerichtshöfen, in den Gesetzbüchern spürbar ist. Dies bedeutet, dass die strategischen Beziehungen zwischen den Individuen durch Rigidität charakterisiert sind.

In dieser Hinsicht ist das SM-Spiel sehr interessant, weil es, auch wenn es eine strategische Beziehung ist, stets fließend ist. Es gibt Rollen, selbstverständlich, aber jeder weiß sehr wohl, dass diese Rollen umgekehrt werden können. Manchmal ist, wenn das Spiel beginnt, der eine der Herr, der andere der Sklave, und am Ende ist derjenige, der der Sklave war, zum Herrn geworden. Oder selbst wenn die Rollen stabil sind, wissen die Protagonisten sehr wohl, dass es sich stets um ein Spiel handelt: Entweder werden die Regeln überschritten, oder es gibt eine explizite oder stillschweigende Vereinbarung, die bestimmte Grenzen definiert. Dieses strategische Spiel ist sehr interessant als Quelle physischer Lust. Aber ich würde nicht sagen, dass es innerhalb der erotischen Beziehung eine Reproduktion der Struktur der Macht ist. Es ist eine Inszenierung der Strukturen der Macht durch ein strategisches Spiel, das fähig ist, eine sexuelle oder physische Lust zu verschaffen.

– *Worin ist dieses strategische Spiel in der Sexualität und in den Machtbeziehungen verschieden?*

– Die Praktik des SM mündet in die Schöpfung der Lust, und es gibt eine Identität, die mit dieser Schöpfung einhergeht. Das ist der Grund, weswegen SM wirklich eine Subkultur ist. Es ist ein Erfindungsprozess. SM ist die *Benutzung* eines strategischen Verhältnisses als Quelle von Lust (von physischer Lust). Es ist nicht das erste Mal, dass Leute die strategischen Beziehungen als Quelle von Lust benutzen. Es gab im Mittelalter zum Beispiel die Tradition der höfischen Liebe mit dem Troubadour, der Art und Weise, wie sich zwischen der Dame und ihrem Liebhaber die amourösen Beziehungen herstellten, usw. Auch dabei handelte es sich um ein strategisches Spiel. Dieses Spiel findet man sogar heute zwischen den Jungen und den Mädchen wieder, die Samstagabend tanzen gehen wollen. Sie inszenieren strategische Beziehungen. Das Interessante ist, dass im heterosexuellen Leben diese strategischen Beziehungen dem Sex vorausgehen. Sie existieren allein zu dem Zweck, den Sex herbeizuführen. Im SM dagegen sind die strategischen Beziehungen als eine Lustvereinbarung innerhalb einer besonderen Situation Teil des Sexes.

In dem einen Fall sind die strategischen Beziehungen rein gesellschaftliche Beziehungen, und es ist das gesellschaftliche Wesen davon betroffen; während im anderen Fall der Körper impliziert ist. Und ebendiese Übertragung strategischer Beziehungen, die vom Ritual bei Hofe auf die sexuelle Ebene übergehen, ist besonders interessant.

– *In einem Interview, das Sie vor ein oder zwei Jahren dem Magazin* Gai pied *gewährten, sagten Sie, dass das, was die Leute an den homosexuellen Beziehungen am meisten verstört, nicht so sehr der sexuelle Akt selbst ist, sondern die Perspektive, zu sehen zu bekommen, wie sich Gefühlsbeziehungen außerhalb normativer Rahmen entwickeln.*[3] *Die Bindungen und die Freundschaften, die geknüpft werden, sind unvorhersehbar. Denken Sie, dass die Leute von dem unbekannten Potential erschreckt werden, dessen Träger die homosexuellen Beziehungen sind, oder würden Sie sagen, dass diese Beziehungen als eine direkte Bedrohung für die gesellschaftlichen Institutionen wahrgenommen werden?*

– Wenn eine Sache mich heute interessiert, dann ist es das Problem der Freundschaft. Im Laufe der Jahrhunderte, die auf die Antike

3 Siehe Michel Foucault, »Freundschaft als Lebensform«, in: Dits es Écrits, Bd. IV, 1980-1988, Nr. 293, Frankfurt am Main 2005, S. 200-206.

folgten, bildete die Freundschaft ein sehr wichtiges soziales Verhältnis: ein soziales Verhältnis, innerhalb dessen die Individuen über eine gewisse Freiheit, eine gewisse Art Wahl verfügten (eine selbstverständlich beschränkte Wahl), und die ihnen auch gestattete, sehr intensive Gefühlsbeziehungen zu leben. Die Freundschaft hatte auch ökonomische und soziale Implikationen – der Einzelne war gehalten, seinen Freunden zu helfen, usw. Ich denke, dass man im 16. und im 17. Jahrhundert diese Art Freundschaften, zumindest in der männlichen Gesellschaft, untergehen sieht. Und die Freundschaft beginnt, zu etwas anderem zu werden. Vom 16. Jahrhundert an findet man Texte, die explizit die Freundschaft kritisieren, die sie als etwas Gefährliches ansehen.

Die Armee, die Bürokratie, die Verwaltung, die Universitäten, die Schulen usw. – in dem Sinne, den diese Wörter heute haben – können mit derart intensiven Freundschaften nicht funktionieren. Ich denke, dass man in allen diesen Institutionen eine beträchtliche Anstrengung sehen kann, die Gefühlsbeziehungen zu verringern oder zu minimieren. Das ist insbesondere in den Schulen der Fall. Seit der Einrichtung weiterführender Bildungsanstalten, die Hunderte von jungen Knaben aufnahmen, war es eines der Probleme zu wissen, wie man sie nicht nur daran hindern konnte, sexuelle Beziehungen zu haben, wie es sich von selbst versteht, sondern auch daran, Freundschaften zu schließen. Zum Thema Freundschaft kann man zum Beispiel die Strategie der jesuitischen Institutionen studieren – die Jesuiten, die sehr gut begriffen hatten, dass es ihnen unmöglich war, die Freundschaft zu unterdrücken. Sie versuchten folglich, die Rolle, die der Sex, die Liebe und die Freundschaft spielten, zugleich zu benutzen und zu begrenzen. Wir sollten jetzt, denke ich, nach unserer Untersuchung der Geschichte der Sexualität versuchen, die Geschichte der Freundschaft oder der Freundschaften zu verstehen. Das ist eine äußerst interessante Geschichte.

Und eine meiner Hypothesen – ich bin sicher, dass sie sich verifizieren ließe, wenn wir uns dieser Aufgabe annehmen würden – ist, dass die Homosexualität (worunter ich die Existenz sexueller Beziehungen unter Männern verstehe) seit dem 18. Jahrhundert zu einem Problem geworden ist. Wir sehen sie mit der Polizei und dem Gerichtssystem zu einem Problem werden. Und ich denke, dass sie deshalb in jener Epoche zu einem Problem, zu einem sozialen Problem wird, weil die Freundschaft verschwunden ist. Solange die Freundschaft etwas Wichtiges darstellte, solange sie gesellschaftlich akzeptiert wurde, fiel es niemandem auf, dass die Männer untereinander sexuelle Beziehungen hatten. Man konnte aber genauso wenig sagen, dass sie keine hatten; sondern dies hatte einfach keine Bedeutung. Dies hatte keine soziale Implikation; die Sache war kulturell akzeptiert. Ob sie Sex miteinander hatten oder ob sie sich umarmten, hatte keine Bedeutung. Absolut keine. Sobald die Freundschaft als kulturell akzeptierte Beziehung einmal verschwunden war, wurde die Frage gestellt: »Aber was stellen die Männer bloß zusammen an?« Und das ist dann auch der Zeitpunkt, an dem das Problem in Erscheinung trat. Und auch in unseren Tagen wird es als ein Problem wahrgenommen, wenn Männer miteinander schlafen oder sexuelle Beziehungen haben. Ich bin mir wirklich sicher, dass ich Recht habe: Das Verschwinden der Freundschaft als eines sozialen Verhältnisses und die Tatsache, dass die Homosexualität zu einem sozialen, politischen und medizinischen Problem erklärt wurde, sind Teil desselben Prozesses.

– *Auch wenn die wichtige Sache heute die ist, von neuem die Möglichkeiten der Freundschaft zu erkunden, ist doch anzumerken, dass in weitem Maße die gesamten sozialen Institutionen dazu da sind, die heterosexuellen Freundschaften und Strukturen zu befördern, unter Missachtung homosexueller Freundschaften und Strukturen. Besteht nicht die wirkliche Aufgabe darin, neue gesellschaftliche Verhältnisse, neue Wertemodelle, neue Familienstrukturen usw. einzurichten? Die gesamten Strukturen und Institutionen, die mit der Monogamie und der traditionellen Familie einhergehen, gehören zu den Dingen, zu denen die Homosexuellen nicht leicht Zugang haben. Welche Arten von Institutionen müssen wir beginnen einzurichten, um uns nicht nur zu verteidigen, sondern um auch neue soziale Formen zu erschaffen, die eine wirkliche Ersatzlösung bilden werden?*

– Welche Institutionen? Ich habe dazu keine genaue Vorstellung. Ich denke, dass es selbstverständlich völlig widersprüchlich wäre, auf dieses Ziel und auf diese Art Freundschaft das Modell des Familienlebens oder die Institutionen, die mit der Familie einhergehen, anzuwenden. Es stimmt allerdings, dass man, weil manche der Beziehungen, die in der Gesellschaft existieren, geschützte Formen von Familienleben sind, feststellt, dass bestimmte Varianten, die wiederum nicht geschützt sind, zugleich reicher, interessanter und kreativer sind als diese

Beziehungen. Doch natürlich sind sie auch viel zerbrechlicher und verletzlicher. Die Frage, welche Arten von Institutionen wir erschaffen müssen, ist eine bedeutende Frage, aber ich kann darauf keine Antwort beibringen. Unsere Aufgabe ist es, glaube ich, zu versuchen, eine Lösung zu erarbeiten.

– *In welchem Maße wollen wir es oder brauchen wir es, dass das Projekt zur Befreiung der Homosexuellen ein Projekt sei, das, weit davon entfernt, sich damit zu begnügen, denselben Weg noch einmal zu gehen, den Anspruch erhebt, neue Bahnen zu eröffnen? Mit anderen Worten, weist Ihre Auffassung der Sexualpolitik die Notwendigkeit eines Programms zurück, die Erprobung neuer Arten von Beziehungen zu befürworten?*

– Ich denke, dass eine der großen Feststellungen, die wir seit dem letzten Krieg gemacht haben, die des Scheiterns aller sozialen und politischen Programme ist. Wir haben bemerkt, dass die Dinge niemals so zustande kamen, wie die politischen Programme sie uns beschreiben; und dass die politischen Programme immer oder fast immer entweder zu Missbräuchen oder zu einer politischen Herrschaft von Seiten eines Blocks, seien es die Techniker, die Bürokraten oder andere, geführt haben. Doch eine der Verwirklichungen der sechziger und siebziger Jahre, die ich als eine segensreiche Verwirklichung ansehe, ist, dass einige institutionelle Modelle ohne Programm erprobt wurden. Ohne Programm heißt nicht Blindheit – dass man blind ist für das Denken. In Frankreich zum Beispiel wurde in der letzten Zeit massiv die Tatsache kritisiert, dass die verschiedenen politischen Bewegungen für die sexuelle Freiheit und wegen der Gefängnisse und der Ökologie usw. kein Programm hatten. Doch meiner Ansicht nach kann kein Programm zu haben zugleich sehr nützlich, sehr originell und sehr kreativ sein, sofern dies nicht bedeutet, keine wirkliche Reflexion auf das zu haben, was geschieht, oder sich nicht um das zu bemühen, was unmöglich ist.

Seit dem 19. Jahrhundert haben die großen politischen Institutionen und die großen politischen Parteien den Prozess der politischen Schöpfung mit Beschlag belegt; ich meine damit, dass sie versucht haben, der politischen Schöpfung die Form eines politischen Programms zu geben, mit dem Ziel, die Macht zu ergreifen. Ich denke, dass man das bewahren muss, was in den sechziger Jahren und zu Beginn der siebziger Jahre zustande gekommen ist. Eines der Dinge, die es meiner Ansicht nach zu bewahren gilt, ist die Existenz – außerhalb der großen politischen Parteien und außerhalb des normalen oder gewöhnlichen Programms – einer bestimmten Form politischer Innovation, politischer Schöpfung und politischer Erprobung. Es ist eine Tatsache, dass sich das alltägliche Leben der Leute von Anfang der sechziger Jahre bis jetzt verändert hat, und mein eigenes Leben ist gewiss ein Zeugnis dafür. Diese Veränderung verdanken wir offensichtlich nicht den politischen Parteien, sondern zahlreichen Bewegungen. Diese sozialen Bewegungen haben wahrlich unser Leben, unsere Mentalitäten und unsere Einstellungen verändert *sowie* die Einstellungen und die Mentalität anderer Leute – Leute, die diesen Bewegungen nicht angehörten. Und das ist etwas sehr Wichtiges und sehr Positives. Ich sage es noch einmal: Nicht die alten traditionellen und normalen politischen Organisationen haben diese Überprüfung ermöglicht.

Übersetzt von Hans-Dieter Gondek

Thomas Lemke
Nachwort

Geschichte und Erfahrung
Michel Foucault und die Spuren der Macht

In einem berühmten Aufsatz vertritt Steven Lukes die These, dass den unterschiedlichen Auffassungen und Interpretationen des Begriffs der Macht ein gemeinsamer »Grundgedanke« zukomme: *»Die Macht eines oder mehrerer Handelnder A in Hinblick auf ein Ziel Z manifestiert sich dann, wenn A das Ziel Z durch das Einwilligen eines oder mehrerer Handelnder B erreicht«*.[1] Diese Definition sei in der abendländischen Tradition in zweierlei Weise ausgelegt worden: »Die erste Interpretation verfährt *symmetrisch*; sie geht davon aus, daß beiden das Ziel Z gemeinsam ist. Die zweite Interpretation verfährt *asymmetrisch*: B's Einwilligung gilt als erzwungen [...]. Die erste Interpretation liefert Auffassungen von Macht als Kooperation und Konsens, die zweite von Macht als Hierarchie und Herrschaft.«[2] Beide Interpretationslinien können Lukes zufolge auf eine lange Geschichte zurückblicken, die bis in die Antike reicht. Die erste Traditionsreihe repräsentieren so unterschiedliche Autorinnen und Autoren wie Platon, Hannah Arendt und Talcott Parsons, auf der anderen Seite finden sich etwa Thomas Hobbes, Max Weber und Karl Marx.

Der französische Historiker und Philosoph Michel Foucault gehört weder der symmetrischen noch der asymmetrischen Traditionslinie an.[3] Im Gegenteil zielt seine Arbeit auf die Kritik jenes »juristische[n] Schematismus« (S. 95),[4] der beiden Konzeptionen gemeinsam ist: die Kopplung der Machtanalyse an Fragen von Legitimität und Konsens bzw. umgekehrt von Zwang und Gewalt. Dennoch hat sich Foucault nie als politischer Theoretiker begriffen oder versucht, eine allgemeine,

1 Lukes, Steven, »Macht und Herrschaft bei Weber, Marx, Foucault«, in: Joachim Matthes (Hg.), *Krise der Arbeitsgesellschaft? Verhandlungen des 21. Deutschen Soziologentages in Bamberg*, Frankfurt am Main: Campus 1983, S. 106-119, hier S. 107 (Hervorheb. im Orig.).
Für wichtige Anregungen und Kritik danke ich Susanne Krasmann, Ulrich Bröckling und Michael Bruch.

2 Ebd. (Hervorheb. im Orig.)

3 Lukes kommt freilich zu einer anderen Einschätzung und verortet Foucault innerhalb der asymmetrischen Tradition.

4 In Klammern gesetzte Seitenzahlen im Text und in den Fußnoten beziehen sich auf die vorliegende Auswahl.

zeitlose Theorie der Macht zu begründen. Er verstand seine Arbeit vielmehr als einen »neuen Forschungsansatz«, der »einen anderen Weg zu einer neuen Ökonomie der Machtbeziehungen [vorschlägt], der stärker empirisch ausgerichtet und unmittelbarer mit unserer gegenwärtigen Situation verbunden ist, aber auch eine engere Verbindung zwischen Theorie und Praxis impliziert« (S. 243). Foucault ging es daher weniger um eine »›Theorie‹ als um eine ›Analytik‹ der Macht«,[5] welche die Historizität der Machtbeziehungen reflektiert und so zugleich eine Diagnostik der Gegenwartsgesellschaft erlaubt. Seine Analyseinstrumente wie Diskurs, Dispositiv, Macht-Wissen, Gouvernementalität etc. bildet er jeweils im Hinblick auf die von ihm konkret untersuchten historischen Objekte (Wahnsinn, Delinquenz, Sexualität etc.), ohne einen allgemeinen Theorieapparat zu entwickeln, der auf die Untersuchungsgegenstände einfach angewandt werden könnte.

Der vorliegende Auswahlband zeichnet die wichtigsten Etappen der Machtanalytik nach. Er versammelt kürzere Texte Foucaults aus den *Schriften*[6] vom Beginn der 1960er-Jahre bis zu seinem Tod 1984.[7] Die Beiträge fallen in unterschiedliche Kategorien. Sie enthalten wissenschaftliche Artikel und politische Erklärungen; neben Interviews, in denen Foucault ein kürzlich erschienenes Buch erläutert oder kritische Fragen zu seinen Konzepten beantwortet, stehen Vorlesungen,

5 Michel Foucault, *La volonté de savoir. Histoire de la sexualité, tome 1*, Paris: Gallimard 1976. Aus dem Französischen übersetzt von Ulrich Raulff und Walter Seitter: *Der Wille zum Wissen. Sexualität und Wahrheit, Band* 1, Frankfurt am Main: Suhrkamp 1977, S. 102; ders., *Geschichte der Gouvernementalität I: Sicherheit, Territorium, Bevölkerung. Vorlesung am Collège de France 1977-1978*, aus dem Französischen von Claudia Brede-Konersmann und Jürgen Schröder, Frankfurt am Main: Suhrkamp 2004, S. 13 f.; ders., »Das Spiel des Michel Foucault« (1977), in: *Schriften* (s. Anm. 6), Band 3, Nr. 206, S. 391-429, hier S. 397; ders., »Macht und Wissen« (1977), in: *Schriften* (s. Anm. 6), Band 3, Nr. 216, S. 515-534, hier S. 519. Vgl. auch S. 240 f. in diesem Band.

6 Michel Foucault, *Schriften in vier Bänden, Dits et Ecrits*, herausgegeben von Daniel Defert und François Ewald unter Mitarbeit von Jacques Lagrange, aus dem Französischen übersetzt von Reiner Ansén, Michael Bischoff, Ulrike Bokelmann, Horst Brühmann, Hans-Dieter Gondek, Hermann Kocyba und Jürgen Schröder, Frankfurt am Main: Suhrkamp 2001-2005.

7 Umfangreiche Beiträge aus den *Schriften*, die inzwischen als eigenständige Bücher in deutscher Übersetzung vorliegen (z. B. *Der Mensch ist ein Erfahrungstier*. Aus dem Französischen von Horst Brühmann, Frankfurt am Main: Suhrkamp 1996), konnten daher ebenso wenig berücksichtigt werden wie einschlägige Kapitel in Buchveröffentlichungen, in denen Foucault seine Machtanalytik konkretisiert (vgl. etwa *Der Wille zum Wissen*, a. a. O., S. 113-124.

Vorträge und Zeitungsartikel. Wie kaum ein anderer Theoretiker hat Foucault das Thema der Macht in den Mittelpunkt seiner Arbeit gestellt. Die Vielzahl der Themen und Textsorten zeigt einen Intellektuellen, dessen Machtanalytik sich in ständiger Auseinandersetzung mit praktischen Problemen konkretisiert und innerhalb von sozialen Bewegungen Form annimmt: »Wenn ich mich an eine theoretische Arbeit gemacht habe, geschah das stets auf der Basis meiner eigenen Erfahrung und im Zusammenhang mit Prozessen, die vor meinen Augen abliefen.«[8]

1. Eine Archäologie des Schweigens

Foucault betritt das Terrain der Macht als Archäologe. Bereits sein erstes größeres Buch *Histoire de la folie à l'âge classique*[9] verfolgt die Geschichte des Wahnsinns und die Institutionalisierung der Psychiatrie anhand einer »Archäologie des Schweigens« (vgl. S. 9). Im »Vorwort« geht Foucault von der These einer ursprünglichen Erfahrung des Wahnsinns aus, die ihm als impliziter Gegenentwurf und Kritikfolie zum rationalistischen Subjektverständnis der Aufklärung dient. Die Formierung des modernen Subjekts sei nur möglich gewesen durch die konsequente Ausgrenzung der Unvernunft aus der westlichen »Ordnung des Diskurses«. Aus dieser Annahme resultiert jedoch das theoretische Problem, wie sich eine authentische Erfahrung des Wahnsinns unterhalb oder jenseits der Fesseln der Vernunft historisch rekonstruieren und aufspüren lässt. In *Histoire de la folie à l'âge classique* bedient sich Foucault – wie er später selbstkritisch anmerkt – »zumindest implizit dieses Grundbegriffs der Unterdrückung«. Er habe »eine Art lebendigen, geschwätzigen und ängstlichen Wahnsinn unterstellt, den die Mechanik der Macht und der Psychiatrie am Ende mit Erfolg unterdrückt und zum Schweigen gebracht hätte« (S. 92 f.).

8 Michel Foucault, »Ist es also wichtig, zu denken?« (1981), in: *Schriften*, a. a. O., Band 4, Nr. 296, S. 219-223; hier S. 223. Zu dieser »autobiografischen Dimension« der Arbeit Foucaults vgl. Didier Eribon, »›... quelque fragment d'autobiographie‹«, in: Alain Brossat (Hg.), *Michel Foucault. Les jeux de vérité et du pouvoir*, Nancy: Presses Universitaires de Nancy 1994, S. 127-131.

9 *Folie et déraison. Historie de la folie à l'âge classique*, Paris: Plon 1961. Aus dem Französischen übersetzt von Ulrich Köppen: *Wahnsinn und Gesellschaft. Eine Geschichte des Wahns im Zeitalter der Vernunft*, Frankfurt am Main: Suhrkamp 1973.

In den Neuauflagen des Buches seit 1972 taucht das »Vorwort« daher bezeichnenderweise nicht mehr auf.[10]

Mit »etliche[n] Korrekturen und innere[n] Kritiken«[11] bleibt die archäologische Perspektive auch in den folgenden Büchern Foucaults bestimmend. In *Naissance de la clinique: une archéologie du regard médical*, der Untersuchung über das Entstehen einer klinischen Medizin, und in *Les mots et les choses: une archéologie des sciences humaines*, der Studie über die Wissenschaften vom Leben, der Sprache und der Ökonomie, wird der methodologische Anspruch der Archäologie bereits im Titel deutlich formuliert.[12] Die *Archéologie du savoir*[13] versucht schließlich, das theoretische Profil und die konzeptionellen Neuerungen einer »archäologischen Methode« auszuweisen.

Deren Besonderheit besteht darin, dass sie das historische Material nicht mehr auf eine hermeneutische Tiefenstruktur bezieht, von der es seinen Sinn empfängt, sondern es in seiner »Oberflächlichkeit« beschreibt. Foucaults Begriff der Archäologie hat mit dessen Alltagsverwendung wenig gemein, sondern konzentriert sich auf die Analyse diskursiver Formationen und stellt die Aussage in den Mittelpunkt, wobei deren soziale, ökonomische oder politische Bedingungen tendenziell ausgeklammert bleiben. Dieses Projekt einer *»reinen Beschreibung der diskursiven Ereignisse«*[14] hat zur Folge, dass die archäologischen Arbeiten der 1960er-Jahre die »Machtfrage« weitgehend implizit behandeln.[15]

Die Archäologie zeichnet sich durch mehrere theoretische Distanzierungsbewegungen aus. Zwar teilt sie die strukturalistische Kritik

10 Vgl. dazu die Kritik von Jacques Derrida, in: ders., »Cogito und die Geschichte des Wahnsinns«, aus dem Französischen übersetzt von Ulrich Köppen, in: Derrida, *Die Schrift und die Differenz*, Frankfurt am Main: Suhrkamp 1972, S. 53-101.

11 *L'Archéologie du savoir*, Paris: Gallimard 1969. Aus dem Französischen übersetzt von Ulrich Köppen: *Archäologie des Wissens*, Frankfurt am Main: Suhrkamp 1981, S. 29.

12 *Naissance de la clinique. Une archéologie du regard médical*, Paris: PUF 1963. Aus dem Französischen übersetzt von Walter Seitter: *Die Geburt der Klinik. Eine Archäologie des ärztlichen Blicks*, Frankfurt am Main: Suhrkamp 1988. *Les Mots et les choses. Une archéologie des sciences humaines*, Paris: Gallimard 1966. Aus dem Französischen übersetzt von Ulrich Köppen: *Die Ordnung der Dinge. Eine Archäologie der Humanwissenschaften*, Frankfurt am Main: Suhrkamp 1974.

13 *Archäologie des Wissens*, a. a. O.

14 Ebd., S. 41 (Hervorheb. im Orig.).

15 Vgl. Gilles Deleuze, *Foucault*, aus dem Französischen von Hermann Kocyba, Frankfurt am Main: Suhrkamp 1987, S. 47 f.; Hermann Kocyba, »›Eine reine Beschreibung diskursiver Ereignisse‹«, in: *kultuRRevolution*, Nr. 17/18, 1988, S. 33-36.

am phänomenologischen und marxistischen Humanismus und an den Prämissen der Subjektphilosophie (S. 18 ff.). Im Gegensatz zu einer strukturalen Analyse untersucht sie jedoch nicht die allgemeinen und formalen Konstruktionsgesetze von Diskursen, sondern deren historische Existenzbedingungen: »Der Diskurs ist durch die Differenz zwischen dem konstituiert, was man in einer Epoche korrekt (gemäß den Regeln der Grammatik und der Logik) sagen konnte, und dem, was tatsächlich gesagt wurde« (S. 40; vgl. auch S. 36). Die zweite Abgrenzungslinie richtet sich gegen Theorievarianten, die Diskurse als Ausdruck oder Abbild einer ökonomischen Basis oder spezifischer Mentalitäten begreifen. Gegen ideengeschichtliche und geschichtsphilosophische Erklärungsansätze auf der einen und vulgärmaterialistische Ableitungsversuche auf der anderen Seite ist es Foucaults Anliegen, die Autonomie diskursiver Praktiken herauszuarbeiten.

Die Kritik an reduktionistischen Kausalitätskonzepten führt jedoch dazu, dass die Archäologie das Problem der Determination auf einer eher theoretischen Ebene verhandelt. Foucault weicht der Frage aus, wie sich nicht-diskursive Faktoren in Diskurse »einschreiben«. Er weigert sich, »im Diskurs die Oberfläche symbolischer Projektionen von Ereignissen oder anderswo angesiedelten Prozessen zu sehen«, und hält eine »solche kausale Analyse in der Schwebe«.[16] Zwar geht es Foucault erklärtermaßen darum, das »Spiel der Abhängigkeiten« (S. 33) zwischen diskursiven und nicht-diskursiven Faktoren zu untersuchen, deren Verhältnis bestimmt er jedoch nur negativ: Extradiskursive Dependenzen seien Beziehungen »zwischen diskursiven Transformationen und anderen, die außerhalb des Diskurses stattfinden« (S. 33). Wie genau sich diese »anderen« zusammensetzen und wie ihr Verhältnis untereinander beschaffen ist (etwa die Beziehung zwischen politischen, ökonomischen, sozialen Determinationen) bleibt hingegen offen. Die Frage nach den Beziehungen von Macht und Diskurs wird nur sehr vorsichtig formuliert (als Frage nach der »Aneignung« des Diskurses, S. 35 f.) und bleibt der Annahme nachgeordnet, dass »dieses Prädiskursive noch zum Diskursiven gehört«.[17]

16 *Archäologie des Wissens*, a. a. O., S. 235.

17 *Archäologie des Wissens*, a. a. O., S. 112. Für eine genauere Analyse der theoretischen Probleme dieses »›archäologischen‹ Zirkels« (Dominique Lecourt) vgl. Hubert L. Dreyfus/Paul Rabinow, *Michel Foucault: Beyond Structuralism and Hermeneutics*, Chicago: University of Chicago Press 1982. Aus dem Amerikanischen übersetzt von

Es ist daher kein Wunder, dass Foucaults »Hypothesen« für eine »fortschrittliche Politik« (vgl. S. 48 ff.) eigentümlich blass wirken. Sie erschöpfen sich letztlich in der wiederholten Forderung, den Eigensinn und die Autonomie diskursiver Praktiken zu respektieren. Die »Archäologie des Wissens« endet in einer Sackgasse: »[W]as in meiner Arbeit fehlte, war dieses Problem der diskursiven Ordnung, der dem Spiel des Aussagens eigenen Machtwirkungen. Ich warf sie zu sehr mit der Systematizität, der theoretischen Form oder so etwas wie dem Paradigma zusammen« (S. 87). Dieses »Unvermögen« (S. 89) sieht Foucault nicht allein als ein Defizit der Theoriebildung, sondern betrachtet es als Resultat der damaligen politischen Verhältnisse: »Mit dieser Arbeit konnte erst nach 1968 begonnen werden, das heißt ausgehend von den alltäglichen und an der Basis geführten Kämpfen, und mit denen, die sich im äußerst feinmaschigen Netz der Macht damit herumzuschlagen hatten« (S. 90).

2. Disziplin und Körper

Im Oktober 1968 kehrt Foucault von einem längeren Aufenthalt als Gastprofessor in Tunis nach Paris zurück und findet eine völlig veränderte politische und intellektuelle Situation vor. Die Maibewegung thematisierte zum ersten Mal die »Ökonomie des Diskurses«, sie begriff Produktion und Aneignung von Wissen als politische Prozesse und sah in Universitäten und Bildungsinstitutionen privilegierte Orte sozialer Kämpfe. Der Mai 1968 brachte aber noch in einer zweiten Hinsicht eine »politische Innovation« (S. 315): Es entstanden bislang unbekannte Formen von Massenopposition außerhalb der etablierten Institutionen der Linken und teilweise gegen sie. Diese Protestformen zeigten eine bis dahin kaum für möglich gehaltene Verwundbarkeit liberal-kapitalistischer Gesellschaften und

Claus Rath und Ulrich Raulff: *Michel Foucault: Jenseits von Strukturalismus und Hermeneutik*, Frankfurt am Main: Athenäum 1987, S. 105-127; Clemens Kammler, *Michel Foucault. Eine kritische Analyse seines Werks*, Bonn: Bouvier 1986, S. 69-124; 155. Vgl. auch die zusammenfassende Darstellung der Foucault'schen Arbeiten der »archäologischen« Phase bei Gary Gutting, *Michel Foucault's archeology of scientific reason*, Cambridge: Cambridge University Press 1989.

erlaubten die Erfahrung einer Gegen-Macht, die nicht hierarchisch organisiert war.[18]

Zur Erklärung des Scheiterns der revolutionären Versuche konnte sich die politische Analyse nicht darauf zurückziehen, allein den »repressiven Staatsapparat« zu analysieren; untersucht werden musste nun ebenfalls, inwieweit Formen des Wissens sowie Verfahren der Körperdisziplinierung zur Konstitution und Reproduktion sozialer Herrschaft beitragen. Ebenso wenig ließ sich die Unterscheidung von ökonomischen Faktoren auf der einen und politischen und ideologischen auf der anderen Seite aufrechterhalten. Die 1970er-Jahre zeichneten sich durch eine neue historische Konstellation aus, in der die dogmatisch-marxistische Metaphorik von Basis und Überbau Risse bekam und »Kämpfe in den Fabriken enger als früher mit den Kämpfen außerhalb der Fabriken [...] verknüpft sind; in der man erkennt, dass die allgemeine ideologische Auseinandersetzung integraler Bestandteil des politischen Kampfes ist«.[19]

Nach dem Mai 1968 zeigt sich ein »ganz anderer Foucault«,[20] dessen Arbeit in den folgenden Jahren eine markante Akzentverschiebung erfährt. Was in der »Archäologie« nur negativ bestimmt werden konnte, bekommt nun ein eigenes Gewicht. Foucault stellt der Analyse von Diskursen, ihrer immanenten Regelhaftigkeit und Autonomie eine Untersuchungsmethode an die Seite, die explizit nach ihren äußeren Entstehungsbedingungen, Beschränkungen und Institutionalisierungen fragt. Diese Methode bezeichnet er in Anlehnung an Nietzsche als »Genealogie«. Ihr Bezugspunkt ist »nicht mehr das große Modell der Sprache und der Zeichen, sondern das des Krieges und der Schlacht [...]. Die Geschichtlichkeit, die uns mitreißt und uns bestimmt, ist kriegerisch; sie ist nicht sprachlicher Natur« (S. 88).[21]

18 Vgl. Michel Foucault, »Jenseits von Gut und Böse« (1971), in: *Schriften*, a. a. O., Band 2, Nr. 98, S. 273-288, hier S. 287.

19 Michel Foucault, »Michel Foucault über Attica« (1974), in: *Schriften*, a. a. O., Band 2, Nr. 137, S. 653-667, hier S. 661.

20 Didier Eribon, *Michel Foucault. Eine Biographie*, Frankfurt am Main: Suhrkamp 1991, S. 297.

21 Die »Wichtigkeit Nietzsches« (S. 107) für die Foucault'sche Machtanalytik Anfang der 1970er-Jahre dokumentiert der programmatische Aufsatz »Nietzsche, die Genealogie, die Historie« (1971), in: Foucault, *Schriften*, a. a. O., Band 2, Nr. 84, S. 166-191. Vgl. auch David Owen, *Maturity and Modernity: Nietzsche, Weber, Foucault and the Ambivalence of Reason*, London/New York: Routledge 1994, sowie Martin Saar, *Selbst-Kritik. Nietzsche, Foucault und der Begriff der Genealogie*, Disser-

1970 wird Foucault zum Professor für die Geschichte der Denksysteme an das Collège de France berufen. Das Problem der Macht bildet in der Folgezeit das bestimmende Thema seiner Arbeit. Foucault geht von der Beobachtung aus, dass Funktionsweise und Eigenart von Machtprozessen bislang unzureichend erforscht worden sind. Das zentrale Problem sieht er darin, dass »Macht« nicht als ein eigenständiges Phänomen und spezifisches Untersuchungsgebiet wahrgenommen, sondern »außerhalb des Feldes der politischen Analyse« (S. 90) vor allem in Hinblick auf rechtliche Legitimität, politische Souveränität und ökonomische Funktionalität untersucht wurde. Als Konsequenz dieser Betrachtungsweise konnten Machtprozesse von vermeintlich grundlegenden gesellschaftlichen Strukturen (seien diese nun politisch-rechtlicher, kultureller oder ökonomischer Natur) abgeleitet werden, ohne sie in ihrer Eigenart zu untersuchen:

> Rühren diese Schwierigkeiten und unsere Nöte, die angemessenen Kampfformen zu finden, nicht daher, dass wir noch nicht wissen, was die Macht ist? Schließlich hat man auch erst im 19. Jahrhundert in Erfahrung gebracht, was die Ausbeutung ist; aber vielleicht weiß man immer noch nicht, was die Macht ist. [...] Wer übt die Macht aus? Und wo übt er sie aus? Man weiß derzeit so in etwa, wer ausbeutet, wohin der Profit geht, durch wessen Hände er geht und wo er wieder investiert wird – dagegen die Macht... (S. 59).

Die Auseinandersetzung mit Machtverhältnissen steht jedoch nicht nur im Zentrum seiner theoretischen Interessen, sie prägt auch Foucaults politische Praxis. Der Professor am renommierten Collège de France wird in den 1970er- und 1980er-Jahren neben Sartre zum bekanntesten Intellektuellen Frankreichs und engagiert sich in einer Vielzahl von politischen Gruppen und sozialen Bewegungen.[22] Unter anderem unterstützt er sowjetische Dissidenten und die polnische Gewerkschaft *Solidarność*, beteiligt sich an antirassistischen Initiativen und kämpft für die Aufnahme vietnamesischer *boat-people*, das Recht auf Asyl und die sexuelle Selbstbestimmung Homosexueller.

Einen besonderen Stellenwert hat seine Arbeit in der *Gruppe Gefängnisinformation* (»Groupe d'information sur les prisons«: G.I.P.),

tation, Frankfurt am Main 2004. Zum Perspektivenwechsel von einer »Archäologie des Wissens« zur »Genealogie der Macht« vgl. auch Michel Foucault, *Geschichte der Gouvernementalität I*, a.a.O, S. 61.

22 Zu der von Foucault vorgeschlagenen Unterscheidung zwischen spezifischem und universellem Intellektuellen vgl. S. 100-107 in diesem Band.

die Foucault zusammen mit Jean-Marie Domenach und Pierre Vidal-Naquet 1971 gründete. Im Unterschied zur traditionellen Stellvertreterpolitik war es nicht das Ziel der G.I.P, für oder anstelle der Gefangenen zu intervenieren. Vielmehr sollten die Häftlinge die Möglichkeit erhalten, für sich selbst zu sprechen, sich untereinander und mit der Außenwelt über die Zustände in den Strafanstalten zu verständigen. Dahinter stand das Interesse, Machtverhältnisse in ihrer »Nacktheit« (S. 56) zu zeigen, sie weniger abstrakt zu kritisieren, als deren Funktionieren möglichst präzise zu beschreiben.[23]

Die »konkrete Erfahrung«[24] der G.I.P. führt Foucault zu einer neuen Erkenntnis, die seine weitere theoretische und politische Arbeit maßgeblich bestimmt. Er beobachtet, dass den Inhaftierten im Gefängnis nicht nur die Freiheit für die Dauer der Haft genommen wird, sondern sie darüber hinaus einem System von Zwängen und Unterwerfungen ausgesetzt sind, das selbst nicht Teil des rechtlichen Apparats ist. Mit der Arbeit in der G.I.P. sei für ihn ein neues Problem aufgetaucht, das seine früheren Vorstellungen »erschüttert« habe:

> Bislang habe ich mir den Ausschluss aus der Gesellschaft als eine ein wenig abstrakte allgemeine Funktion vorgestellt, und ich habe diese Funktion gern gleichsam als konstitutives Element der Gesellschaft gedacht: Jede Gesellschaft funktioniert nur unter der Bedingung, dass eine gewisse Anzahl ihrer Mitglieder ausgeschlossen werden.[25]

Diese Machtkonzeption, welche »die Bezüge der Macht zum Diskurs potentiell als negative Mechanismen der Verknappung darstellt«,[26] steht noch im Mittelpunkt seiner Antrittsvorlesung am Collège de

23 Vgl. das »Manifest der G.I.P – Gruppe Gefängnisinformation« (1971), in Foucault, *Schriften*, a. a. O., Band 2, Nr. 86, S. 211-213. Zur Geschichte der Gefängnisbewegung und der G.I.P vgl. Didier Eribon, *Michel Foucault*, a. a. O., S. 318-337; Philippe Artières, Laurent Quéro und Michelle Zancarini-Fournel (Hg.), Le groupe d'information sur les prisons. Archives d'une lutte, 1970-1972, Paris: Éditions de l'IMEC 2003; François Boullant, Michel Foucault et les prisons, Paris: PUF 2003.

24 »Die Machtverhältnisse gehen in das Innere der Körper über« (1977), in: Foucault, *Schriften*, a. a. O., Band 3, Nr. 197, S. 298-309, hier S. 299.

25 »Michel Foucault über Attica« (a. a. O.), S. 656. Vgl. auch »Wahnsinn und Gesellschaft« (1978), in: *Schriften*, a. a. O., Band 3, Nr. 222, S. 608-632, hier S. 609-611.

26 »Die Machtverhältnisse gehen in das Innere der Körper über«, a. a. O., S. 300.

France,[27] erscheint ihm aber wenig später als unzureichend. Suchte Foucault zu Beginn der 1970er-Jahre die Funktionsweise der »Unterdrückungs- und Repressionssysteme«[28] einer Gesellschaft aufzudecken, führt ihn die theoretische und praktische Auseinandersetzung mit dem Gefängnis schließlich dazu, die Analyseperspektive umzukehren, um »Macht in ihren positiven Mechanismen zu analysieren« (S. 224). Die Machtprozesse sind Foucault zufolge nicht Ausdruck einer »tieferliegenden« Realität, die sie ideologisch widerspiegeln oder repressiv absichern; ebenso wenig lassen sie sich auf funktionale oder reproduktive Aspekte beschränken, sondern sie enthalten prinzipiell eine *produktive* Dimension: Sie ermöglichen individuelle und kollektive Erfahrungen und bringen neue Wissensformen hervor (S. 93).[29]

Die These, die Foucault Mitte der 1970er-Jahre schließlich in seinem Buch *Surveiller et punir. Naissance de la prison*[30] vorlegt, stellt die traditionelle Problemstellung auf den Kopf. Das Ziel des Gefängnisses sei es nicht aus-, sondern einzuschließen; seine politische Bedeutung liege nicht so sehr in der Freiheitsberaubung und Einsperrung als vielmehr darin, nützliche und gehorsame Individuen zu produzieren. Im Gefängnis materialisiere sich eine Machttechnologie, die ebenso in einer Vielzahl anderer gesellschaftlicher Bereiche wirksam sei. Das Gefängnis ist – so Foucault – Teil einer Maschinerie, welche die gesamte Gesellschaft durchzieht und diese tendenziell selbst in einen »Kerker-Archipel«[31] – verwandelt: »Daß das Zellengefängnis […] zur modernen Strafanlage geworden ist – was ist daran

27 Michel Foucault, *L'ordre du discours*, Paris: Gallimard 1971. Aus dem Französischen übersetzt von Walter Seitter, *Die Ordnung des Diskurses*, Frankfurt am Main/Berlin u. a.: Ullstein 1977. Dort formuliert Foucault die These, »[…] daß in jeder Gesellschaft die Produktion des Diskurses zugleich kontrolliert, selegiert, organisiert und kanalisiert wird – und zwar durch gewisse Prozeduren, deren Aufgabe es ist, die Kräfte und die Gefahren des Diskurses zu bändigen, sein unberechenbar Ereignishaftes zu bannen, seine schwere und bedrohliche Materialität zu umgehen« (S. 7).

28 »Gespräch mit Michel Foucault« (1971), in: *Schriften*, a. a. O., Band 2, Nr. 89, S. 222-235, hier S. 224.

29 Von zentraler Bedeutung ist dabei die »Arbeitshypothese« des Macht-Wissens, die Foucault zum ersten Mal in seiner Vorlesung von 1972 am Collège de France formuliert (vgl. S. 64).

30 Michel Foucault, *Surveiller et punir. Naissance de la prison*, Paris: Gallimard 1975. Aus dem Französischen übersetzt von Walter Seitter: *Überwachen und Strafen. Die Geburt des Gefängnisses*, Frankfurt am Main: Suhrkamp 1976.

31 Ebd., S. 285.

verwunderlich? Was ist daran verwunderlich, wenn das Gefängnis den Fabriken, den Schulen, den Kasernen, den Spitälern gleicht, die allesamt den Gefängnissen gleichen?«[32]

Die Analyse des Strafsystems führt Foucault zum Problem der Disziplin. Er nimmt an, dass sich ausgehend von einer Genealogie des Gefängnisses die materialen Bestimmungsprinzipien moderner Machtprozesse untersuchen lassen. Am Beispiel des Gefängnisses lasse sich in analytischer Klarheit die Disziplinartechnologie studieren, die für moderne Gesellschaften insgesamt charakteristisch sei. Ihre Bedeutung besteht Foucault zufolge in einem »Umcodieren der Existenz«,[33] das von der physischen Repression so verschieden ist wie von der ideologischen Manipulation. Die Disziplin unterdrückt und verschleiert weniger, als dass sie Wahrnehmungsformen und Gewohnheiten konstituiert und strukturiert. Im Gegensatz zu traditionellen Herrschaftsformen wie Sklaverei und Leibeigenschaft gelingt es ihr, die Kräfte des Körpers zugleich zum Zwecke ihrer wirtschaftlichen Nutzung zu steigern und zum Zwecke ihrer politischen Unterwerfung zu schwächen. Die Disziplin kombiniert jedoch nicht nur Nützlichkeit und Unterwerfung, sondern bindet beide in einen produktiven und sich verstärkenden Kreislauf zusammen: Sie begründet eine spezifische Machttechnologie, welche die ökonomische Nützlichkeit des Körpers in dem Maße steigert, wie sie ihn politisch unterwirft. Es ist diese Kopplung von ökonomischen und politischen Imperativen, die die Eigenart der Disziplin ausmacht und ihren Status einer Technologie begründet.[34]

In seinem nächsten Buch *Der Wille zum Wissen* stellt Foucault der Disziplinierung des Individualkörpers eine »Bio-Politik der Bevölkerung« gegenüber und differenziert zwischen »zwei Entwicklungsachsen der politischen Technologie des Lebens«.[35] Erstere betrachtet den Menschen als eine komplexe Maschine und verfolgt das Ziel, die Steigerung der Fähigkeiten und Kräfte dieser Mensch-Maschine mit

32 Ebd., S. 292. Vgl. auch Michel Foucault, »Zum geschlossenen Strafvollzug« (1973), in: *Schriften*, a. a. O., Band 2, Nr. 127, S. 541-553, hier S. 547. Die These einer »morphologischen Identität des Machtsystems« (ebd.) teilt auch Gilles Deleuze Anfang der 1970er-Jahre: vgl. S. 56 f. in diesem Band.

33 Michel Foucault, *Überwachen und Strafen*, a. a. O., S. 302.

34 Ebd., S. 176 f., S. 228 f. Vgl. John Ransom, *Foucault's Discipline*, Durham: Duke University Press 1997.

35 Michel Foucault, *Der Wille zum Wissen*, a. a. O., S. 166.

ihrer Integration in wirtschaftliche Produktions- und politische Herrschaftssysteme zu verbinden. Hingegen richtet sich die »Biopolitik« nicht auf den Körper der Individuen, sondern auf den kollektiven Körper einer Bevölkerung. Nicht Disziplin und Dressur, sondern Regulierung und Kontrolle sind die zentralen Instrumente, die hier zum Einsatz kommen. Die beiden Machttechnologien unterscheiden sich jedoch nicht nur in ihren Zielen und Instrumenten, sondern auch in ihrer räumlichen Situierung bzw. politischen Lokalisierung. Praktiken der Disziplinierung entwickeln sich bereits seit dem Beginn des 17. Jahrhunderts im Rahmen partikularer Institutionen (Armee, Schule, Hospital, Werkstatt etc.), während die Regulierung der Bevölkerung um die Mitte des 18. Jahrhunderts durch die Zentralinstanz des Staates organisiert wird. Es lassen sich also zwei Serien unterscheiden: »die Serie Körper – Organismus – Disziplin – Institution; und die Serie Bevölkerung – biologische Prozesse – Regulierungsmechanismen – Staat«.[36]

3. Die Hypothese Nietzsches

Spätestens mit der Veröffentlichung von *Der Wille zum Wissen* tritt die Auseinandersetzung mit der »›juridisch-diskursive[n]‹«[37] Konzeption von Macht ins Zentrum der Foucault'schen Machtanalytik. Damit bezeichnet Foucault ein Analyse- und Bewertungsschema, das Macht vor allem in Rechtsbegriffen untersucht und beherrscht ist von der Idee der (souveränen) Freiheit der Subjekte auf der einen und der Instanz der politischen Souveränität auf der anderen Seite. Im Rahmen dieses Modells wird Macht durch einen (Gesellschafts-)Vertrag begründet, wobei die (Rechts-)Subjekte ihre Freiheit an eine politische Instanz abgeben. Die auf diese Weise konstituierte Macht droht allein dann zum Zwang zu werden, wenn sie die gesetzmäßig bestimmten Grenzen des Vertrags verlässt. Die Machtausübung gliedert sich entsprechend in einen legitimen und einen illegitimen Gebrauch, eine rechtmäßige und eine missbräuchliche Anwendung der Macht. Dieser Konstitutionsprozess folgt dem »Modell des *Levia-*

36 Michel Foucault, *In Verteidigung der Gesellschaft. Vorlesungen am Collège de France 1975-76*, aus dem Französischen von Michaela Ott, Frankfurt am Main: Suhrkamp 1999, S. 289. Vgl. auch S. 98 f., 230 f. in diesem Band.

37 Michel Foucault, *Der Wille zum Wissen*, a. a. O., S. 102.

than« (S. 119),[38] das sich im Wesentlichen durch drei Postulate auszeichnet:

(1) Das Postulat des Besitzes: Macht wird ausschließlich in Aneignungskategorien begriffen; sie wird als ein Gut oder eine Substanz vorgestellt, die besessen, veräußert oder getauscht werden kann. Daraus folgt, dass einige soziale Gruppen oder Klassen über Macht verfügen, während die anderen von ihr ausgeschlossen sind.

(2) Das Postulat der Lokalisation: Machtprozesse verlaufen von oben nach unten, von einer zentralisierten Instanz ausgehend durchziehen sie die Gesellschaft und wirken auf die Individuen. Daraus folgt, dass Macht auf politische Macht reduziert wird und in den Staatsapparaten konzentriert ist.

(3) Das Postulat der Unterordnung: Machtprozesse dienen der Reproduktion und haben primär funktionalen Charakter; ihre Modalitäten sind Verbot, Zwang, Ausschließung etc. Daraus folgt, dass Macht der Aufrechterhaltung und Fortsetzung sozialer Verhältnisse wie der ökonomischen Produktionsweise oder patriarchaler Herrschaft dient, die ihr selbst aber äußerlich sind.

Foucaults Anliegen ist es, diese »rein juristische und formale Konzeption, [...] durch ein neues Verständnis der Macht« (S. 221) zu ersetzen. Das von ihm vorgeschlagene »strategische Modell«[39] soll die »allgemeine Richtung der Analyse umkehren« (S. 111). Erstens betont Foucault, dass Macht kein Besitz sei, sondern eine Beziehung definiere, die sich nicht in Aneignungskategorien begreifen lasse. Dieser relationale Charakter der Macht habe zweitens zur Folge, dass diese nicht bei einer Gruppe oder Klasse zentralisiert sein könne, während andere davon völlig ausgeschlossen sind. Drittens seien Machtprozesse ebenso wenig Ausdruck einer tiefer liegenden Realität, die sie widerspiegeln, absichern oder reproduzieren. Die Machtbeziehungen reichten weit über die Staatsapparate hinaus, so dass weder deren Kontrolle noch deren Zerstörung bestimmte Machtformen verschwinden lasse (S. 112-119).[40]

38 Vgl. Thomas Hobbes, *Leviathan*, aus dem Englischen übersetzt von Walter Euchner, Frankfurt am Main: Suhrkamp 1984 (Orig. 1651).

39 Michel Foucault, *Der Wille zum Wissen*, a. a. O., S. 124.

40 Michel Foucault, *Überwachen und Strafen*, a. a. O., S. 38 f.; ders., *Der Wille zum Wissen*, a. a. O., S. 115-124. Vgl. Gilles Deleuze, *Foucault*, a. a. O., S. 39-47; Jana Sawicki, *Disciplining Foucault: Feminism, Power, and the Body*, New York/London: Routledge 1991, S. 20-24; Georg Kneer, »Die Analytik der Macht bei Michel

Foucault sucht mit der »Thematik der Repräsentation« (S. 131) in der Machtanalyse zu brechen, um sie von der theoretischen Konzentration auf die Institution des Staates und die Idee des Subjekts zu befreien. Die Bedeutung des strategischen Modells liegt darin, dass es die juridische Machtkonzeption als Analyseraster »ablösen« soll.[41] Foucault zufolge ist das juridische Modell der Macht historisch an die Existenz der feudal-absolutistischen Gesellschaft gekoppelt und leitet sich von der »rechtlich-politische[n] Theorie der Souveränität« (S. 119) her. Mit der bürgerlich-kapitalistischen Gesellschaft setze sich jedoch im 18. Jahrhundert ein neuer Machttypus durch, der die sozialen Verhältnisse nicht mehr von oben nach unten durchzieht. Funktionierte die »Ökonomie der Macht« (S. 93) in der alten Gesellschaftsformation vor allem als Recht auf Aneignung von Gütern und Diensten und gehorchte dem Prinzip von Gewalt/Beraubung (»Abschöpfung«), so entsteht mit der bürgerlichen Gesellschaft ein neuer Machtmechanismus, der dem Prinzip von Produktion/Profit (»Wertschöpfung«) folgt (S. 98 f.; 110 f.).

Die Aufgabe der »Genealogie der Macht« besteht nun darin, der historischen Veränderung der Machtmechanismen theoretisch Rechnung zu tragen und den realen Organisationsmodus der Macht konzeptionell nachzuvollziehen (S. 237). Die politische Analyse und Kritik soll sich nach den Vorstellungen Foucaults von der Idee der Souveränität, dem rechtlichen Code und der zentralen Figur des Königs befreien, um die technologische Eigenart und den produktiven Charakter der Machtprozesse zu untersuchen, die für die Form bürgerlich-kapitalistischer Vergesellschaftung charakteristisch sind: »Man muss dem König den Kopf abschlagen, und in der politischen Theorie hat man das noch nicht getan« (S. 95).[42] Foucaults Annahme ist, dass die Grundlage der Machtbeziehungen in kriegerischen Auseinander-

Foucault«, in: Peter Imbusch (Hg.), *Macht und Herrschaft. Sozialwissenschaftliche Konzeptionen und Theorien*, Opladen: Leske + Budrich 1998, S. 239-254, hier S. 246-248; Norbert Ricken, »Die Macht der Macht – Rückfragen an Michel Foucault«, in: Norbert Ricken und Markus Rieger-Ladich (Hg.), *Michel Foucault: Pädagogische Lektüren*, Wiesbaden: VS Verlag für Sozialwissenschaften 2004, S. 119-143, hier S. 121-123.

41 Michel Foucault, *Der Wille zum Wissen*, a. a. O., S. 124.

42 Vgl. ebd., S. 110: »Im Grunde ist die Repräsentation der Macht über die unterschiedlichen Epochen und Zielsetzungen hinweg doch im Bann der Monarchie verblieben. Im politischen Denken und in der politischen Analyse ist der Kopf des Königs immer noch nicht gefallen.«

setzungen zu suchen ist. Die strategische Konzeption verfolgt die »Hypothese Nietzsches«,[43] der die Machtverhältnisse nicht in Kategorien von Ausschließung, Verstellung und Verbot, sondern in Begriffen von Krieg, Konfrontation und Kampf analysiert. Foucault sieht in dieser Etappe seiner theoretischen Arbeit die Politik »als die Fortsetzung [...] des militärischen Modells«[44] und sucht im Krieg »ein Prinzip der Verstehbarkeit und der Analyse der politischen Macht zu finden« (S. 108).

Foucaults »Kampfdiskurs« (S. 60) ersetzt die Konzentration auf Legitimität und Konsens in der politischen Theorie durch die Überpointierung von Krieg und Kampf und analysiert soziale Verhältnisse primär aus der Perspektive von Konfrontation und Unterwerfung. Daraus resultieren vor allem zwei theoretische Probleme, welche die Machtanalytik bis hin zu *Überwachen und Strafen* und *Der Wille zum Wissen* prägen. Der Akzent der Genealogie lag zum einen allein auf dem Körper und seiner disziplinären Zurichtung, ohne den umfassenden Prozessen der Subjektivierung Beachtung zu schenken. Wenn Subjekte durch Machtprozesse erst hervorgebracht werden, müssen die prinzipiellen Voraussetzungen von Widerstandspraktiken unklar bleiben, von deren Existenz Foucault gleichwohl ausging. Zum anderen erwies es sich als unzureichend, in Kritik an staatszentrierten Analysen das Augenmerk einseitig auf lokale Praktiken und spezifische Institutionen wie das Krankenhaus oder das Gefängnis zu richten, ohne den Staat selbst als Resultante gesellschaftlicher Kräfteverhältnisse zu begreifen.[45] Erforderlich war eine Erweiterung des analytischen Instrumentariums, um dem Verhältnis von Subjektivierungsprozessen zu Herrschaftsformen angemessen nachgehen zu können.

4. Gouvernementalität und Praktiken des Selbst

Foucaults Arbeiten nach *Der Wille zum Wissen* weisen zwei scheinbar weit auseinander liegende inhaltliche Schwerpunkte auf: Zum einen

43 Michel Foucault, *In Verteidigung der Gesellschaft*, a. a. O., S. 27.

44 Michel Foucault, *Überwachen und Strafen*, a. a. O., S. 217, S. 217-219; ders., »Die Politik ist die Fortsetzung des Krieges mit anderen Mitteln« (1975), in: *Schriften*, a. a. O., Band 2, Nr. 148, S. 864-867, hier S. 866.

45 Zum diesem doppelten Problemkomplex vgl. Thomas Lemke, *Eine Kritik der politischen Vernunft – Foucaults Analyse der modernen Gouvernementalität*, Hamburg/Berlin: Argument 1997, S. 110-125.

ein Interesse an politischen Rationalitäten und der »Genealogie des Staates«, dem er in einer Reihe von Vorlesungen, Vorträgen, Artikeln und Interviews nachgeht; zum anderen die Konzentration auf ethische Fragen und die Genealogie des (Begehrens-)Subjekts, die den Gegenstand des Buchprojekts der »Geschichte der Sexualität« bildet. Bei dieser doppelten Themenverlagerung handelt es sich jedoch nicht um voneinander getrennte parallele theoretische Operationen, sondern um zwei komplementäre Schritte, an deren »Kreuzungspunkt«[46] der Begriff der Regierung steht.

Foucaults umfassender Begriff von Regierung setzt unterhalb bzw. jenseits staatlicher Institutionen ein und verweist auf unterschiedliche Handlungsformen und Praxisfelder, die in vielfältiger Weise auf die Lenkung und Führung von Individuen und Kollektiven zielen.[47] Eingeführt zur »notwendige[n] Kritik am gängigen Verständnis von ›Macht‹«[48] liegt seine innovative Bedeutung vor allem in der »Scharnierfunktion«, die Foucault ihm zuspricht. Erstens vermittelt der Regierungsbegriff zwischen Macht und Subjektivität. Auf diese Weise wird es möglich zu untersuchen, wie Herrschaftstechniken sich mit »Praktiken des Selbst« (S. 287) verknüpfen und Formen politischer Regierung auf Techniken des »Sich-selbst-Regierens« zurückgreifen. Zweitens erlaubt die Problematik der Regierung eine systematische Untersuchung der von Foucault immer wieder herausgestellten engen Beziehungen zwischen Machttechniken und Wissensformen.

Im Mittelpunkt der Vorlesungen am Collège de France von 1978 und 1979 steht das Konzept der »Gouvernementalität« (*gouvernementalité*).[49] Die Wortschöpfung stammt möglicherweise von Roland Barthes, der bereits in den 1950er-Jahren in den *Mythen des Alltags* mit dem »barbarischen, aber unvermeidlichen Neologismus« einen

46 Michel Foucault, »Subjektivität und Wahrheit« (1981), in: *Schriften*, a.a.O., Band 4, Nr. 304, S. 258-264, hier S. 259.

47 Vgl. Michel Foucault, »Gespräch mit Ducio Trombadori« (1980), in: *Schriften*, a.a.O., Band 4, Nr. 281, S. 51-119, hier S. 116.

48 Michel Foucault, »Subjektivität und Wahrheit«, a.a.O., S. 259.

49 An dieser Stelle ist leider eine Selbstkritik notwendig. In früheren Arbeiten habe ich wie viele andere Foucault-Interpreten irrtümlicherweise angenommen, dass der Begriff der Gouvernementalität (*governementalité*) sich aus den beiden Komponenten »gouverner« (Regieren) und »mentalité« (Denkweise) zusammensetzt. So schien schon begrifflich markiert zu sein, dass Fragen nach dem Gegenstand von Regierung und ihrer Rationalität nicht voneinander getrennt werden können. So richtig diese

Mechanismus bezeichnete, der Ursache und Wirkung verkehrt und die Regierung als Autor gesellschaftlicher Verhältnisse präsentiert: als »die von der Massenpresse als Essenz der Wirksamkeit aufgefaßte Regierung«.[50] Foucault greift dieses »hässliche Wort«[51] auf, löst es jedoch aus dem semiologischen Entstehungskontext. Im Rahmen der Vorlesungen von 1978 und 1979 steht Gouvernementalität nicht für eine mythische Zeichenpraxis, welche die gesellschaftlichen Verhältnisse entpolitisiert und verschleiert, sondern für die »Rationalisierung der Regierungspraxis bei der Ausübung der politischen Souveränität«.[52]

Im Rahmen der Vorlesungsreihe skizziert Foucault die »Genealogie des modernen Staates«[53] von antiken griechischen und römischen Führungskonzepten über die frühneuzeitliche Staatsräson und Polizeywissenschaft bis hin zu klassisch-liberalen und neoliberalen Regierungsformen. Dieses Forschungsinteresse zielt allerdings nicht auf eine historische Rekonstruktion der Entstehung und Transformation

Akzentsetzung sein mag, die Herleitung bleibt dennoch falsch. Der Wortstamm ist eindeutig das Adjektiv *gouvernemental* (»die Regierung betreffend«) und es scheint eher, dass Foucault den Neologismus als Gegenbegriff zu »Souveränität« (*souveraineté*) einsetzt. Dieser Irrtum hat bedauerlicherweise zu einer Reihe von Fehlinterpretationen beigetragen, die das Konzept als eine »Mentalität des Regierens« begriffen bzw. darauf reduziert haben, vgl. die Kritik von Michel Sennelart, »Situierung der Vorlesungen«, in: Michel Foucault, *Geschichte der Gouvernementalität I: Sicherheit, Territorium, Bevölkerung. Vorlesung am Collège de France 1977-1978*, Frankfurt am Main: Suhrkamp 2004, S. 527-571, hier S. 564 sowie John Crowley, »Usages de la gouvernance et de la governementalité«, in: *Critique Internationale*, Nr. 21, 2003, S. 52-61.

50 Roland Barthes, *Mythen des Alltags*, aus dem Französischen von Helmut Scheffel, Frankfurt am Main: Suhrkamp 1964, S. 114.

51 Michel Foucault, *Geschichte der Gouvernementalität I*, a. a. O., S. 173.

52 Michel Foucault, *Geschichte der Gouvernementalität II.* Die Geburt der Biopolitik, aus dem Französischen von Jürgen Schröder, Frankfurt am Main: Suhrkamp 2004, S. 14. Foucaults Konzept der Gouvernementalität hat viele sozialwissenschaftliche und historische Arbeiten inspiriert. Für einen Überblick über die »governmentality studies« vgl. Mitchell Dean, *Governmentality. Power and Rule in Modern Society*, London/Thousand Oaks/New Delhi: Sage 1999; Thomas Lemke, »Neoliberalismus, Staat und Selbsttechnologien. Ein kritischer Überblick über die ›governmentality studies‹«, in: *Politische Vierteljahresschrift*, 41. Jg, 2000, S. 31-47; Sylvain Meyet, »Les trajectoires d'un texte: ›La gouvernementalité‹ de Michel Foucault«, in: Sylvain Meyet, Marie-Cécile Naves und Thomas Ribemont (Hg.), *Travailler avec Foucault. Retours sur le politique*, Paris: L'Harmattan 2005, S. 13-36.

53 Michel Foucault, *Geschichte der Gouvernementalität I*, a. a. O., S. 508.

politisch-administrativer Strukturen. Foucault untersucht vielmehr staatliche Institutionalisierungsformen in ihrer Beziehung zu historischen Subjektivierungsmodi. Daher konzipiert er einen weiten Begriff von Regierung, der Subjektivierung und Staatsformierung nicht als zwei voneinander unabhängige Prozesse betrachtet, sondern sie unter einer einheitlichen analytischen Perspektive untersucht. Die in den Vorlesungen verfolgte »›Geschichte der Gouvernementalität‹« (S. 171) ist zugleich eine »Geschichte des Subjekts«,[54] da Foucault den modernen Staat nicht in erster Linie als eine zentralisierte Struktur begreift, sondern als eine »komplexe Verbindung zwischen Techniken der Individualisierung und totalisierenden Verfahren« (S. 247).

Über die historisch-politische Rekonstruktion der »Geschichte der Gouvernementalität« unter der doppelten Perspektive von Staatsformierung und Subjektivierung hinaus besitzt die Einführung des Begriffs der Regierung auch eine wichtige theoriestrategische Bedeutung. Foucault erkennt, dass weder die juridische noch die von ihm zunächst favorisierte kriegerische Konzeption der Macht der »Besonderheit der Machtverhältnisse« (S. 255) gerecht wird. Es sei vielmehr die Dimension der Führung, welche die Eigenart der Machtverhältnisse ausmacht:

> Der Ausdruck »Führung« (*conduite*) vermag in seiner Mehrdeutigkeit das Spezifische an den Machtbeziehungen vielleicht noch am besten zu erfassen. »Führung« heißt einerseits, andere (durch mehr oder weniger strengen Zwang) zu lenken, und andererseits, sich (gut oder schlecht) aufzuführen, also sich in einem mehr oder weniger offenen Handlungsfeld zu verhalten. Machtausübung besteht darin, »Führung zu lenken«, also Einfluss auf die Wahrscheinlichkeit von Verhalten zu nehmen. Macht gehört letztlich weniger in den Bereich der Auseinandersetzung zwischen Gegnern oder der Vereinnahmung des einen durch den anderen, sondern in den Bereich der »Regierung« in dem weiten Sinne, den das Wort im 16. Jahrhundert besaß. (S. 256)

Mit dem Begriff der Regierung konzipiert Foucault eine neue Dimension seiner Machtanalyse, die es ermöglicht, Machtbeziehungen unter dem Blickwinkel von Führungsverhältnissen zu untersuchen, um sie gleichermaßen vom Modell des Rechts wie vom Schema des Krieges abzusetzen. Wenn sich Machtverhältnisse durch die »Lenkung der Führungen« (»*conduire les conduites*«) charakterisieren lassen, dann ist es dieses Moment der Relationalität und Reflexivität, das eine

54 Ebd., S. 268.

Machtbeziehung von einer Übereinkunft oder einem Gewaltverhältnis abhebt. Eine Machtbeziehung

> [...] ist nicht als solche eine Gewalt, die sich nur versteckte, oder ein Konsens, der stillschweigend verlängert würde. Sie ist ein Ensemble von Handlungen, die sich auf mögliches Handeln richten, und operiert in einem Feld von Möglichkeiten für das Verhalten handelnder Subjekte. Sie bietet Anreize, verleitet, verführt, erleichtert oder erschwert, sie erweitert Handlungsmöglichkeiten oder schränkt sie ein, sie erhöht oder senkt die Wahrscheinlichkeit von Handlungen, und im Grenzfall erzwingt oder verhindert sie Handlungen, aber stets richtet sie sich auf handelnde Subjekte, insofern sie handeln oder handeln können. Sie ist auf Handeln gerichtetes Handeln. (S. 256)

Aus der Bestimmung von Macht als »Lenkung der Führungen« folgt jedoch nicht, dass die Regierungstechniken den Einsatz von Gewalt oder das Vorliegen eines Konsenses ausschließen. Es handelt sich mehr um eine analytische als um eine empirische Unterscheidung. Tatsächlich können Machtverhältnisse ebenso mit einer rechtlichen oder faktischen Übereinkunft einhergehen, wie sie möglicherweise von Gewalt oder Zwang begleitet sind; entscheidend ist jedoch, dass diese Elemente eine Machtbeziehung nicht konstituieren. Sie können zwar Wirkungen oder Instrumente von Machtbeziehungen sein, nicht aber deren Existenzbedingung oder Prinzip. Konsens und Gewalt sind Teil des Feldes der Machtbeziehungen und damit selbst erklärungsbedürftig: Welche Rationalität liegt dem Konsens zugrunde und welche Techniken gewährleisten, dass Machtbeziehungen akzeptiert werden? (S. 255-257; vgl. auch S. 269-271)[55]

Unter diesen Bedingungen setzt ein Machtverhältnis sowohl handelnde Subjekte wie »ein Feld von Möglichkeiten« (S. 256) voraus, das eine Reihe verschiedener Antworten, Reaktionen, Verhaltensweisen etc. erlaubt. Es sind also Offenheit und Unabgeschlossenheit, die ein Machtverhältnis charakterisieren: »Das unterscheidende Merkmal der Macht besteht darin, dass bestimmte Menschen mehr oder weniger umfassend die Führung anderer Menschen bestimmen können – nie aber erschöpfend oder zwingend« (S. 218; modifizierte Überset-

55 Michel Foucault, »Du pouvoir« (Gespräch mit P. Boncenne von 1978), in: *L'Express*, Nr. 1722, 6-12. Juli 1984, S. 56-68, hier S. 65; ders., »Qu'est-ce que la critique? Critique et *Aufklärung*« (Vortrag mit anschließender Diskussion vom 27. Mai 1978 vor der Société française de philosophie), in: *Bulletin de la Société française de philosophie*, Nr. 2, April-Juni 1990. Aus dem Französischen übersetzt von Walter Seitter, *Was ist Kritik?*, Berlin: Merve 1992, S. 34.

zung).[56] Aus diesem prinzipiellen Grund fasst Foucault »Freiheit« nicht als Gegensatz, sondern vielmehr als Existenzbedingung von Macht: Sie wird zur materialen Voraussetzung einer Machtbeziehung, da es zur Ausübung von Macht als Handeln auf mögliche Handlungen der Freiheit der Subjekte bedarf. Ohne prinzipielle Handlungsalternativen würde die Machtbeziehung verschwinden und dem einfachen Zwang der Gewalt weichen: »Macht kann nur über ›freie Subjekte‹ ausgeübt werden, insofern sie ›frei‹ sind.« (S. 257)[57]

Die Einführung des Begriffs der Regierung trägt auch zu einer entscheidenden Präzisierung der Machtanalytik bei. Hatte Foucault bis dahin »Macht« und »Herrschaft« weitgehend synonym verwendet oder sie nur unzureichend unterschieden, so hält er nun eine begriffliche Differenzierung zwischen »drei Ebenen« (S. 298) der Machtanalyse für notwendig. Die grundlegende Ebene ist die der *Machtbeziehungen*. Darunter versteht Foucault »strategische Spiele zwischen Freiheiten [...], in denen die einen das Verhalten der anderen zu bestimmen versuchen« (S. 298). Da strategische Spiele ein ubiquitäres Merkmal menschlicher Interaktion darstellen, existiert kein soziales Feld jenseits von Machtbeziehungen und keine machtfreie Form interpersonaler Kommunikation. Aus der Perspektive dieses weitgefassten Machtbegriffs sind die Machtbeziehungen einer Gesellschaft nicht äußerlich, sondern bilden im Gegenteil die Bedingung der Möglichkeit von Gesellschaft: »In Gesellschaft leben bedeutet: Es ist stets möglich, dass die einen auf das Handeln anderer einwirken. Eine Gesellschaft ohne Machtbeziehungen wäre nur eine Abstraktion.« (S. 258)

Von diesen allgegenwärtigen strategischen Beziehungen, die prinzipiell veränderbar und umkehrbar sind, grenzt Foucault eine auf Dauer gestellte und mit ökonomischen, politischen oder militärischen Mitteln institutionalisierte Ausübung von Macht ab: *Herr-*

56 Vgl. Michel Foucault, *Was ist Kritik?*, a. a. O., S. 40.

57 Die Akzentuierung von Handlungsfreiheit als Grundlage und Grenze von Machtbeziehungen korrespondiert mit Foucaults Interesse an der Untersuchung liberaler bzw. neoliberaler Regierungspraktiken: »[D]ie Freiheit ist nun zu einem unverzichtbaren Bestandteil der Gouvernementalität selbst geworden. Man kann jetzt nur noch unter der Bedingung regieren, daß die Freiheit oder bestimmte Formen der Freiheit wirklich geachtet werden. Die Freiheit nicht zu achten bedeutet nicht nur, das Recht gegenüber dem Gesetz zu mißbrauchen, sondern vor allem, nicht ordentlich regieren zu können.« (Michel Foucault, *Geschichte der Gouvernementalität I*, a. a. O., S. 506; S. 78 f.). Vgl. auch S. 180-187 in diesem Band.

schaftszustände, in denen Machtbeziehungen starr, unbeweglich und blockiert sind. Foucault bezeichnet mit Herrschaft also das, »was man üblicherweise Macht nennt« (S. 298). Herrschaftszustände sind demnach in Foucaults Terminologie eine spezifische Form, ein Sonderfall oder ein Extrempunkt von Machtbeziehungen, in denen alternative Handlungsmöglichkeiten und Freiheitsspielräume stark eingeschränkt sind. Sie zeichnen sich dadurch aus, dass es einem Individuum oder einer gesellschaftlichen Gruppe gelungen ist, das Feld der Machtbeziehungen zu blockieren und eine dauerhafte Asymmetrie zu etablieren (S. 262 f.; S. 276 f.).

Neben Herrschaftszuständen und strategischen Beziehungen unterscheidet Foucault eine weitere Dimension der Machtanalytik: das Feld der *Regierungstechnologien*. Diese bezeichnen »alle die vielen Weisen, Modalitäten und Möglichkeiten der Leitung von Menschen, der Steuerung ihres Verhaltens, der Einschränkung ihrer Handlungen und Reaktionen usw.«.[58] Dabei handelt es sich um mehr oder weniger systematisierte, regulierte und reflektierte Formen der Machtausübung, die über den spontanen und offenen Charakter der strategischen Spiele hinausgehen, ohne die Dauerhaftigkeit und Fixiertheit von Herrschaftszuständen anzunehmen. Die Regierungstechnologien nehmen also eine Art »intermediäre Position« zwischen strategischen Beziehungen und Herrschaftszuständen ein. Daraus resultiert Foucaults Umkehrung der Analyseperspektive: Herrschaft ist weniger die Quelle von Ausbeutung und Unterwerfung, sondern im Gegenteil der Effekt von Regierungspraktiken, die Machtbeziehungen in einer Weise systematisieren und stabilisieren, so dass sie schließlich die Form von Herrschaftszuständen annehmen (S. 298).[59]

Die Erweiterung der Machtanalytik um die Dimension der Regierungstechnologien hat zwei wichtige Konsequenzen. Zum einen besitzt der Staat innerhalb der Analytik der Gouvernementalität ein neues Gewicht. Hatte Foucault ihn zuvor als »Überbauphänomen« (S. 96) betrachtet, so begreift er ihn nun als eine »Matrix der Individualisierung« (S. 248): als eine komplexe Verbindung von politischer

58 Michel Foucault, *Geschichte der Gouvernementalität II*, a. a. O., S. 13.

59 Vgl. Barry Hindess, *Discourses of Power. From Hobbes to Foucault*. Oxford: Blackwell 1996, S. 98-107; Paul Patton, »Foucault's Subject of Power«, in: Jeremy Moss (Hg.): *The Later Foucault. Politics and Philosophy*, London/Thousand Oaks/New Delhi: Sage 1998, S. 64-77.

und »pastoraler« Macht,[60] der eine zentrale Bedeutung bei der Konstitution moderner Subjektivität zukommt. Zum anderen anerkennt Foucault, dass Subjektivierungsprozesse sich nicht auf Praktiken der Disziplinierung und Normalisierung reduzieren lassen, sondern sie auf spezifische Formen der »Lebensführung« (S. 301) zurückgreifen.[61] Er relativiert die politische Bedeutung der Disziplin, die er nunmehr als »eine mögliche Verfahrensweise der Macht« (S. 271) betrachtet. Damit ändert sich auch der zeitdiagnostische Blick. Foucault zufolge werden die Disziplinargesellschaften von »Absicherungsgesellschaften« abgelöst, die »eine Reihe unterschiedlicher, abweichender und sogar gegensätzlicher Verhaltensweisen [tolerieren,] sofern diese Verhaltensweisen sich in einem gewissen Rahmen bewegen, der als gefährlich erachtete Dinge, Menschen oder Verhaltensweisen ausschließt« (S. 141; S. 144-147).

5. Politik und Ethik

Foucaults Problem in seinen letzten Lebensjahren ist die Untersuchung des Verhältnisses von Subjektivierung und Macht, Politik und Ethik. Sein Interesse für moralische Fragen und die antike »Sorge um sich« (S. 278 f.) signalisieren jedoch keinen Abschied von der Machtanalytik, im Gegenteil: *L'usage des plaisirs* und *Le souci de soi*, die 1984 kurz vor Foucaults Tod als zweiter und dritter Band der

60 Zum Konzept der Pastoralmacht: S. 190-205; 247 f.; Michel Foucault, *Geschichte der Gouvernementalität I*, a. a. O., bes. S. 173-368; ders., »Die analytische Philosophie der Politik« (1978), in: *Schriften*, a. a. O., Band 3, Nr. 232, S. 675-695, hier S. 691-693. Vgl. auch Michel Sennelart, *Les arts de gouverner. Du regimen médiéval au concept de gouvernement*, Paris: Seuil 1995; James Bernauer und Jeremy Carrette (Hg.), *Michel Foucault and Theology: The Politics of Religious Experience*, Aldershot: Ashgate 2004.

61 Colin Gordon und Pasquale Pasquino haben betont, dass Foucaults Bestimmung von Macht als »Führung« auf das Konzept der Lebensführung bei Max Weber verweist: Pasquale Pasquino, »Moderne, Subjekt und der Wille zum Wissen«, in: Gesa Dane (Hg.), *Anschlüsse. Versuche nach Foucault*, Tübingen: Edition Diskord 1985, S. 39-54; Colin Gordon, »The Soul of the Citizen: Max Weber and Michel Foucault on Rationality and Government«, in: Sam Whimster und Scott Lash (Hg.), *Max Weber. Rationality and Modernity*, London: Allen & Unwin 1987, S. 293-316. Vgl. zu Webers Konzept der Lebensführung: Wilhelm Hennis, *Max Webers Fragestellung. Studien zur Biographie des Werks*, Tübingen: Mohr 1987.

»Geschichte der Sexualität« erscheinen,[62] sind nichts anderes als die Fortsetzung der Kritik an der juridischen Machtkonzeption aus einer neuen theoretischen Perspektive und mit veränderten konzeptionellen Mitteln. Die Frage der Sexualität bildet den Ausgangspunkt für eine Genealogie der »juridische[n] Konzeption des Subjekts« (S. 299; 291).

In *Der Wille zum Wissen* hatte Foucault ein Analyseschema kritisiert, das die Sexualität als eine ontologische Konstante begreift und ihre historisch-konkreten Erscheinungsformen auf die Mechanismen ihrer Unterdrückung und Verleugnung zurückführt. Dennoch war es unzureichend, lediglich die Mängel dieser »Repressionshypothese«[63] festzustellen, ohne positiv zeigen zu können, wie Subjekte einen spezifischen »Gebrauch der Lüste« praktizieren und sich als »sexuelle« Subjekte oder »Begehrenssubjekte« erfahren. Wenn »Sexualität« kein universalgeschichtliches Phänomen, sondern eine historische Singularität ist und sie zugleich nicht das notwendige Ergebnis eines Repressionsprozesses darstellt, dann war es unumgänglich, über die Konzentration auf Machtmechanismen und Wissensformationen hinauszugehen. Erforderlich war eine Erweiterung des analytischen Instrumentariums, die es möglich machte, »die Formen, in denen sich die Individuen als Subjekte dieser Sexualität (an)erkennen können und müssen«[64], zu untersuchen.

Foucaults Untersuchungen zu antiken und frühchristlichen Subjektivierungsformen in den Folgebänden der »Geschichte der Sexualität« liegt die Annahme zugrunde, dass Formen politischer Führung eng verbunden sind mit Prinzipien persönlichen Verhaltens und Techniken der Selbstformierung. In dieser Hinsicht setzt eine erfolgreiche Regierung sowohl auf Seiten der Regierenden wie der Regierten die Fähigkeit zur »Selbstbeherrschung« voraus:

Man muss die Wechselwirkung zwischen diesen beiden Technikformen – Herrschaftstechniken und Selbsttechniken – untersuchen. Man muss die

62 Michel Foucault, *L'usage des plaisirs. Histoire de la sexualité, tome 2*, Paris: Gallimard 1984. Aus dem Französischen übersetzt von Ulrich Raulff und Walter Seitter, *Der Gebrauch der Lüste. Sexualität und Wahrheit, Band 2*, Frankfurt am Main: Suhrkamp 1986; ders., *Le souci de soi. Historie de la sexualité, tome 3*, Paris: Gallimard 1984. Aus dem Französischen übersetzt von Ulrich Raulff und Walter Seitter, *Die Sorge um sich. Sexualität und Wahrheit, Band 3*, Frankfurt am Main: Suhrkamp 1989.

63 Michel Foucault, *Der Wille zum Wissen*, a. a. O., S. 18-23.

64 Michel Foucault, *Der Gebrauch der Lüste*, a. a. O., S. 10.

Punkte analysieren, an denen die Herrschaftstechniken über Individuen sich der Prozesse bedienen, in denen das Individuum auf sich selbst einwirkt. Und umgekehrt muss man jene Punkte betrachten, in denen die Selbsttechnologien in Zwangs- oder Herrschaftsstrukturen integriert werden. Der Kontaktpunkt, an dem die Form der Lenkung der Individuen durch andere mit der Weise ihrer Selbstführung verknüpft ist, kann nach meiner Auffassung »Regierung« genannt werden. In der weiten Bedeutung des Wortes ist Regierung nicht eine Weise, Menschen zu zwingen, das zu tun, was der Regierende will; vielmehr ist sie immer ein bewegliches Gleichgewicht mit Ergänzungen und Konflikten zwischen Techniken, die Zwang sicherstellen, und Prozessen, durch die das Selbst durch sich selbst konstruiert oder modifiziert wird.[65]

In dieser neuen theoretischen Orientierung umfassen die Machtverhältnisse sowohl Herrschaftstechnologien wie »Technologien des Selbst«.[66] Im Gegensatz zu früheren Arbeiten, in denen eher die Herrschaftstechniken im Mittelpunkt der Machtanalytik standen, konzentriert sich Foucault nun auf Subjektivierungsprozesse, um »die Machtverhältnisse im Ausgang von den Selbsttechniken [zu] studieren«.[67] Zielten Foucaults disziplinaranalytische Arbeiten darauf, »die materielle Instanz der Unterwerfung als Konstitution der Subjekte zu erfassen« (S. 113), suchen seine späten Texte dem Doppelcharakter von Subjektivierungsprozessen (vgl. S. 245) Rechnung zu tragen, um

65 Michel Foucault, »About the Beginning of the Hermeneutics of the Self« (Transkript von zwei Vorträgen in Darthmouth vom 17. und 24. November 1980), herausgegeben von Mark Blasius, in: *Political Theory*, Vol. 21, 1993, 198-227, hier S. 203 f. (Übersetzung T.L.).

66 Michel Foucault, »Technologien des Selbst« (1984), in: *Schriften*, a. a. O., Band 4, Nr. 363, S. 966-999. Mit dem Begriff der Selbsttechnologie bedient sich Foucault des Heidegger'schen Instrumentariums, wendet es jedoch gegen dessen Seins-Ontologie. Während dieser zeigen wollte, wie die Beherrschung von Techniken die Welt objektiviert, zeigt Foucault, wie Selbsttechniken Formen von Subjektivität hervorbringen: »Für Heidegger hat von der abendländischen *techne* an die Objekterkenntnis die Seinsvergessenheit besiegelt. Kehren wir die Frage um und fragen: Auf der Grundlage welcher *technai* haben sich das abendländische Subjekt und die für es charakteristischen Spiele von Wahrheit und Irrtum, von Freiheit und Zwang herausgebildet?« (Michel Foucault, *Hermeneutik des Subjekts, Vorlesung am Collège de France 1981-1982*, aus dem Französischen übersetzt von Ulrike Bokelmann, Frankfurt am Main: Suhrkamp 2004, S. 638). Zum Verhältnis Foucault-Heidegger vgl. Stuart Elden, *Mapping the present. Heidegger, Foucault and the Project of a Spatial History*, London und New York: Continuum 2001.

67 Michel Foucault, »Sexualität und Einsamkeit« (1981), in: *Schriften*, a. a. O., Band 4, Nr. 295, S. 207-219, S. 210 f.; ders., »Technologien des Selbst«, a. a. O., S. 969.

zu sehen, wie Subjekte sich selbst und andere regieren, zugleich unterworfen werden und sich als Selbst formieren. Foucault unterscheidet nun zwei Aspekte der Subjektkonstitution, da »das Subjekt durch Praktiken der Unterwerfung oder, auf autonomere Weise, durch Praktiken der Befreiung, der Freiheit konstituiert wird«.[68] Foucault geht es also mit dem Begriff der Selbsttechniken nicht um einen Abschied von der Machtproblematik, sondern um »die Wiederaufnahme der Frage der Gouvernementalität unter einem anderen Aspekt«.[69]

Diese »theoretische Verschiebung«[70] ist nicht zuletzt das Resultat einer einschneidenden politischen Erfahrung. Foucaults Vorlesungen zur Geschichte der Gouvernementalität fielen zusammen mit einem tagespolitischen Ereignis von großer Bedeutung: der Iranischen Revolution. Ende 1978 und Anfang 1979 reiste Foucault auf Einladung der italienischen Tageszeitung *Corriere della Sera* mehrere Male in den Iran und wurde Zeuge des Aufstands gegen den Schah. Seine Reportagen aus dem Land bezeugen eine tiefe Sympathie mit den revoltierenden Massen, aber auch eine ebenso naive Bewunderung Khomeinis. Ein immer wiederkehrendes Thema ist die Macht des Volkes, das weitgehend ohne militärische und organisationelle Mittel gegen eine hochgerüstete Staatsmacht kämpft. Foucault zeigt sich fasziniert von einer *»politischen Spiritualität«*,[71] in der die Religion die Grundlage des Widerstands bildet. Der Islam habe in diesem Konflikt eine strategische Bedeutung, weil er eine Inspiration für die Änderung der Lebensführung sei und die politische Revolte als Teil einer fundamentalen Veränderung der Gesellschaft begreife. Folgt man Foucaults Einschätzung, so lag der Schlüssel zum Erfolg des Aufstands in einem

68 Michel Foucault, »Eine Ästhetik der Existenz« (1984), in: *Schriften*, a. a. O., Band 4, Nr. 397, S. 902-909, hier S. 906. Vgl. dazu auch ders., *Die Hermeneutik des Subjekts*, a. a. O. und S. 275 f. in diesem Band.

69 Michel Foucault, »Subjektivität und Wahrheit«, a. a. O., S. 260 (Übersetzung modifiziert). Jean-François Pradeau, »Le sujet ancien d'une politique moderne. Sur la subjectivation et l'éthique dans le *Dits et écrits* de Michel Foucault«, in: Pierre-François Moreau (Hg.), *Lectures de Michel Foucault*, Vol. 3. Paris: ENS éditions 2003, S. 35-51.

70 Michel Foucault, *Der Gebrauch der Lüste*, a. a. O., S. 12.

71 Michel Foucault, »Wovon träumen die Iraner?« (1978), in: *Schriften*, a. a. O., Band 3, Nr. 245, S. 862-870, hier S. 870 (Hervorheb. im Orig.). Vgl. auch ders., »Diskussion vom 20. Mai 1978« (1980), in: *Schriften*, a. a. O., Band 4, Nr. 278, S. 25-43, hier S. 38 sowie S. 291 in diesem Band.

spirituellen Selbstverhältnis, das den revoltierenden Massen die Kraft zum Widerstand gab:

Als die Iraner sich erhoben, sagten sie, und das ist vielleicht die Seele dieser Erhebung: Natürlich müssen wir das Regime wechseln und diesen Mann loswerden. [...] Aber vor allem müssen wir uns selbst verändern. Wir müssen unsere Lebensweise, unser Verhältnis zueinander, zu den Dingen, zur Ewigkeit, zu Gott usw. vollkommen verändern. Nur bei solch einer radikalen Veränderung unseres Erlebens wird es eine echte Revolution geben. [...] [S]ie strebten durch den Islam nach einer Veränderung ihres subjektiven Daseins.[72]

Die Akzentuierung der Freiheit innerhalb der Regierungsproblematik führt nicht nur zur Unterscheidung zwischen Macht und Herrschaft, sondern ermöglicht auch eine genauere Analyse von Widerstandspraktiken. Freiheit ist nicht nur die materiale Voraussetzung für Machtverhältnisse, sondern auch die prinzipielle Bedingung der Ethik. Darunter versteht Foucault die »Ausarbeitung einer Form des Verhältnisses zu sich, die es dem Individuum gestattet, sich als Subjekt einer moralischen Lebensführung zu konstituieren«.[73] Die Ethik als Selbstverhältnis zielt daher auf eine Gestaltung und Modellierung der Freiheit: »Die Freiheit ist die ontologische Bedingung der Ethik. Aber die Ethik ist die reflektierte Form, die die Freiheit annimmt« (S. 278). Das ethische Subjekt ist kein souveränes Subjekt, das den Bedingungen der Subjektivierung vorausgeht, sondern das Ergebnis von Macht-, Wissens- und Selbstpraktiken, durch die es konstituiert wird und sich selbst konstituiert. Daher findet Subjektivierung innerhalb eines strategischen Feldes statt, das notwendigerweise Widerstandsoptionen einschließt, »denn wenn es keine Möglichkeiten des Widerstands – gewaltsamer Widerstand, Flucht, List,

72 Michel Foucault, »Der Geist geistloser Zustände« (1979), in: *Schriften*, a. a. O., Band 3, Nr. 259, S. 929-943, hier S. 936 f. Vgl. auch S. 175-179 in diesem Band. Für eine Analyse der Foucault'schen Artikel zur Iranischen Revolution vgl. Lawrence Olivier und Sylvain Labbé, »Foucault et l'Iran: A propos du désir de revolution«, in: *Canadian Journal of Political Science*, Vol. 24, 1991, S. 219-234; Craig Keating, »Reflections on the Revolution in Iran: Foucault on resistance«, in: *Journal of European Studies*, Vol. 7, 1997, S. 181-197; Thomas Lemke, »›Die verrückteste Form der Revolte‹ – Michel Foucault und die Iranische Revolution«, in: 1999. *Zeitschrift für Sozialgeschichte des 20. und 21. Jahrhunderts*, 17. Jg., 2002, S. 73-89; Janet Afary und Kevin B. Anderson (Hg.), *Foucault, Gender and the Iranian Revolution. The Seductions of Islamism*, Chicago: University of Chicago Press 2005.

73 Michel Foucault, *Der Gebrauch der Lüste*, a. a. O., S. 315.

Strategien, die die Situation umkehren – gäbe, dann gäbe es überhaupt keine Machtbeziehungen« (S. 289f.; S. 308).

Foucault nimmt an, dass Kämpfe gegen Formen von Subjektivierung seit den 1960er-Jahren zunehmend wichtiger werden. In den zahlreichen gesellschaftlichen Oppositionen zwischen Männern und Frauen, in den Auseinandersetzungen um Gesundheit und Krankheit, Vernunft und Wahnsinn wie in den ökologischen Bewegungen, den Friedensgruppen oder sexuellen Minderheiten materialisiere sich eine »Krise im westlichen Verständnis der Subjektivität« (S. 246). Das Charakteristikum dieser Art von Kämpfen besteht darin, dass sie sich gegen eine Technologie wenden, die »Individuen in Kategorien einteilt, ihnen ihre Individualität zuweist, sie an ihre Identität bindet und ihnen das Gesetz einer Wahrheit auferlegt, die sie in sich selbst und die anderen in ihnen zu erkennen haben« (S. 245).

Der Widerstand gegen Subjektivierungsformen operiert jedoch nicht nur über die Ablehnung von bestimmten Subjekttypen, sondern umfasst darüber hinaus »noch einen Schritt nach vorne« (S. 302). Dieses zweite Moment besteht in der: »[...] Suche nach neuen Formen von Subjektivität« (S. 251). Beide Aspekte sind nicht unabhängig voneinander, da der Kampf gegen Subjektivierungen ein performatives Moment in der »Schaffung neuer Lebensformen« (S. 302) ist. In und durch den Widerstand gegen die etablierten Machtmechanismen zeigt sich eine andere Form von Subjektivität, die die existierenden Zwänge und Zumutungen nicht akzeptiert. Daher begreift Foucault den Widerstand gegen bestehende Subjektivierungsformen nicht als negativ oder reaktiv, sondern als eine »schöpferische Kraft« (S. 303), die sich selbst begründet:

> Menschen erheben sich, das ist eine Tatsache. Auf diesem Wege gelangt die Subjektivität (nicht der großen Männer, sondern jedes beliebigen Menschen) in die Geschichte und haucht ihr Leben ein. Ein Strafgefangener setzt sein Leben gegen die allzu harte Strafe; ein Irrer will nicht mehr eingesperrt und seiner Rechte beraubt werden; ein Volk stellt sich gegen das Regime, das es unterdrückt. Dadurch wird der Gefangene nicht unschuldig, der Irre nicht gesund und das Volk nicht der versprochenen Zukunft teilhaftig. [...] Eine Frage der Moral? Ganz sicher eine Frage der Realität. Darin ändern auch all die Enttäuschungen der Geschichte nichts. Weil es solche Stimmen gibt, hat die Zeit des Menschen nicht die Form der Evolution, sondern die der »Geschichte«. (S. 178)

In seinen letzten Arbeiten kommt Foucault auf den Begriff der Erfahrung zurück, der bereits in seinem ersten größeren Buch eine

Schlüsselrolle spielte. Allerdings sucht er nicht mehr eine ursprüngliche Dimension freizulegen, die durch die modernen Rationalisierungsprozesse verschüttet wurde; noch markiert »Erfahrung« die analytische Konzentration auf das Feld des subjektiv Erlebten, die Innenwelt des Individuums. Foucault begreift vielmehr Erfahrung als »Korrelation [..,], die in einer Kultur zwischen Wissensbereichen, Normativitätstypen und Subjektivitätsformen besteht«[74] – eine Beziehung, die historisch geworden und daher veränderbar ist. Erfahrung bezeichnet nun keinen Ausgangspunkt mehr, sondern verweist auf ein kollektives Projekt, das »zu anderen Bejahungen zu gelangen« sucht.[75] Sie erkundet einen offenen Möglichkeitsraum, in dem neue Rechtsansprüche und Subjektformen Gestalt annehmen. Ein Beispiel für ein solches »Experiment« ist Foucaults Skizze einer »neuen Erklärung der Menschenrechte«, welche die Schaffung einer bislang unbekannten politischen Subjektivität zum Ziel hat: die »internationale Bürgerschaft« (S. 273).[76]

Diese experimentelle Dimension kennzeichnet auch die Arbeit Foucaults, der einmal bemerkte, er sei kein Theoretiker, sondern »ein Experimentator in dem Sinne, dass ich schreibe, um mich selbst zu verändern und nicht mehr dasselbe zu denken wie zuvor«.[77] Hinter den zahlreichen theoretischen und thematischen Ortswechseln wird so ein Moment der Kontinuität sichtbar. Die Verschiebungen in der Machtanalytik resultieren nicht aus einem Austausch der Gegenstände der Untersuchungen oder ihrer Methodik, sondern legen Zeugnis ab von einem Denken in Bewegung, das sich innerhalb des historischen Feldes situiert und unablässig die eigenen theoretischen Kategorien revidiert.[78] Foucaults Schriften zeigen ein Denken, das sich

74 Michel Foucault, *Der Gebrauch der Lüste*, a. a. O., S. 10.

75 Michel Foucault, »Nein zum König Sex« (1977), in: *Schriften*, a. a. O., Band 3, Nr. 200, S. 336-353, hier S. 343. *Expérience* meint im Französischen sowohl »Erfahrung« als auch »Versuch«, »Test« etc.

76 Vgl. dazu Tom Keenan, »The ›Paradox‹ of Knowledge and Power: Reading Foucault on a bias«, in: *Political Theory*, Vol. 15, 1987, S. 5-37; Thomas Lemke, »›Freiheit ist die Garantie der Freiheit‹ – Michel Foucault und die Menschenrechte«, in: *Vorgänge. Zeitschrift für Bürgerrechte und Gesellschaftspolitik*, 40. Jg., 2001, S. 270-276.

77 Michel Foucault, »Gespräch mit Ducio Trombadori«, a. a. O., S. 52.

78 Ulrich Brieler zeigt in seiner Monografie, dass die inhaltlichen Diskontinuitäten und die inneren Spannungen der Arbeit Foucaults auf die bewusste Auseinandersetzung mit den politischen und intellektuellen Bewegungen seiner Zeit zurückgehen: »Ein Denken ist dann als *historisch* zu qualifizieren, wenn es die erkenntnistheoretischen

treu bleibt, indem es sich permanent verändert, um den Spuren der Macht zu folgen.

Kosten des Faktums der Historizität für seine intellektuellen Praktiken zu (er)tragen bereit ist. Foucault hat versucht, diesem Anspruch gerecht zu werden. In diesem Sinne ist er ein *Historiker par excellence*« (Ulrich Brieler, *Die Unerbittlichkeit der Historizität. Foucault als Historiker*. Köln/Weimar/Wien: Böhlau 1998, S. 5; Hervorheb. im Orig.).

Nachweise

Die bibliographischen Nachweise der Erstpublikation finden sich unmittelbar nach ihrem Titel aufgeführt. Alle Texte sind entnommen: Michel Foucault, *Dits et écrits 1954-1988*, édition établie sous la direction de Daniel Defert et François Lagrange, Paris: Éditions Gallimard 1994 (4 Bde.) (= *Dits et écrits*), beziehungsweise Michel Foucault, *Schriften in vier Bänden. Dits et Écrits*, herausgegeben von Daniel Defert und François Ewald unter Mitarbeit von Jacques Lagrange, aus dem Französischen übersetzt von Reiner Ansén, Michael Bischoff, Ulrike Bokelmann, Horst Brühmann, Hans-Dieter Gondek, Hermann Kocyba und Jürgen Schröder, Frankfurt am Main 2001-2005 (4 Bde.) (= *Schriften*). Es handelt sich im Einzelnen um:

4. »Préface« (1961), in: *Dits et Écrits* I, S. 159-167; »Vorwort«; in: *Schriften* I, S. 223-234.

37. »Entretien avec Madeleine Chapsal« (1966), in: *Dits et Écrits* I, S. 513-518; »Gespräch mit Madeleine Chapsal«; in: *Schriften* I, S. 664-670.

58. »Réponse à une question« (1968), in: *Dits et Écrits* I, S. 673-695; »Antwort auf eine Frage«; in: *Schriften* I, S. 859-886.

106. »Les intellectuels et le pouvoir« (1972), in: *Dits et Écrits* II, S. 306-315; »Die Intellektuellen und die Macht«; in: *Schriften* II, S. 382-393.

115. »Théories et institutions pénales« (1972), in: *Dits et Écrits* II, S. 389-393; »Theorien und Institutionen des Strafvollzugs«; in: *Schriften* II, S. 486-490.

141. »Folie, une question du pouvoir« (1974), in: *Dits et Écrits* II, S. 660-664; »Wahnsinn, eine Frage der Macht«; in: *Schriften* II, S. 811-815.

157. »Pouvoir et corps« (1975), in: *Dits et Écrits* II, S. 754-760; »Macht und Körper«; in: *Schriften* II, S. 932-941.

192. »Entretien avec Michel Foucault« (1977), in: *Dits et Écrits* III, S. 140-160; »Gespräch mit Michel Foucault«; in: *Schriften* III, S. 186-213.

194. »Cours du 14 janvier 1976« (1977), in: *Dits et Écrits* III, S. 175-189; »Vorlesung vom 14. Januar 1976«; in: *Schriften* III, S. 231-250.

197. »Les rapports du pouvoir passent à l'intérieur du corps (1977), in: *Dits et Écrits* III, S. 228-236; »Die Machtverhältnisse gehen in das Innere der Körper über«; in: *Schriften* III, S. 298-309.

213. »Michel Foucault: la sécurité et l'état« (1977), in: *Dits et Écrits* III, S. 383-388; »Michel Foucault: die Sicherheit und der Staat«; in: *Schriften* III, S. 495-502.

231. »La société disciplinaire en crise« (1978), in: *Dits et Écrits* III, S. 532-534; »Die Disziplinargesellschaft in der Krise«; in: *Schriften* III, S. 671-674.

239. »La gouvernementalité« (1978), in: *Dits et Écrits* III, S. 635-657; »Die Gouvernementalität«; in: *Schriften* III, S. 796-823.

269. »Inutile de se soulever« (1979), in: *Dits et Écrits* III, S. 790-794; »Nutzlos, sich zu erheben«; in: *Schriften* III, S. 987-992.

274. »Naissance de la biopolitique« (1979), in: *Dits et Écrits* III, S. 818-825; »Die Geburt der Biopolitik«; in: *Schriften* III, S. 1020-1028.

291. »Omnes et singulatim« (1981), in: *Dits et Écrits* IV, S. 134-161; »Omnes et singulatim«; in: *Schriften* IV, S. 165-198.

297. »As malhas do poder« (1981), in: *Dits et Écrits* IV, S. 182-201; »Die Maschen der Macht«; in: *Schriften* IV, S. 224-244. [Text ist aus dem Jahr 1976]

306. »The Subject and Power« (1982), in: *Dits et Écrits* IV, S. 222-243; »Subjekt und Macht«; in: *Schriften* IV, S. 269-294.

341. »Politics and Ethics: An Interview« (1984), in: *Dits et Écrits* IV, S. 584-590; »Politik und Ethik: ein Interview«; in: *Schriften* IV, S. 715-724.

355. »Face aux gouvernements, les droits de l'homme« (1984), in: *Dits et Écrits* IV, S. 707-708; »Den Regierungen gegenüber: die Rechte der Menschen«; in: *Schriften* IV, S. 873-875.

356. »L'ethique des souci de soi comme pratique de la liberté« (1984), in: *Dits et Écrits* I, S. 708-729; »Die Ethik der Sorge um sich als Praxis der Freiheit«; in: *Schriften* I, S. 875-902.

358. »Michel Foucault, an Interview: Sex, Power and the Politics of Identity«, in: *Dits et Écrits* IV, S. 735-746; »Michel Foucault, ein Interview: Sex, Macht und die Politik der Identität«, in: *Schriften* IV, S. 909-924.